上海艺术研究中心
研究丛书

雅韵千秋

俞振飞一百二十周年诞辰纪念文集

主编　夏萍

执行主编　顾颖

上海人民出版社

编委会

目 录

俞振飞的艺术实践与探索

俞振飞的曲界交往及其他

前　言

夏　萍

（上海艺术研究中心主任）

　　俞振飞先生是我国享有盛誉的京昆表演艺术大师和杰出的戏曲教育家。在长达 70 年的艺术生涯中，他创造出许多光彩夺目的舞台形象，形成了儒雅、秀逸、富于书卷气的"俞派"表演风格。俞振飞先生还为昆曲艺术培养了一批新生力量，使这门古雅的艺术得以在新的时代传承赓续。

　　2022 年是俞振飞先生 120 周年诞辰，为纪念和缅怀大师、梳理和总结大师留下的宝贵遗产、探讨 21 世纪京昆艺术发展的策略和路径，上海艺术研究中心在克服新冠疫情带来的种种困难的前提下，举办了"雅韵千秋——俞振飞120 周年诞辰纪念展""雅韵千秋——纪念俞振飞120 周年诞辰学术研讨会"等系列纪念活动。

　　"雅韵千秋——俞振飞120 周年诞辰纪念展"于 7 月和 12 月分别在上海市历史博物馆和俞振飞先生家乡松江云间会堂举行。该展以上海艺术研究中心馆藏档案文献为基础，并得到上海图书馆等单位及俞振飞先生弟子、民间收藏家的大力支持，共展出书刊、杂志、手稿、书信、校样、说明书、剪报、戏服、扇簫、乐器、录音带、录像带等实物展品、图文资料、音视频艺术档案 300 余件。结合今年疫情防控的特殊情况，上海艺术研究中心立足上海、放眼全国，搭建了线上"云观展"平台，精心录制了10 分钟展览精华版导览，开通"雅韵千秋——俞振飞120 周年诞辰纪念展"的线上展厅，通过线上与线下、场馆内与场馆外、实体空间与虚拟空间的平行交互，对俞振飞先生系列珍稀档案资源进行了二次开发，致力打造特色数字文旅服务品牌，让更多上海市民乃至全国人民，通过可参与、可体验、可感受的数字文化平台，感受"俞派艺术"之魅力，领略一代宗师之风采。

　　"雅韵千秋——纪念俞振飞120 周年诞辰学术研讨会"于 8 月 27 日在线上举行。这是自 20 世纪 80 年代起，原上海艺术研究所多次参与举办俞振飞先生舞台生活纪念会、俞振飞先生诞辰纪念研讨会等系列活动后，我们精心策划、主办的又一次具有纪念意义的学术研讨活动。研讨会期间，来自国内20多所高校及相关机构的近30位专家学者相聚云端，从不同理论视角对俞振飞的艺术生涯及其成就进行了广泛而深入的研讨。本书的编辑出版，正是为了进一步梳理和展示研讨会成果，以与读者和更多的研究者共同探讨和分享，进而推动研究成果的创造性转化、创新性发展。

本书共收录文章29篇，根据文章内容的不同，分别收入"缅怀大师""俞振飞的表演艺术理论及艺术贡献""俞振飞的艺术实践与探索""俞振飞的曲界交往及其他"等四大板块。其中，"缅怀大师"板块收录6篇回忆性散文，均出自当今上海戏曲界著名艺术家之笔，他们均为俞振飞先生的亲传弟子。其余23篇学术研究论文的作者，均为学界专业研究者。他们的年龄段横跨老、中、青三代，既有知名学者，也有学界新人；他们对俞振飞先生艺术理论及实践的论述，既有诸多共识，也不乏独特见解。这也在很大程度上表明，我们对理论工作的重视正在形成共识，表明党的"双百"方针正在新时代得到进一步贯彻。

历史为我们留下了宝贵的文化遗产。俞振飞先生对传承中华优秀传统文化艺术所作出的贡献，可谓功不可没、泽被千秋。让我们以俞老为楷模，以本次研讨会为契机，共同为继承和发扬中华民族优秀传统文化，为推动戏曲事业繁荣发展，做出无愧于时代的努力！

缅怀大师

高山仰止
——写在纪念俞振飞先生 120 周年诞辰之际

蔡正仁

（昆剧表演艺术家）

2022 年是俞振飞先生 120 周年诞辰，上海艺术研究中心举办了相关的纪念展览和学术研讨会，俞老的艺术形象和人品通过展览得到了非常好的展示。作为俞老的弟子，看到这些材料、图片，勾起了我对老师的很多回忆。

这次展览展出了老师写给我的一幅字。众所周知，俞老的字写得很好。不过我跟老师几十年，也不敢请老师给我写一幅。1982 年苏州昆曲会演，我演了一出《长生殿·迎像哭像》。老师在台下看我演出，觉得我这出唱得不错，基本上能达到他教我的要求，心情很高兴。回到住处，就挥毫为我作了一首诗：

> 转益多师与古同，总持风雅有春工。
> 兰骚蕙些① 千秋业，只在承先启后中。

诗的意思就是学习传统艺术要博采众长，承前启后，这样才能一代一代地传承、发展。这幅字不仅写得好，含义更是深刻，体现了老师对我们这些学生的要求和期望。

在我的学习生涯中，我得到俞老的指点很多，可谓受益匪浅。记得我在学小生前，定昆曲演员训练班的时候，我那个时候其实对小生是没有什么好感的，很讨厌小生形象，台上出现小生，我都不愿意看。所以刚进昆曲演员训练班的时候，老师问我喜欢什么行当，我毫不犹豫地选了老生。

那么我是怎么心甘情愿地跑到沈传志老师组里学起小生来的呢？主要是我

---

① 蕙些（suò）兰骚：楚辞中多以"蕙""兰"之属的香草比喻品性志行的美善高洁；些，系古时楚人的习用语气词；骚，指屈原《离骚》。"兰骚蕙些"原指诗词，用于此处，代指昆曲。

看了俞振飞老师和周传瑛老师两位大师的表演。当时在我们简陋的练功房的舞台，上演了一出他们自己新编的昆曲，是从川剧那儿移植过来的，这出戏叫《评雪辨踪》。我从头看到尾，看傻掉了。完全被俞老演的小生形象镇住了。我一边看一边就想，像这样的小生怎么那么可爱。于是，我心里头开始接受小生，改变了对小生的一些不正确的看法，喜欢上小生这个行当，这个过程，俞老真是起了很大的作用。所以当沈传志老师来挑小生许仙，要我到小生中去学许仙时，我就很高兴地接受了。

俞老不仅在艺术上有非常高深的造诣，他高尚的人品，更让我感到温暖和敬佩。

记得1958年我们下到上钢三厂去劳动，很不幸，一块铁片飞进了我左眼，当时马上到医院开刀，第一次没有取出来。第二次，从第九人民医院转到了现在的瑞金医院，由当时的眼科聂主任亲自开刀，才把铁片拿出来了，我的左眼保住了，可是视力不行了。这时，俞老和言慧珠两位老师，正在欧洲演出。俞老知道这个事情后，居然从欧洲那么远的地方写了一封很长的信写给我，安慰我。要我好好养病，把眼睛养好，告诫我不要悲伤，也不要过度地难受，说这样会影响眼睛的恢复。更重要的是他说了一句话，我至今记忆犹新。他说你要学小生，等我从欧洲回来，我一定好好地教你，所以你安心养病。这封信是同学念给我听的，就这一句话，一下子把我从低落的情绪中调整了过来，一下子高兴得不得了。我那个时候才18岁，还是一个没有毕业的学生。俞老从那么遥远的地方，而且是出国演出那么繁忙的时候，亲自写信来宽慰我，这样一个杰出的艺术家，居然对我这样一个名不见经传的小学生如此关心爱护，给我的鼓舞真是太大了。

还有一件事，是1964年，我因为是赴欧演出团的成员，需要在演出前到北京集训两三个月。那时，除了每天要排练、练功、吊嗓，排演要出国演出的剧目外，还有好多时间是空闲的。

当时有人跟我说，蔡正仁，你在北京待那么长时间，为什么不想办法跟京剧著名艺术家姜妙香先生好好学一两个戏。当时我颇为心动，但也有顾虑，因为我是跟俞老学的，我就怕自己去找姜妙香先生学戏，俞老会不高兴，说蔡正仁怎么回事，我这个戏他还没学好，他还要想什么？

偏巧，这时俞老从上海给我寄来一封很长的、有三张纸头的信，我当时一摸，很厚的。打开一看，我就愣住了。俞老在信里头说，我知道你在北京，除了排演出国的剧目外，没有其他什么事，我建议你在这期间好好地去求教姜妙香先生。而且他还说了，你先跟姜先生学《玉门关》，《玉门关》是姜先生的拿手好戏。当时我开心得不得了。更让我没想到的是，就在这封信里还另附了一封俞老写给姜妙香先生的信。在这封信里，他不仅向姜妙香先生介绍了我，还请他教我《玉门关》等事宜。而且我还记得，在信中，俞老说道：你跟姜先生学《玉门关》，主要要学他的唱。俞老说自己唱昆曲还可以，可是京剧，在唱的方面，就没有办法跟姜先生比了，所以他要我好好地把握这个难得的机会。

我当时心情是非常激动的，真是万分庆幸碰到了这么好的老师。这么一个著名的艺术家，居然在学生面前毫不掩饰自己的不足。有远见、有心胸，还那么体恤学生。所以我跟姜先生学了一个多月的《玉门关》，真是全力以赴，我下决心，要拿出好成绩回上海向俞老汇报。

这次展览还展出了俞老师给我们这些学生的几封信。写给我的那封，我印象也很深。他写道：你的毛笔字写得太差了！要我努力写好毛笔字。虽然至今也不能完全达到老师的要求，但老师的殷殷之情谆谆之意，至今仍让我感怀。

言犹在耳，斯人已逝！
有师若此，何其幸哉！

沉甸甸的礼物

——写在纪念俞振飞先生 120 周年诞辰之际

岳美缇

（昆剧表演艺术家）

俞振飞先生是我国享有盛誉的京昆表演艺术大师和杰出的戏曲教育家，于我个人而言，更是一位对我的从艺之路产生重要影响的人生导师。1956 年秋，俞振飞、言慧珠两位校长赴北京参加剧目审查，准备参加中国艺术团出访欧洲，把我们昆曲班 8 个女生一起带到首都去开开眼界。到北京后，夏衍、周扬等领导人问俞校长："能不能让这批孩子演台戏给我们看看？"校长自然满口答应，并确定了入选剧目，但分配角色时缺个小生，有人提议让我反串小生，俞校长立即同意让我反串《惊梦》中的小生。毫无思想准备的我大为紧张，俞校长却说："我来教你，保证学得会！"言毕，便借来高靴，开始一招一式教授起来。在俞校长的言传身教下，我很快把这折戏学会了，并圆满完成了汇报演出。回上海后，校部叫我由旦角改唱小生，我一开始是有抵触情绪的，便写了一封信给远在北京的俞校长，不想没几天便收到了他的回信。他在信中先批评了我的固执，接着又表扬了我："这次你反串《惊梦》我很满意，你的举手投足都好，唱念也好，你有唱小生条件，要你改唱小生，是我的意思，我自然会对你负责到底的！"在"负责到底"下面还一连圈了几个圈，信的末尾字特别大，至今还震撼我的心："祝你勇往直前！"原来俞校长认为我是块料，对我这样一个毛丫头"负责到底"，我还能再患得患失、畏难不前吗？这封语重心长的信，从此成为我一生的座右铭。

世纪之初，在俞振飞先生百年诞辰之际，我曾以《俞振飞表演艺术与中国文化》为题，撰文表达了自己对俞老的深切怀念。二十年弹指一挥间，转眼已是俞振飞先生 120 周年诞辰，而作为俞门弟子的我，如今也已年过八旬。虽至耄耋之年，我对老师的感念没有丝毫褪减，反而随着年岁的渐长，愈发能体味到俞老对昆曲艺术的赤诚之心、对昆曲存亡继绝的拳拳之情。值此俞振飞先生 120 周年诞辰之际，上海艺术研究中心举办系列纪念活动，展出了各地收藏家、研究者所珍藏的俞老的手稿、书信、扇箑等珍贵资料，其中包括俞老亲手送给我的一本《度曲刍言》抄本、两本《粟庐曲谱》稿本影印本。看到这些宝贵遗产，不由得睹物思人，多年前俞老赠书与我的情景，又一次生动地浮现在我眼前。

《度曲刍言》是俞老的父亲、"江南曲圣"俞粟庐先生留下的唯一一篇理论著作，是他一生唱曲经验的总结。20世纪60年代初，俞老将这本《度曲刍言》的抄本赠送给我，并告诉我说，这是他的老太爷（父亲）撰写的一篇有关唱曲的口诀，里面对昆曲的唱法及昆曲在唱念方面的毛病均有论述，嘱咐我拿回去好好习读。当时，我以为这本《度曲刍言》是俞老借给我作为教材研习的。过了好一阵子，他又问我："你看了没有？"我说："都看了，但是有的看不懂。"言罢，俞老让我改天到访时把这个抄本带上，他亲自为我讲解。我也谨遵老师嘱咐，再次拜访时便带着这个抄本，俞老为我详细讲解了其中关于唱法、念白的几段文字后，接着对我说："这本就送给你吧。"自此，这个抄本就一直保存在我这里。我原本一直以为这是俞粟庐先生的墨迹，后经唐葆祥等先生考证，才知道这是个抄本，应该是俞粟庐先生写完《度曲刍言》后不久由他人抄写的，但也非常珍贵。

那两本《粟庐曲谱》是原来未出版的"制版本"。底稿最初是由许伯遒老师缮写的，他的字非常好，但由于种种原因，这个版本最终没能出版。后来我们所看到的，也就是通行的《粟庐曲谱》，是由庞国钧老师第二次缮写的。俞老赠我这两册稿本的时候，正值20世纪70年代初期，那时的社会政治氛围较"文革"初期已相对缓和了。记得那天是我30岁生日，我的母亲让我邀请俞老来我家吃顿饭。当时的俞老七十来岁，撑着拐杖爬了两层楼梯来到我家。我接他时，他对我说道："我带了样东西给你。"打开来，正是这两本《粟庐曲谱》底稿的影印本。接着，俞老向我细数了这两个本子的来历。他说："（红卫兵）小将不知道这两本东西的分量，抄家没抄走，一直扔在我房间角落，我就卷了起来。这次送给你吧，你好好地保存。"从老师手中接过这份沉甸甸的"生日礼物"，我不由得感慨万千。那时，昆曲已经不再演出了，我也从一名昆曲演员转行进工厂成了一名工人，不再唱昆曲了。但想想老师，他经历了那么多坎坷，却依然惦记着昆曲，惦记着我这个学生，我不禁热泪盈眶。我向老师保证道："我一定会好好保存的！"要知道，俞老曾为了这两本曲谱受过多少罪啊！他原本是想把这两个本子交给陆兼之老师，想要托陆老师帮他藏好，打算日后送给学生的。谁知红卫兵小将跟着他，把他抓去在太阳下批斗了两个小时，他差一点就摔倒在地上。等到红卫兵把他拖回去，他竟发现这两本曲谱还在屋里，没有被他们抄走或毁掉，他顾不得身上的伤痛，直呼太幸运了。这才有了我30岁生日那天，俞老到我家亲手送给我的那份特殊"生日礼物"。至于我们现在所见其中一本曲谱扉页所题的"岳美缇同学留阅／俞振飞赠／一九八零年国庆落"字样，那是进入新时期后的1980年，当我国庆期间又一次拜访俞老时，俞老亲笔题就并盖章的。这份礼物在我心里的分量很重很重，一直珍藏至今。我明白，俞老托付给我的不仅仅是两本曲谱，他是想把昆曲交给我们这代人，让昆曲能够在我们这代人身上存续希望、留住生机。

俞老离开我们已近三十年，我们对他的怀念从未停止，他赠予我、赠予昆曲的礼物，也永远不会过时——这份礼物，不仅仅是那一本抄本、两册曲谱，还有俞老为昆曲鞠躬尽瘁的赤子之心，将激励着一代又一代的昆曲人。

一沐杏雨 终念师恩
——追忆昆曲大师俞振飞

张洵澎

（昆剧表演艺术家）

举手投足皆风范

2022 年是我昆曲届最敬仰的老祖宗、老宗师——俞振飞老师 120 周年诞辰。如果俞老还在世，他已经 120 岁了。追溯起来，我 12 岁进上海戏曲学校，1955 年的时候我 14 岁，俞振飞老师来我们学校当校长。当时我们懵懵懂懂，只知道他是我们的校长。虽然对俞校长所知甚少，但他只要一出现，风度就感染了所有人，举手投足令人着迷。同学们都看呆了，说"吃馄饨都没了味道"。这就是俞老散发的个人魅力。

1954 年，上海戏曲学校成立了名声在外的昆曲大班，次年俞老回国担任上海戏曲学校校长。俞校长勤于教戏育人，也不断打磨技艺，曲不离口。我的恩师朱传茗老师唱的是闺门旦，吹得一手好笛子，经常在工作之余与俞老一起撅笛唱曲。每逢周末和假日，朱老师也让我一同去——这对我这个刚入戏校、对昆曲所知寥寥的学生来说无疑是一种幸运。从那时起，我就在学习之余去永福路听俞老唱戏，也是从那时起，我开始接受俞派唱腔的熏陶，对昆曲艺术与俞派唱腔，得以一窥门径。

众星璀璨的上海戏曲学校

1957 年后，言慧珠老师也来到上海戏校任副校长，经常和俞老师一起排戏，我们同时熟悉了俞老师和言老师的风格。言慧珠老师可谓"京昆两传承"，出生京剧世家，又得到梅兰芳大师的真传，《牡丹亭》《游园惊梦》《玉簪记·琴挑》《贩马记》（全本）等剧目则受教于传字辈大师朱传茗老师。言老师在昆曲艺术中融入梅派表演风格，她的一举一动别具风姿，有着妙龄女子的娇美。由于解放后不再有"乾旦",一些传字辈老师退居幕后,从事教学。我的老师朱传茗认为自己是"男旦",不足以表现青年女子的柔美娇嗔。他曾用"男旦"经验告诉我们,闺门旦开门要用"旁腰"不要用"后腰"——直到言老师来校任副校长,朱老师庆幸地对学生们说:"好了好了,现在言老师来了,小姐太太都在她身上。"言老师的表演和唱腔由朱老师传授,昆曲中的韵味、咬字,则学自俞振飞老师,她和俞老真是堪称昆曲舞台上最精致的一对生旦配,对昆曲传承与发展别具深刻影响。1958年,俞、言二位校长带着我们去北京,请程砚秋大师排演了昆曲《百花赠剑》,言老师饰百花公主、俞老师饰海俊、17岁的我饰演侍女江花佑。对我而言,得到程砚秋大师亲自指点确乎是非常幸运的经历,我不仅"见过真佛",还"得过真传",今天回忆起来仍激动不已。《百花赠剑》后来赴海外演出,我作为戏校学生没能同行,戏校第一任校长周玑璋老师规定,戏校学生年龄太小,不能出国。归国后,言老师将百花公主这一角色传授给我,俞老师则将海俊的角色传授给岳美缇。百花公主虽是闺门旦,却是文武兼备,要戴着繁重的行头跑圆场,言老师说"阿澎,你要学会假溜",这一语点石成金。有了言老师的点拨,我的"圆场"跑得得心应手,身段动作也就相应顺畅、漂亮。"真佛"点化了我们,我们就立志将昆曲的根基传承下去。

每当言慧珠老师的昆曲成品出来,大家都非常喜欢,恨不得马上学得一身技艺。后来俞、言老师排演了《长生殿》的《惊变》《小宴》《埋玉》,还有《游园惊梦》和《玉簪记·琴挑》,所幸的是这些戏已经有条件用录音带录下来,我和蔡正仁老师曾去北京参加了音配像工程,为老师们的唱腔配上图像,以此纪念这对昆坛鸳侣。

说到这里,上海昆曲传字辈老师具有一流的功底,比如沈传芷老师、华传浩老师、朱传茗老师、郑传鉴老师、周传沧老师、王传蕖老师。沈老师多才多艺,生、旦、净、丑各个行当都能教,为人又很谦虚,他说自己多年不演戏,只愿兢兢业业从事教学。蔡正仁、岳美缇、王泰琪、周志刚——以及江苏省昆剧院的石小梅等小生演员,都是沈老师"一口奶"喂出来的,石小梅的学生正是江苏省昆剧院院长、当红小生施夏明——昆曲艺术就是这样代代相传、开枝散叶的。

自从俞老师来校任校长,传字辈老师们凝心聚力,将一身绝学口传心授给学生们,昆坛小生才在新中国成立后有了焕然一新的面貌,才会有守正、创新,古雅而别具生机的昆曲。

机缘与点化

言老师到上海戏校后的第一件事就是排演全本《牡丹亭》，言老师演杜丽娘，俞老师演柳梦梅，我演春香。1957年，俞言版《牡丹亭》首演。由于春香这一角色贯穿全剧，休息时不能卸妆，我就在幕后观摩老师们的表演，他们在舞台上表现出的想象力和创造力给我巨大的点拨和启发。昆曲表演具有角色的交互性，小生和旦角的联系很密切，而老师们的表演不仅是表现人物，还有对生活的提炼与升华。我从事昆曲闺门旦60多年，一直跟着朱传茗、俞振飞、言慧珠三位老师学习，却从"隔行大师"俞老处所获不菲。俞老的唱法被称为"俞家唱"，讲求气口完整，行腔畅达，对我的影响很大，言老师和昆大班其他学生也都得到俞老"唱念做"的口传心授，运用到舞台表演的各个具体环节中去。我和蔡正仁老师分别得到言老师传授的杜丽娘与俞老师传授的柳梦梅。

1959年，国庆十周年。我那年18岁，上海戏校把我主演的《牡丹亭·游园惊梦》作为献礼剧目赴京，我演杜丽娘。演出结束后我又去了天津，俞、言校长正在筹备《墙头马上》，我有幸目睹了老师们紧锣密鼓地讨论剧本和唱腔，老师们巨细靡遗的推敲，投入沉浸的态度，作为青年演员的我沉浸其中，深受感染。1964年，俞、言老师的《墙头马上》在长春拍成电影。

"文革"结束前，俞老拍摄昆曲电影《太白醉写》并扮演李太白，我演杨贵妃，蔡正仁演唐明皇。俞老的李白一派仙风道骨，极有神韵，电影大获成功。由于这次拍摄我们和俞老住在一起集中排练，我得以再一次近距离领略到昆曲前辈的风流神采。

前辈的关爱

1960年春季，我因为扁桃体发炎要去动手术。操刀的是个实习医生，本来是一个小手术，却并不成功。医生建议我早点练戏，我一唱伤口就大出血。我挂了急诊，又遇到一个马来西亚进修医生把伤口接好，但是接歪了。那时候我们才20岁，心里非常难过。俞、言老师都非常关心我，言老师为了医治我的嗓子，特意请一位华东医院五官科的孙主任医师，约我在华山路华园老师们的家中问诊，检查过程中俞老也在一旁关切地听着。孙主任建议我重新手术，经历过上次手术失败和身体的疼痛，我退缩了。老师们慨然尊重我的选择。

俞老写信嘱咐我不要担心，还是要多训练，建议我向言慧珠老师请教怎样用合适的发声方法唱。言老师掌握了京剧发声技巧，只要学习、掌握就可以练出嗓音弹性，减少手术的影响。

老师们就是这样给青年演员点明顺畅之路，期待他们茁壮成长。

"沈传芷老师的父亲，是我的老师"

俞老的风范不仅得益于台上功夫的造就，还有人品、人格的养成。他重情重义、感念师恩，终其一生不忘自己的老师——沈传芷老师的父亲沈月泉先生。

沈传芷老师学的是小生，他不仅教小生，还教花旦、闺门旦，戏校很多同学都受到过沈传芷老师的教导。十年浩劫后，苏州要举办一个传字辈老师60周年的活动。主办方邀请沈老师出山演出《长生殿·小宴》，沈老师演唐明皇，我演杨贵妃。彼时沈传芷老师年事已高，身体也不是很好。

演出前俞老对我说："阿澎啊，沈传芷老师的父亲是我的老师，这次演出，你要走得慢一点，扶着点沈老师。"我们年轻人动作利落，俞老师担心他跟不上。化妆时俞老师还在叮嘱我："你一定要当心沈老师，不要快，不要快。"我连声答应："俞老师，我记住了。"候场时俞老是又补充道："沈老师的父亲可是我的老师啊。"

百忙中的俞老亲自把场，由我搀扶着沈老师进场，演出非常顺利。俞老的这种情谊对我有很大触动，所以我一直对学生说，要不忘记师恩。

给舞台一个有情有义的红娘

"文革"结束后，1978年，我没有回团，因为我们的老校长周玑璋恢复工作，要请我去当老师，我对戏校有很深的感情，就答应了他邀请。到了学校，没有小生，我一个人单枪匹马演了《寻梦》，又起了重排《佳期》的念头。我的理想是守正创新，《佳期》必须有因果、有脉络，有一出完整大戏的丰富感。我是唱闺门旦的，红娘是花旦，我需要对角色进行重新梳理。想到俞老师是个思维很活跃的人，我就带着自己的疑惑去求教于他，想问问俞老有什么想法。

《西厢记》的老台本里边的"十二红"，有大段唱和很多舞蹈动作，还有些暧昧的念白。如红娘说："看他二人进去了，撇我红娘在外……"这里红娘显得不太高兴，我当时觉得这个情绪并不合适。红娘以"成人之美"为己任，让老太太回天无力，个性仗义得很，应该不会有这样的情绪。我与编剧陆兼之老师一起登门拜访俞老，就塑造人物的一些疑虑向他请教，他听后，用苏州口音对我说："阿澎，你记牢，红娘不是拉皮条。"这是我与俞老的不谋而合。我改造了红娘原有的形象，将她呈现为一个有情有义、敢作敢为的少女。1985 年 5 月，"内部彩排"的《佳期》上演于上海戏校实验剧场，俞老和复旦大学的赵景深先生也来看了演出，他们都对我的红娘表示肯定。赵景深先生曾撰文评价我的红娘："这位戏校最早以唱杜丽娘享盛名闺门旦，竟敢于改唱贴旦，为美化语言而作出贡献，是值得称赞的。因为南曲中最长的集曲'十二红'由十二支曲牌择句合成，比较优美动听，能够改得文雅，不至湮没，亦自有其意义。有些动作，像食和中指夹着腰带舞蹈，使我想起张传芳老师，可以说是典范犹存。她（指张洵澎）念到'老夫人言而无信，赖了婚姻'时，脸上显出怒容，也表演得好……剧中最主要的几句说白，是红娘受了闭门羹以后的台词：'老夫人啊老夫人，你言而无信，赖了婚姻，怎么割得断他们哟。正是世间鸾凤多情义，不枉殷勤系彩绳。'这样就显得红娘是为了'愿天下有情人都成了眷属'，而不是为了自己。"

在我的记忆中，俞老师为人谦虚、谦和、谦恭、谦让，他爱笑、言语幽默风趣透着点点温情，他热爱美食，嗜吃咸味奶糖……当然，他更心心念念于昆曲的传承创新，无时无刻不关怀着青年演员，才德之隆厚，至今泽被着昆坛晚辈。岁月可逝，师恩难忘！

（整理　唐心韵）

拳拳师生情　深深知遇恩

——回忆老师俞振飞

张静娴

（昆剧表演艺术家）

2022 年是俞振飞先生 120 周年诞辰。今天重读 20 年前写过的一篇文章《俞老教我唱昆曲》，行文朴素而情感真挚，老师当年的谆谆教诲、循循善诱皆历历在目，回顾往昔，让我倍感幸运。

隔行弟子的"三个意外"

幸运，是发自内心的感慨。上海昆剧团 1978 年恢复，毕业于 20 世纪 60 年代的昆大、昆二两班的学生，演员、乐队、舞美，我们这些老同学们重聚一堂，激动之情溢于言表。当时剧团氛围非常好，大家都珍惜这个失而复得的机会，以剧团为家、以表演为事业是很多同学的理想。我们都有家庭，生活压力大，但是所有人都以巨大热情投入工作，只争朝夕，力图追回荒废的十年。

终于可以重现传字辈老师的经典剧目，找回婉转隽永才子佳人了！——我这样想。然而"文革"十年荒疏太多，多少让人感到迷惘。记得有一次，师姐岳美缇为《玉簪记·秋江》录音，约我一起合唱，这戏我们没有学过，但是美缇姐唱的《小桃红》《下山虎》两支曲牌十分惊艳，真可谓荡气回肠，一唱三叹，余音绕梁。师姐说，这是俞老亲自拍的曲子。

我陡然萌生了请俞老为我拍曲的奢望。俞老当时非常忙，80 岁高龄的他不仅是上海昆剧团的团长，还身兼上海京剧院的院长、上海戏校校长、全国政协委员，社会活动繁多。我顾虑重重，不敢开口，转而请师兄蔡正仁去俞老那里旁敲侧击。俞老年高事忙，我又是隔行弟子，可能会被婉言谢绝。没想到很快师兄就给我带来好消息，说老师答应教我，让我打电话约时间。

我欣喜若狂，迫不及待地联系了俞老师，他已经准备好教我《长生殿·絮阁》。1981 年某一天的下午，我带着一个小小的录音机到老师家去。下午一点半左右，老师午餐结束，李蔷华老师给俞老师泡了一杯茶，我们两个就到书房间去上课。俞老告诉我，之所以给我选这个戏，因为杨贵妃有一套北曲，很完整很好听，我的嗓音条件非常合适。

我们还是学生时，老师们考虑到《絮阁》中的后妃争宠有"糟粕"之嫌而不作传授，我们也从未看过。"物以稀为贵"，俞老师为我挑出这样的一个剧目让我很欣喜。俞老师的唱念、示范和讲解很仔细。让人惊讶的是，一出老师可能几十年都没有碰过的旦角戏，至今可以这样烂熟于胸。我也抓住机会，认真求教，老师唱一遍我就跟一遍。这个戏两次课就完成了，但是老师的提点让我终生受用，需要我一辈子修炼的。

俞老非常体贴学生，他温存、睿智、幽默，善解人意。每当看到我有点拘谨，就让我唱一会歇一会。老师毕竟也是高龄老人，一段曲子唱下来或者一段念白讲解下来很辛苦。他有时停下，喝口茶和我聊天，讲起很多往事，其中有当年为传字辈老师办学、演出的经历，也有一些儿时记忆，说到俞粟庐先生当年为他拍曲时要求严格，老太爷把一盒火柴全部倒在桌子上，数着火柴杆，要求俞老唱满三百遍才可以上笛子。一次他对我说，张静娴啊，你进戏校应该谢谢言慧珠。他说我第一次考戏校没录取就是因为出身不好，第二次再考的时候，在校务会上又有人提出我的出身问题，是言慧珠说"条件好就应该录取"，一句话定我终生。

正是俞老的家学和功底，他才会对各个戏目轻车熟路，谙熟于心。

老师讲的唱昆曲的要诀：字、音、气、节、咬字、声音、气息、换气、透气都需要仔细拿捏。关于节奏，老师也强调了字、音等细节都是方法。他提到围绕一个"情"字抒发人物的情感喜怒哀乐，这些技巧都要为人物的情感服务，这些既是艺术，也是技术。通过俞老非常鲜明的示范、比喻和讲解，我顿感醍醐灌顶。

应该说，俞老给我三个意外：第一是没想到俞老这么爽快地就答应了我这个隔行弟子的要求，为我单独开课；第二是老师竟给我选好了曲目；第三是没想到老师一开唱一讲解，我就觉得老师是有备而来的。他对艺术的传承有着崇高的使命感，对后辈充满关爱，让我现在回想起来仍感动容。

精心耕耘，守正创新

一把钥匙开一把锁。如果我是"锁"，俞老就是这把"钥匙"。

我的主教老师朱传茗老师也是非常杰出的艺术家和教学家，唱腔和示范都很优秀，吹得一手好笛子，经常为言慧珠和俞老师伴奏。但是当时我年纪还小，对于昆曲吐字和唱腔不甚了了。"文革"之后当面求教于俞老，让我在一个更高的起点上重新认识昆曲剧种这门艺术的价值，包括它的文学性、它唱腔的音乐性、它的规范性，那么多的曲牌，那么多的格律，该用怎样的腔格去表现。

俞老教给我很多方法。《絮阁》的第一段曲子是散板。散板有利有弊。利在于节奏可以自由地发挥，不像上板的曲子，节奏是固定的。弊端在于散板一旦掌握不好，就很容易唱得松散拖沓。

俞老给我举例"一夜无眠"这句。俞老说唱腔中的高音我有条件发挥，可以充分施展、拖长一点，一下子就把杨贵妃的心境鲜明地交代出来了——这种地方的提示和处理让我受用一辈子。以后凡是在演唱传统戏甚至新编戏的时候，想到老师曾经给我示范的这些要领，就像有了法宝。再举一例，唐明皇去了梅妃那里，却对杨贵妃说自己昨天生病了，杨贵妃就有一句，"陛下休要瞒妾了"这个"瞒"字，老师用了一点颤音来念，好像有点冷笑，仿佛是"你还在骗我，我早就知道了"。巧妙而意涵丰富。老师主张念白口语化、生活化和情境化，这是一个很好的案例。

俞老是"守正创新"的典范。到了这个年纪，依然有追求、有要求，从舞台到课堂，形成一套融会贯通的表演和教学方法。这样一种"高起点"的点拨，真的是让我拨云见日：昆曲这样唱，韵白这么念，人物就更加形象、生动起来。还有一个曲子《喜迁莺》。杨贵妃责骂高力士弄鬼装妖，腔很低，唱到这个地方，老师忽然觉得情绪不对，让我唱高八度，马上有了气势。

俞老的舞台经验非常丰富，每每让人受益匪浅。而最让人感动的是，老师会注意到每个学生的特点，根据个人条件和剧情展开，因人制宜地更新、调整。像《絮阁》这样的戏，我学完之后掌握了方法，1982年初再去杭州跟姚传芗老师学表演的时候，就很有底气。

1983年，上海昆剧团去香港演出共10台戏。我先生是俞老师的"御用"鼓师，承担了大部分剧目的司鼓。外事规定夫妻二人不能同时出境，所以我肯定只能留守。那年5月份，邀请方代表团到上海来洽谈，昆团有招待演出，领导顾及我不能去香港，特意在招待演出中让我演《絮阁》，蔡正仁老师演唐明皇，刘异龙老师演高力士。有师兄们的帮衬，演出效果很好，而《絮阁》作为首演，居然一炮打响。在香港方面强烈要求下，我破格参团去香港演出。如果不是我当年斗胆向俞老求教、不是俞老用心良苦地为我选了这样的剧目，我可能不会有这样的机会。值得一提的是，"唱功戏"当年没有热度，正是由于这次机缘，《絮阁》逐渐成为热戏，至今也经常上演。这种机缘得以出现，是必须归功于俞老的。

俞老助我"转益多师"

1956 年，上海举办了南北昆交流演出，传字辈老师们正值盛年，昆曲舞台异彩纷呈，北昆也有很多艺术家到上海来演出。俞老和浙江昆剧团的张娴老师合作了《占花魁·受吐》，俞老演的卖油郎、张老师演的花魁，非常成功。

我跟老师学《受吐》的唱念。老师不止一次叮嘱，这个戏你去杭州跟张娴老师学，还向我讲述了当年他跟张娴老师合作的很多经历。我求教于张娴老师，她也毫无保留地向我传授了这个戏。传字辈老师都是男老师演旦角，张娴老师是个女性旦角演员，长期跟周传瑛老师合演，我自然收获颇丰。

后来由师姐岳美缇的牵头，我们把《受吐》这样一个折子扩展为全本《占花魁》，并在我国台湾、香港多地巡演，广受欢迎。《受吐》作为一出折子戏，我也已经教授给好几代学生，包括兄弟院团的学生。看到这出戏能够一代代传承下去，我又想起老师的点滴教导，想起前辈大师们为昆曲发扬做出的努力。

老戏新生，泽被后世

除了《絮阁》《受吐》，老师还传给我《慈悲愿·认子》《折柳·阳关》《盘夫》《女弹》等，从 1981 年到 1984 年，我断断续续地跟老师学了七个折子戏。《认子》知名度不高但唱腔好听，是一套有特色的北曲，老师建议我学会。这套曲子我非常喜欢，在《血手记》《班昭》等一些新戏的排演中，我也会跟作曲的顾兆琳老师一起挑选《认子》里面的曲牌，用到我们的创作剧目当中去。

此外，俞老还建议我学唱《女弹》。《货郎旦·女弹》属于元杂剧，很久没有在昆剧舞台上演出了，其中一套《九转货郎儿》，被称为昆曲当家老生的标尺之一。《长生殿·弹词》也是依照《女弹》的这一个曲牌的格律来完成的，学起来难度非常大，所以几十年未在舞台上演出过。老师把他自己当年一个手抄的小折子交给我，让我拿去抄一下。他告诉我，《女弹》没有教过别人，只教过自己的一个曲友。我将本子抄好，俞老又在我的手抄本上认认真真校对了一遍，用红笔把我点错的板眼都纠正过来。

《女弹》年湮代远，新人颇觉生疏，老师工作繁忙，也无暇对它进一步雕琢。我于是请了团里作曲的辛清华老师，还有老编剧陆兼之老师和我们团的导演秦锐生，把折子戏《女弹》经过一番整理、改编，最终呈现出来。1984 年的 5 月，我们在兰心大剧院把它搬上舞台，我和周启明、王泰琪同台，演了这出封存几十年、只闻其名却无人复排的戏。《女弹》让大家倍感新鲜，俞老看过后说"蛮好蛮好！"虽然我自知还有很多不足，但这两个字已经是莫大的鼓励和褒奖。10 月份在中国大戏院又连演两场。

2021 年上海昆剧团为庆祝建党 100 周年排演了现代戏《自有后来人》，我饰演李奶奶这个角色，在说家史的时候需要有一个完整的一套曲牌。当时我想了半天，我就选了的《女弹》的《九转货郎儿》中的三支曲子，3 转、5 转、6 转，摆在李奶奶说家史时，效果很好，恰如其分。这样一出来自元杂剧、经由俞老传授的冷门折子戏，居然在此时散发出如此巨大的能量。回想起来，还是要感激俞老的提议把它挖掘整理出来。

几十年过去了，如此种种，似是巧合，又仿佛是老师的远见和智慧，预见到昆曲中古老而宝贵的资源会为今天所转化、创新。

慎终追远，不负师恩

1993 年，台湾重版《粟庐曲谱》。此时俞老已病重住院，他却特地嘱咐蔷华师母送我一本。原来，当年习曲时，老师见我拍曲用的剧本都是手抄的，曾答应送我一本《粟庐曲谱》，十几年间他竟念念不忘！我手捧着曲谱，面对病榻上已无法言语的老师，唯有深深地鞠躬。

俞老一生与昆曲相依为命，深切体悟到昆曲演唱的甘苦与利弊。他曾经对我说："唱戏一定要动脑筋啊！"这句话看似简单，却令我受用终生。尤其是在跟随老师习曲、学艺之后，体会尤深。俞老于我的知遇之恩，绝不仅仅是教会了我几出戏。他在我最困难、最迷茫的时候，给了我最宝贵的支持和帮助。他规范、严格的教学，使我在甫回昆曲家园时便及时打下了扎实的基本功，并且通过言传身教，令我真正领悟到昆曲艺术特有的意韵和艺术观念。还有，他那豁达、谦和、敬业的高尚品格，也是我学习的楷模。

2002 年的 8 月 31 日，我在报纸上发表了一篇《俞老教我学昆曲》，2022 年俞老 120 周年诞辰，为了接受采访，我又翻出这张旧报纸。令人惊讶的是，那天正好是 2022 年 8 月 31 日，距我发表文章整整二十年。这也许是冥冥中的暗合，有一些神异的呼应，暗示俞老给我的滋养和护佑从未离去。所幸的是，我觉得自己现在可以向俞老汇报，我没有辜负老师的付出。

（整理　唐心韵）

师恩难忘
——纪念俞振飞老师 120 周年诞辰

周志刚

（昆剧表演艺术家）

2022 年是俞振飞老师 120 岁冥诞。1993 年，老师离我们而去，在这近三十年的岁月中，我时时想到与俞老师相处的点点滴滴。在学校时没有机会跟老师单独相处，进了剧团之后才面对面地接受老师的教诲，老师随时在我的唱念做表上给予指点，也关注我的表演生涯，在老师的爱护与指导下，我才能有今日的成绩，因此特为文表达深切的追思。

初识俞老师

我出生于 1947 年，童年时代没有太多的娱乐活动，最常做的就是跟玩伴学唱京剧。1959 年上海市戏曲学校招生，我的哥哥也喜欢京剧，特爱唱花脸，本想报名参加考试，但已超龄，于是积极鼓励我报考。复试的时候我瞄到名单上我的名字底下写着"录取""小生"。我想考的是京剧演员班的花脸行当，结果却差了十万八千里，我被录取在昆剧演员班，分到小生组，成为通称"昆二班"的一名学生。昆曲是我完全没有概念的剧种，小生则是从来没接触过的行当。因此入校后由倪传钺老师所带的基本功，拍同场曲，台步、圆场、山膀，我都是有一搭没一搭地跟着练习。直到看了俞振飞老师所演的《墙头马上》，那悦耳的声腔和儒雅的表演，使我对昆剧小生有了认知，从此改变了学戏的态度，也在俞振飞和沈传芷两位老师的教诲和引导下，在昆小生的领域中从一而终。

身为校长和演员，俞老师没有时间给小生组的学生上课或排戏，在我的记忆中，俞校长只有给二班的全体学生上过几次大课，教授白口韵律的念法，平上去入的相互关系等。唯一一次跟校长近距离的接触，是在 1961 年，在《庆祝建国十一周年对台湾人民广播》的纪录片中，俞老带着二班小生组的十位同学示范基本动作。平时则在期中或期终考试的时候，会看到校长坐在考台上观看学生的排戏汇报。

1964 年 5 月 21 日，期中考试唱念汇报时，俞老师亲临现场，事后点评说："周志刚同学的嗓子很好听，富有'镗音'。难得有这样一条好嗓子，唱得也不错。"那天我唱的是《长生殿·迎像哭像》中的【快活三】接【朝天子】。起初看到校长居中端坐，难免紧张，定下心之后，决定把握机会好好发挥一下，我尽了最大的努力，体现沈老师所教的。而被俞老夸奖和认可之后的兴奋之情，一直持续到今天。从那时起，我更刻苦地练嗓，钻研俞老的唱腔和唱法，务必使自己的真假嗓能结合得更完美。

1978 年初上海昆剧团重建之后，我从戏剧学院调回剧团担任小生演员。在一次静安区委各界人士迎春联欢会上，我和我的爱人朱晓瑜被邀请清唱了《长生殿·小宴》中的【粉蝶儿】和【泣颜回】。当时俞老师是主办单位邀请的贵宾，听了我们的演唱，问我："侬是怎么学唱的？唱得蛮像，嗓子相当好。"这次的偶遇，俞老还记得我这个学生，也对我的唱曲感到满意，使我倍感温馨。之后，凡有演出，俞老有空来看戏的话，都会对我有所指点，指出我的缺失，告诉我什么地方该怎么唱、要怎么表演。他老人家总是很关心我的演出动态，经常鼓励我："侬唱念不错，只是舞台实践机会不多。"

1981 年浙江永嘉昆剧团复团，到上海昆剧团寻求支援，俞老师对永嘉昆是很推崇的，他曾说："南昆、北昆，不如永昆。"由于永昆前辈老艺人已凋零，在此复团之际，俞老主张上昆一定要伸出援手。我虽然回到剧团，但最常担任的是青袍、龙套、太监、朝官等角色，俞老认为不是办法，就向团里建议派我去永嘉。

在俞老的推荐下，团里派我组成四人小组去支援永嘉昆，除我之外还有负责武功的田新运老师和昆二班的同学王士杰、徐嘉宛。我在永嘉从 1981 年 6 月待到 1984 年 1 月，努力地工作，修改、整理剧本，导演排练，担任主演，积累了二百余场的演出场次，跑遍了温州各大小城市及县城，涵盖三分之一的浙南地区，尝试了"草台班"的演艺生涯。我那时也就三十四五岁，体力充沛，不知道什么叫累。温州一带跟上海比起来也许不算是大码头，但我一样认真排戏，认真演出。在导演、教师和演员的三重身份中，对戏是越滚越深入，越演越熟练。有时一天三场演出，嗓子仍然顺畅极了，要怎么唱就怎么唱，唱出来感觉好像棚顶都要被震塌了一样。一出《墙头马上》就演了 108 场，超过上昆所有《墙头马上》演出场次的总和，再加上《贩马记》《贵人魔影》及《赠剑》等大戏和传统折子戏的演出，当我回到上海，俞老说："周志刚成熟了。"

1983 年有一次较长的休假，我从永嘉回到上海，在戏校"蒙古包"剧场演《南西厢·佳期》，我演张珙，一出场的【临镜序】唱完后就获得满堂彩。有人说我抢了主角的风头，俞老听到这个说法，就向那人解释，是他老人家带头鼓掌的，因为他觉得我唱作俱佳，公开肯定我的表演。

这次演出后，俞老告诉我，只要我有空，随时可以去他家，他可以帮我拍曲。俞老师拍曲，示范得很清楚，讲解得很仔细。有时不需示范、讲解，听他多哼几遍，也能有所领会。这就是熏陶吧！俞老拍曲基本上以《粟庐曲谱》为本。拍曲之后我请俞老录音，作为日后学习的参考，俞老录的有《八阳》（《千钟禄·惨睹》）、《玩笺》《认子》《南浦》《三醉》等，和《度曲一隅》所附录的小生名曲。这些录音我都列为珍藏，妥善保存。

排演《闻铃》

1984 年底，我向俞老师提出，想学《长生殿》中《闻铃》一折。俞老师听了很高兴，他说"该（吴语：这）出戏已经有几十年勒督（在）舞台上弗看见哉（了），俚（它）是一出大官生的唱工戏，真假嗓子结合要运用得好。难勒（在）高音区既要有宽度，又要有亮度，还需具备大官生的一种镗音。而且，该戏唱来有点吃力弗讨好，所以也唔没（没有）人去唱俚哉！"讲到这里，俞老师看看我，微笑着说："倷（你）倒是有格个（这个）条件唱该出戏格（的），蛮好（很好）！我来教倷。"

俞老师先给我讲述了他当年学《闻铃》的经过。《闻铃》是他父亲俞粟庐老先生亲自为他拍唱的第二出戏，整折戏只有一支【武陵花】曲牌，加上【尾声】唱段，剧中唐明皇要连唱一百板（相等于一百小节的4/4拍），因此，称之为百板武陵花，它是"一支曲牌一出戏"。它以昆曲特有的唱腔节奏，8/4拍的"赠板"曲演唱，节奏之缓，犹如西方的咏叹调。当年，粟庐先生要求俞老师在唱曲前必须先把唱词熟读背诵，再拍曲教唱。俞老师轻声地将唱词"万里巡行，多少凄凉途路情……"从头至尾，一字不落地背了一遍。我想，俞老师既是在对自己父亲当年苦心教导的深情回忆，又是在以自己的经验教育我们后辈。我们平时是一板一眼、一句一句的学唱曲，曲子会唱了，词也背下来了，但若脱离了曲子的旋律，单独背诵唱词就很难完整地背出。俞老师先从背词入手，熟读成诵后再拍曲学唱，词曲二者融汇一体，声情并茂，几十年后依然朗朗上口，足见老师唱念功底之扎实。

俞老师也做了简单的说明，"唱该个曲子，难的是唱出曲情，情从声出。特别是'只见黄埃散漫天昏暝，哀猿断肠，听子规叫血，好教人怕听……'，腔高，又真要有这'黄埃散漫'的感觉，达到凄凉悲怀、伤心悲哽之境地。'怕'字用音要饱满，才能真切感人。第二段【武陵花】更要讲究字、音、气、节，唱出情感。最后一句【尾声】'伤尽千秋'更是难，前面已经唱得很累，到这时还要翻一个高腔，如果唱不好，就前功尽弃。'千秋'，要一口气唱，蛮吃力格。"

《闻铃》的全部唱念教完，我跟俞老师说，想把身段也学下来，若有机会就可以上台演演看。老师说，"该出戏，我弗曾学过，身段、场型、地位，倷到苏州去请教沈传芷老师，（沈老师早已从上海戏校退休回苏州养老），我好多戏是跟倕老太爷沈月泉先生搭仔（和）传芷先生学格。"当时我心中一惊，在我面前的是一位备受尊敬、声誉满天下的艺术大师，竟然对学生如此坦诚直率地讲述自己的"不足"和请教他人的历史，这是多么难能可贵的气度！

我跟沈老师学会身段后，演出的效果很好，俞老师非常满意。1987年底，文化部主办"全国昆剧抢救继承剧目汇报演出"，俞老师一再推荐《闻铃》上北京参加公演。仅22分钟的演出，五堂掌声，谢幕三次。汇报演出后，俞老师欣然提笔，在《人民日报》上发表题为《看周志刚演〈闻铃〉》的文章（载于1987年12月23日），给予我最大的鼓励。

由于《闻铃》的演出成功，俞老更要求我要学好曲子、唱好曲子。为让我能确实掌握俞门行腔的种种方法，包括行腔、吐字、四声、阴阳调值的变化及真假嗓的发音、调节、部位，俞老时常为我示范和讲授，诲而不倦，悉心指导。有一次，我向俞老提出拜师的问题，俞老大笑，说："我是戏校校长，你们是戏校的学生，我唱的是昆曲，你们不就是我的学生？倷只要开口一唱，人家就晓得，勿用介绍，就是我的学生，用勿着拜师这个形式了，啊对？"俞老认为学昆曲是不用拜师的，昆曲是定词定调定腔定谱的表演方式，大家用的都是一样的剧本和曲谱，不像京剧是有流派的，而俞老拜京剧小生泰斗程继仙为师，是因为俞老要由业余演员转为专业演员，一定要有一位师父。有人说他的昆曲是"俞派"，他说："我只是按照我老太爷教我的唱法，啥格（吴语：什么）'俞派'？哈哈哈……"爽朗的笑声表达了他对"俞派"的说法，颇不以为然。

俞老不但教小生的曲子，旦角的戏一样拍曲，晓瑜的《认子》就是由俞老拍曲的。

两贤相会

1988 年，文化部为抢救昆曲艺术，决定为俞老师录制京昆舞台艺术录像片，俞老师把我约去，说了这件事。又说，有些预定录制的昆曲传统折子戏，虽然学过，但年久日长，不经常演出的剧目有些记不清了，又像《琵琶记》中的《书馆》，能唱念，但却没有学过身段表演，他要我与沈传芷老师联系一下，准备亲自到苏州去拜访沈老师，向他"讨教，讨教"。身为艺术大师的俞老师如此谦逊、平和，对沈老师十分尊重，让学生感动不已。沈老师则对我们称颂俞老师说："我打年轻时看到俞老在舞台上的台风……"他说时就竖起大拇指，心悦诚服地说："好！滴滴刮刮（吴语：确确实实）是一位儒雅风流的昆曲小生滑！"他们二位惺惺相惜，互相尊重，是学生的表率，也是昆曲界的佳话。在戏曲界，长期流行的俗语是"同行是冤家"，俞老师和沈老师是昆曲的同行——小生，都是我的老师，但这两位老师在艺术上的相互尊重和合作，到了何等的境界！给我们做学生的树立了榜样，堪称典范。

为了向沈老师"讨教"，俞老师由师母李蔷华老师陪同，昆大班师哥蔡正仁与我随行。87 岁的俞老师和 83 岁的沈老师在苏州沈老师府上相会，二位老艺术家促膝谈心，切磋琢磨，相互交流，或回忆流逝的往事，或议论昆曲的前途、对继承和发展昆曲的看法……，融洽温馨，充满着艺术气氛。这一次聚会，是二位老师最后的会面。老艺术家精湛的艺术、高尚的道德情操，以及为昆曲事业终生奋斗的精神，不但令学生深受教益，也在我脑海中留下了永志不忘的印象。

京剧表演

我此生有三次演出京剧的经验，都从俞老师那里学到不少表演上的技巧。

1986 年跟昆大班师姐梁谷音演出《金玉奴》前半段"莫稽讨饭"的情节。1988 年，由戏剧作家王家熙先生"作媒"，与荀（慧生）派表演艺术家孙毓敏大姐合演《金玉奴》最后"洞房棒打薄情郎"一场。

"莫稽讨饭"一节有个很特殊的表演，就是莫稽喝完金玉奴端来的豆汁儿后，把碗舔得干干净净，这是一个很生活化的动作，但通过戏曲略为夸张的表演手法，它变成一组既写实又写意的可爱动作。俞老师告诉我，用舌头舔碗，碗跟舌头是"两回事"。为了让观众清楚地看到舔碗的过程，莫稽双手捧碗向下走，头部则向上，使得伸出的舌头明显地在碗的上方，而不是碗的里面，舌头没有碰到碗，却无人不知他是在舔碗。舔筷子的动线则是筷子向右，头向左，道理跟舔碗一样。

1989年，由于翁思再先生的推荐，我有机会与来沪献演的天津著名京剧艺术家、荀（慧生）派高足赵慧秋老师（1929—2022）合演了《玉堂春·会审、团圆》，我饰演八府巡按王金龙。

《三堂会审》是京剧常演的剧目，由于流派或表演程式的不同，会给观众留下不一般的艺术享受。对我来说，这是一个最好的学习机会。我是昆剧演员，平日不会去学这类戏。当我接到这突如其来的任务时，有些进退两难，不接吧，已登了海报，接吧，两天后就要与观众见面。我对《团圆》这场戏连看也没有看过。怎么办？找俞老师！我赶到老师家，把情况说明后，老师既为我高兴，又为我担心。他知道时间紧迫，马上同我说起引子、白口、行腔，并教我《会审》剧本的速背法。老师再三叮嘱我要记住四个旦角唱完后的接口，以及四种笑法。他关切地告诉我：戏并不算重，但必须自始至终提着精气神。老师不顾年事已高，与我又是说，又是表，连带身段、关键之点，逐一传授。师母李蔷华老师又翻出录像带，让我亲睹老师《会审》的表演，向我讲述老师表演的妙处。时已深夜，老师依然认真地指导着我，我激动得说不出一句话来。临走时，老师又说："这是难得的机会，以后我有时间，再教你几出京剧小生戏，备而不用，也有好处。"老师的话语重心长，也给我壮了胆，为这次演出奠定了成功的基础。

生活中的俞老

1984年，上昆向各大学展览演出时，选出了《游园惊梦》。当时岳美缇、蔡正仁都不在上海，华文漪的《惊梦》只有让我来配演柳梦梅。《惊梦》是我1960年在戏校学的第一出戏，虽然演过不少次，但这次的搭档是华文漪，她既是师姊又是头牌演员，还是团长，我难免有点不自在。她很亲切爽朗地跟我说："阿弟！不用担心，在台下我是你的大姊，在舞台上该怎么演就怎么演。"同时，俞老师也给我临场指导。俞老说："侬身郎倒勿难看，人长动作勿容易摆。"随即纠正地说："'是答儿……'这个动作，手脚要平衡，身体要'攡'（反向用力扭转）。"接着示范给我看，还跟我开玩笑地说："侬可以创造长派动作倒勿错，我年轻辰光亦蛮长格。"说着就站起来跟我比身高，"还是我比老师长"。俞老敏捷地回答："我年纪大了，缩脱哉。"俞老也有调皮的时候。

俞老生长在江南，有些生活习惯一直维持着，例如，他喜欢到进贤路的一家浴室去洗澡，浴室提供全套的服务，包括擦背、扦脚（修脚）等，我经常担任"保驾"的工作。有一天，俞老师突然想到以前有一位扬州籍的姜师傅，扦脚的手艺特好，他和言慧珠都很喜欢，"勿晓得该位扦脚师傅，阿拉郎呢勿拉郎哉?!（不知道这位姜师傅现在在哪里？）"他悠悠地说了一句。我记住了这位师傅，四处打听，居然有了结果，姜师傅就在南京路的浴德池，于是俞老就换到浴德池去洗澡了。不管是去哪一家浴室，每次出门之前，师母李蔷华老师总是备好浴资、换洗的内衣、一袋茶叶，还有一小瓶"麝香保心丸"，再三叮嘱，要保护好俞老。我知道，洗澡虽是小事，但俞老是"国宝级"的人物，我还是要处处谨慎。俞老看我心情紧张，不时哼哼曲子，显得潇洒、轻松，以缓解我的精神负担，还会问我："你要不要全套？"并把两人的浴资交给我，由我去付款。虽然是陪伴老师，但每次都由老师负担费用，我总觉得过意不去，俞老了解我的心情，说："倷跟我出来，我工资赚得比倷大，应当我来，下次再勿用客气了。"

俞老喜欢大池泡澡，有个名堂说是"水包皮"，有时还要压起双手，浮起双脚，作仰游式的动作。擦完背，我帮他挠痒时，他会哼着曲子，显得很惬意的样子。打打水，拍拍背，就像小孩子玩水般的快活，还会说些当年搭程砚秋的京剧班时发生的故事，以及许多京昆两界演员不为外人知的事情。淋浴过后，用自己带去的茶叶沏上一壶茶，俞老说，这是"皮包水"。出些汗，不时地用毛巾擦拭，那舒服的样子，和台上风度翩翩、一丝不苟、投入角色的演出截然不同。

俞老最后住院时，我和俞老京昆两界的学生一起轮班照顾。2002年拍摄的《百年振飞》纪录片，叙述俞老的一生，我除了担任副导演，还扮演晚年的俞老和他所饰演过的几个角色，如《群英会》中的周瑜和《罗成叫关》中的罗成，为我与俞老的师生之缘，谱下了完整的篇章。

往事历历在目，俞老师的教诲永铭心上，愿俞老在天之灵护佑昆曲。

仰望星空
——纪念俞振飞校长 120 周年诞辰

刘 觉

（越剧表演艺术家）

（一）

1954 年上半年，华东戏曲研究院举办昆曲演员训练班，下半年，举办越剧演员训练班，即上海市戏曲学校的"昆大班""越大班"。11 月，我随苏州考取的学生进入华山路校址接受严格培训，从此看戏的机会也就越来越多。我兴趣很浓，白天课程再忙再累，晚上观摩从未瞌睡。无论楼上楼下，前座后座；各个剧种、各类剧目、各行各档的演出，看得兴致勃勃，心无旁骛。

我陆续观赏了俞振飞大师演出的昆曲、京剧，无论巾生、穷生、小冠生、大冠生、雉尾生，他超凡脱俗的风范，在我心中描画出了中国戏曲古典小生的卓越图卷。观摩了不少剧种的著名小生，都觉得难以比拟——像俞振飞那般文质彬彬的书卷气质，心神里透出的儒雅，令人敬慕的飘逸，难以企及的潇洒，玉树临风的意蕴；真是古典书生才子的舞台典型。更何况沁人心脾的唱腔，情气相融的长笑；神采飞扬，满台生辉，我心驰神往，如痴如醉。

作为一名越班生，只能在身训和排练中暗自模仿。平时脸庞表情也使劲往俞师神态上"靠"。昆大班一位同学望着我说："倷有点像俞振飞呀！"我心里有无法形容的高兴！

敬仰的慕思形成了日积月累的煎熬。少年烦恼，无人商量，只是夜间在小樟树上压腿时透过树冠枝叶，望着星空发呆。难以抑制的艺术向往，文化亲和，驱使我起草并反复修改，终于认真写就一份转学昆曲的申请报告。绕着校长教师楼，团团转、笃笃转，犹豫再三，决心走上楼梯送进了校长办公室。

过了许久，一位年轻的辅导员，退还了我的申请书，和蔼可亲地说："越剧需要发展男女合演，领导希望你安心好好学习！"

（二）

从 1958 年初建立越剧院学馆到 1959 年 6 月 1 日成立实验剧团，是越大班毕业前的实习期，筱桂芳老师教我排了《追鱼》中的张珍。两三年间，演出于绍兴、嵊县、新昌、四明山各地区，上海10个郊县，市各处工人俱乐部，大世界及先施公司游乐场，再演到贵州剧场、解放剧场。在解放剧场星期天日场结束，一群女学生要我签名，我签了两三个，便要紧匆匆离去。几百场演出实践取得了社会认识和艺术提升。

张珍应属巾生兼穷生的人物。我心驰神往俞校长文质彬彬"书卷气"。于是，在繁忙演出的休息天里，也逐渐养成了读书、背诗、练字、习画的自修爱好。

1959年9月，我随二团参加首都国庆十周年献礼演出，同时，向徐玉兰老师学习由沈传芷先生传授后改编的《评雪辨踪》吕蒙正，参加上海首届青年会演获奖。1960年初，我跟袁雪芬院长赴京，到梅兰芳先生主持的中国戏曲学院表演艺术研究班进修。领导、名师、专家的诸多讲座内容，我必在夜间誊清记录于徐玉兰老师临行前相赠的精美日记本上，方能入睡。

梅先生演讲，大礼堂坐得满满，班里各剧种著名艺术家如袁雪芬、常香玉、马师曾、红线女、李蔷华、关肃霜、陈伯华……及青年学员济济一堂，热烈期待心切。宁静中，穿中山装的梅先生走上讲台。忽然，他在我身旁停步，亲切地问："嗳！你就是昨天晚上演《连陞店》的小生吗？"昨夜演的是北京青年京剧演员张春孝，我一时竟回答不上，"不……不是我演的……"这时已经入座的俞振飞校长赶紧走来，对梅先生说："他是上海戏校越剧班培养的男小生。""哦……"梅先生登台演讲昆曲《游园惊梦》中的杜丽娘。其精彩绝伦的表演，袁院长回忆录中有动人心弦的记述。

俞校长专题讲演各类小生的形神特色。姜妙香、萧长华两位艺术家传授《群英会》片段。四大名旦的荀慧生演绎对比不同人物的特征。徐凌云先生讲演昆曲择要。可谓戏曲史上难得的一次艺术探讨。

1960年底，我随剧院首访香港组建的"上海越剧团"赴港演出。我在《金山战鼓》中演赵构。一次大型宴会上，有金融界、教育界人士寻访我，原来是俞校长早已写信给他（她）们做了介绍，我还收到了香港新版线装《粟庐曲谱》，这令我感动不已。

返沪后，我抱了一大捧崭新问世的塑料仿真鲜花，急匆匆赶往俞校长住宅。面对敬慕的心中偶像，感受俞校长的神采，亲切交谈后，深深鞠躬告别。回剧院宿舍的路上，真有点"腾云驾雾"的味道。

日后在徐玉兰老师指导下初演《西厢记》，不久大演现代戏。在繁忙的艺术实践中，思俞之念，只能书信抒写。收到"本市俞缄"的复函，最使我欣慰不已！感动化为驱动。至"文革"前的五六封信件，有钢笔也有毛笔书写，藏于宿舍箱内。运动初期，被院外组织收去，从此不复返也。

（三）

1979年春，剧院安排我同金采风、吕瑞英、张桂凤三位老师合作排演《西厢记》，由吴琛先生执导。上海及外地巡演后，回沪再演，于10月12日邀请俞校长和昆大班同学莅临指导。俞校长约我10月13日晚到他泰安路住宅听取意见。这是多年期盼难得的时光。

1979年10月13日，赴泰安路115弄5号，夜访俞校长记录摘要：

俞校长十二日看了《西厢记》相约今晚聆听他的意见。

蔡正仁夫妇携子同往。于电视台节目开始至结束，正仁合家看电视；我聆听俞校长的教导，他精神蛮好。

俞校长教导："戏蛮好，你的唱法很好。我前几天在《文汇报》上发表文章，谈到小生的唱法。京剧全部靠假嗓，昆曲真假结合，你的唱法很好，高音很亮，像昆曲官生的唱法。你的发音不像老生也不是假声，我认为很好。"

"你们戏的处理很干净，很大胆，只有四个主要角色，演得不冷，观众那样要看，很不容易。"

"你的演出蛮顺的。我是准备要看那些不顺之处，回来再考虑加以改进的办法。但是我看了觉得蛮顺，观众反映都很满意。"

"第二场站在假山上，美缇觉得可以多一些姿势动作，但我觉得是可以的。戏难在'静'，这'动'与'静'的关系中，动好做，静难做。要在静的中间见功夫，不容易。现在你站在那里不觉得呆板，静中有动。"

"你恢复小生才一二年就达到这个水平，出乎我意料。"

"京剧小生德珺如唱得很好。他扮相不好，开始学花旦，人称驴脸花旦，索性改小生，唱《叫关》很好，嗓音浑圆洪亮，不像姜妙香那样多腔，比较直。但他放开唱，声音洪亮，简直像小的花脸腔。过去京剧小生要文武昆乱不挡，最早有徐小香，苏州人，昆班出身。后来有王楞仙，再是程继先先生。那时候小生、武生都是属小生唱的。"

"小生的步法，关节要略弯，迈步似大，落脚要近，要求手脚之间的协调平衡。"

"川剧也受昆剧的影响，一个入川做官的人带去一班厨师和一个昆班，所以川剧有许多昆的东西，那时有一个小生顾楷成，完全是昆班的东西，是老昆班的东西。"

"唱戏很不容易的。我1963年在北京演戏，忽然觉得台上有新的东西，徐平羽观后大为叫好。我自己想，我唱到63岁了，方才觉得有新的东西，可见唱戏是难的。"

"准备舞台生活六十年纪念活动，《墙头马上》《断桥》《太白醉写》等，电影可能都要放映。要出纪念集子，工尺曲谱和简谱。演出以学生为主，我或许演一二折。"

"我当初香港版本的曲谱好大一捆，加上一些红木家具，两箱字画，文化广场失火，寄放房间恰好一墙之隔，都付之一炬，实在可惜！"

"年龄大了，演《金玉奴》后，感到演出之后乏力，不敢冒这个险。"

俞校长再谈了他一些家事后，取出艺事照相本给我看，见到程继先先生剧照，是台上主宰者的风度，功架极好。

梅先生《生死恨》的彩色剧照那样含蓄，那样美，眼神微垂，艺境清高。俞校长说还有一张找到会给我。并求俞校长近照，亦欣然同意。（不久两张大师照片都由蔡正仁同学相赠予我，俞校长执扇照片并有题词留念。）

俞校长这次谈话是从切身体会来教导我，从戏曲和艺途的宏观上启迪我，夜不能寐。

（四）

1979年12月13日，袁雪芬院长发表于《文汇报》题为"闯出越剧小生新路子"一文中表述："重新学习继承越剧女小生的艺术流派，参考吸收京剧昆曲小生的某些表演进行自己的艺术创造时，他下了很大功夫。戏剧老前辈看了《西厢记》很高兴，俞振飞同志鼓励说：'刘觉的张生，虽有继承和吸收，但既不是京剧的小生，也不是昆曲的小生，他闯出了越剧男小生自己的路子。'"

（五）

1980年4月15日，上海举办为期五天的俞振飞演剧生活六十周年纪念活动。这之前我随袁院长拜访俞校长，有电视台录像，也是这次活动的内容。

两位前辈相见握手甚欢。袁院长说："俞老，他是你的学生。当年，你通过夏衍部长的关系，要他学昆曲，我没有同意，不过，他仍然是你的学生。"

俞校长闻言朝我轻轻一笑。

这一言一笑，激起我心中涟漪。少时至今的艺术追求，融合在此时此刻俞袁两位艺术前辈的坦诚忆谈，印证了他们对后辈的关爱。

（六）

曾经指导过我的著名人物画家顾炳鑫先生观看《西厢》后，为我扮演的张琪画像。我请俞校长题字，他作诗一首，书于画上。

艳影惊鸿恍入眸，长康笔底得风流。

琳宫梵宇神仙境，平视有人倘姓刘。

（七）

校长信函

1979 年 12 月 23 日

刘觉同学：来信及你的文章俱已收到。文章写得很实在，我已交给文艺研究所了，他们可能有些增删，我想大概你不会有意见吧？

连日开会，雪芬同志经常见面。她告诉我你们在杭州演出《西厢记》的盛况，闻之欣慰异常。男小生这条路给你打开了，这是你多年来坚持而得到的成功，可喜可贺。谢谢你的来稿。祝你演出成功！

俞振飞手简　十二月廿三日

1984 年 7 月 16 日

刘觉同学：多时未见为念！你托正仁带给我的甲子纪念币，我非常喜欢。恰巧还有卅六个寿字，蕾华也感到如获至宝，向你表示诚挚的感谢！

我于 1956 年秋到过桂林，人称"桂林山水甲天下"。我的感受，从桂林到阳朔，乘小木船在漓江中游荡（如乘汽艇，"味儿"就不一样了），对于"山穷水尽疑无路，柳暗花明又一村"的情景，可以遇到很多次，真感到有飘飘欲仙之感。所谓"阳朔山水甲桂林"，实际指的就是漓江山水。这次你如没有游过漓江，希望在拍摄工作竣事后，顺便去玩一次。

这次你能担任柳宗元剧的主角，趁此机会，可以看到许多资料，对你来说，是个良好的学习机会。我对"柳字"很喜欢，他比赵孟頫更为挺秀，我年轻时也临摹过，结果为了戏迷，一切都丢光了。上月我在上海唱片公司录了几段昆曲，因为这种唱片要求比较高，名为"音响档案"，推销到世界各国博物馆和图书馆去的，所幸嗓音还和四五十岁差不多，我想你知道了也会替我高兴。祝你成功！

振飞手复　七月十六日

（八）

《思俞》
古典书生艺，江南俞振飞。
真书秉意写，翠竹望峰依。
起唱舒兰韵，行吟启菊扉。
拍曲三龄梦，星空迎晨曦。

俞振飞的表演艺术理论及艺术贡献

俞振飞先生谈粟老的曲学渊源和贡献
——1964年俞、胡通信考释

吴新雷
（南京大学文学院，教授）

摘要：俞振飞先生在1964年1月24日给曲家胡忌同志写了一封信，专谈乃父粟庐老人家的曲学渊源和业绩贡献。现据胡忌同志赠我此信的复印件校点公布：

此信的内容甚有史料价值，试做考释：

（一）关于粟老的曲学师承，过去只提叶堂传人韩华卿，此信补充提出了另一人滕润之。（二）粟老独具创造性，既不固步自封，又能转益多师，到各地寻师访友，还向各戏班的艺人学了很多戏。昆曲历来有“清工”和“戏工”之分，信中指出粟老最大的贡献是把“清工”和“戏工”糅合在一起，形成了他的独特风格，这点明了“俞家唱”和“俞派唱法”的渊源和来头。（三）信中指出：粟老是苏州昆曲传习所的主要发起人之一，穆藕初是苏州昆曲传习所的创办人，1923年穆藕初在上海成立“粟社”，推广传承了“俞派唱法”。（四）信中指出：《粟庐曲谱》是由香港中华书局于1953年付印，正式出版在1954年。卷首所载《习曲要解》写成于1953年。

关键词：胡忌　俞粟庐　俞家唱

俞振飞先生在1964年1月24日给曲家胡忌同志写了一封信，专谈乃父粟庐老人家的曲学渊源和业绩贡献。缘起于胡忌同志在研习《粟庐曲谱》时曾致信俞先生，询问伊尊翁粟老的曲事，俞先生便回了这封信。现将胡忌同志的基本情况和回信内容考释出来，公之于同好。

胡忌（1931—2005）是著名的昆曲史研究专家，江苏省昆剧院一级编剧。他是上海人（原籍浙江奉化），父亲胡行之是文化人，与复旦大学赵景深教授交好，所以胡忌得以拜赵教授为师，从事古典戏曲的研究而热爱昆曲，看到了昆剧“传字辈”周传瑛和王传淞的演出，并向郑传鉴和张传芳学唱昆曲。1956年，由赵景深教授推介他到广州中山大学中文系工作，担任王季思教授和董每戡教授的助理。1957年调到北京中国戏剧家协会，任中国戏剧出版社编辑，出

■ 俞粟庐老先生（号韬盫）辛酉 1921 年 75 岁玉照（见《粟庐曲谱》卷首）

版了个人专著《宋金杂剧考》，崭露头角，闻名于世。1961 年，调往辽宁省社会科学院文学研究所，后转中国戏剧家协会辽宁分会。"文革"中下放到该省喀左县文化馆做田野考古工作。1978 年调到江苏省昆剧院，曾整理改编了《牡丹亭》《草诏》《阎惜娇》和《血冤》等昆剧，并和刘致中合作，撰著了《昆剧发展史》（中国戏剧出版社 1989 年出版，中华书局 2012 年重印）。此外，他还出版了《明清传奇选注》和《古代戏曲选注》，编辑了《郑传鉴及其表演艺术》等专书。

我初识胡忌同志于 1960 年暑假期间，是在北京昆曲研习社唱曲时订交的。1961 年寒假中，他回上海家里，我正好也到上海有事，便相约一起去拜会了俞振飞先生。以后他回上海时，也曾多次去看望俞先生。[1]"文革"后，他调动到南京江苏省昆剧院，我从中出力起了牵线搭桥的作用，所以常有来往。有一次我到他家，谈起江南曲圣俞粟庐老前辈的成就，他就拿出俞振飞先生的这封信给我看。他跟我讲，这是他在沈阳工作时为研习《粟庐曲谱》特地致函俞先生请教有关问题，承蒙俞先生在百忙中专门回了此信。我看到信封上写着：

---

① 据 1976 年 4 月 28 日俞先生给我的信中说："胡忌同志这次在沪曾晤谈两次，甚快！您给他的信，他也给我看了。"（《俞振飞先生书信选》（唐葆祥、徐希博、陈为瑀编注）上海古籍出版社 2012 年版，第 225 页）。

辽宁省沈阳市马路湾

剧协辽宁分会

胡忌同志

上海俞缄

一九六四年一月廿四日

我再看信笺共二页，读后大为称赏，认为此信的内容甚有学术意义，他便答应赠我复印件（信封没有复印）。2005 年他病逝后，遗下的图书信件等资料已全部收藏于浙江遂昌汤显祖纪念馆。

现据胡忌同志赠我的复印件，将俞先生此信全文用简体字逐录校点如下：

胡忌同志：

惠函读悉。先父于 1930 年四月逝世后，吴瞿安（梅）先生曾为先父写了一篇"家传"，随函附奉，供您参考。

另外，先父的唱曲老师，除了韩华卿之外，还有一位滕润之老先生，他们二位都是业余昆曲专家，据说是叶怀庭（堂）的再传弟子（韩、滕的老师是叶堂的学生，姓甚名谁，因为当年就没有好好记住，先父逝世后，就无从查考了）。他得到昆曲的正宗唱法，是韩、滕二位。同时，他也向各戏班的有名小生艺人学了很多戏。当年的昆曲有"清工""戏工"之分。叶堂是继承了魏良辅的一脉相传，是"清工"的唱法。所谓"清工"，就是只唱清曲，没有说白，更没有打击乐，所以叶怀庭的《纳书楹曲谱》没有说白的。把清工、戏工两种唱法糅合在一起，这是先父的一个创造。

"清工"和"戏工"不同之点，就是"清工"讲究"唱法""发声""咬字"，每一段曲子，不管什么思想感情，都是慢条斯理地唱。戏工是结合人物个性、思想感情的，因此需要快的唱得很快，需要慢的唱得很慢，甚至有由快扳慢，亦有由慢催快。

先父的创造，就是利用了"戏工"的当慢则慢，当快则快。注意剧中人的人物和感情。但又吸收了"清工"的"唱法""发声""咬字"等的优良传统，形成了他的独特风格（后来的所有唱曲家，都倾向于"戏工"，把"清工"的唱法、发声、咬字等重要项目都放弃了。但对"戏工"的

▌ 1995 年 1 月 8 日在南京昆曲社迎春曲会上胡忌（右）、郑传鉴（中）、吴新雷（左）合影

着重人物个性思想感情一方面也没有很注意的掌握，成了"唱谱"的歌唱者）。

先父在生之时，对于江浙两省的所有昆曲集团他都参加。每年除了苏州之外，经常到上海、昆山、松江、嘉兴、嘉善、海宁、硖石、杭州等地去会唱。

一九二一年苏州创办昆曲传习所，先父是主要发起人之一。一九二二年上海穆藕初先生（即昆曲传习所创办人）成立"粟社"，广为流传俞派唱法。

因为先父别号"韬盒"，所以穆藕初先生特地在杭州灵隐寺上面的韬光寺里面，建筑了一所房子，取名韬盒，至今还存在。

一九五四年香港中华书局出版了《粟庐曲谱》，其中的"工尺谱"都由我自己所写，完全按照先父的唱法，用工尺把它谱出来。虽然只有卅出戏，但是费了很长一个时期，才把这些唱腔比较明了地谱出来。

我早一阵为了话剧现代剧目会演，看戏，座谈，听报告。回来了二十多天，也忙乱了二十多天。因此您要的材料，只好在忙里偷闲时间中给您提供这些，不知能用否？如果还有其他问题要了解，请您再写信来。专复，顺候起居！

俞振飞敬礼一月廿四日

慧珠附候

此信提示了重要资讯，十分可贵。我试作解读，释出八种信息要点如下：

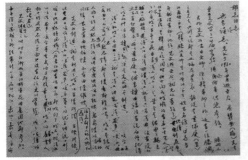
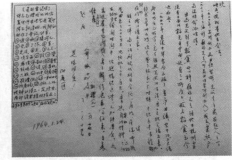

俞振飞先生致胡信手书

（一）关于粟老曲学的师承，《粟庐曲谱》卷末所载吴梅《俞宗海家传》云："君讳宗海，字粟庐，松江娄县人。……娄人韩华卿者佚其名，善歌，得长洲叶堂家法，君亦从之学讴。"而这封信中说明启蒙老师有两位："先父的唱曲老师，除了韩华卿之外，还有一位滕润之老先生。"他们两位都是叶怀庭（堂）的再传弟子，所以能得到苏州清曲大家叶堂的"正宗唱法"。——过去只提韩华卿一人，此信补充提出了另一人滕润之。

（二）粟老独具创造性，既不固步自封，又能转益多师，拓宽眼界。除了师承同乡韩华卿和滕润之以外，又到各地寻师访友，还向"各戏班的有名小生艺人学了很多戏"。昆曲历来有"清工"和"戏工"之分，俞振飞先生在信中指出粟老最大的贡献是："把清工、戏工两种唱法糅合在一起，这是先父的一个创造！"信中说："'清工'和'戏工'不同之点，就是'清工'讲究'唱法''发声''咬字'，每一段曲子，不管什么思想感情，都是慢条斯理地唱。'戏工'是结合人物个性、思想感情的，因此需要快的唱得很快，需要慢的唱得很慢，甚至有由快扳慢，亦有由慢催快。"并进一步论述："先父的创造，就是利用了'戏工'的当慢则慢、当快则快，注意剧中人的人物和感情。但又吸收了'清工'的'唱法''发声''咬字'等的优良传统，形成了他的独特风格。"我解读这段话，认为这点明了"俞家唱"和"俞派唱法"的渊源和来头。

（三）粟老敬业乐群，热心传艺授业，喜欢广泛结交昆曲朋友，相互切磋，与同辈和后辈（青少年）都有交流。信中说："先父在生之时，对于江浙两省的所有昆曲集团（指曲社曲会）他都参加。每年除了苏州之外，经常到上海、昆山、松江、嘉兴、嘉善、海宁、硖石、杭州等地去会唱。"所以粟老独特的唱曲风格影响深广，被曲界尊之为"俞派"，称颂为"俞家的唱"（俞

▌ 2011 年上海辞书出版社再版《粟庐曲谱》（线装本一函分订四册）

家唱）。①

（四）信中指出：粟老是苏州昆曲传习所的主要发起人之一。（"一九二一年苏州创办昆曲传习所，先父是主要发起人之一。"）

（五）信中指出：穆藕初是苏州昆曲传习所的创办人。

（六）信中指出：一九二三年穆藕初在上海成立"粟社"，推广传扬"俞派唱法"。

（七）信中指出：《粟庐曲谱》是由香港中华书局于 1954 年出版的。信中说："一九五四年香港中华书局出版了《粟庐曲谱》。其中的'工尺谱'都由我自己所写，完全按照先父的唱法，用工尺把它谱出来。虽然只有卅出戏，但是费了很长一个时期，才把这些唱腔比较明了地谱出来。"（按：《粟庐曲谱》的工尺谱和唱腔符号等均由俞振飞先生依据粟老生前口授之唱法写定，再请苏州书法家庞蘅裳精缮誊录。）1953 年秋，俞先生在香港时又写定《习曲要解》列于《粟庐曲谱》卷首交由香港中华书局付印，于 1954 年正式出版。2011 年，上海辞书出版社据香港版影印了线装本（一函分订四册），2013 年又出了精装本（合订为一册），已大量发行传世。

（八）俞先生待人接物，素来温文尔雅，彬彬有礼。先生写完此信时，可能夫人正好在家相伴在旁，便特为夫人尽到礼数，写上了"慧珠附候"四字。众所周知，名闻中外的京、昆艺术家言慧珠女士是先生的夫人，先生在此为夫

---

① 见拙著《昆曲史考论·昆曲"俞派唱法"研究》，上海古籍出版社 2015 年版，第 354 页。

人附笔，表示了向受信人致候的雅意。当时俞、言伉俪在1964年元旦后刚从长春电影制片厂摄制昆曲彩色影片《墙头马上》胜利归来，① 所以信中说"回来了二十多天"，又忙着应邀参加上海话剧现代剧目会演的事，"忙乱了二十多天"。先生在百忙中为胡忌同志答问，真是难能可贵！（按：《俞振飞书信选》所录均为"文革"后期及"文革"之后的信札，而"文革"前的信由于"文革"初期"破四旧"大多已散失无存，独有胡忌同志保留了此件，执笔的年代恰恰在"文革"之前，实在难得！）

综上所述，俞振飞先生写给胡忌的这封信很有史料价值。因为这里只简要地介绍此信的主要内容，所以就不展开详细地论析了。

---

① 据江沛毅《俞振飞年谱》上海文化出版社2011年版第206页至208页记载，俞、言伉俪在1963年7月到长春电影制片厂拍摄昆曲电影《墙头马上》，担纲生旦主演，到12月底摄成，于1964年1月初回到上海家中。

俞振飞对当代昆剧的贡献

罗怀臻

（著名剧作家，中国戏剧家协会顾问、中国文艺评论家协会顾问）

摘要：俞振飞是上海昆剧的"元神"，他在古典昆剧的现代化转型中起到了举足轻重的作用。其杰出贡献集中表现在以下几个方面：其一，使昆剧重归雅部，重新成为文人戏剧；其二，使昆剧进入现代都市剧场，开创海上昆剧剧场艺术典雅风范；其三，推动国家层面重视和保护昆剧；其四，培养并影响了几代昆剧小生演员；其五，《振飞曲谱》等著述泽被后人。

关键词：上海昆剧 现代剧场

余生也晚，与俞振飞先生生前交集仅有两次，一次是听他的学术讲座，一次是看他的舞台演出。

1983 年秋天，我在上海戏剧学院戏剧文学系进修，系主任陈多老师邀请到俞振飞先生为我们那个进修班做学术讲座。因为消息提前传开了，要求旁听的班级很多，于是从原定的红楼教室转移到当时的实验剧场——今日的端钧剧场。陪同俞振飞先生来做讲座的是他当年风华正茂的弟子蔡正仁。时年俞振飞 81 岁，蔡正仁 42 岁——可巧蔡正仁今年也是 81 岁。那次讲座距今将近 40 年了，俞振飞先生仙逝也已将近 30 年，惜乎当年我对昆剧茫然无知，俞振飞讲了什么，已全无记忆。但是，俞振飞身上洋溢出来的精致的文人士大夫气质和戏曲表演艺术家的人格风采却历历在目、历久弥新。那时的蔡正仁，毕恭毕敬地侍立在俞振飞身后，颇像传统戏里的书童。俞振飞越是潇洒，蔡正仁越显得规矩；蔡正仁越是规矩，俞振飞越显得潇洒。俞振飞每每讲到精妙之处，便示意蔡正仁做表演示范，蔡正仁的表演示范也是中规中矩，丝毫不敢随兴发挥。我印象最深的，是俞振飞收场时亲自示范的那一声笑，那笑声之清朗、之悠长、之美妙，那笑声之儒雅、之自如、之放纵，直至今日，我再没听到比俞振飞那一声笑笑得更艺术的戏曲演员。也正是俞振飞那一声笑，种下了我对昆剧尤其对昆剧小生表演的最初认知——典雅的、精致的、人性的中国传统表演艺术。

我唯一看到的一次俞振飞先生的现场演出，是他上妆表演的《太白醉写》。时间大约在20世纪80年代末，其时，俞振飞已经需要人扶着上台，但他仍然努力完成下跪的表演，跪下后需要由人扶着才能站起来。记忆中俞振飞的那场表演，可谓老态龙钟、老眼昏花，但那恰恰正是大诗人李白酒后失态、目空一切的传神表演。俞振飞先生令观者信服的是，唯有昆剧、唯有他俞振飞方能挥洒出大诗人李白的狂放不羁与仙风道骨。许多年以后，我又一次通过当年的录像重睹了俞振飞先生的那一场表演，随着我对昆剧艺术的逐步认知及个人生命年龄的增长，对俞振飞先生诠释的诗人李白更加敬佩。李白之于俞振飞，俞振飞之于李白，真的是难分彼此、合二为一了。

当我们与一位杰出艺术家同处一个时代时，所能感受到的可能更多的是他或她微观的、具体的成就；随着时代推移，艺术家的个体生命渐渐没入了历史，再经过一段时间沉淀之后回顾其生平，或许会更多地看到他或她对于一个时代所作出的宏观的、整体性的贡献。毫无疑问，俞振飞是20世纪中国古典昆剧向现代昆剧实施转型过程中一位举足轻重的人物，而作为一代昆剧"元神"的俞振飞究竟为中国昆剧作出了哪些贡献呢？我以为主要表现在以下几方面。

其一，俞振飞带动了昆剧表演重归雅部。20世纪二三十年代，正是昆剧传字辈演员成长并登台的时节。然而，传字辈却是极其怀才不遇的一代昆剧演员。他们在传习所学习的是正宗典雅的文人昆曲，可当他们走出传习所、走向社会舞台的时刻，属于传统的厅堂文人雅会式的昆曲时代，已经一去不复返了。昆剧传字辈演员们不得不面对的，是一个西式镜框式舞台的现代化剧场时代，是京剧代之而起的繁花似锦的黄金时代，是话剧的写实美学和地方戏曲的生机盎然并与京剧争奇斗艳的时代。这个时候，传字辈演员已经很少在城市的正规剧场演出了，他们当中有的甚至已经改行，或者给京剧和地方戏演员当教师。此种情形下，原为票友的俞振飞毅然"下海"，他凭借着自己精湛的昆剧表演艺术积累和在演艺界巨大的舆论影响力，通过与当时京剧界"顶流"明星如程砚秋、梅兰芳等同台合演，在一定程度上，为当时处于艰难生存境地、为何去何从而苦苦坚守的昆剧提振了士气、坚守了品格，俞振飞几乎以一己之力令凋敝的昆曲表演重回雅部，重新成为当时文人雅士与新型知识分子精英所欣赏的舞台表演艺术。

其二，俞振飞推动了昆曲走进现代剧场。我们今天说昆剧是高雅艺术，但在 20 世纪上半叶，它曾一度只能在民间草台演出。正是有了像俞振飞这样具有剧场影响力的表演艺术家，通过与京剧名家名角的合作演出，不断促进昆剧与其他剧种的互鉴融合，并凭着个人的号召力，身体力行地推动昆剧在 20 世纪新型的镜框式舞台现代化剧场的演出，这才使得昆剧没有被剧场艺术的新宠如话剧、京剧、女子越剧及新中国建立前后大量强势崛起的地方戏曲如北方的豫剧、评剧、晋剧，南方的如越剧、粤剧、黄梅戏，上海的如淮剧、沪剧、滑稽戏等排挤到城市与剧场的边缘。1978 年，在俞振飞先生的积极推动下，上海建立了完全都市化、剧场化的昆剧专业剧团——上海昆剧团。从此，上海昆剧团在俞振飞的带领下，成为当代昆剧艺术都市化、现代化与国际化审美标准的风向标。

其三，俞振飞影响了国家层面保护昆剧。俞振飞先生在昆剧艺术方面的高深造诣和广泛影响，不仅在全国戏曲界享有声望，在新中国第一代党和国家领导人中也受到尊重。老一代党和国家领导人中不乏戏曲艺术的爱好者，也不乏精通古典昆曲的方家。俞振飞先生借助自己的名望影响，通过书信、建言等方式，推动了国家层面对昆剧的保护与扶持。在俞振飞等著名人士的积极建言与谋划中，1985 年，文化部成立了振兴昆剧指导委员会，俞振飞担任主任。1978 年，在原上海市戏曲学校京昆实验剧团基础上成立了独立建制的上海昆剧团，俞振飞亲自担任首任团长。过渡时期，俞振飞身兼上海京剧院院长、上海昆剧团团长、上海市戏曲学校校长、全国振兴昆剧指导委员会主任，其对昆剧在上海与全国的保护、传承与创新、发展，起到了不可替代的作用。

其四，俞振飞奠定了上海昆剧团表演风格。2022 年，上海将为多位活跃于 20 世纪的戏曲表演艺术家举办纪念活动，有昆剧俞振飞 120 周年诞辰、淮剧筱文艳、越剧袁雪芬、沪剧王盘声 100 周年诞辰等。我在纪念筱文艳 100 周年诞辰的文章中把她比喻为淮剧的"元神"，我这里"元神"的含义是指那些代表性艺术家在带领其所在剧种经历了 20 世纪上半叶城市化、剧场化的时代变革后，同时也成为那个剧种艺术风格与审美气质的奠定者。他们的代表性作品、个性化声腔，成为识别那个剧种的 DNA，成为那个剧种艺术谱系最基本的要素构成。对于这样的屈指可数的奠基石般的卓越艺术家，我借用了现代流行的概念，称他们为那个剧种的"元神"，如周信芳之于海派京剧、俞振飞之于上海昆剧、袁雪芬之于上海越剧、丁是娥之于上海沪剧、筱文艳之于上海淮剧、蒋月泉之于上海评弹。而就俞振飞先生而言，不仅因为他是上海昆剧团首任团长，更因为他的学养背景、人格气质、审美格调与开阔视野，已深深溶解于上海昆剧团存在与发展的基因里，难分难解。上海昆剧团的风格就是俞振飞先生创立的在保护与传承基础上的积极创新，它曾经代表并努力保持着中国当代昆剧经典化、时代化、都市化与国际化的追求，始终致力于推动昆剧艺术朝着当代审美方向的发展。这是俞振飞先生留给上海昆剧团宝贵的精神遗产。

其五，俞振飞滋养了几代戏曲小生演员。俞振飞先生培养的戏曲小生演员，有昆剧、京剧的，也有非京昆剧种的。在俞振飞言传身教和他的表演风格影响下，江南戏曲剧种极大地提升了小生的表演地位和表演水平。凡受俞振飞小生表演艺术影响的演员，都会将规范化、精致化与人性化作为表演艺术的标准和追求。我与蔡正仁兄曾经合作，与岳美缇老师颇多交往，我在他们身上看到的俞振飞先生的表演艺术风范最为充分。岳美缇老师的许多学生更是跨剧种的，如越剧的茅威涛、章瑞虹，淮剧的梁伟平等，他们也都可以看作是俞振飞先生小生表演艺术的泽被者。近年我常看张军、黎安的昆剧演出，名分上张军师承蔡正仁，黎安师承岳美缇，他们是俞振飞的再传弟子，随着张军、黎安表演艺术的趋于成熟和个性化发展，我仿佛又看到了俞振飞小生表演艺术风范的不同侧面。追根溯源，俞振飞在昆剧表演艺术领域的守正创新，为古典昆剧进入现代剧场提供了可资借鉴的范式，这种范式又成为新的传统，滋养后人继续在继承新传统的基础上向前发展。

其六，俞振飞遗著数种泽被后人。俞振飞先生不仅是造诣高深的京昆表演大师，也是一位具有高度理论自觉的戏曲学问大家。俞振飞为后世留下的《粟庐曲谱》《振飞曲谱》《俞振飞艺术论集》等著作和他的表演艺术一样弥足珍贵。当我在昆剧创作上遇到难题时，会去翻阅他的《振飞曲谱》，从中寻找解决问题的良方。阅读俞振飞先生的著作，能够感受到著者在帮助我们建立古典艺术与当代创作之间的有机联系，并且为这种联系寻找到可靠的理论依据。不但是学术的、学理的，也是实践的、实际的，它在为我们永不停歇的传承、发展和创新、转型源源不断地提供动能，令我们的"因时而作"既具有昆剧的"身份感"，又不会因为"身份感"而成为当代心境表达的束缚。

上述六个方面，是我对记忆中"若隐若现"的俞振飞大师既模糊又清晰的粗浅描摹。我所以称俞振飞先生为大师，是谓大师之为大者，乃以德艺兼修立身，以传道授业为任，为赓续昆剧而笃行，为戏曲事业而殉道。凡此种种，俞振飞先生之为大师，应是当之无愧的。

海派文化大师俞振飞的历史贡献

谢柏樑

（中国戏曲学院教授）

摘要： 在大家公认的海派文化大师中，戏曲表演艺术家俞振飞享誉海内外。迄今为止，由国家文化部和中国文联举办的表演大师演出大会，也只有梅兰芳、周信芳、盖叫天和俞振飞4人荣膺其中。俞振飞以传统文人雅士的身份投身舞台，将自身的文化修养熔铸于昆曲与京剧的表演实践之中，在"花"与"雅"的相互融汇中游刃有余。他还滋兰树蕙，传道授业，为戏曲艺术的发展培养了大量人才。本文从传统文化品格、京昆融汇成就、人才培养序列等方面，试图立体还原俞振飞的传统文化传递路径及其为京昆艺术的发展所做出的重要贡献。

关键词： 俞振飞　海派文化　京昆艺术

　　海派文化大师，通常指在文艺创作和学术研究、思想引领下具备浓郁上海特色、江南风范和中国气派的一些文化艺术大家。

　　仅就文艺创作领域来看，海派画家的代表人物如董其昌、任伯年、戴敦邦、陈逸飞等人，海派文学名家如张爱玲、施蛰存、巴金、余秋雨、王安忆等人，海派京昆名家如汪笑侬、潘月樵、周信芳、盖叫天、俞振飞等人，都撑起了海派文化云蒸霞蔚的创作天地，满足了国际大都市芸芸众生的文化需求，彰显了东亚魔都摇曳生姿的艺术品格。

　　作为海派文化大师序列中的戏曲表演艺术家，俞振飞（1902—1993）先生寻找到了传统文人雅士与舞台表演艺术家的最佳结合点，又在600年的昆曲和200年的京剧的融汇过程中用功甚勤，在左右逢源中相得益彰；他还在传道授业、薪火相传的戏曲人才培育方面功勋卓著。作为在京昆艺术发展方面做出了重大历史贡献的人物，值得大家铭记在心，顶礼称赞。正因为此，谓其为海派文化大师之一，厥功甚伟，高山仰止。

一、传统文人书卷风雅，艺术大家崇高风范

古往今来，弃官不做、由文转艺的例证，屡见不鲜。汤显祖辞官写剧，《临川四梦》方得以全部成就。汪笑侬辞去太康知县，转而唱戏，众所周知。至于《宦门子弟错立身》当中的金国皇族完颜寿马，李渔《比目鱼》中的襄阳书生谭楚玉，虽说俱是戏文虚构，却也在生活中有迹可循。

松江俞粟庐（1874—1930）先生亦复如此。其父俞承恩出身武举，历任六合县千总、守备与正四品都司花翎。俞粟庐历任松江县、金山县守备，苏州黄天荡水师营帮办营务官，却于48岁时辞职不就，改在苏州张履谦家担任家庭教师。他从业余去上海昆曲怡怡社拜韩华卿老师学曲开始，到专职从事昆曲的清曲研修与传播事业，这才传承下来韩华卿自钮匪石、钮匪石自叶堂的"叶派"唱法，这才有了从《纳书楹曲谱》①到《粟庐曲谱》的曲谱演进，也有了其哲嗣《振飞曲谱》的印行与传唱。

乃父弃官治曲，其子由学海授徒到下海唱戏，乃父赓续清曲遗脉，其子专注剧曲表演，代有其变，日臻至善，年益大美，这就把昆曲从清曲的讲究到剧曲的舞台表演特性结合起来，这就有了文脉与艺脉的紧密纽结，这就有了从表演艺术到文化建树的无量功德与审美意义上的洋洋大观。

从暨南大学的讲师到昆曲舞台的表演，俞振飞跨出的步伐，将家学传统与清曲遗脉，在舞台上得到了唯美的呈现。作为文人，其诗文书画、国学修为都有较好的基础，也许在中国伶界中，也只有汪笑侬和欧阳予倩的文化修养能够与之相提并论。更为重要的是，俞振飞参与栽培并始终如一地与传字辈艺人同台共事，成为传字辈艺人的领军人物和整个中国昆曲的杰出标杆。

大家都知道贝晋眉、徐镜清、张紫东于1921年秋在苏州桃花坞五亩园创办昆曲传习所，也都感念穆藕初出巨资赞助甚至主持传习所的基本运行与教务诸事。但此事的发生，也与俞振飞父子息息相关。

据"俞振飞回忆，穆一次问冯超然，当今昆曲谁唱得最好？冯说是苏州俞粟庐。俞粟庐是昆曲叶堂唱派传人，在苏州曲家张紫东府中授曲。于是1920年春，穆亲自赴张紫东补园（今拙政园内）寓所拜谒俞粟庐。粟庐以自己年事

---

① （清）叶堂选辑校订：《纳书楹曲谱》，乾隆五十七年（1792）刻本。

已高，让儿子俞振飞到上海教曲"。① 如果没有俞振飞遵父所托，于1920年春开始，上午在穆藕初开办的厚生纱厂担任文书，下午便教穆藕初学唱昆曲，穆藕初就不会对昆曲爱之弥深，终生牵挂。

正因为有了俞振飞循循善诱的昆曲教学，穆藕初这才从感性到理性，从审美体悟到自觉思考，从个人思考到北大问道，这就有了1920年5月3日到北京大学请教吴梅，探讨保存传统文化、传承昆曲艺术的路径。所以其认为"此次到京，期至匆促，乃天假之缘，得亲道貌，私衷庆幸，莫可名言。先生德学双粹，造诣深邃，于发扬国学，掖进后起之至意，至诚挚，至谦抑，至慷爽，风尘中所罕觏。昔贤相见恨晚之语，不啻为此次展拜我词学大家作也。当时时间虽至有限，而殷殷指示之雅意，则至无限，殊令人一返念间，觉此情景，宛焉历历当前。张君紫东之书，蒙先生及刘凤翁慨任校正，嘉惠来者，俾不绝如缕之韵学，光昌有日。当此新旧学问发挥光大，相互争存之日，得一代名贤起任提挈，欢慰正无限量。俞君粟庐因事过申，因同人坚请，暂留歇浦，遂下榻于弟处，晨夕盘桓，清兴秾郁，实为一时胜事。粟先生因二公慨任校正，大发佛学家见闻随喜意愿，分任其劳，俟与紫东先生接洽后，即当从速进行。昆曲收入留声唱片，以广流通一节，岁尾年头，当可实行也。"②

因此，穆藕初对于昆剧传习所的筹备与发展，对于传习所的大力赞助与多方筹款，与俞振飞父子对其始终不渝的拍曲教学有关，也与吴梅先生的传道高义有关。18岁的俞振飞，在经意与不经意之间，四两拨千斤地为传习所的兴办立下了汗马功劳。

俞振飞多次与传字辈艺人一起同台演出，其举止神情中自然流露出来的书卷气表演风格，与传字辈艺人炉火纯青、功底深厚的舞台表演风范，不仅各美其美，相得益彰，且还体现出老一代表演艺术家的诚挚友谊和崇高艺境。每次看他演出《太白醉写》，往往有"此曲只应俞生有，人间难得几回闻"的感觉。作为一位著名的书画家和具备传统文化根底的大家，其举手投足的感觉、握笔言怀的韵味、笑对君王的疏狂，演出了文人墨客和一代诗仙的豪放之气和潇

---

① 刘承：《穆藕初：昆曲传习所创办始末》，唐国良主编：《穆藕初》，上海社会科学院出版社2006年版，第116页。唐葆祥：《俞振飞评传》（上海古籍出版社2010年版，第17页）则认为，俞振飞给穆藕初授曲，是在穆拜访吴梅之后。本文从刘承之说，因为依俞振飞本人所言，当年他19岁，春天开始给穆授曲。

② 穆藕初：《致吴瞿安》，赵靖主编，叶世昌、穆家修副主编《穆藕初文集》，北京大学出版社1995年版，第273页。

洒之情。这也就是其他昆曲名家可以学感觉、难于有味道的文化品格和书卷气息。这种从娘胎里便熏染出来的文人感觉和风雅韵致，无法学，不可学，学不到，但也还需向其靠近，想见其音容笑貌，模仿其从心所欲而不逾矩的舞台感觉和文化气韵。

家学之道，冰冻三尺非一日所致，兰麝幽香，世家传代才有所发露。这也正如香港城市大学教授郑培凯说："俞先生把从家学中继承的非常深厚的文化内涵，带到传统的演剧里面。这就像文人学者配合职业演员，背后是深厚的文化内涵在那里把关。"

迄今为止，俞振飞主编、独著的曲学与诗词著作有：

1.《粟庐曲谱》，香港中华书局1953年。

2.《访欧散记》（与言慧珠合著），上海文艺出版社1959年。

3.《百花赠剑　昆剧曲谱》，上海文艺出版社1959年。

4.《振飞曲谱》，上海文艺出版社1982年。

5.《俞振飞艺术论集》，上海文艺出版社1985年。

6.《俞振飞诗词曲联辑注》（江沛毅编注），中西书局2017年。该书共收俞老律、绝、古风、长短句、散曲、楹联诸体作品，共计一百五十九首（副）之多。

此外，俞振飞传记，目前所见有两种：

1. 谢柏樑主编、唐葆祥著《清风雅韵播千秋：俞振飞评传》，上海古籍出版社2010年。

2. 费三金《俞振飞传》，上海文化出版社2011年。

至若俞振飞大师所作诗词曲，多是应邀而做，却能见出其深厚的国学功底。

例如，其《百字令·为苏州戏剧工作者协会、苏州博物馆、苏州市戏曲研究室联合主办昆剧展览作》歌咏道：

> 琳琅一室，记吴门胜事，曲坛掌故。五亩园中闻古调，甲子匆匆初度。玉茗徐风，稗畦逸响，此是沧桑谱。幽兰再放，芳馨漠漠凝驻。　莫笑老兴婆娑，吹花嚼蕊，不减歌场趣。龙篴雁筝鹮鸰舞，忘了霜颠迟暮。六合清光，九州生气，应唱凌云赋。新词题向，苏台秋月明处。①

---

① 江沛毅编注《俞振飞诗词曲联辑注》，中西书局2017年版，第93页。

又如其《自题〈振飞曲谱〉以赠友人》云：

> 芳香沉逸付长吟，卷里宫商见古心。
> 寄与周郎聊抚掌，尊前顾误是知音。①

在古往今来的戏曲表演艺术家中，俞振飞先生的国学根底、文化基础和诗词吟咏，堪称首屈一指，并世舍之其谁？

没有俞老的正确引领，昆曲艺术很难有后来的发展与繁荣；没有传字辈老艺人的齐心合力乃至众星捧月，俞老也未必能够把昆曲艺术发扬光大到百剧之祖的崇高位置。俞老与传字辈艺人精诚合作，雅俗共赏，清（工）戏（工）同妙，始终不渝地抱团取暖，香火传递的风韵各别，这才含英咀华，作育英才，在舞台上和讲台上共同缔造了昆曲艺术的当代辉煌与盛大局面。

在京昆界中，由国家文化艺术主管部门共同为表演大师们举办的纪念演出大会，也只有梅兰芳、周信芳、盖叫天和俞振飞，才能当得起这样的荣耀。而且最为奇妙的是，这四大表演艺术家，全都是海派文化大师在京昆界的佼佼者；即便是梅兰芳，尽管一般不称其为海派文化大师，但是其演京学昆的渊源、海上演剧的体悟、勇于创新的精神，也还是体现出非常鲜明的海派艺术精神。

1980 年 4 月 15 日至 20 日，文化部、中国文联、中国剧协、上海市文化局、上海市文联、中国剧协上海分会联合举办的"俞振飞演剧生活六十年纪念活动"在沪盛大举行，文化部副部长司徒慧敏、中国剧协副主席张庚专程前往主持纪念活动。文化部向俞振飞颁发了奖状，表彰他为发展祖国戏曲艺术作出的贡献。俞振飞示范演出其代表作《太白醉写》，并与中国戏曲学院副院长张君秋教授同台演出《奇双会》中"写状"一折。传字辈老艺人也都带着各自的得意门生共襄盛举，演出了自己的拿手好戏。

有感于昆曲艺术在新时期的商业大潮中一度举步维艰的处境，俞振飞以其高度的文化自觉和对于昆曲艺术的使命感和责任感，就像他当年无意中参与推动了昆曲传习所的建立一样，在经过了深思熟虑之后，于 1984 年毅然上书给胡耀邦同志，提出了保护发展昆曲艺术的六点建议。这封来信得到了党和国家

---

① 江沛毅编注《俞振飞诗词曲联辑注》，中西书局 2017 年版，第 157 页。

的高度重视，根据中央书记处和国务院批准的中发〔1985〕20号文件《关于艺术表演团体的改革意见》中的精神，文化部专门成立了由俞振飞担任主任的振兴昆剧指导委员会，这就为昆曲艺术在当代的持续发展提供了保护机制与经济支持的有力保障，也为21世纪初叶昆曲成为人类口头与非物质文化遗产首批代表作打下了坚实的前期基础。

谨此条陈六条，书信一叶，便如莲花六瓣，乃昆曲振兴之纲领，清雅百端，是功德无量之盛举。

二、京昆表演左右逢源，雅部国剧相得益彰

如果采用传统的说法，600年的雅部昆曲，与200年的花部京剧，前后咬合但又各领风骚；如果从台岛习用但又得到大家公认的提法来看，昆曲可以看成是以前风靡朝野的前国剧，京剧可以看成是风光绮丽的当今国剧。

20世纪以来，能够在雅部花部之间左右逢源、游刃有余的大家，能够在京昆表演上优势互补、相得益彰的大家，从舞台生命持续的时间之长、与一代代京剧大师们合作的频率之高、一向被人们称之为京昆大师的名声之著等方面看，俞振飞先生又是剧坛上当仁不让的领军人物。他能在新旧国剧中自由切换、从心所欲而不逾矩，他能在幽兰和牡丹两份园地中采撷芳华，美美与共，他能在花雅两部中异代织锦而自由穿越，非但无割裂之痕迹，而且有集萃之美感，这都是俞振飞先生的大能耐与持续创新的好手段。

正如单三娅女士所云：在70年京昆合演的舞台生涯中，俞振飞不仅把昆曲中边歌边舞的特殊表演手段带进了京剧，还将浓郁的"书卷气"引入京剧表演，丰富了京剧小生一行；同时又把京剧明快强烈的风格引入昆曲，促进了这两个剧种的相互交流和共同提高。俞振飞的小生，在唱念的声情、表演的气度及动作的幅度、节奏上，处处区分人物之间豪迈俊逸与放荡骄矜、风流倜傥与肤浅轻薄的界限。在他的审美思想中，雅中求俗，俗中求雅，由此形成他表演艺术难以企及的高度。[①]

俞振飞不仅在昆曲表演中尽可能引进京剧明快紧凑的节奏，他还对昆曲界一直以来分歧颇多的语言规范提出了自己的明确主张。昆曲作为形成于苏州、显贵于京城、影响遍全国的雅部剧种，从事这一艺术的清曲家与剧曲家，一

---

① 单三娅《我们今天为什么纪念俞振飞》，《光明日报》，2011年8月11日05版。

直以来都提倡昆曲的吐字行腔，务必以苏州话为根本圭臬，明清以降总是嫌湖广音、中州韵为花部俗音。尽管俞老是叶派唱法的正宗传人，尽管他自己又是出身吴门、精研清曲而分外考究的昆曲家，但是因为常年在京沪等大码头上演戏，与大师们舞台上结缘，俞老逐渐在唱白上形成了一些特点：一是打通清工与戏工的藩篱，二是尽可能拉近京昆唱白的距离，三是保留昆曲雅致规范考究的演唱特色，吴音于要紧之处、关键时刻，那般画龙点睛般的凸显，便足以令人心醉神摇，恍如身在吴门小桥流水之中。

在《京剧昆曲的念白要领》①一文中，俞老指出：昆曲传统有"清工"和"戏工"之分。所谓"清工"是指清唱曲家，所谓"戏工"是指舞台表演家。联系到念白来说（唱曲也是这样），清唱曲家对音韵、发声和行腔技巧等有关音乐性的各方面，有较深的研究；舞台表演家则结合了程式动作的面容神态等方面，富有实践经验，有助于念白的语气化。所以，我们要继承两家的优点，加以融会贯通，使念白要领能够具体地体现在实践之中，而获得良好的艺术效果。

此外，在《习曲要解》②等著述中，俞老多次对普通话和中州韵调值的差异，作过诸多细致的说明。念白和唱曲虽同是中州韵，其调值也不同。韵白的高低音次序是：上声——高阴平——次高阳平——中入声——低去声——次低正因为白口是四声阴阳的配合情况十分复杂，因此念起来不得不加以变化，这就是念白的调值变化，也可以称为变音念法。他认为从明代开始，"北依中原，南依洪武"，还是要以《中原音韵》和《洪武正韵》作为圭臬，再加以发展变化。

正因为此，俞老对过分尊崇吴音苏韵的唱念方法，予以了充分的理解和尊重，但是他又认为在与不同京剧大家乃至昆曲名家演出的时候，尽可能要做到风格大体一致，不可相差太远，从而引起风格迥异，太不协调的审美听曲的杂乱感。

由此出发，上海昆剧团的唱念风格，非常鲜明地体现出俞老的教学特色与审美理想。昆大班原本就是京昆班的底子，他们都能够京昆兼善，自由切换。与江苏省昆剧院、苏州昆曲院和浙江昆剧团相比，上昆的唱念最接近于湖广音中州韵，最能够京昆互通，最能够为五湖四海通都大邑的观众们所接受。过分

---

① 俞振飞《念白要领》，王家熙、许寅等整理《俞振飞艺术论集》，中西书局 2016 年版。
② 俞振飞《习曲要解》，王家熙、许寅等整理《俞振飞艺术论集》，中西书局 2016 年版。

强调苏州土音的一味铺陈，有可能将昆曲局限于乡土之间，这就缺乏雅部正韵通大道、达天听、与民同乐的国剧大戏的气派。

京昆之间的相互反哺，同台竞技的彼此滋润，戏情戏理的充分考究，随机应变得妙趣横生，这都在俞老的演艺生涯中流芳溢彩，随处可撷。作为毕生追求京昆汇通的大家，俞振飞在70年的舞台生涯中，不仅把昆曲中无声不歌、无动不舞、且歌且舞、顾盼生辉，生旦轻歌曼舞、整体相得益彰的表演手段带进了京剧，还将富于文化修养、因此雅致风流的"书卷气"和"儒雅感"引入京剧表演的系统之中，将真假声结合毫不违和的自然度和天籁音，与旦行的假声唱法彼此辉映，优势互补，这就在很大程度上提升和丰富了京剧小生的舞台生态和表演艺境；未来京剧小生的发展和升华，可能还要更多地向昆曲小生学习，才可能成为与老生青衣花脸老旦在声腔创造和表演风格上更上层楼的重要行当。

抗战胜利之后，当梅兰芳要恢复唱戏，但却嗓音不济的时候，是俞振飞不断鼓励，科学建议其循序渐进，先从调门略低、接近本嗓的昆曲唱起。在俞振飞的精心安排之下，梅兰芳、姜妙香、俞振飞等舞台上的名家，珠联璧合地在从未演出戏曲的美琪大剧院，接连演出11天的《游园惊梦》《琴挑》《断桥》《奇双会》等京昆剧目，观众人山人海，票房水涨船高，梅兰芳复出后的系列演出，高光无限，华丽璀璨，大获成功。俞振飞为了继续支持梅兰芳，非但分文未取报酬，而且还毅然加入了"梅剧团"，促进了京昆艺术的深度融合。

梅俞之间合作的经典范例，也体现在《断桥》这出经典折子戏中的演法创新上。该剧演白娘子和许仙两人渡尽劫波、终得谋面之时，白娘子对其爱恨交加、欲拒还迎的复杂情感心理的次第变化。梅兰芳饰演白娘子，向来常有含嗔带怨气、尽在不言中的兰花指之轻戳缓推。孰料那时俞振飞扮演许仙，急切之间跪得太近，梅兰芳指戳轻推，往日乃虚指做戏，今日却带有些许实力。俞振飞顿时猝不及防，重心不稳，不免身体后仰；眼见得俞振飞就要跌倒在地，梅兰芳情急之下，急忙轻扶缓拉，却等他稳住重心之后，又从戏情出发，出于无奈地轻轻虚推一把，这就成为戏剧动作非常连贯、心理矛盾富于层次的一戳、一扶和一推。如是者三，更能够表现白娘子对许仙爱恨交织的层次感和心情递进的复杂性，从而把一个小小的舞台意外生变，转化为更加符合情理的经典化规范演法，从而赢得了大家发自内心的喧天掌声，也获得了业界的高度认可、无比钦佩和诸多仿效。

从梅兰芳哲嗣葆玖的角度看，梅派艺术在行腔用韵及身段表演方面深受上海昆曲的影响，梅派艺术与上海昆曲有着深厚的渊源。2002年8月16日，在俞振飞先生百年诞辰纪念活动中，梅葆玖和蔡正仁联袂演出昆曲《雷峰塔·断桥》，京昆名家配合默契，毫无违和之感。在他们的身上，分明映照出梅大师和俞振飞先生的风神与身影，更见证出京昆不分家、相依归远道的雅部正声之大气雍容。

作为著名的昆曲巾生、冠生和穷生、雉尾生、大官生，俞振飞在舞台上的表演，儒雅孤高中透出脱俗清新，书卷英气里显出风流偶傥。《牡丹亭》的一往情深，《长生殿》的大气雍容，《玉簪记》的风光旖旎，《荆钗记》与《琵琶记》的百般无奈，《太白醉酒》的汪洋恣肆，《墙头马上》的两相留意，《千钟戮》的兴亡孤寒而不失帝王风范和雅致格调，都令人为之击节赞叹；"俞派"唱法的渊源有致与自成一格，更是可鉴赏但却难于追步的大师境界。

至于京昆合演的《断桥》与《奇双会》，京剧剧目《群英会》《玉堂春》《春秋配》《打侄上坟》《鸿鸾禧》《辕门射戟》《红拂传》《春闺梦》《梅妃》等，俞振飞以其高挑的身材、古雅的神韵、偶傥不群的优美动作，配戏应和时的眉眼传神、翩翩随舞、点到为止、绝不抢戏的恰到好处，都在对手戏中照应得天衣无缝。这与一般京剧演员配戏时的突出主角、相对静止的常规演出迥然不同。

常听人说，在京剧舞台上，俞振飞也许是一位大配角。此语确实不假，因为京剧当中的小生看家戏，相对而言还显得太少；而且京剧的小生唱法，总的来看还需要继续发展，龙虎音的呈现也只有叶盛兰一脉才可能比较自如。但是小生却是昆曲剧目当中的主要角色，其真假声的如意切换，台上表演的风流偶傥与行云流水，铭刻在骨子里的歌舞搭配，起眉动眼的艺术感觉，这不仅让主演旦角的演员深感舒服，还能从中体悟到歌唱之外的戏境、心态和物理人情，从而引起观众审美时的同情与同一欣赏场域中的共情。因此，俞振飞作为京剧舞台上难得一见的大配角，在某种程度上提升了京剧小生的地位，改变了京剧主角一枝独秀，其他演员在场上作为人形背景的表演生态，使得京昆艺术在同台竞技中彼此照应，更加吻合戏剧艺术的心理动态与戏剧动作的一致性和整体性。

正因为此，俞振飞误入京剧舞台的藕花深处之后，便深得其艺术搭档程砚秋、梅兰芳、马连良、张君秋等人的多般抬爱与无上欢迎。梅大师对于搭档的选择何其挑剔，但是他在演大戏、拍电影时非俞不可，哪怕俞振飞在香港，等也要等他回来，请也要请他加盟。至于麒派大师周信芳、黄桂秋、章遏云、新艳秋、李玉茹、童芷苓、吴素秋等一众京剧名家，也与他合作颇多。尤其是他与音乐上特别讲究的张君秋早年合拍的电影《玉堂春》（1949），给人以珠联璧合、丝丝入扣之感；与梅兰芳拍摄的《断桥》（1955）和《游园惊梦》（1959）等彩色艺术片，古雅可见，幽香得闻，金风玉露一相逢，便胜却人间无数，便得以卓尔不群，菊兰齐芳，这就为京昆艺术舞台经典的保存，在影像艺术方面也做出了重要成绩。

三、兰苑英才一枝吐艳，春风桃李十世其昌

沧桑流转，人生匆忙。任何才高八斗摘星辰、身怀绝艺惊万人的文化大家或艺术泰斗，都必须面临传道授业、赓续艺术，十年树木、百年树人的历史考验，传不下去便是人艺俱泯的遗憾，能传下去就是功德无量的事业。

俞振飞就个人而言，有都市之魂和命运之神的再三眷顾，虽然历经磨难而能够绝处逢生；作为展示、赓续与继承昆曲艺术的"天之降大任于斯人"的承载者，俞振飞一边是舞台表演艺术家，另外一边是戏曲艺术的传灯者。他先后担任过多年上海戏曲学校校长，培养出一批又一批代有其才、弦歌不绝的京昆艺术传人。由此出发，就海派文化的延续发展之一脉来看，上海始终能够保持昆曲艺术的全国中心或曰国际都会的重要地位，这与这座大都市对俞校长的高度认同与郑重选择有关，更与俞振飞自己的努力修为息息相关。

1957年5月1日，俞振飞出任上海戏校校长。1966年受到批斗后，校长的"乌纱帽"不翼而飞。1978年2月，俞振飞担任上海昆剧团团长。1981年11月18日，任上海京剧院院长。1982年2月，复任上海市戏曲学校校长。1984年12月27日，82岁的俞老辞去上海昆剧团团长、上海京剧院院长、上海戏曲学校校长等职务，但仍然是上海京剧院名誉院长、上海昆剧团名誉团长、上海戏曲学校名誉校长。因此，俞老是担任戏曲学校校长时间最长的京昆大师。

由谢柏梁主编、唐葆祥著的《清风雅韵播春秋——俞振飞评传》阐述道：俞振飞涉足京昆两个剧种，历任上海戏曲学校校长，所教学生甚多。广义而言，凡是向他学过戏、学过唱及戏校京昆班的学生，都可算其学生弟子。从狭义上说，行过正式拜师礼或虽未举行过正式仪式但确为其所亲授的学生，共计41人。①

---

① 谢柏梁主编、唐葆祥著：《清风雅韵播春秋——俞振飞评传》，上海古籍出版社2010年版，第184—191页。

在票友之外的专业演员有储金鹏（京剧小生）、黄正勤（京剧小生）、李松年（京剧文武小生）、李金鸿（京剧武旦，曾学小生行当）、薛正康（京剧小生）、徐冠春（京昆小生）、蔡正仁（昆剧小生）、岳美缇（昆剧小生）、王泰祺（昆剧小生）、叶少兰（京剧小生）、陆柏平（京剧小生）、周清照（上海戏曲学校教师）、董继浩（昆剧小生）、丛兆桓（昆剧小生）、宋铁铮（昆剧小生）、唐鸣秋（京剧小生）、周志刚（昆剧小生）、吴德璋（昆剧小生）、沈晓明（昆剧演员）、费三金（京剧小生）、王世民（京剧小生）、杨渊（京剧小生）、陆道虹（京剧小生）、姚玉成（京剧小生）、杨世彭（昆曲小生）、许凤山（昆剧小生）、冉力（京剧小生）、谭联喜（京剧小生）、石小梅（昆剧小生）、杨艺森（京剧小生）、邓宛霞（京昆演员）、张富光（昆剧小生）等32人。

这是京昆小生行的帅哥荟萃，这是与闺门旦或者花旦红花绿叶、蝶飞蜂舞、相映成趣的春光灿烂，这是现当代堪称豪华级别的雅部、国剧的帅哥之集萃阵营。储金鹏乃1922年生人，先后与程砚秋、言慧珠、宋德珠、李玉茹、赵燕侠等人配戏上演爱情戏，当年是绝对意义上的万人迷。余生也晚，无缘得见储老师的风采。但是"联络图"上的其他老师，但凡在京沪演出，包括并未列入联络图中的著名票友顾铁华等人在内，我都有幸在现场观摩过演出。

黄正勤作为正字辈的方家，当年在沪颇多演出，我也曾当面受教，其乐融融。李金鸿是中国戏曲学院的首批教授和国务院政府特殊津贴专家，在学院还有一批传人。叶少兰是当今京剧界"小生皆宗叶"的共同导师，也是常在国戏兼职授徒的著名教授。所有这些京剧小生界的大咖级别人物，居然都是俞门弟子，真是不说不知道，一论吓一跳。敢情中国京昆两界的小生表演艺术家，都出自同一家门，俞老的影响之大、感召力之强，实在令人叹为观止。

上述昆曲小生中，上昆的蔡正仁、岳美缇，北昆的丛兆桓，江苏省昆的石小梅、湘昆的张富光影响较大。

2009年，在中国戏曲学院、首都师范大学戏曲研究基地共同举办的雅部正音：蔡正仁表演艺术展演与研讨会上，中国剧协顾问刘厚生正式提出了在昆曲大冠生行列中"大写的蔡正仁"的说法，认为作为俞老师的嫡门弟子与杰出传人，蔡正仁就是当今梨园中独一无二的"活着的唐明皇"，是昆曲界难以复制的执牛耳者。蔡正仁的艺术品格有多高，当年老师对他的改行栽培就有多英明和多用心。

岳美缇善演巾生。作为著名的女小生，她的柳梦梅深情婉转，潘必正纯情机智，秦钟的憨厚至诚，细腻中生出温柔，多情中总显至诚，春心点点，风度翩翩，却又是怀春的吉士、痴心的少年，但见风流万种，却不走下流一道。她与华文漪、张静娴等人配戏，在京沪的舞台上曾经创造过绝美的道场，演出过动人的悲喜剧，我就曾见证过观众们长达20多分钟的热烈掌声，共享过岳老师眉边眼边、梅边柳边、山边水边的无限气场。

同样是俞老师的嫡亲门生，蔡正仁和岳美缇并没有既生瑜何生亮的彼此遗憾，而是各有分工，彼此前行，宝山无限，行程万里。他们两人的舞台表演境界，合之可追步老师，分之便各展其妙。上昆有此二位方家，便足以比肩接踵，傲视天下群雄，各有千秋，幸运着兰苑的清雅观众。

同样，石小梅乃江苏昆坛上的著名女小生，当年热情似火，如今炉火纯青。张富光曾经多年担任湘昆的团长，台风大气，蓦然间一眼望去，宛然师尊风范也。

海纳百川，艺兼生旦。闺门旦的表演艺术家张静娴继华文漪之后，成为上昆的当家名旦，这也是得到了俞师的真传，有若"吃小灶"的饭菜、悟大道的精妙。"'文革'后，我想跟俞老师学戏，又不敢开口，没想到托人一问，老师不仅答应了，而且还让去他家里学，并且他认真备课，一句一句地教。老师晚年住进华东医院已经不怎么讲话的时候，还托人给我带来曲谱。"[1]果然是名师出高徒，张静娴的唱法之优美、表演之用心，传神写照，感人至深。她与言慧珠老校长一样，都是俞老隔行传艺序列中的佼佼者。

2011年，乃昆曲被列为联合国人类非物质文化遗产10周年与京昆艺术大师俞振飞109周年诞辰。由上海市文联、上海戏剧学院、上海京昆艺术中心主办，上海戏剧学院附属戏曲学校等单位联合承办的"雅韵千秋——纪念京昆艺术大师俞振飞先生109周年诞辰"系列活动于7月中下旬在上海举行。王家熙先生回忆说：尽管俞派演法已经成为一种规范，但当俞振飞谈起《奇双会》的舞台表演时，首先讲的不是自己的创作，而是讲传统，讲他的老师对他的传授，强调《奇双会》传到他这里时已经有100多年积累了。[2]

如果20年算一代，那么该剧的规范传到俞老这里，至少是第五代了。但是俞老的弟子门徒，也很快鱼贯而立，又有了五代传人。君子之泽，十世未斩，斯文一脉，昆界犹存。这是戏曲界不为多见之奇观，也是人类文化之不灭的圣火。

在这次纪念活动中，逸夫舞台三天五场21折京昆戏，都是俞振飞生前

---

①②　单三娅《我们今天为什么纪念俞振飞》，《光明日报》，2011年8月11日05版。

常演常新的代表作。参演者既有俞振飞的嫡传弟子蔡正仁、岳美缇、华文漪等，也有京昆艺术家李蔷华、张静娴、陈少云等，还有俞老再传弟子张军、黎安，乃至三传、四传弟子和在校学生。五代同堂，齐吟雅韵；京昆一家，同咏霓裳。

2013年7月17日至20日，来自中国大江南北、7家昆剧院团的12位昆曲优秀小生，在国宝级昆曲艺术家蔡正仁的带领下，首次集结在浦东正大喜马拉雅中心大观舞台，揭开"生生不息——俞振飞逝世20周年蔡正仁师生传承展演"的大幕，成为全国俞门再传弟子最大规模的一次盛会。参加展演的12位小生有上昆的张军、黎安，江苏省昆和昆剧院的钱振荣、张争耀、周雪峰，北昆的张贝勒、湘昆的王福文、张小明，上海京剧院的金喜全和杨楠，上海戏剧学院"昆五班"的卫立和倪徐浩等人。俞家嫡脉蔡门弟子，桃李门墙衣钵相传，这是艺脉的重振、文脉的传递，更是戏曲的荣光与文化的希望。

光阴似箭，白驹过隙，又是10年过去，俞老与蔡师、岳师的小生弟子自会越来越多。从2021年开始，号称昆曲王子的张军，又回到祖师爷俞老任职过的上海戏剧学院附属戏曲学校担任校长。历史再度轮回，新人层出不穷。未来无限美丽，兰苑万紫千红。

余生有幸，得以多次现场观摩俞大师与传字辈艺术家的舞台演出，并在俞门弟子上海昆剧团蔡正仁、岳美缇、计镇华等多位艺术家正当盛年的舞台花样年华中，耳濡目染，受到诸般审美启迪，天雨散花，得到昆曲艺术的滋润。犹记得当年在兰苑勾栏，班门弄斧不知羞，俞门唱曲吓大胆，我居然在俞振飞大师的端坐聆听之下，对面演唱由方洋师教唱的《单刀会》中【新水令】"大江东去浪千叠"一曲。适逢上海电视台前来采访，其后居然播放出俞老听后生唱曲的桥段；我也写过《一曲唱到屏幕上》的文章，曾在《上海戏剧》杂志上刊出。

1986年，我从上海华东师范大学徐中玉先生门下，前往广州中山大学王季思先生麾下，研究中国戏曲史。既然就读中国戏曲史博士生，不免在假期返沪，拜蔡正仁先生为师。蔡师因我是读书人，便为我拍曲，亲授《琵琶记》中的《书馆》之主要唱段。

此后，我主编过《中国戏曲艺术家列传》百种，其中，既有唐葆祥著的《俞振飞传》，也有我与学生钮君怡合作采写的《蔡正仁传》。由此说来，我既是蔡门弟子，也可忝列俞大师的桃李门墙之中。当年祖师爷吴梅，说服穆藕初大力支持昆曲传习所办学，俞师也是穆藕初的拍曲老师之一。于是艺脉与文脉归一，历史与现状合成。渊源有自，谁曰不然。

适逢海派文化大师俞振飞先生华诞 120 周年，前有上海艺术研究中心夏萍主任与其同事之再三温柔催促，又见上海文艺评论家协会的才子晓军吾兄的化名美文之微信流播，不得以在旅次中仓促打字，率尔成文，心香一瓣以敬大师，感慨百端梳理文脉。但愿昆曲一脉，幽兰芬芳，经久益醇，海派文化由俞振飞等诸位大师汇聚胜景而昌明发达，人类文明因东土戏剧而愈臻庄严华妙之境界。

俞振飞演剧观初探

费三金

（上海戏剧学院戏曲学院教师　国家一级演员）

摘要：昆曲六百年，俞振飞是个符号。如果说，粟庐公（1847—1930）为清叶堂以来的清曲传统画上了一个具有总结意义的句号，那么，俞师（1902—1993）则把目光投向广聚大众的戏台，成就了清曲与剧曲相结合的典范。尤其是他正式"下海"献艺剧坛，长期投身于舞台实践和教学实践，逐步建立了他的表演体系和理论体系。惜乎长期以来，我们对他在戏曲理论方面的建树，尚缺乏更深力度的爬梳，存在着文化传播面的短板。今天，重新审视他留下的文化遗产，使其艺术思想高维度地渗透到戏曲精英文化层面，是每一个戏曲工作者和理论研究者亟须作出的社会担当。

关键词：外形结构之美　内涵意境之美

导言：大传统与小传统

20世纪中叶，西方学者提出"大传统"和"小传统"的概念（也有"大文化"和"小文化"的提法）。所谓"大传统"，泛指"高层次文化"，包括文、史、经、哲等诸方面，中国的儒、道、释经典理论，都可以纳入这个范畴。所谓"小传统"，就是流行在民间的文学艺术。在许多西方国家，这两种文化经常处于互相对立、互相冲突的状态。在中国，这两种文化表面上看似乎是双峰对峙、二水分流，而实际上一直是相互交叉、相互依存、相互渗透的。若以大传统与小传统的理论来看待昆曲，我们是否可以这样认为：昆曲是在中国小传统的民间艺术中最广泛接受大传统抚育和滋养的艺术品种；或者，从另一角度看，也可以说昆曲是戏曲圈子里唯一能够看成是归入大传统范围的艺术门类。俞师的一生，则是不断接受大传统和小传统的滋润，从而成为京昆界绝无仅有的个体生命。

俞师出身书香门第，幼读子集经史，游艺书画诗文，儒学的规范化教育使他获得了一整套雅文化的滋养和陶冶，随之而奠定的艺术观，也充分体现了传统文化中"儒道互补"的思想。他在长达 70 年的舞台生活中，运用自己对传统人文精神的融会贯通，提升了京昆艺术的审美价值和艺术品位，并从中凝练出带有规律性的美学见解，形成他独特的"书卷气"的表演风格。可以说，他一生的全部艺术活动，都享受着精英文化的智慧启迪和精神指引，达到了艺术和学术的和谐、技和道的统一，因而他的艺术也就成为一种高度自觉自明的文化存在。

第一节　根植于中华文化的艺术体系

一、一篇千字美文　富含哲学意蕴

1985 年 5 月，"文革"后组建的上海昆剧团集体亮相，拉开了上海昆剧精英展示演出的帷幕。肩任"上昆"团长的俞师，兴之神来，撰写《昆剧表演艺术的审美价值》一文，刊于展演专辑，曹禺先生称赞此文"充满了东方美学"。

俞师在文中写下这样一段话：

> 昆剧表演艺术的审美价值，总的来说，至少可以对它的外形结构之美和内涵意境之美两个方面，给予应有的肯定。

我们注意到，俞师在这段管领他全部学说的论断中，没有沿用"内容决定形式"的金科玉律，而以"外形结构之美和内涵意境之美"代之。其中意蕴，耐人寻味。这里用得上熊十力在《佛家名相通释·绪论》中的两句话："根柢无易其固，裁断必出于己。"我们解读俞师，必须从源头上把握他的学术思想及其演变的时代背景，方能切中肯綮。

俞师幼年随父习曲，接受的理论教育，基本上是以"曲学"为中心而铺展深入的。直到他登上红氍毹，艺兼京昆，经过长期的台上台下、戏里戏外的审美体验，日渐把握文学艺术的"经典枢纽"——本体论的历史观，并以此规范自己的艺术人生，才逐步催生出具有经典意义的体系化的美学见解。

俞师毕生都在思考中国戏曲是怎样形成一个整体的，为什么会形成这样的整体，它背后的理论支撑是什么，等等，包括人类对美的追求及在此基础上建立的中国古代哲学和美学认识等一系列范畴，他都有兴趣研究，并力图作出更为细致深入的多元统一的观照。他对以京昆为代表的中国古典戏曲，无论是它的质的规定性，还是艺术形态的综合性，特别是戏曲具有的高度形式美和丰富的表现手段，都有深刻独到的见解。他在《戏曲表演艺术的基础》一文中写道：

> 我国传统戏剧，是歌、舞、剧、技高度综合的一种独特的舞台艺术，它借助各种程式来表现特定的内容，同时给人以美的享受。在世界各种戏剧形式中，它别具一格，有我们民族自己的表现手段、创作规律和艺术特征。昆剧和京剧，最典型地体现着这些特征和规律。

王国维先生论证戏曲的形态特征："戏曲者，谓以歌舞演故事也。"又指出"真戏剧"的概念："必合言语、动作、歌唱，以演一故事，而后戏剧之意义始全。故真戏剧必与戏曲相表里。"王氏的理论为后人普遍认同并沿用至今。然而，对王氏这一论断的认知，却存在着浅表性的认识和实质性的领悟之差异。其主要表现为，是否重视以诗、歌、舞为媒介的写意的戏曲和以科白为媒介的写实的话剧在本体特征上的区别。

两千多年前，当古希腊哲人德漠克利特和亚里士多德以"临摹论"和"再现说"为理论基础构建西方的写实主义戏剧体系时，闪耀着东方美学色彩的"乐文化"也异常活跃地影响着我国的古典艺术。以《乐记》为中心的儒家经典，从源头上奠定了中国戏剧的理论基础。虽然它在各个历史时期（尤其是当下）不断受到其他文化样式的影响和掣肘，但以"乐文化"作为戏曲本体的理论基石是永远不会改变的。

在俞师留下的文字中，尚无对戏曲本体的体系化论述，但我们从他的"外形结构之美和内涵意之美"的美学精论着眼，再结合他的全部著述，不难看出，俞师宗守的戏曲本体，就是先秦以儒道经典为主流的"乐"本体，这与刘勰在《文心雕龙》中所强调的"文必宗经"具有同样的意义。正是鉴于这一"乐"本体，俞师对摹象戏剧、喻象戏剧和意象戏剧在本质和艺术形态上的区别，始终保持着清醒的认识和界定。他在《程式与表演》一文中指出：

> 我们戏曲演员创造角色的方法，与话剧演员是很不一样的。如果说，话剧演员的创造，往往是按斯坦尼斯拉夫斯基体系所要求的那样，"使真正的情感在内心里产生，然后再通过身体自然地呈现出来"，亦即经过一个"从内到外"的过程，那么，我们戏曲演员的创造过程就比较复杂一些。照我的体会，我们塑造人物形象，总是有一段曲折的道路：首先，

是通过学习、模仿、训练，来掌握大量的程式，作为表现手段，作为外部表演的素材；再以后，还有一个外与内的结合，即程式与体验结合的过程……

在上述文字中，有几个关键词值得我们注意：俞师在谈到话剧演员创造角色时，用了"从内到外"的说法，即"使真正的情感在内心里产生，然后再通过身体自然地呈现出来"；而在谈到戏曲演员创造角色的过程时，俞师则强调了"是通过学习、模仿、训练，来掌握大量的程式，作为表现手段，作为外部表演的素材；再以后，还有一个外与内的结合，即程式与体验结合的过程。"

让我们还是从一个简单的例子说起。但凡话剧演员入门，总是先做"无实物训练"（俗称"小品"），培养学生"从内到外"（从体验到体现）的表演基本功。而培养一个戏曲演员，必须从童年开始就经过一番艰苦的"四动五法"训练过程，而且这个"过程就比较复杂一些"（因为基本功的训练必须贯串每一个戏曲演员的终生）。"再以后，还有一个外与内的结合，即程式与体验结合的过程。"入乎其内，出乎其外，反复循环，永无止境。这就俞师说的"总是有一段曲折的道路"。

戏曲表演的这种"外"（外形结构）与"内"（内涵意境）的结合，是俞师根据自己数十年积累的舞台经验，并通过对斯氏表演体系与中国戏曲表演体系的比较，从而揭示的中国戏曲的特殊规律和艺术特征，而他对传统曲学的研究，也就走出了"书房派"的格局，提升到戏剧学的理论高度。

二、形而上者谓之道　形而下者谓之器

《易经·系辞上》曰："子曰：圣人立象以尽意，设卦以尽情伪，系辞焉以尽其言。……是故形而上者谓之道，形而下者谓之器……"

据黄寿祺、张善文所著《周易译注》：形是指事物的形体；道是指主导形体运动的因素，如《周易》的阴阳变化之理；器是指表现形所存在的物质状态……

所谓"一阴一阳之谓道"，泛指世间万物都有阴阳两面，单凭一方面的因素或条件，是促成不了事物的生成和发展的。俞师的关于"外形结构之美和内涵意境之美"的理论，不正体现了孤阴不生、独阳不长、阴阳互根、阴阳平衡的原理吗？

在我国传统文论中，诸如形神论、风骨论、文气论、构思论、风格论、创造论、意象论、意境论等范畴，都是围绕着艺术作品的外形结构之美和内涵意境之美而展开的。所谓"美"，就是向人们呈现一个完整的、感性的、情景交融的意象世界。

在京昆舞台上，同样内容的题材以不同形式展现的剧目，可谓比比皆是。原因无非是两条：一是源于演员对美的感悟和认知；二是出于观众对美的欣赏和沉醉。

我们就拿戏迷们百看不厌的梅派经典《贵妃醉酒》为例。人们很少（几乎没有）是为了看一个妃子的宫怨而走进剧场的，他们更侧重于形式因素的品位和愉悦。梅先生自己在谈到《贵妃醉酒》的艺术创造时也说："像这样弯了腰，来个鹞子翻身的喝酒形象，难免有人在怀疑它不够真实……"梅先生说的"不够真实"，是指用鹞子翻身的动作来喝酒，已经不是对生活中喝酒动作的模拟，而是对它的夸张和变形，从而达到审美意义上的象征。人们常说戏曲艺术是"形式大于内容"，就在于艺术家们在创造艺术形象时，十分重视外形结构之美的独立的审美价值，不再把形式仅仅看作是"内容的外壳"了。

第二节　外形结构之美

俞师认为，融"歌、舞、剧、技"于一体的戏曲艺术，它的最高任务是以美怡人，以情动人，使人在审美体验的愉悦中获得精神上的升华。所以，中国戏曲特别重视提炼艺术的形式美，而毅然决然地杜绝一切自然主义。俞师在《昆曲源流及其变革》一文中写道：

> 文学艺术的一切品种都有它的特定形式，都有它的特定格律，戏曲艺术也不例外。戏曲艺术中的声腔是不同剧种的决定因素，所以声腔的格律是非常重要的……

一、歌之美

在戏曲艺术中，唱居"四功""五法"之首。它至少有两层含义。1. 一个剧种的兴起，首先表现为一种声腔的兴起；也可以说，声腔乃戏曲之根。2. 唱（包括念白）是戏曲塑造艺术形象的主要手段（叙事、抒情、刻画人物内心）。戏曲歌唱承担着"三情合一"的崇高任务，即诗情（或词情）、曲情、声情的审美统一。有没有一口韵味隽永、声情并茂的唱，不仅决定了角色的"生命"，也决定了演员的"生命"。

（一）俞家唱

清末民初，在中国昆曲面临存亡继绝的历史关头，流传于江、浙、沪一带的"俞家唱"，却如奇峰拔空、翠压千仞，成为昆曲歌唱艺术的又一座高峰。如果把俞氏父子一生的艺术活动和社会活动，放在昆曲六百年历史乃至整个中国戏曲发展史的大背景下审视，我们会发现，"俞家唱"的艺术成就和深远影响，已经成为中国昆曲史上的一座里程碑，亦是迄今为止人们很难逾越的高峰。

俞氏家族本是官宦人家。粟庐公因为人正气，不谙官场关节，遂辞去营务，归隐林泉，任苏州张家西席。从出仕到隐世，儒释道的影响使他进退自如，一任天真。而书法、昆曲，则成就了他后半生的辉煌。他学书于盛泽沈景修，宗北碑，通金石，精鉴定；昆曲则师事清代著名曲家叶堂再传弟子韩华卿，尽得"叶派唱口"奥秘，其法讲究出字重，行腔婉，结响沉而不浮，运气敛而不促，于音韵之阴阳、清浊，旋律之停顿、起伏，声音之轻重、虚实，节奏之松紧、快慢，要求尤为严格，被声家奉为圭臬，世称"俞家唱"。

俞师幼习视听，长承亲炙，引吭度曲，雏凤声清。六岁初试啼声，八岁上"同期"曲台，一出《千钟戮·八阳》，曲白完整，娓娓唱来。老一辈曲家看到一个八岁的孩子，不看曲谱，竟把一出高难度的《八阳》唱得头头是道，无不啧啧称奇，都道"粟翁有儿，咸加珍护焉"。（在曲台上，看着曲谱唱曲，俗称"摊铺盖"，是要被人耻笑的）

何为"同期"？现在的年轻人对这一词汇可能比较陌生。简单地说，曲友们约期在一起共同唱曲，就为"同期"。平时吊两段曲子，名为"清曲"；"同期"则搭配齐全，曲白完整，还加打击乐，一切大小角色，包括"龙套"的"同场曲子"（即齐声合唱）都要照唱，角色什么时候该上、什么时候该下，不容半点差错。所以江浙一带非常重视这种形式，认为可以借此提高唱曲艺术。

到小振飞十一二岁年纪，粟庐公对儿子的教学方法起了实质性的变化。他把逐年来口传心授的曲子，按照字、音、气、节四项要素，逐字逐句地为儿子校正了一番，要求儿子不仅要知其然，而且要知其所以然。做到不出口便罢，一出口就准确无误。俞师一生严守家法，十分重视字、音、气、节等技法，整体继承了父亲的衣钵。

俞师在《昆曲源流及其变革》一文中写道：

我父亲教授昆曲，曾经指出必须重视字、音、气、节四项。所谓

"字"，是指咬字要讲四声、阴阳、清浊、尖团、出字、收尾、双声、迭韵等，也就是《度曲一隅》跋文中的"凡夫阴阳清浊、口诀唱诀"。所谓"音"，是指发音部位、音色、音量、力度等，就是跋文中的"出字重，轻腔婉，结响沉而不浮"。所谓"气"，是指运用"丹田劲"来运气，以及呼吸、转换等，就是跋文中的"运气敛而不促"。所谓"节"，是指节奏的快慢、松紧，以及各种特定腔格的运用，就是跋文中的"停顿、起伏、抗坠、疾徐"……

关于字、音、气、节等内容，俞师在《振飞曲谱》前面的《习曲要解》中有条分缕析的叙述，它和《念白要领》并列，组成了《振飞曲谱》的姊妹篇。由于这两篇著作体量很大，笔者在此不作铺陈。仅就这四项技术要素，简要地谈一些体会。

1. 字

"依字行腔""字正腔圆"是戏曲歌唱严守的美学原则，凡违反这个基本规律的乐汇和歌唱，必然形成倒字败腔的弊病。故戏曲界的老前辈常说："字是骨头腔是肉"；"唱不好，先从字上找。"粟庐公在《哭像》曲折"跋语"中也大力推荐"先须道字后还腔"和"字皆举本，融入声中"的法则。"四声平仄"、"韵辙"（出字归韵）、"四呼"（口形的开、齐、撮、合）、"五音"（唇、牙、齿、舌、喉），以及咬字、吐字等技巧，是有机的统一整体，一环不谐，字便失真，腔亦失美。

2. 音

戏曲化的发声，就在于把先天的"嗓音"改造为训练有素的"乐音"，达到音色、音质、音准、音域、音量诸方面艺术审美要求。在戏曲唱念艺术中，音，是原材料，字和腔就是产品，所谓"味儿"，它既来自戏曲化的咬字和吐字，也来自戏曲化的用嗓和发声。

3. 气

气乃音之帅。从我国中医学角度讲，生命的维持依赖于气血的运行。善歌者，必先调其气，氤氲自脐间出，至喉乃意其词，即可致遏云响谷之妙也。同时，戏曲歌唱中"气口"的设置，原本就是整个唱腔结构的一个有机组成部分，是和唱腔的旋律节奏浑然一体的。

4. 节

节奏是旋律的脉搏。唱曲之妙，全在"顿挫"（意指节奏、旋律）。节奏上的快慢长短，词意字音上的润饰，语调的含蓄与夸张，等等，一言以概之，若得词情、曲情、声情与伴奏（器乐美）相得益彰，这就是韵味的所在。

需要强调的是：《习曲要解》和《念白要领》是俞师晚年谈唱念艺术的力作，不仅具有体系化的理论价值，而且对演员的表演有实际的可操作性，昆剧演员要学，京剧乃至所有戏曲演员都应该学。虽然中国有三百多个地方剧种，语音和声腔各有不同，由此派生的表演手段也大异其趣，但字、音、气、节的技巧法则，对任何剧种都有普适性价值。

俞师认为，字、音、气、节四项属于唱曲的技巧法则，掌握和运用这些技巧法则的目的则是表达曲情。从美学角度看：情为声之本，声为情之形，情以驭声，声以抒情，情即是声，声即是情，声情交融，从而达到外形结构之美和内涵意境之美的和谐统一。俞师在《习曲要解》一文中又写道：

> 我父亲在《度曲刍言》中说过："大凡唱曲，须有曲情。曲情者，曲中之情节也。解明情节，知其意之所在，则唱出口时，俨然一种神情。问者是问，答者是答。悲者黯然魂销，不至反有喜色；欢者怡然自得，不至稍有瘁容。宛若其人自述其情，忘其为度曲，则启口之时，不求似而自合，此即曲情也。"这是一个很重要的艺术观点，其中包含两层意思：（1）要唱出问答神气，用现代术语来说，就是语气化。（2）要唱出悲欢感情，用现代术语来说，就是生活化。我从小承受父教，比较注意及此；通过几十年的实践，越来越感到这是唱曲艺术的总纲。

我们仍以俞师第一次上"同期"唱的《千钟戮·八阳》为例。《八阳》这出戏可不好唱。同是逃难皇帝，建文帝和《长生殿·闻铃》中的唐明皇大不一样。唐明皇被安禄山的兵乱惊破了"霓裳羽衣曲"，不得不连夜携带杨贵妃和杨氏集团中的少数人，出了长延秋门，向西窜逃，苟延性命而去。一路之上，他除了悲悲泣泣、悼念杨贵妃之外，丝毫没有想到国家所以遭此祸乱、人民深受涂炭之苦的原因何在。总算有位乡老郭从谨来献麦饭，诉说了皇帝儿句忠言，但皇帝当面接受，并不进入心里去，直到在成都建立了杨贵妃的祠庙时，还只是把感情环绕着"花容月庞"转圈儿，所以他的曲子充斥着悲悲切切、凄凄惶惶，一天天向颓废路上沉沦下去。

与此相异，建文帝遭受叔父燕王的突然袭击，不得不逃离南京，为避燕王派向各地的追兵，他和"徒弟"程济，乔装为一道一僧，"收拾起大地山河一担装"，昼伏夜行于崇山峻岭之间。在这颠沛流离的生死线上，他看到了一批旧臣被燕王逮捕、一辈"犯妇"被兵卒押解，还有身首异处的尸体被车载异途，这许多惨状，他不忍目睹，但偏偏要他目睹，怎能使他不悲愤，不呼喊出"但见那寒云惨雾和愁织，受不尽凄风苦雨带怨长"；"弥天怨气冲千丈，张毒焰古来无两"等高亢激烈的旋律，以抒发他内心的痛苦。在【尾声】中，小锣边一击，建文帝恍惚以为是景阳钟鸣了，经程济点明："此乃野寺晚钟，非景阳钟也！"建文帝蓦然惊醒，一声"嗄——"要高念，如鹤唳九霄，接着长叹"咳"要沉痛，似鼙鼓低捶，二者必须紧密结合，构成情感上的强烈起伏，唱念才能显得饱满有力。

当然，这些理解都是俞师在以后的实践中逐步加深的。在他八岁第一次上"同期"的时候，还只是遵从父亲传授的要领，从技巧层面加以掌握罢了；但这种技巧的基础和张力，恰恰是俞师艺术发力的助跑线。

（二）中年变法

推陈出新，循时而进，是俞师十分重要的美学思想，他一生的艺术活动，都贯串了这根红线。俞老在《昆剧艺术摭谈》一文中强调：

要认识如何继承，如何革新，则必须就构成剧种的四个主要成分——歌、舞、剧、技，进行实事求是的分析，什么是传统中的优点，加以继承和发扬，什么是传统中的缺点，予以扬弃和改革。不以前者作为继承的基础，是对历史的虚无主义态度；不以后者为革新的对象，是对艺术的抱残守缺思想。

俞师早在北平唱京剧时期，京剧界的高人包括对新剧有研究的"文墨党"，如齐如山、陈墨香等，都认为昆曲小生唱法过于阴柔，缺乏阳刚气，尤其巾生，发声几乎和小旦一样，差不多全用阴声，失去了男性风韵，（早期巾生唱法，可以20世纪初期高亭公司录音唱片为证）；而昆曲旦角的唱法，由于传统男旦占主流，又缺乏阴柔。俞师自己也感到，昆曲的有些唱法，与飞速发展的时代和广大群众的审美情趣严重脱节。他在与梅兰芳、程砚秋的长期合作中，从京剧声腔的演变中找到灵感，感到有必要对昆曲唱法做一次系统化梳理。他把唱法上的改革，称之为"小变化"。

1940年从北平返沪不久，俞师谢辞了所有演出，特请传字辈名旦朱传茗到俞家摭笛吊嗓，共同研究。和他们一起研究的还有俞夫人黄蔓耘。黄是京昆名票，工梅派。在三个多月的时间里，反复唱，反复探索。俞师人到中年，嗓音更见厚度，他运用阳调小腔音，创造了阴阳混合声（又称"复合声"），如：唱到"小工调"的"1、2、3"低音区时，用的是真声；唱到"4、5"中音区时，变换为阴阳混合声；唱到"6、7"高音区时，大都是人物内心情感的喷发点，便用阴声（俗称"小嗓"）。气氤氲于脐间丹田，声发于鼻咽部上腭（相似于声乐大师林俊卿创导的"咽音法"）。虽是阳声，却不同于老生；虽是阴声，也大异于旦角；从最高音区到最低音区，始终保持一种质感，如水乳交融、天衣无缝。吴新雷先生用二十四字概括俞师混合声的特点："宽窄并用，真假参半；阴阳复合，音腔相会；阴里有阳，阳里有阴。"加上俞师气口之好、运气之妙，唱来如行云如水，使巾生的唱腔增添了一种阳刚的气势，但又保持了巾生与冠生的区别。可以说，在以俞师为中心的上下三代小生演员中，在混合声的处理上，无人与之匹敌。

"俞派唱法"的第二个"小变化"，是淡化"切分音"。

反切是中国传统的一种注音方法，即用两个汉字合起来为一个汉字注音，单称反或切。俞师认为，懂了用声母和韵母反切成字的道理和方法，仅仅完成了识字的任务，而识字以后如何唱曲，如何运用正确方法把声母、韵母念得美听，更为重要。旧社会艺人文化水平低，学生在开蒙时以切音作为掌握字声的手段是必须的，但作为一名成熟的演员，就不应该刻意强调反切，这样会发生两种错误倾向：一种是把声母和韵母截然分开，头、腹成为明显两截，好像在唱两个字，这只能说用反切方法读字，不是在唱曲；另一种是把声母强调过分，成为"摘钩头"，成为"字疵"（沈宠绥语）。这种毛病在昆剧界是存在的。人们反映昆曲的唱难懂，除了有些文本唱词过于艰深外，还在于有的演员咬字反切过重，唱来唱去"鸡鸭鱼肉"。鉴于此，俞师主张少用反切。哪个字该用，哪个字不该用，要根据度曲之美严格审审，不应斤斤计较、细分死守。

俞师认为，沈宠绥《度曲须知》中提出的"以头腹尾三音共切"来代替两音切字的主张，是个好方法，不论昆曲、京剧都把它继承了下来。所谓两音切字，就是指声母和韵母；所谓三音共切，就是在字尾上加个收音。字腹和字尾合成韵母，要把韵母念准，必须注意其尾音，否则会因为收音不准而成为"飘音"，变成另一个字。而头、腹、尾三音，唱时既要交代清楚，又须浑然一体，方为上乘，如果割裂、支离，则是大病。

"俞派唱法"的第三个"小变化"，体现在腔格的处理上。

戏曲歌唱艺术的最高审美境界是"味"。在汉语中，作为名词的味归于美论，它可以作为美的代名词；作为动词的味归于美感论（品味），它与"悟"相通。而昆曲的韵味，就体现在腔格的运用和变化上。

我国戏曲的声腔格律，可分为两大类：一类是曲牌体系，一类是板腔体系。板腔体唱词一般以"二二三""三三四"为基础，可以根据剧情和艺术家的风格增删字句，所以在词情和曲情之间有很大自由空间。拿京剧来说，有"设坛台借东风相助周郎"（《借东风》【回龙】）；也有"都只为救孤儿，舍亲生，连累了年迈苍苍受苦刑，眼见得两离分"（《搜孤救孤》【回龙】）。还有上句是"三三四"，下句是多达二十余字的长短句结合，如"在轿中只觉得天昏地暗——耳听得，风声断、雨声喧、雷声乱、乐声阑珊、人声呐喊，都道说是大雨倾天"；"轿中人必定有一腔幽怨——她泪自弹、声续断，似杜鹃，啼别怨，巴峡哀猿，动人心弦，好不惨然"（《锁麟囊》【原板】）。美国学者苏珊·朗格谈声乐艺术时，提出一个"同化原则"，认为歌词配上音乐以后，就放弃了自己的文学地位，而担负起帮助创造音乐形象的任务。这在板腔体系的剧种是很容易做到的。在曲牌体的昆曲，却不允许闹这样的"自由主义"。

俞师在《昆曲源流及其变革》一文中写道：

> 曲牌体是昆曲的声腔形态，其结构很复杂，格律也很严……词式和乐式，乃是昆曲曲牌体的内涵。而词式有词式的格律，乐式有乐式的格律。词式和乐式既是"各有所司"，又要"互相合作"。打个不太确切的比喻，好像是商业上的联营机构。正因为如此，就要求词式的格律和乐式的格律之间，必须互相配合，紧密协作，不要彼此矛盾，破坏对方的格律。

在谈到腔格的运用时，俞师进一步指出：

> 根据实际运用情况来看，在词式之中，确实有其灵活变通的。另一方面，长期以来，没有人把词式的宽和严的道理揭示出来，这样就造成两种各趋极端的结果：一种是完全保守的、封闭的，死死抱住上述几本专著曲谱不放，好似荆棘丛中，难以举步。另一种则是去掉一切格律，独行其是。表面看来倒是"开放性"的进步主张和大胆行动，但是他们落得一种订谱者无从下笔、演唱者难以张嘴的效果。即使勉强做了，还是不像昆曲。所以这是一种鲁莽灭裂的做法，不能为有识之士所接受。

写到这里，我蓦然想起闻一多先生的一段话："差不多没有诗人承认他们真正给格律束缚住了。他们乐意戴着脚镣跳舞，并且要戴别个诗人的脚镣。"这和孔夫子说的"从心所欲不逾矩"是一个道理。

明代王骥德《曲律·论腔调》云："乐之筐格在曲，而色泽在唱。"阐明了腔格和歌唱之间的辩证关系。而"俞派唱法"的贡献首先体现在昆曲腔格的衍生和拓展。

旋律是音乐最活跃的因素。所谓"腔格"，顾名思义，声腔之格律。俞师总结父子两代毕生的艺术积累，归纳出昆曲15种最基本的腔格，并由此衍生出有特殊关联的"连腔"五种，共20种（《振飞曲谱》归纳为16种）。据吴新雷先生考证，历代曲学著述对昆曲腔格的研究和厘订，虽时有创见，却尚未完备。而"俞派唱法"在声乐艺术上的贡献和成就，无论从实践到理论，还是从理论到实践，都已形成完整的体系。他在"昆曲'俞派唱法'研究"一文中写道："振飞先生的《习曲要解》，才第一次有系统地归纳出十六种基本的唱腔，其中具有独创性的即有八种。这在昆曲声乐艺术的发展中，实是一个重大的贡献。"

"俞派唱法"的第二个贡献，是以"情"（内涵意境）为帅，以腔格（外形结构）为基础，精心琢磨，巧妙运用"俞派唱法"中丰富的旋律和装饰音小腔多的特点，达到"声情并茂"的歌唱境界。

俞师在《振飞曲谱·习曲要解》中，举了许多生动的例子，其中一例是：

> 《长生殿·哭像》【快活三】中"冷清清独坐在这彩画生绡帐"一句，一般唱法，"冷清清"三字连续不断。我觉得这三个字正好表现唐明皇触景生情之感，不该平平而过。所以我在第一个"清"字出口后，略作停顿，再唱第二个"清"字，恰好左右两瞥，脸上显出看到冷清清的环境而不胜凄凉的神色。接着"独坐这边"四字，后面三个都是去声字，都有豁腔，如果同一处理，必然呆板无情，并且不好听，我就在处理上加以变化，把"这"字加上颤音，音尾轻轻一豁，紧连一声哭音"瞒"，然后重重落在下一个"彩"字（上声）上面。这样字音准确，处理灵活，人物的感情也就充分表达出来了。

1956年9月在苏州举行的昆剧观摩演出，各省市观摩团在肯定昆剧表演之美的同时，都认为昆剧的唱晦涩难懂，很难达到普及的效果。但俞师在《惊变埋玉》中扮演的唐明皇，出场的一段【粉蝶儿】"天淡云闲……"，仅"天"字上一个拖腔，就博得满堂掌声。许姬传先生也出席了这次盛会，他高度肯定"俞派唱法"中的"小变化"。他对俞师的大弟子薛正康说："告诉你老师，他的变法变得好，看昆曲就是要听一口唱。"

1962年，年届花甲的俞师在丽都剧场连演三场昆剧，分别是《迎像哭像》《太白醉写》《荆钗记·见娘》。他在唱法上进一步作了"内涵化""圆润化"的处理，无论吞吐收放、快慢断连，讲求不着痕迹、浑灏流转。三场演毕，他对前来看戏的薛正康说："长远勿上台，显得吃力了。侬阿曾听出点啥？"薛正康理解俞师所问为是否听出有"吃力"的感觉，便回答说："没有没有，很好很好！"事后方知，俞师所说的"侬阿曾听出点啥"，是指他在唱法上的"小变化"。腔格是固定的，但不是僵化的，关键在演员"审音度势""死腔活作"，其歌声方能珠圆玉润。俞师在《唱曲在昆剧艺术中的位置》一文中写道：

> 记得田汉同志曾经说过，在我国各种戏曲中，唯有昆曲有"四定"，即定词、定腔、定板、定调，不能任意改变，外国好的声乐也是这样。我同意他的说法，这就是曲牌体的特点。但是，我还要下一转语："四定"虽然不能任意改变，而"运用之妙，在于一心"。

（三）戏曲化的念白

俞师毕生重视唱念结合。他认为戏曲表演中的念白，同样属于"歌"的范畴。他在1962年编辑《振飞曲谱》时，把他在20世纪60年代为学生讲课的教材《念白的传统规律》一文，再作润色，增广补充，定为《念白要领》，刊于卷首。这篇论文分《念白的音乐性》和《念白的语气化》二节，论述了念白（主要是指韵白）的四声、阴阳法则，特别是总结了"两平作一去"、"两去作一平"，"去声上声相连先低后高""阳平入声相连先高后低"等十四条规律，为后学提示了可贵的法则。

笔者体会，关于念白的美学特征，可以从两方面给以界定。

1. 诗化的语言

如果说，话剧是散文的戏剧，那么，戏曲就是诗歌的戏剧。尤其是以京昆为代表的古典戏曲，经过历代文人和艺术家的提炼和加工，它的台词不再是纯自然形态的语言，绝大部分已经被融于诗美的境界。从文学结构上看，京昆念白十分注重骈体节奏（最常见的是四、六连缀式结构），讲求句式的对称、平衡、精炼、和谐，形成一种诗赋交融的声律美。吕叔湘先生说："从历史上看，四音节好像一直都是汉语使用者非常爱好的语言段落。"四音节的词组符合汉语习惯，是一种典型的稳定型语言节奏。

2. 念白的格律化

朱光潜先生说："节奏是一切艺术的灵魂，在造型艺术则为浓淡、疏密、阴阳、向背相配称，在诗乐舞诸时间艺术则为高低、长短、疾徐相呼应。"

节奏构成了戏曲艺术的总体格局，同样也形成了戏曲念白的叙述魅力。但凡优秀的演员，他们的念白同样讲求字（四声、阴阳、清浊、尖团、出字、收尾、双声、迭韵）、音（音色、音量、力度）、气（运气、偷气、转换）、节（快慢、松紧、停顿、起伏、抗坠、疾徐）四项技术要素，因而他们的念白同样能达到格律美的境界。

戏曲界历来有"千斤话白四两唱"的说法。昆曲的传统说法是"一引二白三曲子"。

按照旧传奇的编写方式，主要角色一出场，首先是念"引子"，然后念定场诗，自报家门，叙述身世经历，再开唱曲子。演员刚出台，心里总有些不踏实，引子出口，高了难听，低了也不行，又没有伴奏作依傍，全靠演员的功力找准调门。如《长生殿·定情赐盒》的【东风第一枝】，是最长的引子，一共有五十字，俗称"昆曲第一引"。这支引子每句后面要打"二三锣"。过去昆曲小锣也有调门，就是"小工调"的"六"字。《定情赐盒》引子的第一句"端冕中天"，难就难在"端"一出口，就必须在"六"字调的"工"字上"一锤定音"，整句乐谱为："工尺（端）上尺（冕）工（中）工（天）。"为了这支【东风第一枝】，小振飞可没少挨父亲的骂，直练得听到小锣一响，开口便找准调门，父亲才放他过门。

再如《琵琶记·辞朝》中，末扮黄门官，在"吹打"以后念四句："我乃黄门，职掌奏事。有何文表，就此披宣。"奇在前面三句是一般念白，末句却要按乐谱干唱："工一（就）上尺（此）工（披）工（宣）"；而小生所饰蔡伯喈接唱【入破第一】"议郎臣蔡邕启……"时，笛子就吹起来了。黄门官念"宣"字上的"工"要与蔡邕所唱的"议"字上的"工"同样高低，否则就无法对接，十分难听。

俞师念白之妙，在京昆界是有口皆碑的。一来他天赋佳嗓，大、小嗓浑成；二来他有深厚的古汉语功底，从青少年时期就开始研究音韵学。他晚年总结唱念要领，提出"唱要像念，念要像唱"八字方针。所谓"唱要像念"，就是要唱出语气化、生活化；所谓"念要像唱"，就是要念出格律化、人物化。

（四）订立曲谱

俞师为昆曲作出的重大贡献之一，是为"俞家唱"定腔定谱创立范式。

昆曲歌唱之口法向以口传心授为主,自清初有官谱起,历代记谱也仅为具备主要腔格功能的"备忘录"而已。俞师痛感于昆曲的衰落,如果不把父亲开创的俞家唱口作定腔定谱的整理,也恐有湮没不彰之危险。20世纪40年代,俞师开始着手编纂《粟庐曲谱》。第一稿由许百遒协助钞就,分上下两册,版心印有"粟庐曲谱"字样,可能是委托南纸店、扇笺庄之类文具店印制。该谱收录了《琵琶记·南浦》《琵琶记·辞朝》《琵琶记·盘夫》《牡丹亭·游园、惊梦》《牡丹亭·寻梦》《牡丹亭·拾画》等十九出折子,是为习曲者拍曲所用。许是笛王,工音律,善书法,他是书录曲谱的不二人选。也许是资金掣肘,此稿未正式付梓。

第二稿是在实业家陆菊森、吴中一资助下,请吴中名书法家庞蘅裳精缮。俞师遴选六十出生旦代表性剧目,以家传旧谱为依据,一一重填记注,有关工尺旁谱、正板、赠板、小眼、中眼以及各种腔格,乃至一个气口,都以符号详述标注,其间断断续续,持续了七八年之久。

《粟庐曲谱》最早出现形式是单册抽印本。抗战胜利后,蓄须八年的梅兰芳先生重登舞台。由于息影多年,梅先生竟连最低的调门也唱不上去,情绪十分低落。俞师建议改唱昆曲,同演剧目有《游园惊梦》《刺虎》《思凡》《断桥》及吹腔戏《奇双会》。有梅先生登高一呼,俞师遂将上演剧目根据其整理的家传唱谱影印成线装单册,由梅先生题签,曲家徐凌云先生作跋,是为《粟庐曲谱》最早版本。现存可见线装单册中,《刺虎》与《游园惊梦》为单独成册,《思凡》与《断桥》为同日演出剧目,故合订为一册(亦见《断桥》单独成册者,唯封面盖"畹华"印而非"兰芳之印")。

1950年,俞师应马连良邀至香港演出,因故滞留未归。在港期间,俞师对已经点校好工尺板眼的二十九出传谱再作校订。1953年,在中华书局董事长吴叔同和实业家陆菊笙,及王孟钟、项馨吾等人的资助下,《粟庐曲谱》在香港正式出版。书中收录了二十九出折子。卷首为俞师所著《习曲要解》,对俞派唱法的十六种腔格都有工尺表述及唱法详细介绍。这是俞师对昆曲唱法的一次从实践到理论的系统性提升。

据吴新雷先生考证:"考昆曲兴盛以来,最早以文字论述具体唱腔的,是清乾隆初徐大椿《乐府新声》,书中曾举'断腔'一例。至咸丰三年(一八五三),王德辉、徐沅徵合编《顾误录》,在'度曲八法'中提到'擞声'一则;同治年间,《遏云阁曲谱》标示了擞腔和豁腔符号。光绪中,有张南屏写《昆曲之唱法》,载于上海《时报》(《增辑六也曲谱》附刊),其第四节'做腔'中论到橄榄腔、擞腔、叠腔和嚯腔四种，可是语焉不详。一九二五年王季烈在《集成曲谱》附载的《螾庐曲谈》卷一第四章'论口法'中，共提出掇、叠、擞、霍、豁、断六种腔格，解析也不够明确。综观上述各书，虽已论及做腔的方法，但不全面，不细致……"

吴新雷先生还指出，俞师是"有史以来第一次总结了昆曲的各种唱腔，提示了俞派唱法的口法要领，共著录带腔、撮腔、带腔连撮腔、垫腔、叠腔、三叠腔之'变例'（后改为叠腔连擞腔）、啜腔、滑腔、擞腔、豁腔、嚯腔、罕腔（注：带口字旁）、拿腔、卖腔、橄榄腔、顿挫腔等十六种腔格，论述简明，举例确切，联系实际，分析透辟。这里面有些见解是总结故老相传的经验，有些则是他个人创造性的发明"。

《粟庐曲谱》一经出版，即得到海峡两岸曲友的广泛认同，成为习曲者必备之书。从民间到官方曾多次复制，留下很多版本。

20世纪70年代，台湾周一欣女士以家藏《粟庐曲谱》为底本私印以馈赠同好。此版本分上下两册，封面字体为印刷隶变体，封二盖有"本书非卖品，供同好参考"红色字样。

1991年，台湾中央大学洪惟助教授以周一欣女士私印本《粟》谱为底本进行印刷，将上下两册合为一册，封面改为由洪惟助题签的紫黑底红签设计，并增添了洪惟助的题名页。时值俞师九秩寿，此《粟》谱便作为贺礼赠送俞师，《粟》谱扉页上加以红字印："庆祝昆曲大师俞振飞先生九秩荣寿——在台湾重印此谱以为纪念"。

1996年，洪惟助教授再次主持《粟》谱重印，此次重印换彰化师大林逢源教授收藏之台湾曲家徐炎之的《粟庐曲谱》为底本。徐之底本为1953年使用仿古图案作为封面的版本，重印时仍将两册合订为一厚册，封面保持前版风格。

2007年，南京大学昆曲社以1953年版《粟庐曲谱》原本影印，使用的是曲友李宏所藏《粟》谱为底本。

2011年，上海辞书出版社与蕾华师母取得共识，正式再版《粟庐曲谱》。此版以上海昆剧团蔡正仁藏1953年线装《粟》谱为底本，仍以线装形式出版，一套四册，分为珍藏本和普通本两种，印数分别为250套和750套。

2011年10月，浙江嘉兴玉茗曲社以网络上流传之ribaike制作的电子版《粟庐曲谱》为底本放大影印。

2012年6月，台湾地区出版社以1996年台湾《粟》谱为底本，重印了

《粟庐曲谱》。

2002 年，俞师海外弟子顾铁华为完成恩师夙愿，挽请南京曲家王正来先生负责《粟庐曲谱外编》全部辑校誊录工作，其选择三十出曲目，是对《粟庐曲谱》的有益补充。

1982 年，年届八秩的俞师亲自挂帅，"上昆"陆兼之、辛清华、顾兆琪、蔡正仁、岳美缇鼎力相助，全新的《振飞曲谱》由上海文艺出版社隆重推出。该谱由叶圣陶题词、俞平伯作序、俞师自序。在《粟庐曲谱》原文《习曲要解》基础上，增补数万余字，并新添《念白要领》一文，将度曲实践中总结的要素和特点规范化地形之于谱、行之于文。这两篇论文堪称体系化的曲学著述。历代曲学内容甚广，主要为三个部分：曲史、曲理和曲法。而俞师对曲学的研究，更多着眼于度曲之绳墨，旁涉曲史、曲理。

若把《振飞曲谱》与 1953 年问世的《粟庐曲谱》比较，有两大显著变化。其一，俞师以往编辑的曲谱，选择的曲目都以小生、旦角为主；而 1982 版《振飞曲谱》挑选的曲目，除了小生、旦角外，还囊括了老生、武生、净、丑在内的各个行当，足以证明俞派唱法并非仅是昆剧小生的一个流派，而是生、旦、净、丑各行当普遍认同的基本规律和理论科学的总结。其二，《振飞曲谱》首次采用简谱记法，以便于广大昆曲爱好者习曲，实现了俞师一生为昆曲奔走呼号的理想。俞师在《后记》中写了这样一段话：

> 想把一个古老剧种救活，并且得到发展更新，不是少数人所能办到的，应当要求更多的有志之士，在正确方针引导下，分工协作，共同努力，来担起这个历史使命，抓紧时间，促其实现。我虽届暮龄，还不甘废弃，总打算竭尽绵薄，跟随大家参加一些工作。这部曲谱以早年接受父亲的传授为基础，参酌自己长期演出实践，作了部分改革。这只是就唱曲方面贡献一得之愚，求正于赏音者；至于有关昆曲表演问题的见解，则将另文阐述，与本谱一起作为我晚期的工作汇报。

这段话有两个闪光点。其一，"这部曲谱以早年接受父亲的传授为基础"；这段看似浅白的文字，彰显了俞师敬畏传统、严守家法、守正固本、稳中求变的守成精神。其二，"参酌自己长期演出实践，作了部分改革"；这段话再一次表述了俞师从"清曲"到"剧曲"，从"清工"到"戏工"，娴熟地驾驭舞台表演的规律，为俞派唱法作出了划时代的贡献。

二、舞之美

以诗、歌、舞三位一体的中国戏曲，舞蹈是剧中人物心理外化的肢体语言，是一种舞蹈化的心理动作。所谓"长歌当哭，长袖善舞"，舞与歌是互为表里、互相补充，用来抒发咏歌的未尽之情的。

俞师认为，在戏曲表演艺术体系里，"做"和"打"都属于"舞"的范畴，它具有抒情、造型、描绘（状物）三大功能。这种经过节奏化和技巧化处理的动作，是戏曲演员通过自身体型线条的变化，在刚和柔、紧和松、快和慢的对立统一中体现平衡、对称、节奏、韵律等美学原则，成为具有欣赏价值的优美的"身段"。故俞师把戏曲舞蹈称之为"线的艺术"。

（一）线的艺术

俞师在《昆剧表演艺术的审美价值》一文中写道：

> 昆剧表演艺术中的身段动作，这种舞蹈化的程式，美学家用欣赏的口吻称之为线的艺术，我是非常同意的。

"线的艺术"是美学家李泽厚先生在《美的历程》中提出的一个命题，他认为中国的书法艺术和建筑艺术都体现出线的特征，因此可称作"线的艺术"。他通过对远古风尚、时代氛围、哲学思想、审美取向及物质媒介与工具等的综合考察去寻觅"线的艺术"生成的文化根源，从而揭示了线的艺术不仅仅局限于书法和建筑，从某种程度上说中国古代艺术都体现着线性意识。

俞师在《昆剧表演艺术的审美价值》一文中进一步论述：

> 如果进一步来分析，我感到，昆剧的动作，从开始到收束，在整个进程之中，包含着"点"（起和结）、"线"（进程）、"角"（角度和转折、顿挫）、和"面"（传统叫场形，相当于现代戏剧术语所称的调度）等几个要素，把这些要素进行正确和巧妙的结合，才成为一个完整、优美的"体"，也就是它的外形动作的结构之美的具体化。这个结构，必须讲究均衡对称，同时又是变化多端的……
>
> 试看，不少"独角戏"，如《拾画叫画》《夜奔》《题曲》《思凡》等，在场上仅有一个人物的表演中，举手投足，翩然起舞，处处体现着点、线、角、面、体的完整性；同时，更重要的是显示了动静、刚柔、张弛、繁简、浓淡等属于审美范畴的种种变化，千姿百态，各擅其胜。如果观察一

下"对面头戏"（两个人物的对舞，如《游园惊梦》《惊变》《琴挑》《惨睹》等），"三脚撑戏"（三个人物的合舞，如《水斗》《梅岭》《起布》《打围》《嫁妹》等）。这里的舞蹈组合中，有分合、向背、进退、上下、高低、快慢等许多样式，更符合对立统一的艺术规律，显然是十分有意义的艺术创造，值得重视。

俞师的这篇千字美文，当年载于昆剧精英展演专辑（说明书），文中有关"举手投足，翩然起舞，处处体现着点、线、角、面、体的完整性"的美学精论，因囿于篇幅，未能充分展开。笔者仅从俞师天长日久的教诲中，择其要点，略作伸展。

俞师六岁临池濡墨，恪守"学书宜先工楷，次作行草"的规范，先临汉碑《张迁碑》《衡方碑》《礼器碑》《司晨碑》《曹全碑》，后摹魏碑《龙门造像十二品》《张黑女碑》《崔敬邕墓志铭》《张猛龙碑》。粟庐公规定俞师要勤"读"碑帖，非如此不得碑帖之妙谛，体会其一笔一画的内在势道。后来俞师又爱上赵孟頫、董其昌的行书。观俞师的书法，用笔方圆刚柔，交相为用，浑厚和飘逸兼而有之。俞师十四岁那年，拜在吴中大画家陆廉夫名下学画。陆廉夫宗清代"四王"（即王时敏、王鉴、王翚、王原祁），工山水画。俞师晚年谈到，陆师要求非常严格，光是形状不一的石头就让他整整"皴"了一年，然后再画各式各样的树。1981年，俞师写下组诗《八十自寿》，其中一首写到陆廉夫先生：

> 松陵夫子老词仙，
> 籀隶丹青世并贤。
> 郑重华滋浑厚境，
> 歌场倘许获真诠。

吴江陆廉夫先生恢，别署狷盦，擅写山水花果，复精篆隶碑版之学。余从游有年，愧未得万一。先生曾言，作画须求浑厚，切忌浮漓。余承师教，用之于戏曲表演，深有所获，因悟艺术之道，同源殊流，可以相为桴鼓也。

这段跋语意义深刻。其中的"因悟艺术之道，同源殊流，可以相为桴鼓也"，体现了俞师十分重要的美学思想。

在人类广袤的文化艺术领域里，各种门类的文化艺术无不具有互补互鉴的功能。唐代张旭观公孙大娘舞剑悟得笔法而成为一代"草圣"，俞师从书画原理中悟出戏曲艺术之道，岂非异曲同工之妙。

俞师要求学生都能写字作画。他认为书法的"八法"，绘画的"六法"，都能给人带来美的启示。无论是泼墨写意、工笔细描，还是正草隶篆、铁画银钩，其笔墨构架的核心都表现出一种线的灵动和气韵。戏曲舞蹈的原则和方式，亦如中国文字的"六书"（象形、指事、会意、形声、假借、转注），兼备造型和表现两种因素和成分。有人比喻书法是纸上的舞蹈、舞蹈是台上的书法；俞师是很赞同这种说法的。

哈九增先生主编的《艺术教程》，在谈到线条的审美意义时指出："对造型艺术来说，线条语言的重要意义并不仅仅在于其构成形象的轮廓，还在于它同人的心理感受有直接的联系，自身有着独立的价值；不同的线条及其组合能唤起观者不同的生活联想，给予观者不同的心理感受。"

例如：横线，又称水平线，使人联想一望无垠的平原，一般表现稳定、缓和、平静自如的情绪；竖线，又称纵线，具有坚强有力的挺拔感和动势，则给人以庄严坚固的感觉；圆线，又称弧线，一般给人柔和、流畅、匀称和延绵不断的感觉；曲线，又称曲折线、迂回线，它就像曲径通幽的回廊，给人以活泼跳跃优美柔和游动不息的感觉；向上运动的线条表现出欢愉和亢奋的感情；向下运动的线条往往引发低沉颓唐的情绪；近宽远窄的双线、放射形及涡旋形的线条能给人空间上幽深感觉；等等。

中国线描取法自然，阴阳为本，兼济五行。干湿浓淡，曲直粗细，是为师法自然之形；里外松紧，轻重缓急，取之开悟之意。线条本身的利用，其形态、粗细、曲折、断续、运动方向，以及线条与线条的组合变化、重复对比等，都有十分重要的表现意义，能为作品审美奠定特定的心理基调。圆形曲线，和顺柔美；方形折线，刚直强健；正三角形，稳定安静；倒三角形，焦虑危险；金字塔线型，稳固庄重；菱形则给人以开阔的感觉。

日本造型设计大师杉浦康平说："身体跃动产生线。"中外造型艺术家也无不认为人体的线条是最美的曲线。戏曲界流行一个词汇："边式"。所谓边式，是指演员了到台上，无论一戳一站（静止的），还是举手投足（动态的），或是持续时间中的连续性形体动作（翩翩起舞），都显示一种线性的美。点，是线的起和结；线，是点的延伸；面和体，则是线的二维组合或三维组合。戏曲舞蹈程式中的山膀、云手、鹞子翻身、卧鱼、飞脚、旋子、耍水袖、抖翎子、迈方步、走圆场等，以及由这些程式符号组合成的"起霸""趟马""走边""四股档""八股档"等程式系统，就是演员在台上"走线""划线"或"舞线"，即用工整规范而又变化多端的线条，形成了刚柔得中、阴阳互补的关系，展现出线的节奏、韵律、情态、造型之美。另外，演员的装扮，诸如旦角两鬓的"片子"；花脸的脸谱、老生的"髯口"、长长的雉尾、增高的"厚底"、戏曲服饰的颜色和线条等，以及摇动雉尾、舞动水袖、甩动髯口、耍动刀枪时产生的飘动感，包括演员穿戴的匀称、熨帖，等等，都是线的艺术所蕴含的韵律、节奏、秩序和理性，是一种成熟的文化形式所应有的理想之境。

"水袖"是戏曲身段动作中最能体现线性之美的工具。一个"水"字，道尽了水袖的美轮美奂。翻腾时似大海的波涛，温顺时如碧波潭的涟漪，所谓"吴带当风"，也可比喻线的艺术在戏曲舞蹈领域里开拓出一个新的境界。戏曲界的老前辈总结的水袖姿态有：抖（投）、甩、勾、拂、掷、抛、挥、翻、挑、荡、扬、抓、打、绕、撩、背、折、叠、搭、摆等数十种，每一种都蕴含了鲜明的审美指向。直线，令人有坚硬之感；竖线，有挺拔之感；横线，有平和之感；斜线，有危急之感；折线，有生硬之感；曲线，有流畅之感；曲线中的波纹线、螺旋线、抛物线，体现了流畅、运动、柔润、舒展、活泼、轻巧、平和、优美的审美特征。

清代文人画家郑板桥曾说："必极工而后能写意。"意思是说，学画必须先学工笔，后学写意。要画好中国画，笔墨、线条、构图、着色等造型技巧（基本功）是第一位的。书法亦是如此。古人曰：学书先欲工，而后欲拙。工则法备，笔笔有由；拙则气宽，不为法囿。

可以说，世界上没有哪一个国家、哪一个民族的艺术像中国古代艺术这样如此钟情于线、执着于线。而在中国戏曲界，把"线的艺术"引用到舞台表演中来，俞师即使不是第一人，也肯定是屈指可数的个例。俞师一生与诗、书、画作伴，翰墨书香不仅熏染了他的诗意人生，他还从历代文论中的诗品、画论、音韵学著作中吸取营养，丰富了他的舞台艺术和理论体系。他在《昆剧表演艺术的审美价值》一文中写道：

> 我青年时，曾学过山水画，听过老师讲授画理，又在父亲鉴别书画之际，从旁看到过不少名作，并聆听了前辈们的评论。这些熏陶，对我很有裨益。我觉得书画理论中关于繁简、浓淡、厚薄、轻重、正反、虚实等等辩证关系的道理，大可与昆剧表演艺术相互沟通。所以，不断增进文学艺术修养，有助于舞台表演的提高，确非泛泛之言。

（二）圆的境界

中国戏曲虽然具有强烈的形式上的表现性，但绝非是一种"纯形式"的艺术。"以歌舞演故事"的宗旨，决定了戏曲表演既要担负起反映生活的任务（故事），又要按美的规律创造艺术形象（歌舞）。观众也会从符号形式的观赏中挣脱出来，追求一种和谐圆满的审美境界。故此，在戏曲舞蹈身段中，线条不再是以抽象的艺术符号出现的，它必须把角色的内心情感和心理活动转换为状物的造型，从而成为一种"有意味的形式"。

俞师晚年经常谈起，唱了一辈子的戏，总结了两条经验：第一，唱念要口语化，表演要生活化（即程式的人物化）；第二，到了舞台上，处处不离一个"圆"字。所谓"处处不离一个'圆'"，它包括"四功""五法"的各个环节都要讲求"圆的境界"。

中国传统文化中的"尚圆"理想，是中华民族的集体追求。远古先民的太极阴阳哲学成为中国文化深层的审美依据。太极图最卓越的构思，就是在阴阳两极最发达的位置都有对方的眼、对方的核，将对极的力量纳入各自的中心，形成生机盎然的生成流转，循环往复。

以圆为美，在传统戏曲艺术中体现得最为充分。文辞要流美圆转；唱腔要字正腔圆；"山膀"要臂圆如弓；"云手"如双手抱球；鹞子翻身如车轮旋转；"卧鱼"如锦鲤咬尾；"旋子"如飞鸟盘旋；舞水袖用臂、肘、腕、掌"划圆"；戏曲服饰图案最多见的是圆圆的团花；故事最令人满意的结尾是"大团圆"……中国古人并不欣赏"残缺美"，破了的东西也要努力把它拼补起来，叫作"破镜重圆"。

钱锺书先生认为："形之浑简完备者，无过于圆。"古希腊毕达哥拉斯学派也认为，一切平面图形中最美的是圆形，一切立体圆形中最美的是球形。圆形是完整无缺、无限循环的形式。在表现形态上，圆就是一个除棱角、化僵硬、去呆滞，在规矩中求变化的一种闭合而周全的图形，首尾相接，无始无终。圆，既是形态上的圆满，也代表着理想的审美境界。

俞师经常对学生说：身段动作"既要有生活的根据，又要有戏剧动作的美"。他以梅兰芳先生的舞台艺术为例，阐述以圆为美在戏曲造型中的体现：

> 一位朋友给我说过：他为兰芳同志拍舞台演出剧照，无论前后左右，从哪个角度拍摄，都具有非常高度的雕塑美。

焦菊隐先生对雕塑美的诠释，则更具美学意蕴："戏曲的传统表演，就特别强调形体的塑形——立体感。无论是一个人物的动作，或是群体的活动，它都要强调形体的三度面积美"；"在戏曲界前辈当中，曾经有过这样的评论：钱金福的身上，四面好看；杨小楼和余叔岩的身上，三面好看；其余的演员，仅仅一面好看。"

所谓"四面好看"，也就是造型艺术中全方位空间的"面面俱到"。舞蹈是动态的造型艺术。是以有韵律的人体动作为主要表现手段，在一定的空间与时间中展示的视觉艺术。戏曲舞蹈之美不仅是停留在一个"亮相"、一个"造型"的静态上，而是贯串在它的全部舞台行动之中，包括一个画面到另一个画面之间转换的动态之美。一个优秀的演员就应该是一座活的雕像。舞蹈则是流动的雕塑。它包括每个动作过渡间的起始连接、点线处理、动势渲染、起承转合等。演员在舞台的三度空间所占据的位置和不停顿移动的线，以及动作姿态的造型美，经得起三度空间的考验，是戏曲表演对舞蹈艺术语汇的最高审美要求。

其实，作为线型的人体，是不可能达到物理意义上的"圆"的。所谓"圆的境界"，是审美意义上的理想境界。演员则通过"四功五法"来实现这种境界之美。古人有"天圆地方"之说，并由此引申出圆动方静的含义。演员的舞蹈身段恰好暗合了这一原理。演员以腰部为黄金分割线，腰部以下的动作是方的，如丁字步、迈方步、抬腿、跨腿、骑马蹲档式、前弓后箭式等。方，由直线构成，意味着端正、挺拔、棱角、刚毅。腰部以上的动作要讲究圆，体现"终点归于起点"的运动原则。如经过头、胸、腰部旋拧而形成的"子午相"；双臂垂下时是微圆，抬起时是大圆，拉山膀双臂圆如张弓（夹膀子是演员之大忌）；拉云手本身就是一种双臂球体轨迹的划圆运动，戏曲界的老前辈称之为"揉球"。从线条上看，美的形体就是圆周式的布局，是人体自然而然产生的"拧、倾、曲、圆"的体态美。演员在舞台上的身段动作，从动作的发起到收束，从流动的线条到静态的造型，都表现为由内至外的"划圆艺术"，大圆中有小圆，小圆中通大圆，环环相连，如珠走玉盘。而这种划圆的法则无不体现了太极文化中"欲左先右，欲高先低，欲前先后、欲进先退，欲紧先松，欲扬先抑、欲刚先柔，欲实先虚"的对立统一规律，反映着我国传统文化中"中庸"式的"圆性思维"。

明代著名学者朱载育在其《二俏缀兆图》中曾说："圆在外，方在内，象天圆地方也。"盖叫天老先生把这种划圆动作比喻为："好像双手捧着个圆盘似的，随着双手双臂动作的变化，这个无形的圆盘的直径则时大时小。"故此演员"在练功的时候，一伸拳、一举步的姿势，都要练成可以雕塑的独立塑像"。俞师则说，戏曲身段动作的原理和书法是一致的。汉字是方块字，但由于书法中方圆刚柔的交相为用，以及字里行间飞扬的气韵，于是便达到了离方遁圆、方圆相印的境界。

综观俞师塑造的艺术形象，正如他评价梅兰芳先生的艺术一样，无论前后左右，从哪个角度看，都具有非常高度的雕塑美。我们就以他的代表作《墙头马上》为例，剧中第二场，俞师扮演骑着白马的裴少俊，当他看到"墙内秋千荡漾，花阴笑语欢歌"，引起诗兴勃发，一边吟诗，一边用马鞭在身后潇洒地划着圆圈，这是从扇子动作化出来的。接着他看见出现在墙头上的李倩君，不觉愣住了，又有点羞涩，于是设计了一个勒马侧看的造型。接下来一抱马鞭，走了半个圆场，来到墙的左边，再欲偷看。下面，一个反云手，继而右手一背马鞭，左手折袖，再从另一侧傻看。就在这一组身段动作里，俞师设计了正面看、侧面看、静看、动看、背转身体看、踮起脚尖看、抱马鞭看、背马鞭着、折袖背手看、上步翻袖看等十几种造型，有静止的，有动态的，无不体现了太极文化中的开合、张弛的原理，营造了一种"圆"的韵律。这些身段又和墙头上的李倩君形成美妙的组合，有高低、分合、向背、进退、动静等许多样式，每一幅皆可入画。

美学上有个定律：美在和谐。亚里士多德认为和谐是美的特性，是主张美的本质、特征在于和谐的一种学说。和谐意味着寓杂多于整一，协差异于中和。中国的儒家学说则以"中庸"作为"圆"的中心线索。在戏曲表演中，"圆"既属于形而下的形和器，也属于形而上的"道"。它体现在外形结构和内涵意境的方方面面，也就是俞师说的"处处不离一个'圆'"。

俞师认为，每个剧种都有自己一套动作体系来支撑本剧种的审美结构。虽然各个剧种的动作结构具有不同的特色，但有两个美学原则是必须遵守的：第一，动作的韵律感；第二，舞蹈的内涵化。凡优秀的艺术作品，其美妙的形式固然令人愉悦，但艺术家更在意创作一种含蓄空灵的意境，让观赏者的注意力突破外在形式的局限，直抵形象内在的底蕴。所谓"庖丁解牛，技进乎道"，揭示的就是这个艺术原理吧！

（三）方位和角度

演员在三维空间表演舞蹈身段，胸中必须有舞台的总体路线图和方位感，使自己的手、眼、身、法、步活动在舞台的规矩法度之中，这和书法绘画中的章法和布局是一个道理。俞师常说，演员到了台上，要注意自己的身段动作的方位、角度和分寸，照顾到每个观众的视线，不论观众从哪个角度看你，都能清楚地看到你的表情，欣赏到你亮的身段的优美姿势。盖叫天老先生则比喻为"就像圆圆的棋子在棋盘上走动一样"。

　　章法，又称构图，就是谢赫"六法论"所说的"经营位置"。东晋杰出画家顾恺之论构图时，提出过"临见妙裁"，意谓纳入画面上的物象的形象必须经过巧妙的剪裁和适当的安排。俞师精通书画，深谙个中三昧。他指出的"演员到了台上要注意自己的身段动作的方位、角度和分寸"，和绘画中的"经营位置"是一个道理。舞蹈的造型性，包含两方面：一是个体动作姿态的造型，一是舞蹈队形画面的造型。不论是个体的"独舞"，还是两个人物的"双人舞"，乃至群体性的舞蹈，都必须讲求构图的"临见妙裁"，即舞蹈者在舞台的三度空间所占据的位置和在舞台上不停顿移动的活动路线，把控时间和空间的动态结构。

　　一次，在俞师家里，听他讲舞台方位、角度和舞蹈身段雕塑美的关系问题。只见他拿出一支笔、一张白纸，在纸上画了个舞台平面图，然后在平面图上画了一个大大的"米"字，又在"米"字外沿画了一个"○"。俞师指出，"米"字的六个笔画，无论是当中的"十"字线，还是向前后左右方向伸展的斜线，是演员在舞台上的基本路线图，角色的"出将""入相"，在"九龙口"的亮相，包括"起霸""走边""趟马"等程式动作，都不可偏离这几条线，外沿的"○"则代表"圆场"的曲线。演员还未出场，首先要明确自己的位置，这个位置就是"点"，找准了平衡点，再向外沿空间发展，于是就产生"线"，走线的范围形成"面"和"体"。一出戏有多少处停顿，就有多少个"点"；有多少点与点的连缀和转折，就有多少"线"和"面"，由此而形成一种多层次的网络结合。对其中任何一个点、线、面的破坏，都会影响到整体的混乱。盖叫天老先生曾经把舞台造型比作一个皮球，他说："要知道一台戏就像一个灌满了气的皮球似的，是个圆的，四面八方，由表及里，都得均匀妥帖，对称合适，无论打哪儿挖掉一点也不行；要不，它就一下子泄气了，瘪了。如果打哪儿添一点呢，也不行，那就不是个圆的了。"俞师认为，优美的造型之所以动人，就在于演员要像一个雕塑家，对角色各部位形态所选择的角度、方位做出巧妙得体的组织安排，在三维空间里显现鲜活的生命力。

　　我们试以《牡丹亭·惊梦》【山桃红】下半段舞台调度为例，解析昆剧舞台上是如何运用点、线、面的章法布局，来描绘一对少男少女风流蕴藉的爱情梦境的。

柳梦梅：姐姐，和你那答儿讲话去。

杜丽娘：哪里去？

柳梦梅：喏！

在念这三句白口时，生旦以舞台中轴线为界，并排站在台口，旦站"小边"（舞台右侧），生站"大边"（舞台左侧），分别是两个"点"。当生起唱"转过这芍药栏前"时，右手拉动旦的左手水袖，左手捻动"小生巾"后面的飘带，两人合着脚步，朝下场门的斜线来回三步，生挥飘带，旦舞水袖，两人合二为一（造型），你高我低，错落有致。如是在同一条线上来回三次，生旦面对面向内错位转身抛袖，旦从小边绕到大边；生归小边，抛袖后顺势以左手抓旦的右袖，唱"紧靠着湖山石边"，朝上场门斜线走三步，也是三个来回。两条斜线呈内"八"字重复，两组舞蹈也是重复的，在美学上，有秩序的重复而呈现出不同的韵味，称之为韵律美。生唱完第二句，两人再次面对面向内转身抛袖，生归小边"九龙口"，旦归大边靠近"场面"（乐队）的台口，二人之间又形成一条斜线。生唱"和你把领扣松，衣带宽"，左右手投袖、荡袖、翻袖，边唱边向旦走去；旦含羞转身，轻盈地走了半个圆场，归到小边。生复归大边，唱到"袖梢儿搵着牙儿苫，也"时，两人都在舞台正中的同一根水平线上，虽然相距一米多，在观众眼里却是一个不可分割的"点"。旦羞得以袖遮面。生试探性地上前，把旦的左手按下来，用右手温柔地捏住旦左手的水袖口，在缓缓后退中把一片洁白如云的水袖展现在观众面的，然后在"也"字的拖腔中，生左手后背，右腿和右手中的水袖一齐朝外（观众席）荡出去，收回来，如此三荡，脚不点地，水袖展示的水平线和荡脚的弧线，给观众带来一片温柔、祥和、恬静、浪漫、甜美的感受。旦亦合着生的律动，微微扭动身子和左脚，构成了一组诗情画意的镜头。接下来两人向内转身双抛袖，生归大边九龙口，与小边台口的旦又形成斜线，继而在"则待你忍耐温存一晌眠"的唱句中再次走（扑）向旦，在唱到"则待你忍耐温存一晌眠"的"一"字上，双手折袖搂动旦的肩膀，旦在生的搂动下一点一点地蹲下去，呈半蹲状，两人构成一幅旖旎动人的造型。唱完这一句后，两人近距离一个照面，同唱"是哪处曾相见？相看俨然，早难道好处相逢无一言"；这几句唱是"背供"（内心独白），两人在同一条水平线上渐渐拉开距离，与观众交流角色的内心活动。在唱到"相看俨然"时，生旦同时外翻向内走半径小圈，生背左手，举右手翻袖作细看状，旦与之相对称，背右手，举左手翻袖作细看状。然后两人同时外翻至台口，唱到"早难道好处相逢无一言"的"逢"字上，两人用以划圈的食指蓦然碰撞，这是继前面生揉旦肩膀后的第二次真正意义上的肢体接触，意味着情感的层层递进，进入高潮。生双翻袖从大边扑到小边，旦含羞地向右转身走至大边九龙口，两人又一次形成斜线状。在【万年欢】的曲牌中，两人同时折袖偷觑对方，目光如电，心领神会。生微蹲抓褶子下摆，走"挪步"。挪步是昆剧小生步法的一种，起"范儿"时身体是直的，走挪步时微微下蹲，用脚尖点地向外划圈，如是三步，上身亦随着步法而作有韵律的微动，手、眼、身、法、步和谐成"圆的境界"。旦则以水袖的舞动作出"请"的表示，两人相拥而下。

我们仅从半段【山桃红】的舞台调度中，可以欣赏到，整个舞台布局，动静相宜；一张一弛，开合有度；动作间架，结构谨严；动作线条，柔和优美；充分体现了昆剧艺术载歌载舞的特点。作为古典戏曲的一项重要规律和体现，线的运动变化所构成的章法、布局、方位、角度，并由此形成的丰富的空间形态，生成出生动的形式意味，竟是如此引人入胜。

1985年5月，在上海艺术剧场（兰心大戏院），俞师和美籍华人罗燕合演了《游园惊梦》。仅俞师在【万年欢】曲牌中走的三个挪步，就赢来满场掌声。当天嘉宾云集，观者如潮。黄佐临先生也在台下看戏。翌日，佐临先生在"人艺"全体人员的晨会上激动地说："昨天我看到一位八十四岁的老人，扮演一位十八岁的翩翩少年，这是个奇迹。是艺术大师创造的奇迹……"（大意）

（四）有意味的形式

1. 艺术符号

戏曲程式是一个完整的审美创作符号系统。这个系统是由许许多多个程式单位构成的。作为"单位"性质的符号，它具有"所指"和"能指"的二重结构，即意符和意指的二重结构；作为综合性的符号系统，它便从"意指"走向"意味"，构成了独特的艺术语汇、格式的符号王国。

构成戏曲程式的符号必须具备下列条件：一是符号必须具有抽象表意功能，能够表示某类事物或某种"概念"所承载的艺术思维；二是符号构造有理可说，有据可依，能够类推；三是符号使用不受时空限制，能够反复出现在不同场合，是任何一个观众都可以通过自己的生活积累和审美体验来加以"破译"的。有鉴于此，戏曲程式的审美取向，就自然而然地产生了以下几个特征。

（1）虚拟性

以写意为美学基础的中国戏曲，在塑造艺术形象时，是把虚拟动作作为一种戏剧武器来使用的，它包括程式的"假定性"。

（2）象征性

摹仿—比兴—象征，是艺术发展的三个层面。写实派的艺术重"再现"，写意派的艺术重"变更"。由于艺术路线不同，在处理艺术上的虚实、藏露、神形、言意、含蓄与夸张、无限和有限等，都有截然不同的表现手段。

（3）格律性

戏曲的歌唱、舞蹈、器乐、装扮、舞台美术等一切表现手段，都被整合成一整套严谨规范的程式，形成了戏曲的艺术形态。

（4）装饰性

把自然形态的具象凝炼为戏曲的表现形态——程式美，装饰美是不可须臾分离的姐妹。

俞师历来十分重视程式的功能和运用，他认为世界上越是高端、成熟、精美的文学艺术，越具有严谨的程式结构。他在《昆剧源流及其变革》一文中写道：

> 程式和规范只有处理和运用的高低之别，不存在"有"和"无"的问题。换句话说，程式和规范可能变化、发展，但没有程式、规范的文学艺术恐怕是不可思议的。那种废弃程式的主张，实际是永远无法实现的。

我们应该感谢前辈们为子孙后代打造的这个"程式工程"。如果没有它，柳梦梅和杜丽娘的爱情梦境怎能演绎得如此美妙动人？如果没有它，孙悟空怎么钻进铁扇公主肚子里翻筋斗？如果没有它，我们何以领略一亩三分地上也能火烧赤壁？如果没有它，我们岂能不用隔着栏栅观看武松打虎？

俞师在《程式与表演》一文中指出，在对待表演程式的问题上，有两种倾向是不可取的。一种是程式的虚无主义，以为程式是空洞的、僵化的，是表现性、形式主义的；看不到程式如果运用精到，它的一招一式是具有线条美和节奏美的，它是有思想、有感情的，因而也是有生命力的。

另一种是以教条主义对待程式，没有把程式同刻画人物联系起来，发挥其应有的功能，更没有从身段动作的大小、高低、强弱、快慢、正侧、主宾、虚实、方圆、奇偶、断续、顿挫、张弛、离合等变化中，去探索他们相辅相成的辩证的结构关系，于是，也就不可能将程式有机地组织起来，用以表现人物内涵的性格、气质和思想感情。

俞师有关程式的论述非常丰富，几乎在他所有的文章中都有表述，具体可归纳为三种基本类型：一种是线性象征符号，一种是空间性象征符号，关于这方面内容，我们在前面三个章节中已有解析，在此不作赘述。需要重点谈的是第三种类型：整体性象征符号，也就是线性结构组合在一起而形成新的层面——意象结构。

如果我们分析一首诗歌，不外乎由表及里四个层面：（1）语言；（2）意象；（3）意象群；（4）意境，即整体艺术世界，以及它们之间的整体关联和动态平衡。

应用于戏曲表演，我们应该注意的亦如是：（1）物象；（2）意象；（3）意象群；（4）通过意象和意象群的营构以创造舞台表演的内涵意境之美。

这样，我们的文章就自然地过渡到下一个章节——

2. 美在意象

"意象"一词是中国传统文论中一个重要概念。"意"就是主观的思想感情；"象"就是外在的具体的物象色相；源于内心的意借助于象来表达，象便成了包含主体意识的主客体了。在戏曲舞台上，承载着意和象的媒介物，就是戏曲的程式结构。

焦菊隐先生谈艺术创造，有"心象"二字。所谓"心象"，是指艺术家的心里也有一双眼睛，能把从客观世界摄取的万千物象（印象），渗入自己的血液之中，形成主客一体的"意象"。对于艺术家来说，从印象走向心象，是一个艺术创造的过程。戏曲界的老前辈常说："意不离形，形不离形，意到形随。"就是讲在舞台表演中，人物的内心活动和外部的动作要相互渗透，相互依存。清代戏曲理论家李渔也认为：要代人立言，首先必须代人立心。

如昆剧《琵琶记·望月》（舞台本俗称《赏秋》）这场戏中，中秋之夜，蔡伯喈与牛小姐在牛府赏月，两人虽同赏一月，但两人的心情却迥然不同。蔡因辞婚不从，被逼入赘相府，此时念及故乡的父母与前妻，心生愁闷；牛小姐新婚燕尔，内心充满了欢乐，故两人赏月的唱词也天差地别。

　　旦唱：【念奴娇序】长空万里，见婵娟可爱，全无一点纤凝。十二栏杆，光满处，凉浸珠箔银屏。偏称，身在瑶台，笑斟玉斝，人生几见此佳景？［合］惟愿取，年年此夜，人月双清。

　　生唱：【前腔换头】孤影，南枝乍冷，见乌鹊缥缈惊飞，栖飞不定。万点苍山，何处是，修竹吾庐三径？追省，丹桂曾攀，嫦娥相爱，故人千

里漫同情。［合前］

旦唱：【前腔换头】光莹，我欲吹断玉箫，乘鸾归去，不知风露冷瑶京？环佩湿，似月下归来飞琼。那更、香雾云鬟，清辉玉臂，广寒仙子也堪并。［合前］

生唱【前腔换头】愁听，吹笛关山，敲砧门巷，月中都是断肠声。人去远，几见明月亏盈。惟应、边塞征人，深闺思妇，怪他偏向别离明。

李渔在《闲情偶记》中写道："《中秋赏月》一折，同一月也，出于牛氏之口者，言言欢悦；出于伯喈之口者，字字凄凉"；"同一月也，牛氏有牛氏之月，伯喈有伯喈之月。所言者月，所寓者心。牛氏所说之月可移一句于伯喈，伯喈所说之月可挪一字于牛氏乎？"

"心"和"月"的关系，就是"意"和"象"的关系。在戏曲程式中，情感意象是艺术符号的固有内涵。艺术家是借助艺术符号创造出角色内在情感的同构物——感性形式。故此，俞师每谈起程式，都要反复强调"用以表现人物内涵的性格、气质和思想感情"。

综览俞师的舞台艺术，我们体悟到以下三点宝贵经验：

（1）俞师在运用程式时，不只立象，更重立意；不仅塑形，还要塑神；动必有意，语无虚发；戏不离技，技不离戏。他把从诗词书画中提炼的立象见意，意赖象存，象外环中，形神皆备的美学意识，贯串到他的表演艺术之中，取得了活泼玲珑、渊然而深的灵境。

（2）俞师既注意程式在组合运动中的"变化""节奏""力度"等结构秩序，更在意程式运行的内在动力。任何凝固的程式，一经俞师之手，都会变得那样服帖、灵动而富有生气。如同写文章一样，在常用的文字中显出不寻常，在不常用的文字中却显得很平常。诀窍就在俞师经常谈起的，唱了一辈子的戏，总结了两条经验，其中之一，就是"唱念要口语化，表演要生活化"。"生活化"绝非艺术上的自然主义，而是俞师经常强调的"程式人物化"。

（3）在戏曲程式中，作为"所指""能指"的符号，一般是摹象性身段，如开门关门、上楼下楼、上船下船，等等；作为"意味"的符号，大多是喻象性身段，如云手、飞脚、旋子、卧鱼、鹞子翻身、白鹤亮翅、劈叉跳叉，等等。具体到每一出戏里，如何把个体"单位"的程式组装起来，形成一种多层次的网状结构，并且呈现出一种意象之美，是对演员的功力和艺术修养的综合考验。

我们发现，俞师在结构和运用程式时，有一个显著的特点，即减法多于加法。原因不外乎两条，其一，俞师历来反对炫技的表演，反对在舞台表演中过度突出某一部分技巧而破坏了昆剧的本体——中和之美。他在《昆剧表演艺术的审美价值》一文中写道：

> 苏东坡有一句诗："蜜成花不见。"戏曲表演技巧应当融化于艺术之中，不容许"独出自己"，闹"独立王国"的。有些表演，堆砌身段，滥用程式，使人眼花缭乱，当然要被嫌弃。另一种是摒弃程式，片面要求生活化，走了另一个极端，抹杀了剧种在表演方面的特征，也是不可取的。这两种偏差，都不是昆剧表演艺术的主流，也不是程式和技巧本身的责任。

其二，俞师从青少年时期就沉浸丹青，深谙诗词书画中"留白"的艺术原理。中国古典诗词，对于意象的运用是颇为谨慎的，讲究"不着一字，尽得风流"。意象堆砌太多，则会显得诗内容太过繁杂，影响诗词情感的表达。中国画亦讲究大空小空，即古人所谓密不通风、疏可走马。看画不但要看实处，并且要看画之空白处。讲究意在笔先，以形写神，通过"留白"的方式营造出空远幽深的意境和气韵生动的审美意象。现代山水画家黄宾虹认为："（作画）不难为繁，难为用减，减之力更大于繁，非以境减，而减之以笔。"黄宾先生论绘画之"繁简"，笔触直抵艺术的核心"境"，这就使我们想起国学大师王国维关于"第一形式"和"第二形式"的论述。他在《古雅之在美学上之位置》中说："绘画之布置属于第一形式，而使笔墨见赏于吾人者，实赏其第二形式也。"就戏曲艺术形式的审美而言，外显的技巧符号当属于第一形式，而经过主观体验（意象体验）的形神合一的形式，则是第二形式。也就是19世纪英国形式主义美学主要代表人物克莱夫·贝和尔和罗杰·弗莱提出的：有意味的形式。

第三节　内涵意境之美

一、诗意之美

俞师六岁进书房，除了攻读《论语》《孟子》等儒家经典外，《古诗十九首》和司空图的《二十四诗品》也是他的必读课本。俞师一生作诗数以百计，他曾挑出自己最满意的三百首，打算汇编成册，取名《涤盦韵语》。惜乎在十年动乱中，他一生的诗篇连同书法画作，散佚殆尽。然而，俞师从诗词书画中悟到的文化底蕴和美学知识，尤其是其中有关"意境"的理论，滋润了他七十余年的艺术人生，成为他在舞台上塑造艺术形象的理论支撑。

中国古代很早就提出"境"这个范畴。经过王昌龄、皎然、司空图的发展，这个范畴已基本确立，至王国维的"境界说"（意境论）问世，为中国诗境找到了一个可与西方"典型"论并列的艺术范畴。

写意艺术的最高境界是意境。由于中国以"表现"为主的艺术部类十分发达，诸如诗词、书法、绘画、音乐、舞蹈、建筑、雕塑、壁画等类艺术的目标和理想，都把"意境"的创造作为这些艺术种类所特有的典型形态。诚如李泽厚先生所说："诗、画（特别是抒情诗、风景画）中的'意境'，与小说戏剧中的'典型环境中的典型性格'，是美学中平行相等的两个基本范畴。"

俞师在《昆剧表演艺术的审美价值》一文中，对昆剧表演艺术的内涵意境之美，有深刻的论述：

> 昆剧表演艺术中的意境，就是要求同时看到人物的内在和环境的外在。试举一支散曲为例，著名的马致远《天净沙》中，前面几句："枯藤老树昏鸦……"，只是若干景物名词相联结，但已透出萧瑟的意味，到末尾点明"断肠人在天涯"，就把人的主观感情和所处的客观环境抹上了同一色彩。这就是所谓"寓情于景""情景交融"，这也就是意境。昆剧舞台上唱的是代言体的"剧曲"，有人物，有情节，那么，不论曲文侧重写景或者侧重写情，舞蹈动作就该结合歌唱，一起发挥应有的作用，揭示人物，点清环境，由此创造出鲜明而非浮浅、含蓄而非隐晦的意境来。

我们注意到，在这段文字里，俞师是以"品诗"的语言来阐述昆剧表演中营构"意境"的艺术原理。艺术家就是通过自己主观的审美意识的能动作用创造艺术形象的，不同气质的艺术家便创造出不同的审美意境。俞师与昆曲的渊源，就在于他以文人的触角敏感地捕捉到古典昆曲中蕴含的文人"基因"，体味到高层次文化对昆曲艺术的濡养而形成的美学格局和文化品质。

我们试以俞师的代表作《千钟戮·惨睹》中的第一支曲子【倾杯玉芙蓉】为例，解析昆剧表演中的意境创造。这出戏描写了明朝初期，燕王朱棣举兵"靖难"，迫使其侄建文帝让位，并大批杀戮朝臣，株连十族。建文帝与大臣程济乔装僧道出逃，途中见被杀群臣，传首四方，以及被牵连的在乡臣子、宦门妇女，押解赴京。种种惨状，不忍目睹，悲愤万分。该剧由明朝剧作家李玉所作，取名《千钟戮》（又名《千忠禄》《千忠会》），《惨睹》为其第十一折。李玉杂取有关素材创作此剧，暗含对明清易代之际旧朝死难诸臣的追念和降清贰臣的鞭挞。郑振铎先生明确指出："玄玉的《千忠会》才是真实的以万斛亡国之泪写之的，非身经亡国之痛而才如玄玉者谁能作此！"并称此剧为"血泪交流的至性文章"。

全出由【倾杯玉芙蓉】【刷子玉芙蓉】等八支曲子组成，每曲都以"阳"字结束，故又名《八阳》。昆曲盛行的年代，有"家家收拾起，户户不提防"的传说，所谓"家家收拾起"，即指第一支曲的首句"收拾起大地山河一担装"。

> 【倾杯玉芙蓉】收拾起大地山河一担装，四大皆空相。历尽了渺渺程途，漠漠平林，垒垒高山，滚滚长江。但见那寒云惨雾和愁织，受不尽苦雨凄风带怨长。雄城壮，看江山无恙，谁识我一瓢一笠到襄阳。

这支曲子的文学性很高，把建文帝的亡国之痛推向了极致。这出《八阳》俞师唱了七十余年了，他把这支【倾杯玉芙蓉】分为三个层次：第一段述建文帝仅一副担子，仓皇出逃，感慨万端，唱出了帝子飘零的无限悲凉。"收拾起"的"起"字略罕（注：口字旁），"担"字用卖腔延长，而后豁足，以见废帝身份，迥异于游方僧人。第二段历数路上所受的种种苦楚，满腹怨气激荡起来，"带怨长"三字尤为饱满，"带"去声，高亢已极。在腔前吸足了气，然后虚唱"豁头"，实唱下一个音，以臻满宫满调，转折有力的境地，凸显一腔悲愤。第三段反映其对江山的无限留恋，而随时又有被捕之虞，故"江山无恙"的"恙"字撤腔略带哭音，益增凄怆。曲终"到襄阳"三字鼓足余力，唱出万千感慨。其间有"一路登山涉水，夜宿晓行。一天心事，都付浮云；七尺形骸，甘为行脚。身似闲云野鹤，心同槁木死灰"一段念白，是用四六文体写的，即所谓"骈文"。俞师认为这种文体平仄分明，各据一定的位置，即按照传统诗词的念法，来处理节奏。特别是末句"槁木死灰"四字，适当地掺以哭泣之声，以体现英雄穷路之恸，更见哀凄之情。

在唱这支曲子的同时，为了表示登山涉水、路途崎岖，时而建文帝手搭着程济肩挑的担子艰难跋涉，时而程济搀着建文帝相携而行，合着歌唱的旋律，二人的身段变化，动静有序，张弛开合，端庄大气。在凄惶流离的落魄无奈中，不时流露出建文帝垂拱而治八荒的昔日气象。

王国维先生在《人间词乙稿序》中写道："文学之工不工，亦视其意境之有无，与深浅而已。"文学如此，综合了文学、歌舞等元素的戏曲亦如此。观俞师的表演，一字一腔、一招一式，都是一种诗化的语言，俞师的诗人气质和昆曲高度诗化的风范，获得了无间的契合，这也许就是俞振飞表演艺术难以企及的高华。

俞师在《昆剧表演艺术的审美价值》一文中进一步阐述：

> 在昆剧中，同样是写景，以《琴挑》的【懒画眉】与《惨睹》的【倾杯玉芙蓉】相比较，身段都很优美，但由于剧中人物的身份、遭遇和特定环境不同，通过不同的动作结构，就能把潘必正的初恋的憧憬与建文帝失位的悲怆迥不相侔的感情区分清楚，显出各具特色的不同意境。再例如，同是一个杜丽娘，在游园前后，在入梦、出梦、寻梦各个层次中，感情变化繁复，幅度很大，传统表演根据情节发展，设计了许多富有特点的身段动作，它们所渲染的色彩、调子，是不容许相互替代的，它们是有意境的，是有效地塑造出了光耀夺目的艺术形象来的。为什么长期以来，这样的表演被大家承认为戏曲艺术的精华之一呢？主要就是，在这些表演中，外形结构和内涵意境之美相为表里，达到了圆融浑成的境地，因此，它的审美价值是很高的。

刘厚生先生在《俞振飞和〈俞振飞传〉》一文中，把俞师一生的艺术活动概括为"五个结合"（后增益为"六个结合"），第一个"结合"，就是"传统文人同高级艺人的结合"。刘老首次发表这篇文章，是为拙作《俞振飞传》赐序。当时接到文稿时，我就为"俞振飞是传统文人同高级艺人的结合"的"凤头"暗暗喝彩。若能把这段文字作为此篇论文的"内核"，我是深感荣幸的。

二、中和之美

如果以最简洁的文字概括昆剧的审美旨趣，"中和"二字是最为贴切的；

如果以最省俭的文字概括俞振飞表演艺术的意境之美，"中和之美"是最为传神的。

"中和"是中国最古典、最传统，也是最有特色的美学范畴之一。"中和"一词首出《周礼》，后经孔子的发展，成为儒家的核心思想。文艺领域对"中和"这一概念的表述，是儒家的"中庸"思想与文学艺术的融合，它体现了中国文化的精神。孔子在《论语·雍也》里说道："质胜文则野，文胜质则史。文质彬彬，然后君子。""文质彬彬"有"相得益彰"的意思，指的是艺术作品的形式与内容的和谐统一。俞师所说的"外形结构之美和内涵意境之美"，也就是"中和之美"所追求的内在和外在的平衡状态。

国学大师钱穆说："最中庸处乃是最艺术处，一观中国平剧，斯可得其趣旨矣。"钱穆先生说的是京剧。其实，作为雅部正音的昆曲，更堪体现"致中和，天地位焉，万物育焉"的中庸之道。昆曲词雅，乐雅，曲雅，舞雅，千锤百炼，炉火纯青，成为中国戏曲艺术中最精致最完美的一种形式，是后来的花部诸腔很难企及的。而俞振飞的出现，不仅全面继承了昆曲的古典精神，而且在"体大"和"精深"两个方面，开创了一个"美"与"和"的境界。

已故北大教授吴小如先生回忆年轻时看戏的经历，写下《俞振飞　风流儒雅最堪师》一文："我看俞老的戏是从三十年代开始的。那时他正与程砚秋先生合作，已拜程继先先生为师，昆乱不挡了。但我更欣赏程、俞两位合演的昆戏。最难忘的一次是看他们合作的《琴挑》。当时我只是个十几岁的中学生，并不懂昆曲。《琴挑》是老戏，在戏单上是不印唱词的（程先生个人本戏则在戏单上附印唱词），更不像今天的剧场有字幕。这一折是生旦对儿戏，在台上每人一曲，交替着唱，一唱就半个多小时。正是凭了他们两位悠扬动听的曲调，漂亮的扮相，俏美的身段以及不断变化而逐步深入的动作表情，唱出了感情，演出了神采，使我不知不觉地被陶醉而'进入'角色，达到了物我两忘的境界。"

吴文的题目中有"儒雅"二字。什么是"雅"？雅的本义首先是正，是不偏不倚，是无过无不及。体现在人生上，是温柔敦厚的生命向度；体现在艺术上，是把戏曲表演中的歌舞元素都"中和"在力学的平衡点上，营造出诗情画意的舞台景象。

凡读过梅兰芳先生《舞台生活四十年》的人，一定都记得梅先生与许姬传先生的一段对话：

> 我记得四年前，有一天在上海贴演《宇宙锋》。正赶上嗓子不大痛快，连带做工也有了一些变动。第二天令弟马上告诉我，有一位朋友对我那天唱的就有了这样的批评："梅先生这出戏我最爱听，听过的次数也最多。对于他的神化的演技，十分敬佩。可是昨天看的宇宙锋，觉得他在身段上，有点过了头。没有往常那么中和平衡，恰到好处。希望梅先生注意

到过与不及，在艺术上的偏差是相等的。"我听了这几句话，相当警惕，那天我的嗓子不好，为了掩饰我在唱的部分的弱点，就不自觉地在身段方面加强了一点。我很感谢朋友们指出了我的偏差，因为我对于舞台上的艺术，一向是采取平衡发展的方式，不强调出某一部分的特点来的。这是我几十年来一贯的作风。这次偏偏违反了我自己定的规律，幸亏经人不客气地及时提醒了我，让我可纠正过来，这对于我以后的演出，是有极大的帮助的。

俞师的艺术观和梅先生是完全一致的。我们前面提到过，俞师历来反对炫技的表演，反对在舞台表演中过度突出某一部分技巧而破坏了昆剧的本体——中和之美。俞师认为，由于戏曲是以歌唱和舞蹈来塑造人物的，在技巧上把握好"度"是十分重要的。

"雅"的另一个体现，就是"气"，"吾善养吾浩然之气"。

俞师的书卷气一向为人称道。它内秀于心，外毓于行；它看似漫不经心，却是浑然天成。它是情理中和、美善圆融的人生境界。

粟庐公供职的张家，是苏州城里的名门望族。俞师青少年时期读书、品画和唱曲，大多是在张家的"补园"度过的，即今日拙政园的西半园。倘若我们要寻找中国园林和昆曲的审美契合点，"散步学派"宗白华老人的一段话，能为我们带来灵感："中国的建筑、园林、雕塑中都潜伏着音乐感，即所谓'韵'"；"气韵者，就是宇宙中鼓动万物的'气'的节奏与和谐。"

戏曲艺术是艺术家体脑并用、技艺交融的双重劳动，艺术家们既要在舞台上塑造艺术形象，他（她）们又是形象本身，故戏曲艺术的舞台形象，通常是艺术家的"主体之气"和艺术品的"生命之气"流转融合的精神活力。所谓"气韵"，就是指艺术形象所突显出来的生命活力和自然形成的韵味。"气"强调艺术生命的律动，"韵"则强调艺术内涵意蕴悠长。

俞师在《"书卷气"从何而来》一文中写道：

在昆剧和京剧的表演中，"书卷气"不仅指剧中人物的姿态、风度和气质等等，也可以说是一种艺术风格及其精神。它并不限于小生，应当是生、旦、净、丑各行都该具备的。诸葛亮能不能演成三顾茅庐时张飞所呵责的"村夫"？关羽、岳飞不都有"儒将"之称？卓文君、崔莺莺、杜丽娘都是古代有文化的女性。不仅蒋干被曹操斥为"书呆子"，就是横槊赋诗的曹操自己，不正是建安诗人的领先人物吗？中国戏曲是诗、乐、舞三者的统一体，如果说各个行当都应该追求点儿"书卷气"，也许不为过分吧？

俞师认为，作为一个演员，当技巧的运用都不成问题的时候，最后拼的就是气质。

一次，言慧珠校长问俞师，她演的《洛神》，学梅兰芳先生已到了几成？俞师答道："你学梅先生一切都学得很像，就是梅先生身上那股'仙气'，你还没有学到。"

从理论上讲，昆曲是没有流派的。然而，为什么广大观众把俞师的艺术风格冠之以"俞派"呢？主要是俞师的艺术品位具有鲜明的美学个性。所谓"书卷气"，它首先与人物的内涵息息相关，是人物内在情志、才、气、神的自然流露。套用"斯坦尼夫斯基"派的一句术语，俞师从来没有把表现书卷气作为创造角色的"最高任务"。李隆基的帝王之气，李太白的诗仙才气，周瑜的儒帅雅气，赵宠的诗酒县令之气，安骥的傻气，莫稽的酸气，等等。人物不同，气质也有差异，而贯串于这些人物的神髓，则是书卷气。

三、雄浑之美

中国美学中有一对和崇高与优美十分类似的范畴，即阳刚之美与阴柔之美（壮美与优美）。虽然这两对范畴的文化背景不同，哲学内涵不同，不能把它们完全等同起来，但取其一点（意指）为我所用应该是可以的。

笔者在编辑《昆剧泰斗俞振飞》画传时写下这样一段话，俞振飞"把昆剧优美细腻的表演特点融合到京剧中去，又把京剧贴近生活、大气磅礴的风格借鉴到昆剧中来，充分调动中国传统艺术形态之间存在的相互变通的因素，把京昆艺术推向了一个新的高度"。

我们若从美学角度给以界定，是否可以这样认为，俞师是以京剧的阳刚之美改造了昆剧小生传统表演中过于阴柔的弊端，同时又以昆剧小生的阴柔之美丰富了京剧小生的表演手段，这种京昆之间阴阳互补、刚柔相济的变通，俞师作出了历史性的担当。

在前面"中年变法"章节中，我们谈到俞师通过百日维新，成功地改变了昆剧巾生唱法阴柔化的流弊；其实，俞师对昆剧巾生的改革是多方位的。周传瑛先生见证了这段历史。他在《曲海沧桑话今昔》一文中写道：

他演的巾生戏和我们学的在表演上颇有差异。按我们老师的路子，巾生在表演动作上需带脂粉气，例如角色的手法和台步（经常用窜步、碎步），近似闺门旦。而俞振飞同志所饰演的巾生，就摆脱了脂粉气，突出了"风雅"，也就是大家异口同声一致赞赏的"书卷气"。我曾对"脂粉气"和"书卷气"两种截然不同的表演反复推敲，后来才明确这是一个关系到昆剧表演艺术如何适应时代发展以及正确刻画人物性格的问题。

艺术家的创作个性，是很隐秘的领域，它涉及艺术家审美心理结构形式及其艺术上的综合素质，甚至包括时代风气之影响、社会习俗之移入、地理环境文化教育、师友交游之感染，等等。

我们探索俞师审美心理结构形成的历程，应该从"源"和"流"两方面给以解读。

其一，俞师有一个好父亲。粟庐公是以中国文化的经典规范俞师的人生的，这是形成俞师审美心理结构的精神源头。

"雄浑"是中国古代美学的范畴之一，是艺术风格划分的重要类型，主要是指一种雄强有为、深沉博大的审美风格。唐代司空图《二十四诗品》，雄浑位居第一，书中是这样描述的："大用外腓，真体内充。反虚入浑，积健为雄。具备万物，横绝太空。荒荒油云，寥寥长风。超以象外，得其环中。持之非强，来之无穷。"雄浑的诗境犹如一团自在运行的元气，浑然一体，生生不息，如老子说的"大音希声，大象无形"。

我经常在想，像《二十四诗品》这样艰奥的经典，一个六岁的蒙童如何能理解其内在的意蕴呢？这大概就是人们常说的"幼学如漆"吧！过去诗礼人家，都是这样的教育方法。包括粟庐公规定俞师写字必须先从临汉碑、魏碑练起，碑帖中具有的形态美、立体美、力度美等审美特征，都蕴含着上古时期崇尚的一种力量形美感。陆廉夫先生教导俞师："作画须求浑厚，切忌浮漓。"前辈们时刻在调整俞师的视野，引导他站到中国文脉的天际线上，享受几千年中国文化的精髓和智慧。

其二，从20世纪初叶到中叶，是俞师艺术风格成熟的关键阶段，直接原因是京剧闯进了他的生活。且不论胡适先生从进化论出发肯定花部替代雅部的论断是否精确，京剧在全国的霸主地位无可动摇，这是不争的事实，因为它同样荡漾着古中国文化的流风遗韵。

在这段历史时期，俞师演出了大量京剧小生骨子戏：《群英会》《临江会》

《黄鹤楼》《奇双会》《监酒令》《白门楼》《辕门射戟》《罗成叫关》《岳家庄》等。试想：一个在舞台上演过三军统帅的艺术家，怎么可能不对昆剧巾生的"脂粉气"作一番改造呢？与此同时，俞师的官生戏（尤其是大官生戏）也更显得雄浑大气了。

昆剧中的大官生是一绝。遍阅百戏，唯昆剧有戴胡子的小生戏。李太白戴的是"黑三"；建文帝戴的是"一字髯"；全部《长生殿》中的唐明皇，从"黑三""惨三"到"白三"，昭示了"开元盛世"由盛而衰，唐明皇因世事剧变而引起人物内心和外形的变化过程。大官生表演的大都是有身份有地位的上层人物，演员在塑造这些人物时，没有一点浩然之气是不行的。俞师的大官生戏尤其出色。他塑造的李太白、唐明皇、建文帝等艺术形象，至今无人望其项背。张庚先生在《祝贺和希望》一文中写道：

> 俞先生对昆曲的官生、巾生、穷生和雉尾生等各种不同类型的人物，演来都很擅长，而在我的印象里，他的官生和巾生戏似乎演得更出色……他演的《太白醉写》，不仅惟妙惟肖地刻画出李白以宿醒未醒的微醉到沉醉的状态，演出了李白蔑视权贵的一身傲骨，更可贵的是，演出了李白作为一个才华横溢、狂放不羁的诗人气质。我以为，这种气质的体现，固然决定于演员对人物深刻独到的理解，更决定于演员平时的艺术修养。

艺术的互补是双向的。俞师在以京剧的雄浑改造昆剧巾生表演中过于阴柔的弊端的同时，也以他深厚的昆曲功底和丰富的阅历，为提升京剧小生的艺术品位作出了宝贵的贡献。

昆剧是以"三小"（小生、小旦、小丑）为主体结构的剧种，小生的表现手段十分丰富。而京剧小生是个"绿叶"行当，除了几出雉尾生戏和武小生戏外，巾生的表现手段相对比较"单薄"。

京剧前辈执小生行牛耳者，贤如徐小香、王楞仙、程继先（人称小生"三仙"），都是凭着昆乱不挡、文武通透的高超技艺，才能管领菊部风骚，称一时之雄。到俞师活跃在舞台上的时候（20世纪二三十年代），正是京剧小生处于低谷的当口，面临着严重的青黄不接。有的则是旦角改弦为小生，演一些"傍角儿"的角色。像俞师那样以风流潇洒、精心细作为一代风神的优秀演员，几乎是凤毛麟角。无怪乎程砚秋先生在丹桂第一台首次与俞师合演《游园惊梦》后，七年间三次南下上海，力邀俞师正式"下海"。程砚秋知道俞振飞的价值。

俞师对京剧艺术作出的贡献，应该从两方面给以充分肯定。其一，直接投身于新剧目创作，如《玉狮坠》《花舫缘》《风流棒》《鸳鸯冢》《赚文娟》《青霜剑》《聂隐娘》《费宫人》《镜辔缘》等。其二，为原有的程派剧目丰富了表现手段，如《春闺梦》《红拂传》等。俞师和程砚秋有着共同的审美理想，他们充分借鉴昆剧载歌载舞的表演手段，把昆剧中优美的歌舞元素，融化在京剧的表演中，提升了京剧的艺术品位。而俞师那股深到骨子里的书卷气，也就成为京昆小生行"品"的象征。

明代曲学理论家吕天成论"品"，分为神、妙、能、具四品（具体分得还要细）。俞师的舞台艺术，不但歌舞双美，而且有一种胜过绣口锦心的书卷气，犹如明代文人徐渭所说的"自有一种妙处"。

梅兰芳先生在《舞台生活四十年》里提道：

> 振飞的赵宠，唱和身段，都有独到之处。【吹腔】是【四平调】的前身，它是一种时调性质的曲调，变化不多，很容易唱到油滑庸俗的一路。但振飞运用昆曲的开、齐、撮、合的唱法，悠扬宛转，富有感情，身段也是适当地使用了昆曲的传统法则，首先是达到了肌肉松弛，善于调整肢体各部分的劲头，使唱与做自然融合，成为一体。例如，"哦，下官不在衙内……"句，"哦"字一出口，猛一抬头，纱帽翅一颤，突出地表现一惊。这种身段单靠把头一抬是没有效果的，必须把脖子挺住，身体上部略往前俯，把腰上的劲，猛地送到脖梗子上去。这种劲头他本人可能并不预先准备如何控制，但做出来却是恰到好处。他的唱是家传，昆曲身段是昆曲名小生沈月泉教的，后来又拜程继先为师，学了京剧的基本功夫。他的举止神态，潇洒从容，表现出赵宠是一个诗酒风流的县令，和他本人的性格也有相似的地方。

大师评点大师，要言不烦。从这段文字看，梅先生强调了三点：（1）适当地运用了昆曲的传统法则；（2）学了京剧的基本功夫；（3）表现出赵宠是一个诗酒风流的县令。如果说，前面的"传统法则"和"基本功夫"两点，还属于"技"的范畴，那么，第三点则属于"艺"的高度，属于"技进乎于道"的演变，已经提升到戏曲表演的高层次境界："气质"和"神韵"。而所谓气质和神韵，指的是艺术作品超越有限形象所表达的艺术家的生命力和创造力的境界，是一种美感的力量。

四、飘逸之美

在中国美学史上，"飘逸"是一种重要的艺术风格，它涵盖了飞逸、超逸、秀逸、澹逸、逸宕等美学概念，与潇洒、典雅、清奇、自然、空灵、流动等艺术风格呈审美意义上的交叉。司空图《二十四诗品》论飘逸："落落欲往，矫矫不群。缑山之鹤，华顶之云。高人画中，令色氤氲。御风蓬叶，泛彼无垠。如不可执，如将有闻。识者已领，期之愈分。"飘逸的文化内涵是道家的"游"，它讲求心境空明、乘物以游心的审美胸怀。

俞师塑造的众多艺术形象，都有不同程度的飘逸之气。《长生殿》中的唐明皇，精通音律，爱好歌舞，他的帝王之气中，含有几分飘逸。《牡丹亭》中的柳梦梅，善良、多情，风流蕴藉，也是一种无拘无束的浪漫和飘逸。《邯郸梦·三醉》中的【红绣鞋】，曲调清新飘逸，超凡脱俗，是俞师髫龄习唱之曲。作为八仙之一的吕洞宾，自然富有道家的空灵和飘逸。

《现代汉语词典》对飘逸的注释是："洒脱，自然，与众不同，神采飘逸。"从这一层面说，飘逸又与潇洒有着很多的共同之处。然而，倘若细究，飘逸和潇洒毕竟有着较大的不同，最能揭示其本质的是，李白的飘逸之美绝非潇洒二字可以替代。

严羽《沧浪诗话·诗评》云："子美不能为太白之飘逸，太白不能为子美之沉郁。"李白的全部作品都体现了道家的"游"的精神，也就是精神的自由超脱，是"飘拂升天行"的"诗仙"才能成就的与大自然的生命力融为一体的精神世界。

李白的这种"仙"逸之态，我没有见过；但昆剧舞台上的"诗仙"，我见过！它就是俞振飞表演艺术皇冠上的红宝石——《太白醉写》。

这出戏原名《吟诗·脱靴》。20世纪50年代初，俞师在香港演出时改名为《太白醉写》。这一改，就把这出戏的"核"托出来了。一个"醉"字，一个"写"字；"醉"是形，"写"是神；前者是落拓不羁的醉态，后者是"日赋万言，倚马可待"的诗仙气质；前者需要松弛，后者讲求内涵；由此形成了这出戏相反相成的结构状态。

现在一般人都认为《太白醉写》是大官生戏。俞师曾对我说，在传统昆曲里，老先生是把这出戏归入"穷生"家门的（昆剧传统俗称"鞋皮生"）。过去科班里，是不主张用穷生戏为孩子开蒙的。因为穷生表演中的酸腐、油滑，以及穷凶极恶，很容易给孩子们落下一身"毛病"，妨碍将来学习巾生、官生、雉尾生的艺术。粟庐公就不主张俞师太早学穷生戏。俞师初学这出戏时，还有李白把呕吐物弹在高力士脸上的动作，后来把它改掉了。

《太白醉写》的外形动作结构上，基本上采用了穷生的表现手段，具体表现为醉步、醉态、醉笑。

（1）醉步：一个喝醉的人，走路时脚是抬不起来的，就像穷生趿拉着鞋跟走路，南方人俗称"拖鞋皮"。俞师在谈到这种台步时，特别强调浑身肌肉要松弛，腿弯要软，脚步要轻，轻到不能发出碰台板的声音，尤其是李白出场时的"一顺边"台步，右手和右脚，朝一个方向，同起同落，是这出戏独有的表演风格。一般演戏最犯忌的是"一顺边"，而李白需要这样走，原因有二：其一，"一顺边"造成的摇摇晃晃，可以生动地表现李白宿醒未醒的醉态；其二，李白头上戴的"学士盔"，两旁的"桃翅"随着摇晃的身子而上下舞动，愈显出李白飘飘欲仙的神态。

（2）醉态：在这出戏里，从李白的宿醒未醒到酩酊大醉，俞师的表演层次分明，关键就在于眼皮和腿弯。眼皮是越醉越沉，腿是越醉越软。腿软就是蜷着。俞师说："至于蜷到什么程度，就要看演员的功力了。"等到三段《清平调》词写毕，唐明皇赐酒两大斗，李白就醉得格外深了。他嘴里念着"愿吾皇嗳万，嗳嗳万，万万万岁！……"眯缝的眼睛却找不到皇帝的方向，身子从右往左、从左往右晃了两圈，最后索性趁势躺倒在地。俞师在谈到运用眼神来表现醉态时，说道："除了写诗时要用眼神表达三种不同的表情之外，整出戏中李白酒醉的程度，全靠眼神来表现。开头'宿醒未醒'，眼神是蒙蒙眬眬的样子，后来越醉越浓，最后眼睛里像要滴出酒来一样。"

（3）醉笑：京昆小生的笑难度很高，笑得不好，犹如鸭子叫，但闻嘶鸣之音，毫无美感可言。在京昆舞台上，能笑出美感、笑出书卷气、笑出人物性格的大艺术家，俞师堪称第一人。《太白醉写》中李白的笑，有率性恣意的热笑，有蔑视权贵的冷笑，有大大咧咧的笑，有十分天真的笑。这种笑不同于水军都督周瑜，有异于诗酒县令赵宠，也不是三堂会审的王金龙。这种笑只属于李白。是"花间一壶酒，独酌无相亲"的纵情之笑，是在酒精的作用下，使其飘逸脱俗的诗仙风格发出的淋漓尽致的笑。俞师在谈到"醉写"的要领时说："开头两个'哈哈'可以略轻一点，以后逐步加重，把底气提起来，必须要十二个'哈'以上才够标准。"没有这门特技，你就演不好李白。

以上三点，仅仅说的是构成李白艺术形象的外显形式，《太白醉写》难就难在，既要沿用穷生的一些手段来表现李白的豪放不羁（这是"形"），又要依据大官生的绳墨来刻画李白的诗仙气质（这是"神"）。这是相反相成的对立统一，是对演员综合素质的全方位考验。

俞师之所以被观众誉为"活太白"，如果仅仅是因为他娴熟地掌握了昆剧的某些技巧，这样的解读未免失之于浅薄。俞师是吮吸着中国传统文化的天地灵气成长的。他自幼学孔孟，听训诂，习书画，作诗词，唱着水磨的风流雅韵，品味花酿的锦绣辞章。吴文化的清秀古雅，熔铸了他诗人的气质和艺术创造力。有了这种"诗内"和"诗外"的功夫，"戏里"和"戏外"的修养，他才得以从容驾驭中国戏曲的歌、舞、剧、技，使他塑造的李太白艺术形象，飞扬起"清水出芙蓉，天然去雕塑"的生命之气。而所谓的"飘然"和"俊逸"，就像王子乔在缑山乘鹤登仙，又如太华山顶上的云卷云舒，是生命赋予艺术品格的自由意象。"飘逸"，既是李白超俗入圣的艺术风格，亦是俞师高古雅致的艺术风貌。难怪有人感慨：不是俞振飞演了李太白，倒是李太白演了俞振飞。

看来艺术的感染力，全在于人物的神韵和气质，而神韵气质之有无深浅，必须内外兼修，方能提炼到不须言传，便能意会，让观众通过自己的心灵去体悟人物的本原。这样，我们就深入到俞振飞表演艺术的最深层：意境之美。

天津艺术研究所魏子晨先生写过《"振飞禅境"初说》一文，刊登于1991年第5期《中国戏剧》。2012年7月15日，是俞师一百一十岁冥诞。蕙华师母在俞振飞艺术研讨会上见到作者，告诉他："俞老十分喜欢'振飞禅境'这个提法，他说，这不是一般'捧角儿'文章。"

既入俞师法眼，必是佳文无疑。笔者就以魏文中的一段话作为此篇论文的结语："……说到这里，我的思路突然'柳暗花明'：中国艺术的最理想境界是禅境哟！我想到了钱锺书先生的'禅境'说，那自由的审美之境，那天人合一的无我之境，那妙悟的'神秘'之境，那凝思冥想的创造之境……何等深邃，何等飘逸，我禁不住脱口而出四个大字'振飞禅境'！"

昆曲大师俞振飞先生对表演艺术理论的重要贡献

——纪念俞振飞先生 120 周年诞辰

李 晓

（上海艺术研究中心，研究员）

摘要： 俞振飞先生在长期的昆剧、京剧表演的舞台实践中，逐渐形成了儒雅秀逸、富有书卷气的艺术风格。俞振飞先生在表演艺术上取得了卓著的成就，积累了丰富的演艺经验。他善于思考演艺的理论问题，是个学者型的艺术家，不仅在表演艺术上取得了卓著的成就，而且在表演艺术理论上也作出了重要的贡献。如认为书卷气是昆曲小生的身份特征。如对于四功五法之"法"的认识，是戏曲界第一个从学理上阐述了它是指手、眼、身、步的相互联系与相互协调，指身体各部位训练中的规范、法则与相互协调，也包括各种身段动作组合过程中的规范、法则与相互协调。如在昆曲行当的表演中，提出真正的表演，就是要表现出具有个性的某一人物，即表演行当人物的个性化特征。又如总结出，人物的性格基调决定人物的性格，决定戏剧结构，也决定人物的性格行为。这些论点丰富了戏曲表演艺术理论宝库。

关键词： 俞振飞　昆曲　表演艺术理论

俞振飞（1902—1993），名远威，号箴非，别署涤庵，以字行。祖籍松江娄县，生于苏州。其父俞粟庐为昆曲大家，秉承昆曲正宗唱法"叶堂唱口"。俞振飞幼承家学，六岁随父学唱昆曲。在唱曲艺术上，大小嗓运用自如，讲究四声阴阳及咬字、轻重、收放、抑扬顿挫和曲情的表达，发展了与叶堂唱口一脉相承的"俞派"唱法。14 岁起向昆曲名家沈锡卿、沈月泉学戏。1930 年底拜京剧名小生程继先为师，正式下海唱戏。在表演方面则能将昆剧、京剧表演艺术融于一体，并不断精益求精，逐渐形成了自己的儒雅秀逸、富有书卷气的艺术风格。俞振飞先生在长年的演艺实践中，积累了丰富的演艺经验，善于思考演艺的理论问题，是个学者型的艺术家，不仅在表演艺术上取得了卓著的成就，创作了光彩夺目、性格鲜明的艺术形象，享誉海内外，而且在表演艺术理论上也取得了珍贵的成就，作出了重要的贡献。

俞振飞先生的一生，见证着昆剧在近现代由衰落转向苏醒和发展的历史。在近现代堪称昆剧泰斗的一代宗师，也唯有俞振飞先生能够担当。昆剧、京剧小生的书卷气，正是俞派小生的艺术特征。他以儒雅、飘逸的气质和表演风格，以长年积累的文化素质和真知灼见，在表演理论上作出了重要的贡献。为纪念俞振飞先生120周年诞辰，本文仅在昆剧表演方面以一管之见选例评说俞振飞先生精当的理论造诣。

选例：戏曲小生演员的书卷气，是一种高雅的气质和风度，是良好素质的外在表现。是读书人表现出来的儒雅，是小生演员的身份特征。（《演剧生活六十年——答读者问》，载《俞振飞艺术论集》，王家熙、许寅等整理，上海文艺出版社1985年7月）

兹就俞振飞先生的艺术实践和理论上的收获，略述要点，引证原文，与大家共享。说到了为人所称誉的俞振飞先生"书卷气"的艺术风格，本文就从此说起。人们所说的书卷气，通常是说一种高雅的气质与风度，常用来赞扬一些文质彬彬的人，它得益于孜孜不倦地读书。在艺术领域，可以说它是一种艺术修养。对戏曲表演创造形象来说，它是对戏曲演员的一种很高的要求。人们赞誉俞振飞先生儒雅的气质、潇洒的风度，称之为书卷气，恰如其分。俞先生说："一个演员要在舞台上显得有光彩，不能没有多方面艺术修养。诗词、书法、绘画、音乐、舞蹈，平时多接触，潜移默化，可以陶冶性情，提高欣赏能力，使人追求较高的艺术境界。有时这方面并不是立竿见影的，但久而久之，影响确实很大。"①

从理论上分析，书卷气有这样一些特征：它是一个人良好素质的外在表现，能给人以感性的感染，给人带来愉悦；它表现出来的是读书人的儒雅，这是他的本分，是与众不同的身份特征；它得益于雄厚的读书基础，人格、意志的华美境界，从而彰显出迷人的风度和气质。

所以我们说，书卷气是一种艺术修养，不可以"立竿见影"，但是可以后天养成的，是"潜移默化"地养成的。俞先生扮演小生角色，针对小生的表

---

① 《演剧生活六十年——答读者问》，载《俞振飞艺术论集》，王家熙、许寅等整理，上海文艺出版社1985年版，第34页。

演，他说："尤其是昆曲的小生，种类较多，有巾生、大冠生、小冠生、鸡毛生、鞋皮生等，表演方面虽各有不同，却大多要求有书卷气。巾生是演念书人，大冠生、小冠生大多是文人出身，就是鞋皮生（京剧叫穷生），也多系落魄秀才，鸡毛生（京剧叫雉尾生）中，如周瑜是儒将，也得有点书卷气吧！如果不懂诗词书画，怎样去深入体验这些人物呢？像《奇双会》在台上写状的一系列表演，如果不学点毛笔字，拿笔、蘸墨也不像样的。"① 所以演小生，与书卷气关系很大。又说："至于小生演员的书卷气，硬要做也是做不出来的，要演出这种气质来，恐怕与平时的文化素养分不开。"② "硬要做也是做不出来的"，临末一句话，从理论推理上说中了养成"书卷气"的关键所在。

选例：戏曲表演艺术的基础"四功五法之'法'"，是昆剧、京剧表演艺术的传统概念。它似乎应是指手、眼、身、步的相互联系与相互协调，指身体各部位训练中的规范、法则与相互协调，也包括各种身段动作组合过程中的规范、法则与相互协调。（《戏曲表演艺术的基础》，载《俞振飞艺术论集》，王家熙、许寅等整理，上海文艺出版社 1985 年 7 月）

1958 年程砚秋先生发表《戏曲表演的基础——四功五法》，总结了戏曲界研究戏曲的基本功夫和法则，提出了"四功五法"的术语，是理论上的一大贡献；但是还留有一些问题需要继续辩清。《中国大百科全书·戏曲曲艺卷》只有"唱念做打"的词条，对于"五法"，避而不谈，在黄克保研究员的"戏曲表演"词条中，有"讲究手眼身法步的联系与协调"的说法，但是对于"法"字，未作任何解释。

对于"四功五法"之"法"，俞振飞先生与多人对此作过讨论，也没有得到一致的看法。俞先生在《戏曲表演艺术的基础》（载《俞振飞艺术论集》）一文中，第一次对"五法"逐字进行了说明并探讨了"法"字的概念。俞先生对"法"字，概括为四种不同的看法：

（1）有人说"手眼身步"就够了，于是有人就去掉了"法"字；

（2）程砚秋先生改为"口手眼身步"；

（3）有秦腔老艺人认为"法"是"发"字的音讹；

（4）马连良先生认为"法"是京剧术语"范儿"（指局部动作要领或俏头）

---

①② 《演剧生活六十年——答读者问》，载《俞振飞艺术论集》，王家熙、许寅等整理，上海文艺出版社 1985 年版，第 35 页。

的音讯。

俞振飞先生说："我觉得这四种不同看法，都还缺乏说服力。"①接着他说道："'法'，这个字，起码在昆剧、京剧中是一个传统的概念，长期流传下来，是有它的道理的，我一时还难以给它下个定义。但照我个人在长期学习、演戏中的体会，它似乎应是指手、眼、身、步的相互联系与相互协调，指身体各部位训练中的规范、法则与相互协调，也包括各种身段动作组合过程中的规范、法则与相互协调。"②

俞振飞先生是第一个认识到"法"字的基本概念。

吴白匋先生说："我觉得俞先生不愧是当代硕果仅存的表演大师，他这段话确实是非常精当，说明了'法'的主要内容为'相互协调'，只是由于谦虚谨慎，没有下个明确的定义而已。"③

俞振飞先生接着就自问："为什么手、眼、步下面没个'法'字，而偏偏只有身下面有个'法'字呢？我认为内中就很有道理，因为演员一上台，他从头顶一直到脚掌，在整个表演技术里面都有用处的。"④俞先生以电影《野猪林》中李少春演林冲在白虎堂挨打的那场戏为例，头部有甩发的精彩表演，全靠头和脖子的功夫。脖子也很要紧，演员在九龙口的亮相，如果有纱帽翅，就会抖动，有翎子，就会摇动，眼睛同时左右打量，就很好看了。尤其是腰腿功夫最重要，这里有个"存腿"的说法。腿一定要稍微有点儿弯，迈步、跑圆场就会好看，就是站着也显得稳。所谓稳、准、狠，稳是第一重要的。弯到什么程度，是有讲究的。俞先生说："腰和腿的功夫固然要苦练，然而要讲究美，还是离不开'法'字，'存腿'到什么程度，就是一个身体各部位联系与协调的问题，它由'法'管着。"⑤换句话说，手、眼、身、步之间的联系与协调的问题，就是由"法"来管着。

（备注："存腿"亦称"竖桩子"。原是秦腔基本功。演员站式所取脚位的一种。左脚绷直，向前伸出约 30 厘米，以脚尖点地；同时右膝弯曲，与左膝

①④ 《戏曲表演艺术的基础》，载《俞振飞艺术论集》，王家熙、许寅等整理，上海文艺出版社 1985 年版，第 287 页。

② 同上书，第 223 页。

③ 吴白匋：《试探传统表演艺术"五法"之"法"——谨以此文献给俞振飞先生》，此文发表后，由我把吴先生的签名本去俞振飞先生寓所面呈，载吴白匋《无隐室剧论选》，江苏文艺出版社 1992 年版，第 223 页。

⑤ 《戏曲表演艺术的基础》，载《俞振飞艺术论集》，王家熙、许寅等整理，上海文艺出版社 1985 年版，第 288 页。

并靠，右脚满脚着地，此为右存腿式，亦称"右竖桩子"；反之，若左脚存腿，则为左存腿式，亦称"左竖桩子"。）

吴白匋先生说："手、眼、身、步都是指人体器官功能而言，那么，'法'字在这里，也应该指人体器官功能之一。俞老指出的'相互协调'，来自什么器官功能呢？照自然科学讲，是运用脑力；照我国传统用语说，是用心提神。经过这样的层层推断，我曾大胆假设一个定义，'法'是心灵活动。"① 后来，吴先生从佛教术语得到启发，"六根"是眼、耳、鼻、舌、身、意；"六尘"是色、声、香、味、触、法。后来又联想到拳术武林里也有同样的话。

也许这些都是"五法之法"的用词来源，于是吴先生对"法"字释义为："演员在表演时所具备的内心活动，指导着身体各部分的外形动作，即使之互相协调，融为一体，以达到刻画人物性格情感，塑造完美艺术形象的目标。按照手势、眼神、身段、步法的提法，可缩称为'心功'，或者用文雅的语词，称为'意匠'。"②

为什么"五法"的排列是手、眼、身、法、步？吴先生认为：最初创造"五法"的老师傅是有意识这样排列的。如果将"法"字放在末位，容易使人误解为方法之"法"，而且"五法"变成"四法"了。还有读来顺口的问题。我国语言声调分平仄四声，这是自然之声，不是人为的。六朝隋唐以来，读书人作诗讲究平仄，民歌顺口溜也要调平仄。手、眼、身、法、步（仄仄平入仄，法字入声字作上声读若乏）要比手、眼、身、步、法顺口多了。

选例：《长生殿·埋玉》唐明皇与《千钟戮·惨睹》建文帝，研究戏曲表演人物，必须掌握行当的表演程式，然后抓住人物的某些基本特征，体验人物的性格的特殊性，以特殊的个性的方法表演人物。（《程式与表演》，载《俞振飞艺术论集》，王家熙、许寅等整理，上海文艺出版社 1985 年 7 月）

俞振飞先生说："一种行当，便具有表现一种类型人物共同特征的一套表演程式。掌握了一个行当的特殊表现方法，就抓住了人物的某些基本特征。"③

---

① 吴白匋：《试探传统表演艺术"五法"之"法"——谨以此文献给俞振飞先生》，载吴白匋《无隐室剧论选》江苏文艺出版社 1992 年版，第 223 页。

② 同上书，第 224 页。

③ 《程式与表演》，载《俞振飞艺术论集》，王家熙、许寅等整理，上海文艺出版社 1985 年版，第 304 页。

俞先生强调："而真正的表演，就是要表现出具有个性的某一人物。如果演员不能把同一行当两个不同性格的人物在表演中清楚地区分开来，那就无所谓表演艺术。"①

举了两个例子：

俞先生说："同样的大冠生，一个是《长生殿》的唐明皇，一个是《千钟戮》的建文帝，这两个虽都是皇帝，程式的运用却很不一样。"②

唐明皇在逃难途中，来到马嵬驿，稍事休息。羽林军痛恨杨国忠专权，造成安禄山叛乱，把杨国忠杀了。因杨国忠是杨贵妃的哥哥，士兵们疑兄妹串通，也要杀了杨贵妃，便呼喊道："国忠虽诛，贵妃尚在，不杀贵妃，誓不护驾。"唐明皇听了，非常吃惊。杨玉环一看情况，觉得自己活不成了，无可奈何，只得说："臣妾受皇上深恩，杀身难报，今事势危急，望赐自尽，以定军心。陛下得安稳至蜀，妾虽死，犹生也！"那时，应该说唐明皇是舍不得她的。唐明皇说："妃子说哪里话来！你若捐生，朕虽有九重之尊，四海之富，要它则甚？宁可国破家亡，啊呀，决不肯抛舍你的嚡！"这个荒唐、昏庸的风流天子，这一席话未必都是虚情假意，但在严酷的现实面前，为了自己，他还是决意抛舍了，因为贵妃毕竟贵而不贵。他最后对杨贵妃说："你既执意如此，……朕也做不得主了。"又对高力士说："只得但凭娘娘罢！"说罢，他一摔袖子就进去了，留下杨贵妃、高力士在场上。

再一个是建文帝。因永乐帝夺位，他逃了出来，其他人都让永乐帝杀了。建文帝知道永乐也想杀掉他，幸而得信早。有个臣子叫程济，说："我陪着你，从后面河中乘小船逃出去。"于是建文帝改扮成和尚，程济扮成道士，还挑着一副担子。在《千钟戮》里有一出《惨睹》（剧中八支曲子，最后一字都是"阳"字，所以又叫《八阳》），就是写这个故事的。建文帝出场唱的第一句是很有名的"收拾起大地山河一担装"。意即大地山河只剩下一担子了，一切全都完了。故事背景就是这样的。俞先生很喜欢这出戏。这出戏很有特点。看他的装扮：俞先生说，他戴的是一个斗笠。（备注：俞先生的斗笠是一位朋友送的，是用棕编的，挺大。用蓝绸做个里子，另加两条飘带。）穿一身蓝灰的和尚衣，腰里有一块两尺长的黄绸子，加上紫的丝绦。早先的和尚不让留胡子，

---

① 《程式与表演》，载《俞振飞艺术论集》，王家熙、许寅等整理，上海文艺出版社1985年版，第305页。

② 同上书，第307页。

所以昆曲唱建文帝时就戴短胡子，叫"一字胡"。①

　　俞先生说："虽然台上只有建文帝和程济两个人，但动作却相当多。为了表示登山涉水及上路崎岖，有时手搭着担子，有时程济过来，搀着建文帝，动作繁多，各式各样。"② 他们在半路上共遇到三起人，情景非常悲惨，目不能睹。程济就说：咱还是快点走吧，最好能走到云南贵州。到那边深山庙宇中住下，就可以安定下来了。于是，建文帝唱尾声"路迢迢，心怏怏"，程济接唱："何处得稳宿，碧梧枝上……"程济正唱到此，'当'地响起了一记钟声，建文帝产生了一种幻觉。俞先生说："在此之前，整出戏中建文帝的脸上没有一丝笑容，当然他是笑不出来的。但是，此刻一听见钟声，他就说：'咦——程徒，景阳钟鸣了！'平日皇帝上朝时听惯了景阳钟，因此他以为又该上朝了，所以幻觉中的建文帝还是皇帝的老样子。可是程济提醒他：'啊，大师，此乃野寺晚钟，非景阳钟也。'于是，建文帝猛然'喔——'一声。此刻又响起'当当'两下钟声，'唉！'他喟然一声长叹，才感到一切都完了。"③

　　俞先生说："以上表明，两个同是皇帝，都在逃难，又都是大冠生扮的，也都运用了程式，但排场等一切一切却并不一样。从上述那些不同场面里，足可以看出戏曲程式之丰富和表现力之强烈。"④

　　那么应该如何看待程式呢？

　　俞振飞先生说："一种是轻视表演程式，以为它是空洞、僵化的，是表现性、形式主义的，应予否定、摈弃……另一种看法，是过分强调戏曲程式到了不适当的程度，把手、眼、身、法、步各种有表现力的技术手段，当成万能灵药，到处搬用。这样，既没有同刻画人物联系起来，发挥其应有的功能，更没有从身段动作的大小、高低、强弱、快慢、正侧、主宾、虚实、方圆、奇偶、断续、顿挫、张弛、离合等等变化中，去探索它们相辅相成的辩证的结构关系，于是，也就不可能将程式有机地组织起来，用以表现人物内涵的性格、气质和思想感情。结果，只剩下一套没有生命的形式的躯壳，这当然会不可避免地繁琐而空洞，从而陷入形式主义、程式化、概念化的泥潭。"⑤

　　俞先生接着说："我认为，戏曲表演应当提倡程式的人物（性格）化，反

①② 《程式与表演》，载《俞振飞艺术论集》，王家熙、许寅等整理，上海文艺出版社 1985
　　年版，第 309 页。
③④ 同上书，第 310 页。
⑤ 同上书，第 314 页。

对人物的程式化。为了表现历史生活的广度和深度，并进而表现现代生活，戏曲程式还必须有所突破，有所创新。但突破和创新与否定和摈弃程式，绝不是一回事。"①

选例：《断桥》中的人物表演，性格基调决定人物的性格，决定戏剧结构，也决定人物的性格行为。（《〈断桥〉之革新》，载《俞振飞艺术论集》，王家熙、许寅等整理，上海文艺出版社 1985 年 7 月）

俞振飞先生与梅兰芳先生合作的《断桥》，是"推陈出新"的典范，同时，在戏曲表演理论上有了许多创见。它的核心的理论问题是：提出了人物的"性格基调"。俞先生说得很好，他说："这样一改，许仙这个人物就和原来有了本质的不同，他的性格基调就重新定准了：他淳朴善良，但犹豫动摇。写他动摇是很有必要的，这样才能说明是封建势力的强大造成了白娘子的悲剧，意义才更深刻；而且，如果不动摇，也就不是这样的悲剧了。但我们不能让他动摇到底，更不能让他去做封建势力代表人物法海的帮凶。我们把许仙拉了回来，让他有所懊悔，从而站到了反封建的白娘子、小青的一边。"②同时，也改动了《断桥》的戏剧结构，出场和结局也进行了改造。

在旧本里，许仙已经皈依佛门，出了家，这次再到断桥重会白娘子、小青，是奉法海之命而来的。因此，俞先生说："《断桥》里，那就不必让这个可恨的法海再出场了。于是就改为许仙自己出场。我们设想，许仙在知道了金山水斗的情况以后，为白娘子的真情感动，有所觉悟，便自己逃下山来，寻找白娘子去了。"③改本《断桥》，许仙出场后唱〔山坡羊〕的末句就由"痛遭魔心暗惊"改为"痛往事暗伤情"。许仙是带着悔恨的心情出场的。最后，许仙在得到白娘子、小青的原谅以后，三人在抒情的乐曲中，缓步走下场去。这样的出场和结局，从理论上来说就是由主要人物的"性格基调"决定的。

在《断桥》中还有两处亮点，即许仙跪请白娘子原谅的即兴表演和圆满结局的三人造型的舞台调度，极美的设计也是在人物的性格基调指导下完成的。

---

① 《程式与表演》，载《俞振飞艺术论集》，王家熙、许寅等整理，上海文艺出版社 1985 年版，第 315 页。

② 《〈断桥〉之革新》，载《俞振飞艺术论集》，王家熙、许寅等整理，上海文艺出版社 1985 年版，第 104 页。

③ 同上书，第 103 页。

在许仙跪在白娘子面前请求原谅时，白娘子又气又爱，叫他一声"冤家呀"……按旧本演法，白娘子念词时，右手翻起水袖、腰包，左手虚指许仙一下，是空指，后来按改本演。有一天演到这里，俞先生跪得离梅先生近了一些，梅先生手一指已经指到俞先生的额头上，他梅先生索性用力地戳了一下，俞先生顺势身体向后一仰。梅先生赶紧又用双手来搀扶住，但一想，又感到许仙太负心，又生气地轻轻一推。

俞振飞先生说："一戳、一仰、一搀、一推，这一组即兴表演，就是由于我们进入了角色，按照新的处理很自然地生发出来的。我和梅先生都感到这些表演能够比较生动地体现白、许之间的深厚情谊，就把它保留下来了。后来，京剧和许多地方戏都吸收了我们这一组表演。这种出新，当然是由于梅先生有丰富的艺术修养与实践经验，有对人物的深刻理解所致，但究根寻源，也是思想内容上出新，使我们在表演上发挥的余地更大了。"[1] 这里说的"对人物的深刻理解"，就是对人物的"性格基调"的理解和熟娴，也就是戏剧学上所说的角色的性格基调指导着角色的自然行为的惯性而行动。

在改本中，戏就落在许仙、白娘子和小青身上，作为戏情来说是非常集中的。表演也很顺势、流畅、紧凑，三人性格鲜明，表现自然；就是三人在场上，原本三个人的位置始终是一个样，白娘子在中间，许仙在下场门，小青在上场门，似乎太呆板，能不能变动一下？俞先生和梅先生对这个意见很重视，便一起研究，想在白娘子唱〔金络索〕时，设计三人的动作。这支曲比较长，是白娘子的主曲，又是三眼一板慢节奏的抒情唱段。旧本的演法，白娘子唱到"不记得当时曾结三生证"时，许仙轻轻走上替白娘子梳头，表示体贴温存；小青赶来赶开许仙，她去给白娘子梳头，梳完，她就背对背坐在白娘子身后的小凳上。当白娘子唱到"追思往事真堪恨"时，许仙看不到小青，回头一望见小青坐在那里，于是唤着"青姐"，去拍了一下小青的肩头。盛怒未消的小青，看到许仙这样，就要来打他。许仙又一次作出傻样，去央求白娘子。俞先生说道："这里，引出了一幅很美的画面：小青右手举拳，怒视许仙；白娘子右手挡住小青，左手扶着许仙，两下为难；许仙左手翻袖至脑后，右手轻轻摇动着请求原谅。由于白娘子两手翻起腰包，犹如蝴蝶型，加上青、许以对称的身段在两边衬托，使这个亮相很富有造型美。这是《白蛇传》中一个很有典型性的

---

[1] 《〈断桥〉之革新》，载《俞振飞艺术论集》，王家熙、许寅等整理，上海文艺出版社1985年版，第107页。

画面。"①

俞振飞先生认为这个三人画面虽好，按旧本许仙怕小青，改本虽作了处理，但许仙也要躲着小青，哪里会主动去招惹小青？拍小青的表演动作不合情理，要改掉。俞先生和梅先生用了两个晚上研究出一个新的方案：小青梳完头，坐在白娘子身后的小凳上。白娘子居中坐着，唱到"反背前盟"时站起，两手翻起腰包，走到下场门一边，许仙即从下场门调动到舞台正中。白娘子唱到"忒硬心"的"心"字，指着许仙前胸责备他，许仙十分歉疚地搀扶白娘子。小青从他们背后站起偷看，发现他们又和好了，便很生气，两手叉腰，转身背向他们，站到九龙口。白娘子唱到"追思往事"时，两手一前一后指着许仙，向着前面走，许仙和白娘子面对面，一边向她作揖赔情，一边向着上场门退去，恰巧碰到小青身上。小青转身要打许仙，许仙向下场门逃去，白娘子仍回舞台正中，三人亮相，画面依旧如原来很美。俞先生说："我们这样一改，戏剧性增强了，台上一下子活跃得多了，这个大唱段也就不再显得沉闷了。舞台效果及观众反应都很好。"② 这就是舞台调度也是要从人物性格出发进行设计，就会取得准确的描写人物及其性格行为的极美的典型性的画面。

选例：《太白醉写》中从侧面描写来表演人物的典型性格（让观众相信这个人物）。（《〈太白醉写〉中"诗仙"之神采》，载《俞振飞艺术论集》，王家熙、许寅等整理，上海文艺出版社 1985 年 7 月）

1960 年，全国文联有一个纪念唐代诗人杜甫的纪念活动。曹禺先生问俞振飞先生，有没有关于杜甫的戏，俞先生说没有，昆曲有一出《李白醉写》，是沉香亭醉写〔清平调〕词的故事。曹禺先生欣然决定，就演这个剧目，参加纪念活动。

（备注：这出戏的来历：原是昆曲老前辈沈寿林的杰作，沈寿林为清咸丰至光绪年间的苏州昆曲名伶，这出戏当时名《吟诗、脱靴》，后来传之于他的次子沈月泉，为传字辈大先生。父子俩在这出戏上有许多创造。俞振飞先生十多岁时就向沈月泉先生学得这出戏，后来花了很多心血改进，题名为《太白醉写》。后来吴新雷教授在江苏金坛太平天国戴王府旧址府内壁画上看到二出昆

---

① 《〈断桥〉之革新》，载《俞振飞艺术论集》，王家熙、许寅等整理，上海文艺出版社 1985 年版，第 108 页。
② 同上书，第 110 页。

曲，其一出即名《太白醉写》。）

俞振飞先生认为："一般说，都认为他的思想和行动相当复杂，要做简明的概括，并非易事。好在我是演戏，不必对他做总的'鉴定'，因此，在这出《太白醉写》里，只能反映这位大诗人精神面貌的一个侧面。当然，这是一个重要的侧面。我演他，就该让人能够透过这个侧面，看到人物的典型性格。"①这样的创作思想及其方式，是《太白醉写》获得成功的保障和主要原因。

在戏里，李白的具体的表现，是对高力士的极度蔑视，通过李白写［清平调］词，给贵妃以讽刺，为皇帝敲警钟："借问汉宫谁得似，可怜飞燕倚新妆。"通过写词的侧面，表现李白的过人的智慧和胆量，以一种特殊的方式表现了对朝廷众臣的抨击。后来高力士就是以李白的这两句词句，进谗言，李白由此而被放逐，离开长安。

俞先生说："自古以来，凡是铁铮铮英雄烈士，为了抨击朝政，斥责权贵，往往睚眦目裂，慷慨陈词，直至高声怒骂，或者攘臂而起，动手痛打奸佞。但李白却完全是另外一种方式，趁着酒兴，纵情嬉笑十分天真，十分自然，叫皇帝、贵妃听了发不起火，叫高力士挨了手足无措。李白好像在开玩笑，好像在搞游戏，把一起权势看成'无所谓'，甚至不屑给他们讲道理、论是非，这真是最大的轻蔑。同那些横眉怒目的怒骂比较起来，嬉笑未必不是更深刻，更有力。如果我说，这才是李白独特的战斗风格，恐怕不为过分吧！"②

用侧面描写的方式，表现人物的典型性格，在表演上是丰富多彩的。在这出戏中有许多节骨眼的地方，俞振飞先生以超人的设计，微妙地增强了艺术的表演力。大致有以下几处地方须用心表演：

戏中有几处趁着酒兴，纵情嬉笑。不用"冷"笑，而用"热"笑，大大咧咧，随随便便地笑，十分天真，十分自然，叫皇帝、贵妃发不起火，叫高力士手足无措。

李白初出场走的几步，要跟别的戏不同。要"一顺边"走，右手右脚，朝一个方向，同起同落。摇摇晃晃，表现醉态，耍起学士帽两边的"桃翅"。

李白一上场先不让人看到脸，侧身从太监、宫娥背后出来，走两步，第三步恰好转过身来亮相，吸引观众注目。

---

① 《〈太白醉写〉中"诗仙"之神采》，载《俞振飞艺术论集》，王家熙、许寅等整理，上海文艺出版社 1985 年版，第 51 页。

② 同上书，第 52 页。

李白高声喊叫"高力士"后，用手指高力士的鼻子说："我李老爷有事来问你，你便说，若没有事呀，咄！（手指一挥）切莫要扯这宽皮！"这时，李白扬声大笑，眉飞色舞，把刚上场的那副没精打采的神情全部改过来。

原来按传统演法，李白见驾以后与明皇的几段对白都是跪着念的，直到念完"今凭余醉，正好赋诗"才站起来。后来周传瑛把它改了，先赐座，再接念白。

等到高力士磨好墨，拂好纸，李白要用"挪步"向书案那边走。这几步"挪步"，走的时候，左手端带，右手扬袖，满面春风，要有些飘飘欲仙的味道。

李白念到"借问汉宫谁得似"，略一停顿，见到杨妃，作微微颔首状，念出末句"可怜飞燕倚新妆"。随念，笔随着向杨妃一指，跟着狂笑一声。偏偏这时，高力士眯起眼睛，偷偷看诗，李白心中一气"你这个奴才也懂这个"，顺手就用笔尖往高力士的白鼻子上一点。

李白提出要高力士给他脱靴，高力士憋了一肚子气，乘机发泄，狠狠把李白骂了。李白坚持要他脱靴；高力士轻轻把李白一推，李白乘机把纱帽一摔，索性往地上一躺。意思是："我情愿不戴这顶乌纱帽，定要你这奴才给我脱了靴才完事。"

俞振飞先生演《太白醉写》的经验的总结和表演的心得，他用几句话概括："此时的李白处于酒醉之中，是一种特殊形态，在形体动作上要突出眼皮渐渐地沉、腿弯渐渐地软这两个特点，所以外形方面，要特别松弛；从精神状态来说，李白是有胆有识，敢于用嬉笑的方式来反抗封建势力的，什么权官、宦官，在他眼里都看得稀松平常，只要说说笑笑，就能击败对方，取得全胜。所以扮演李白这个人物，无论是腰腿手臂的舒展，或眼神表情的运用，主要的一点就是要十分讲究舞台造型的美，同时要通过自己的表演把'谪仙人'的神采表现出来。我觉得只有这样，观众才会相信这是他们心目中的'诗仙'。"[1]

选例：《奇双会·写状》中的表演，遵循戏剧的基本要求，追求舞台艺术的整体的美，整体格调要高。（《〈奇双会·写状〉的表演格调》，载《俞振飞艺术论集》，王家熙、许寅等整理，上海文艺出版社 1985 年 7 月）

---

[1] 《〈太白醉写〉中"诗仙"之神采》，载《俞振飞艺术论集》，王家熙、许寅等整理，上海文艺出版社 1985 年版，第 62 页。

《奇双会》，又名《贩马记》，昆班吸收的吹腔戏，列为俗创戏目。自徽班传入京班，又由京班传入昆班。道光年间进入宫廷，又由宫廷传入民间。有1942年上海扫叶山房石印的《故宫串本贩马记》，是曲白俱全的宫谱本，有《哭监》《写状》《三拉》《团圆》四出。

〔备注：此剧有不同抄本。赵景深曾考见道光四年（1824）徽班抄本，原为四本三十二出。常演的是第四本中的四出戏。清末民初曾盛演于京城，是生、旦与老生联手的名剧。有内廷供奉王楞仙饰赵宠，陈德霖饰桂枝，李六饰李奇，皆一时妙选。其后有爱新觉罗·溥侗（红豆馆主）得宫中传谱，由曲师曹心泉传梅兰芳，20世纪20年代俞振飞传给南方传字辈。有1922年中华书局《曲谱选刊》铅印本。〕

《奇双会》虽说是吹腔戏，但俞振飞先生很喜欢这出戏，观众也喜欢这出戏，而且在表演上达到了精湛的高峰，在理论上认识这出戏的要诀，即是格调要高、追求整体美。

这出戏的情节是围绕一个冤案展开的，三出重头戏，着重表现父女、夫妻、姐弟、翁婿在平反冤狱的过程中休戚相关的深厚感情。观众喜欢这出戏，在于它的人情味。俞振飞先生说："观众喜欢这出戏，还在于它的表演形式。李奇被冤，几乎屈死，是带有很大悲剧性的；但剧作者却用喜剧手法处理了《写状》和《三拉》这两折，选取的角度极富有特色。这出戏结构严谨，语言精练，在传统戏的剧本中，它是十分完整而出色的一个。剧中许多穿插，不只很有戏，而且又很生动自然，在编剧技巧上有很多值得我们学习借鉴之处。"①

该剧遵循戏剧的基本要求，追求舞台艺术的整体的美。生旦同场的《写状》是一出"对儿戏"。俞振飞先生说："'对儿戏'很讲究舞台平衡，这是传统艺术美的一个重要要求。两个主角，在舞台调度上要始终保持平衡感，在感情交流上也要有平衡感，就是我们内行人说的'心气儿'要一样，那才能表现出舞台整体的美来。"②

俞先生很认真地研究了男主角赵宠的出身及其曾经的困苦处境，赵宠靠个人奋斗，成为二甲进士，新任襄城县令，又新婚宴尔；在《写状》戏里，他的心情是愉快的，与戏中对新婚夫妇之间那些喜剧性的描写，是完全协调的。俞

---

① 《〈奇双会·写状〉的表演格调》，载《俞振飞艺术论集》，王家熙、许寅等整理，上海文艺出版社1985年版，第64页。

② 同上书，第66页。

先生说："表现这些喜剧情节，必须重视分寸感。演'瘟'了固然不好，演过头更会使人难受，要紧紧把握住人物的身份、性格、气质才行。如果一味渲染'闺房之乐'，过分强调温情，单纯追求效果，就会惹人讨厌。赵宠的出身经历决定了他非常同情妻子的遭遇，他的这种同情和怜爱的感情，是淳朴、真挚的。他是苦出身的新官，……很有正义感的。在他身上，'官气'还不太多，更多的倒是**书生气**。"①

说到赵宠的书生气时，俞先生说："我常演的一些戏里，许多小生都是有书生气的。但我以为各种人物的书生气应很不一样。象赵宠这种书生气，就应该演得既不同于《十三妹》中的安骥，又不同于《绣襦记》中的郑元和。赵宠有苦难的童年和个人奋斗的经历，这使他增长了智慧，积累了一定的社会经验；这也就使他不会像奶公陪着初出远门的贵公子安骥那样呆头呆脑。赵宠是在艰难中谋取上进的，生活朴素节俭，这就不像簪缨华胄的郑元和那样，虽也至诚老实，厚重不佻，却一度涉足花丛，千金买笑，迷途难返。所以，我十分注意演出赵宠这种特定的书生气以及那种特定的对妻子的怜爱、同情和关切之情。我觉得，只有准确把握人物所特有的气质，才能把这出戏演得正派，才能使人物富有个性。"②

把悲剧演成喜剧，始终保持"对儿戏"的平衡，赵宠的书生气，整体格调要高。

俞振飞先生说："观众喜欢这出戏，还在于它的表演形式。李奇被冤，几乎屈死，是带有很大悲剧性的；但剧作者却用喜剧手法处理了《写状》和《三拉》这两折，选取的角度极富有特色。这出戏结构严谨，语言精练，在传统戏的剧本中，它是十分完整而出色的一个。剧中许多穿插，不只很有戏，而且又很生动自然，在编剧技巧上有很大值得我们学习借鉴之处。"又说："这是一个雅俗共赏的作品，剧本的可塑性很大，表演上的出入也往往很大，两种演法就完全可能演出两种不同的格调来。如果一味追求廉价的效果，把它演'俗'了，大多数观众是要讨厌的。所以，我倾向于演得雅一些，格调高一些，同时不忘发挥它通俗易懂、平易近人的特长。这样，才能真正做到雅俗共赏。"③

赵宠在激动时的组合动作，要讲究"法"，当动作比较多、比较繁琐时可

---

① ②《〈奇双会·写状〉的表演格调》，载《俞振飞艺术论集》，王家熙、许寅等整理，上海
　　文艺出版社 1985 年版，第 67 页。
③　同上书，第 91 页。

以做减法。

俞先生说：念到"欠通之极矣呀"，我做了一组小的动作……："这个面部和手脚都有表情的相亮住以后，头上的纱帽翅还在颤动，会是很好看、很有特色的。这组动作做得好，能惟妙惟肖刻画出一身书生气的赵宠在恼怒中的情状。但这样一组动作要做得好是很不容易的，它要求在整个组合过程中，身上和手脚处处有规范，神和形的美要达到高度的统一。练的时候，不仅要把亮住的部位摆好，还要使组合过程中处处有'法'。"①

俞先生又说："我经常用昆曲的演法来加工丰富一些京剧剧目的舞姿。在这个过程中，我觉得昆曲传统剧目的表演虽有载歌载舞的舞姿。但也有它的弱点。有时，它的动作太多，把表演空间占得太满，显得有些繁琐（当然，有许多解释性的动作还是好的，是能帮助强化内容的）。京剧的动作比昆曲少，唱［西皮］［二黄］，一般不像昆曲那样每字每腔都配上动作；它的舞蹈性虽然没有昆曲强但也有比较精炼的优点。因此，我想取两者之长，既要发挥载歌载舞的长处，又要精炼、大方，含义深长，以期更多地引起观众的想象。"

以上，不揣浅陋选择数例，对俞振飞先生在表演艺术理论上的心得和创见，进行了阐述，有利于中青年一代的继承和发扬；同时探索表演艺术大师丰富的理论遗产的阐述方式，望能裨补戏曲表演艺术理论宝库。这样的就数例表演而言的阐述，是很不够的。其中谬误之处，不吝赐教。

---

① 《〈奇双会·写状〉的表演格调》，载《俞振飞艺术论集》，王家熙、许寅等整理，上海文艺出版社 1985 年版，第 73 页。

俞振飞对 20 世纪昆曲和戏曲的巨大贡献评述[①]

周锡山

（上海艺术研究中心，研究员）

摘要：俞振飞的昆曲演唱达到 20 世纪的最高水平，形成昆剧小生的书卷气。俞振飞在整个 20 世纪是传承和发展昆剧的中流砥柱。在民国时期，俞振飞帮助传字辈学习、成长；帮助梅兰芳和程砚秋提高昆曲演唱水平，合作演出昆京经典作品；与众多京剧大家和名家合作演出，成为京剧四大小生之一，以京昆互补方式、舒展创新精神而取得高度的艺术成就，作出重大贡献。在新中国时期，俞振飞与梅兰芳、言慧珠等拍摄的昆剧电影，是标志性的艺术经典；与言慧珠、华文漪、张继青合作演出示范性的昆剧经典；担任上海市戏曲学校校长，培育昆大班、京大班、昆二班和俞派小生群体。俞振飞在昆曲音乐和理论研究方面，都有重大贡献。

俞振飞 1955 年回上海后，开始了艺术生涯的辉煌阶段。自 1955 年至 1991 年，俞振飞在上海的 45 年漫长岁月中，形成了熔京昆艺术为一炉、"书卷气"浓郁的儒雅秀逸的俞派表演艺术风格，成为公认的新中国 70 年戏剧史上里程碑式的京昆艺术大师和标志性的文化大家。他的多部昆曲和京剧代表作，皆成为传世经典。

关键词：俞振飞　20 世纪　巨大贡献　书卷气　俞家唱　俞派小生

俞振飞（1902—1993）原籍松江（今上海松江区），于 1902 年 7 月 15 日出生于苏州，今年是他的 120 周年诞辰，特撰此文以示敬意和怀念。

俞振飞是 20 世纪中国最杰出的昆曲艺术家、昆曲音乐家、昆曲理论家和教育家；20 世纪最杰出的京剧艺术家之一。

俞振飞与梅兰芳（1894—1961）、周信芳（1895—1975）并列为 20 世纪中国戏曲艺术成就最高兼影响最大的三大家，是 20 世纪上海和中国文化的标志性人物之一，在国内外都有重大的影响。

---

① 国家社科基金艺术学重大项目"新中国 70 年戏曲史·上海卷"阶段性成果论文（19ZD04）。

本文结合 20 世纪昆曲演唱的总貌和总体评价，显示俞振飞在其中的地位，总结和评论俞振飞对 20 世纪昆曲和戏曲的传承和发展作出的重大贡献。

一、总论

周传瑛在 1980 年说："六十年来（指 1921—1980 年），我国昆曲事业是和俞振飞同志的艺术实践分不开的。人们一谈到昆曲，就自然会联想到俞振飞同志，正如一谈到京剧，就自然会联想到梅兰芳一样。"①1980 年之后，俞振飞为昆曲的传承和发展作出了无与伦比的巨大贡献。因此，20 世纪 20 年代至 80 年代的七十年中，俞振飞为昆曲事业作出了连续的重大贡献。

俞振飞先后担任上海市戏曲学校校长和名誉校长、上海昆剧团首任团长和名誉团长、上海京剧院院长和名誉院长，文化部昆剧指导委员会主任、中国文联副主席等，对 20 世纪昆曲、京剧和戏曲的发展作出了重大贡献。

俞振飞自 1921 年来到上海，进入上海曲坛，至 1991 年因年迈而停止演唱活动，舞台生涯长达 70 年。其中两次去京（北平），与程砚秋合作，共 4 年（1931 年上半年，1934 年下半年至 1937 年底）；两次去香港（1948 年 12 月—1949 年 2 月，1950 年底—1955 年 3 月底），共 4 年半；1956 年 6 月底返沪定居，至 1993 年 7 月 17 日逝世，在上海生活和演唱共六十余年。因此，俞振飞为传统文化、江南文化和上海文化、海派文化作出了巨大的贡献。

1. 深厚的文化根底和艺术幼功，形成了昆剧小生的书卷气

俞振飞的父亲是江南曲圣俞粟庐，清代权威昆曲曲家叶堂的唯一传人。他亲自教导儿子俞振飞学习文化和昆曲，将俞振飞培养成罕见的艺术全才、20 世纪最杰出的昆曲艺术家。

俞振飞 5 岁开始学习文化。父亲认为白话文太浅，浪费高智商孩子的智力，精英教育必须和平民教育不同，所以一开始就教他读"四书五经"，练习书法；接着读、背古文和诗词经典，以最大限度地及早开发他的智商。他十几岁时就学会作诗、填词、作散曲（小令）。父亲又安排他从 14 岁开始，先后师从著名画家陆廉夫、冯超然学画。俞粟庐喜欢读书，家中藏书颇丰。俞振飞从小就喜欢钻到父亲"四壁图书"的书房里去，"见书就读"。先看经、史、子、集，后看医书和各种"杂书""闲书"。俞振飞的博学多才，就大大得益于读书

---

① 周传瑛：《曲海沧桑话今昔》，《解放日报》1980 年 4 月 15 日。

的广泛。俞振飞通过学习传统文化和艺术，继承优秀传统道德和家国情怀。

俞振飞6岁开始学唱昆曲，他生性聪明，只要学几遍，至多十几遍就学会一支曲子，但是父亲规定每一支曲子要唱一百遍以上；只要有一点唱得不对，就从头来，重唱一百遍；还不对，再重来，直到唱得滚瓜烂熟没有丝毫差错为止。有时一支曲子唱到四百遍才通过。有格言说，"拳不离手，曲不离口"，但其前提是"立志须高，入门须正"，基本功必须极其扎实。用这样的方法，到19岁，俞振飞随父学唱叶堂《纳书楹曲谱》一书中所有曲子两百多出。

俞振飞在父亲的严格熏陶和教育下，刻苦学习，文化底蕴深厚坚实，诗词、书法、音乐、绘画样样精通，成为一个学识渊博、多才多艺、不可多得的奇才。有此根底，在舞台演出昆曲和京剧，就不同凡响，他不仅技艺精湛，还透出浓郁的"书卷气"。昆曲中的小生多是书生，俞振飞用"书卷气"取代了传统小生的"脂粉气"，在20世纪把小生艺术的品位提高到了一个新的高度，达到至今无法逾越的高度。

2. 俞振飞的昆曲演唱艺术达到20世纪的最高水平

俞振飞自小跟随父亲俞粟庐学唱昆曲。俞粟庐是叶堂唱法的唯一继承人，当时曲家和吴梅都高度肯定俞粟庐，他被誉为"江南曲圣"。俞振飞继承父志，成为全面和忠实继承俞粟庐的叶派唱腔的唯一传人。

曲界公认俞振飞的俞派唱曲最正宗，昆剧传习所所长孙咏雩认为俞振飞的唱，无人可及，再三叮嘱传字辈学员中最优秀的生旦顾传玠和朱传茗，要多向俞振飞学唱。

俞振飞是清唱，传字辈是剧唱，他们是两个体系。当时所有的杰出昆曲演员，演技都极好，但唱功一般。俞振飞是清唱出身，达到最高的唱曲水平，"俞家唱，徐家做"是当时昆曲演出的标杆。"徐家做"指徐凌云的演技高超。俞振飞和徐凌云当时都是业余曲家，也都是传字辈的指导老师。业余的指导专业的，而且帮助、指导了20世纪水平最高的传字辈演员群体，这可以说是中外文化史上的一个奇迹。

俞振飞的唱功，得到同行的最高评价。王传淞认为："俞振飞不但熟悉音乐，也熟悉唱法，更熟悉昆曲演唱的特点，所以他的唱格外好听，有橄榄味道。""昆曲的腔调，应该像橄榄那样，要使听的人感到回味无穷。俞振飞就是这样。"[1]梅兰芳和俞振飞愉快合演之后，极度赞赏：俞振飞吹笛的"绝

---

[1] 王传淞：《丑中美》，上海文艺出版社1987年版，第145页。

技"，"笛风、指法和随腔运气，是没有一样不好的"。"俞腔的优点，是唱腔细腻生动，清晰悦耳。如果配上了优美的动作和表情，会有说不出的和谐和舒适。"①

在表演方面，俞振飞14岁开始向昆曲前辈沈锡卿、沈月泉学习最正宗的昆曲表演。他自20世纪30年代开始下海，正式登台演戏，吸取各家所长，不断革新，真正做到了声情交融，把先人创立的"俞家唱"在舞台演出的实践中发展到极致。

梅兰芳的体会是："俞振飞是一位难得的天才演员。""俞振飞腹有诗书，在台上儒雅风流，无与伦比，在台上那点儿意思，旁人做不到。"②

梅兰芳和程砚秋都认为俞振飞的唱曲和昆曲表演最正宗，因此他们将自己学过而上演的昆剧，都请俞振飞重教或订正。

俞振飞在昆剧小生中达到最高艺术水平，因而得到岳美缇、蔡正仁等全体小生学生的由衷的钦佩。他的另一得意门生、可与言慧珠并列为20世纪最杰出的昆曲正旦华文漪，在1986年文化部首次招待驻外使节而举办戏曲演出时，与他合演《游园惊梦》。他已85岁了，但是年已46岁、女儿也已成年的华文漪感到他"在台上扮出来还是那么可爱，这一投足、一举手，尤其是那一笑，在台上的杜丽娘我真是要爱上他了"。梅兰芳夫妇特别关注的"小梅兰芳"华文漪，是俞振飞赞誉"五十年（媒体和观众改为'几百年'）才能出现一个的天生闺门旦"，被海峡两岸观众誉为"华美人""昆曲皇后"。她与俞振飞这个舞台艺术上的"师生恋"，代表着学生们对恩师的演唱艺术的由衷钦佩和最高评价。

俞振飞于20世纪50年代将自己演唱的重要曲目，编定《粟庐曲谱》。他的《习曲要解》，成为昆曲定腔定谱方面的重要著作。他晚年定稿的简谱本《振飞曲谱》更是俞派声乐体系的完美总结。俞振飞的曲谱著作是20世纪昆曲声乐最重要的著作和20世纪戏曲声乐的最重要著作之一。

俞振飞在民国时期以这样罕可伦匹的艺术经验和艺术功力，运用到昆曲小生的舞台实践和经验总结中，为20世纪后半期的昆剧表演艺术的发展和新生力量的培养，作出了非同凡响的贡献。

---

① 梅兰芳：《舞台生活四十年》，中国戏剧出版社1987年版，第173—174页。
② 郑利寅：《我所知道的俞振飞》，《上海戏剧》2010年第8期。

二、俞振飞对民国昆曲的传承和发展的巨大贡献

俞振飞在民国时期为昆曲的传承和发展所作的巨大贡献分为两个阶段。

第一阶段，1921年至1930年底，共10年，他与传字辈合作时期。他参与上海昆剧保存社的活动和演出，指导和帮助上海昆剧保存社在苏州兴办的昆剧传习所培养的传字辈学习、成长和演出。

第二阶段，1931年初至1950年，前后长达20年，他与以四大名旦为代表的全国京剧名家合作时期。他先后帮助程砚秋和梅兰芳学习和提高昆曲演唱水平、与他们合作演出，帮助梅兰芳在抗战胜利后复出，并借助他们的巨大艺术影响力，为昆剧的保存、传承和京剧的发展，作出了不可或缺的重大贡献。

在第二阶段后期，即1938年至1949年的10年间，他还与几乎所有的当红京剧名家约二三十位，合作演出昆剧和京剧，促成昆剧和京剧在艺术上互相影响和帮助，为昆剧和京剧的发展作出重大贡献。

1. 初入大上海和帮助传字辈

1921年，青年俞振飞进入上海。上海台湾路徐凌云宅第举行第一届昆曲大会串，20岁的俞振飞首次登台亮相，演出昆剧《游园惊梦》《跪池》和《断桥》，初露头角即不同凡响，立即获得上海观众的一致赞扬。

他因得其父著名清曲家俞粟庐的传授，对昆剧演唱有精深造诣，很快成为业余演唱的核心人物。

俞振飞遵父所嘱，以传承和弘扬昆曲为己任。昆曲在民国期间，两次濒于灭亡的绝境，俞振飞的昆曲演出和活动，对昆曲在民国时期的生存和发展起了很大的作用。

清末民初，昆曲全面陷入绝境。为挽救昆曲，1921年，穆藕初成立上海昆曲保存社，上海和苏州的著名曲友几乎全部加入，俞振飞是其中重要的一员。1924年，穆藕初又成立粟社，自任社长，徐凌云和俞振飞任曲务主任。俞振飞多次参与曲社的演出和义演。

在专业昆班全部解散、专业演员正要整体步入老境之际，由上海实业家穆藕初全额资助，上海昆曲保存社借地苏州，于1921年8月创办昆剧传习所，聘请硕果仅存的几位专业昆曲前辈演员任教，共培养了44名传字辈学生。俞振飞参与了传字辈的培养工作，起了重要作用。

1922年2月15—17日，为了扩大昆剧传习所的影响和继续募集昆剧传习

所的资金，上海昆剧保存社在上海夏令匹克电影院举行大规模的昆剧义演活动，俞振飞积极参与其中。

1924年起，传字辈来沪实习演出，声誉鹊起。1925年至1926年间，传字辈学戏的最后两年，经常到上海实习演出。俞振飞在昆剧传习所所长孙咏雯的安排下，指导传字辈最杰出的生旦顾传玠、朱传茗唱曲的同时，与传习所诸生同台串演，俞振飞始终给予他们热情的指导、无私的支持和有力的帮助。

俞振飞对传字辈的指导，对传字辈的成长起了很大的作用。尤其是朱传茗，他长年追随俞振飞，一起演出或吹笛伴奏；新中国成立后进戏校任教，与俞振飞多次合作演出，其后半生，一直与俞振飞相伴。

1927年秋，传字辈毕业，他们图谋在上海发展。传习所派人到上海与俞振飞联系，希望他出面办个昆剧团。当时，俞振飞在京昆界票友中已颇有名气，尤其他多年来与传习所同台串演，与传字辈小师弟们关系亲密，是出面组班的最佳人选。俞振飞对传习所的建议十分支持，他出面向严惠宇、陶希泉请求资助，得到切实帮助。严惠宇、陶希泉出资，组成了维昆公司，并将广东路的笑舞台包下来，重新装饰，专演昆剧。

1927年12月，传习所毕业生成立戏班，起名为"新乐府"。26岁的俞振飞担任后台经理，专管选择剧目、分配角色和指导排戏等专业工作。新乐府后又由严惠宇安排进大世界演出，至1931年1月解散。

传字辈在1927年12月至1931年底在上海的成功演出意义非凡。这是传字辈演剧生涯中最长的一次演出活动，全体演员得到很大的艺术锻炼，是传字辈辉煌的年代。俞振飞始终与传字辈一起，尽心尽力推广昆曲。传字辈的这个兴盛时期，与俞振飞的帮助、支持和推动是不可分的。

俞振飞来到上海不久就加入上海最著名的京剧票房"雅歌集"，学习京剧小生的演唱。俞振飞唱的第一出京戏，是1924年上演的《贩马记》，又名《奇双会》。这出戏原本非京非昆，乃是吹腔作品，属于弋阳腔。当时在上海票友中只有俞振飞会唱这出戏，他使此戏成了昆曲经典名作，人称"活赵宠"，一生唱了二千场以上。当时所有的著名旦角包括"四大名旦"，都跟他合演过《贩马记》。

2. 与梅兰芳程砚秋合作演出，对其昆曲演出和京剧创作与革新起了很大的推动作用

昆剧是百戏之祖、百戏之师，京剧自初创开始，就自然而又自觉地以昆剧为师，演员先学昆曲，以昆曲为根底。梅兰芳回忆："先祖学戏时代，戏剧界

的子弟最初学艺都要从昆曲入手。馆子里经常表演的，大部分还是昆曲。""我家从先祖起，都讲究唱昆曲。"梅兰芳还强调："昆曲里的身段，是前辈们耗费了许多心血创造出来的。再经过后几代的艺人们逐步加以改善，才留下来这许多的艺术精华。这对于京剧演员，实在是有绝大借鉴的价值的。"梅兰芳学了三十几出昆曲，11 岁第一次上台，串演的就是昆曲。①

但在梅兰芳学戏的时代，昆曲已经衰落。尤其在北方，名家凋零，梅兰芳、程砚秋等人学习北昆，已无名师指导。当时的北昆韩世昌等一代青年演员，没有达到前人的一流水平。1919 年 12 月 26 日，全国第一权威大报——上海《申报》，发表啸庐杂谭《韩世昌与梅兰芳之昆曲皆不正宗》，以这个醒目的标题批评北昆第一青年名家韩世昌和京剧当红青年名家梅兰芳："彼之昆剧，亦为此好奇心理发明妄想所支配，而有所更张，别成一种富有二黄气息，并带有特别改良色彩的昆剧。"这个批评当然也适用当时所有的北昆名家和京剧名家。

梅兰芳理所当然地非常重视这个批评，因此，20 世纪 20 年代初，梅兰芳在上海一次宴席上，初见俞振飞即请他唱昆曲。梅先生听后激动地拉着俞振飞的手不放，说："我今天听到了真正的昆曲。"后来又对资深剧评家许姬传说："过去我在北京听到的不是正宗的昆曲，我想象中的昆曲一定是像今天听到的那样。"还赞扬了俞振飞的"满口笛"。

程砚秋 1922 年首次到上海演出引起轰动之后，于 1923 年 9 月 18 日再次到上海，准备像梅兰芳一样每月演一两场昆曲。他邀请俞振飞合作。程砚秋之前曾跟北昆名家乔蕙兰、谢昆泉、张云卿学过昆曲，在排戏时，俞振飞感到程砚秋原学的比较简单，就按南昆的演法给他讲解，增加了一些身段和表情。于是 10 月 24 日俞振飞以票友身份同程砚秋合演的昆剧《游园惊梦》，大受行家和观众的好评，极具影响。罗瘿公在《申报》撰文誉为"绛树双声""日月合璧"。程先生非常高兴地说："我还没碰到过像你这样好的小生。"

自 1923 年起，程砚秋多次、反复动员俞振飞下海，与他正式合作演戏。俞振飞因其父反对他以演员为职业而未予应允。

俞振飞在父亲逝世后，于 1930 年冬应程砚秋的诚邀，离沪去北京（当时已改称北平）拜杰出京剧小生程继先为师，下海与程砚秋合演京剧。半年后回上海，应邀到暨南大学担任讲师，教中国戏曲课程，并教唱昆曲。

---

① 梅兰芳：《舞台生活四十年》，中国戏剧出版社 1987 年版，第 167—168 页。

两年后，程砚秋再次相邀，俞振飞在暨南大学辞职后二次下海，北上演戏。1932 年到 1936 年，俞振飞参加程砚秋筹组"秋声社"，和侯喜瑞皆为该社中坚，公演于北平前门外中和戏园，并去各地巡演。俞振飞与程砚秋合作六年间，誉满京、津、沪、宁、渝等各大城市。

程砚秋一生排演的二三十本新戏，有不少是根据昆曲传奇本子改编的。俞振飞都参加了排演工作，还在表演路子上，参照昆曲风格为他出主意。例如《红拂传·风尘三侠》《春闺梦·梦境》《费宫人·刺虎》，都吸取了昆曲的长处。

尤其是俞振飞应程砚秋之邀而一起创作的《春闺梦》一剧，在结构穿插、表演技巧上，都借鉴昆曲名作的艺术经验，使这个京剧剧本有很多新的试验和创造。1931 年 8 月，此剧首演，经过两位大师的精细打磨，此剧成为程派名剧和不可超越的舞台经典之一。

俞振飞和程砚秋合作演出了所有的程派名剧。对此，程砚秋深有体会地说："京戏演员有无昆曲功底，不仅涉及戏路的宽窄，更重要的是涉及修养和气质。"因此，他在演出之余，还向俞振飞学了昆剧《断桥》《水斗》《臧舟》等折子戏。

程砚秋在俞振飞的影响下，咬字、发音，唱的是"俞派"曲子。俞振飞也极为欣赏程砚秋可贵的革新精神，并得到京昆相互学习和借鉴的启示。

于是，程砚秋与俞振飞不仅是合作演戏，他们还是莫逆之交。

此后，俞振飞与梅兰芳的合作，又创造了一个新的典范。

1932 年冬季，俞振飞与梅兰芳正式交友，俞振飞为梅兰芳唱《游园惊梦》吹笛。此后梅兰芳每次到上海来演出，必定要抽空到俞振飞家聊天，唱上二三支昆曲。

1933 年，因北平即将面临战乱，梅兰芳南迁、定居上海，向俞振飞学习昆曲，并借俞振飞之帮助，着意研究昆曲。俞振飞应梅兰芳的约请，每星期一、三、五到思南路上的梅宅教唱，每次两小时。梅先生学习很认真，收获很大，对他以前学过演过的五十多出昆曲剧目加以整理，重新认识。上海思南路 87 号梅宅成了充满学术研究氛围的昆曲沙龙。梅兰芳回忆："我们这个研究昆曲的小团体里，加上俞五爷（梅兰芳对俞振飞的尊称），更显得热闹。那一阵我对俞派唱腔的爱好，是达于极点了。我的唱腔，也就有了部分的变化。"梅兰芳赞扬俞振飞的唱腔"的确是有传统的玩意儿"，"讲究吞吐开合，轻重抑扬，尤其重在随腔运气，的确是有传统的玩意儿"。学习俞派唱腔后，"运用在表达情感方面，似乎比从前又丰富了一些。这对我后来表演昆戏，是有很大的帮助的。"① "总结起来说，俞腔的优点，是比较细腻生动，清晰悦耳。如果配上了优美的动作好表情，会有说不出的和谐和舒适。凡是研究过俞腔的，我想都有这种感觉吧。"② 他请俞振飞改一改他的《刺虎》，还请俞振飞教一些比较冷门的戏，如《慈悲愿》中的《认子》，因为这些昆曲的精品，对京剧是十分值得借鉴的。

1934 年（甲戌），上海昆曲保存社在新光大戏院举行会演筹募基金，再次资助传字辈，梅先生满怀热情，受邀参加。第一天即演《游园惊梦》，另有《断桥》《瑶台》，都是俞振飞为他配戏。这是他们首次联袂登台，也是两位大师级表演艺术家正式合作的发端。

前已引及，梅先生和俞振飞愉快合演之后，极度赞赏："俞振飞是一位难得的天才演员。""俞振飞腹有诗书，在台上儒雅风流，无与伦比，在台上那点儿意思，旁人做不到。"③ 俞振飞吹笛的"绝技"，"笛风、指法和随腔运气，是没有一样不好的"。"俞腔的优点，是唱腔细腻生动，清晰悦耳。如果配上了优美的动作和表情，会有说不出的和谐和舒适。"④

3. 帮助梅兰芳在抗战胜利后的顺利复出起了关键性的作用

1937 年抗战爆发后，日寇入侵上海，梅兰芳蓄须停演八年。抗日战争胜利后，梅兰芳参加了庆祝会，并在兰心剧场演出了《贞娥刺虎》。梅兰芳的嗓子八年搁下来，连最低的调门也上不去了，唱不成京剧了。俞振飞对梅兰芳说："不要难过，明天我带支笛子来，您唱唱《游园惊梦》，我想是可以的"。梅兰芳说：我只演昆曲，可能观众会不满足。俞振飞鼓励他说："您多年没演出了，老百姓知道您是蓄须明志，十分景仰。不要说唱一出什么戏了，只要到台上站一站，也都会来看的。"

1945 年 11 月 28 日起，俞振飞帮助梅兰芳在抗战期间罢演后的复出，两人合作在上海美琪大戏院演出了 10 天昆曲，剧目有：《游园惊梦》《刺虎》《琴挑》《断桥》《思凡》《乔醋》《风筝误》《奇双会》。观众为瞻仰八年不登台的梅兰芳，场场爆满，后又加演三场。

这次演出的场面和班子都是俞振飞请来的。当时周传瑛和王传淞正在浙江农村的戏台苦苦挣扎，接到俞振飞的邀请信，竟然可以与梅兰芳在上海的著名戏院同台演出，喜出望外，"真是激动得说不出话来"。俞振飞事先就与昆曲朋友们说明："梅先生唱昆曲，就是至此保存昆曲艺术的有效措施，梅先生登

---

①④　梅兰芳：《舞台生活四十年》，中国戏剧出版社 1987 年版，第 173—174 页。

②　同上书，第 174 页。

③　郑利寅：《我所知道的俞振飞》，《上海戏剧》2010 年第 8 期。

高一呼，昆曲就有了希望了。"关照大家不取报酬。因此梅兰芳给俞振飞报酬，梅夫人要买礼物赠送，俞振飞都坚决不收。梅兰芳感激之余盛情邀请俞振飞参加梅剧团。俞振飞此后和梅兰芳合演了《琴挑》《奇双会》等许多昆曲和京剧。

在俞振飞的合作和支持下，自 20 世纪 30 年代至 1960 年，梅兰芳演出了一二十出昆曲经典剧目，常演的昆曲有《西厢记·佳期、拷红》《玉簪记·琴挑、问病、偷诗》《狮吼记·梳妆、跪池、三怕》《金雀记·觅花、庵会、乔醋、醉圆》《风筝误·惊丑、前亲、后亲》《雷峰塔·水斗、断桥》《南柯记·瑶台》《渔家乐·藏舟》《铁冠图·刺虎》，还有两出源出吹腔戏的昆剧名作《昭君出塞》和《奇双会》。这许多戏都是梅俞合作的精品，其中功力最深的则是《断桥》《刺虎》《奇双会》和《游园惊梦》。

例如，在 1955 年梅兰芳舞台生活五十周年纪念活动开幕的头天，俞振飞和梅兰芳合演《奇双会》。那天两人配合得特别好，内心表演十分默契，"心气儿"碰到了一起，感情全出来了，两个人都觉得很痛快，成为俞振飞留下很深刻印象的一场演出。[①]

尤其是梅兰芳饰演《游园惊梦》中的杜丽娘，更可说是其中不同凡响的绝品。梅俞知音，以《游园惊梦》始，以《游园惊梦》终。

俞振飞和梅兰芳 1947 年在上海美琪大戏院演出《游园惊梦》，当时年仅 10 岁的小观众白先勇观看后，受到极大的吸引，一生难以忘怀。这次观看在白先勇心中播下的昆曲艺术的种子，在 50 年后终于发芽，白先勇成为昆曲义工。追本溯源，他以青春版《牡丹亭》为始，在国内外大力推动昆曲的壮举，最早即萌芽于欣赏梅兰芳和俞振飞的《游园惊梦》。

4. 与多位京剧名家合作演出，成为京剧四大小生之一

自 1921 年到 1950 年的 30 年间，俞振飞除了与梅兰芳、程砚秋两位艺术大师长期合作演出外，尤其自 1939 年起，与多位名家合演京剧，成为京剧四大小生（程继先、叶盛兰、姜妙香、俞振飞）之一。

他作为 20 世纪中国最杰出的昆剧小生艺术家和最杰出的京剧小生艺术家之一，与荀慧生、尚小云、周信芳、谭富英、杨宝森、姜妙香、杨小楼、萧长华、马连良、侯喜瑞、奚啸伯、郝寿臣、金少山、杨菊苹、高盛麟、新艳秋、吴素秋、张君秋、宋德珠、黄桂秋、杜近芳、魏莲芳、童芷苓、李玉茹等京剧大师及名家合作演出。

---

① 俞振飞：《梅兰芳和梅派艺术》，《俞振飞艺术论集》，上海文艺出版社 1985 年版，第 192 页。

研究家公认：俞振飞与这么多的戏曲艺术大家，都在舞台上合演过经典名剧，且大都是特邀他的，争相与他合作演出，可见俞振飞的出众艺术魅力。纵观京昆史，跟如此众多艺术家合作过的至今只有俞振飞一人。也正是因俞振飞在其舞台生涯中长期跟数十个艺术大家合作演出，与高手过招，和名家对曲，才造就了他在京昆剧中所创造的独具特色的儒雅、秀逸书卷气的俞派小生风格，此风格的确是无与伦比的，真可谓前无古人能企及，后人恐也难出其右。

俞振飞以这样无与伦比的艺术经验和艺术功力，运用到昆曲小生的舞台实践和经验总结中，为 20 世纪的昆剧表演艺术的发展作出了非同凡响的贡献，成为古今罕见的昆曲艺术家的典范人物。

三、俞振飞对新中国昆剧和京剧传承和发展的巨大贡献

俞振飞进入新中国后，对昆曲的贡献也分为两个阶段。第一阶段是 1955 年至 1965 年，共 10 年。第二阶段是 1977 年至 1991 年，共约 15 年。

1. 在周恩来总理的持续、具体的关心和帮助下作出新的贡献

俞振飞在新中国成立后得到周恩来总理的持久的亲切关怀。俞振飞在政治上表现积极，他于 1959 年 5 月 23 日，加入中国共产党。1959 年 4 月，俞振飞当选为全国政协委员，1960 年 4 月，俞振飞在全国政协三届二次会议上，增选为全国政协常委。1964 年全国京剧现代戏观摩演出大会举办时，周总理提议周信芳和俞振飞为上海演出代表团副团长。

周恩来总理具体安排俞振飞自香港回到内地，亲自关心他的经济收入，特地安排他和言慧珠参与中国戏曲歌舞访欧团演出昆曲，亲自提议上海戏校为俞振飞和言慧珠改编《墙头马上》。

在周总理重视和关心俞振飞和言慧珠的基础上，中共上海市委领导任命俞振飞和言慧珠为上海市戏曲学校正副校长，直接关心和帮助俞振飞和言慧珠的婚恋①，让俞振飞和言慧珠组成"最佳黄金搭档"（周恩来语），成功演出昆曲经

---

① 俞振飞和言慧珠相处的过程中，因性格冲突，言慧珠婚前曾直接写信给市委告状。为此，市委候补书记、宣传部长石西民特地请俞振飞和言慧珠在丁香花园吃饭，亲切交谈，做调解工作。丁香花园是上海滩最负盛名、保存最为完好的十大优秀花园洋房之极品，被列为上海市优秀近代建筑保护单位。此园融西洋花园官邸建筑与中国江南园林于一体，园中建有三幢西式花园别墅，其中 1 号楼即为李鸿章和丁香居住的丁香楼，2 号楼为 19 世纪后期美国式的别墅建筑。20 世纪五六十年代为中共上海市委高级招待所，今已对外开放，成为高级饭店。

典，为昆曲的传承和发展作出重大贡献。

2. 支持和帮助梅兰芳拍摄昆曲电影，为昆曲的传承和发展做出重大贡献

限于历史条件，20世纪前中期的戏曲名家极少有机会拍电影。1955年，梅兰芳拍摄《梅兰芳的舞台艺术》，他写信邀请在香港的俞振飞，到北京参加《断桥》的拍摄。在周恩来总理持续的关心和帮助下，俞振飞应梅兰芳的邀请来到北京。

梅兰芳力邀俞振飞合作《断桥》，此因俞振飞对梅兰芳说过："（《断桥》）这一种唱做并重的昆曲戏，内行称为'风火戏'。这三个演员都担着风险，没有十分把握是不敢尝试的。"俞振飞又曾为梅葆玖初演《断桥》中的小青保驾护航。① 这次拍摄电影，梅兰芳还需要俞振飞的帮助。他对俞振飞说："《断桥》过去演得不少，但唱念还不如南方的细致，这次还是按您的路子，帮我理理唱念和身段吧！"这段时间里，他们天天切磋。当年就完成了《断桥》电影的拍摄。

1959年，梅兰芳又邀请俞振飞再次合作拍摄昆曲电影《游园惊梦》。梅兰芳饰杜丽娘，俞振飞演柳梦梅，梅兰芳最优秀的弟子言慧珠扮演春香，传字辈名家华传浩扮饰杜母，朱传茗司笛，昆大班以华文漪为首的20位旦角学生做花神。如此豪华的阵容，举世无二。1960年1月21日拍摄完成。

《游园惊梦》和《断桥》是20世纪中国最杰出的生旦合作的昆曲电影，是20世纪戏曲艺术最高水平的标志性成果。

3. 对昆曲《十五贯》的有力支持和重要贡献

1955年，俞振飞从香港回来，恰逢昆曲《十五贯》开排。俞振飞亲自到杭州，参与昆剧《十五贯》的创作和修改。周传瑛说："1955年，振飞同志海外归来，立即投入了复兴昆曲的工作。这时候，我们已经着手改编昆曲传统戏《十五贯》了。我本来不是演况钟这一类角色的，但要突破自己原来行当的局限，一定得下苦功。在排练过程中，我得到许多同志的真诚帮助，振飞同志就是其中重要的一员。他花了好几个晚上来指导，不少次议论到半夜三点多钟。"②

《十五贯》是"救活一个剧种"的著名剧目，俞振飞默默无闻的幕后出力，显示了他忠于昆曲事业的无私奉献精神。

---

① 梅兰芳：《舞台生活四十年》，中国戏剧出版社1987年版，第77页。

② 周传瑛：《曲海沧桑话今昔》，《解放日报》1980年4月15日。

4. 对昆曲和京剧经典演出的重大贡献

上海解放后，俞振飞的昆曲演出不断：

1949 年 6 月 15 日，与赵景深、部分传字辈演员，应邀赴奉贤南桥镇南梁茶园，参加南歌社曲叙。

6 月 16 日，上海伶界联合会在天蟾舞台义演，筹募失业同人福利基金，梅兰芳、俞振飞参演《贩马记》。

8 月 30 日，上海伶界联合会为榛苓小学等募集教育基金，在南京大戏院演出，梅兰芳、俞振飞、姜妙香合演《贩马记》。

9 月 1 日至 20 日，梅兰芳、俞振飞、李玉茹、张少甫、梅葆玖在中国大戏院演出《游园惊梦》等京、昆剧目。

10 月初，偕夫人黄蔓耘北上赴京，参加承华社演出。

10 月中旬，与梅兰芳、萧长华、奚啸伯、杨宝森、王少亭、刘连荣等在北京合演于长安大戏院，凡 10 日。剧目有《贩马记》《女起解》《宇宙锋》《霸王别姬》等。

10 月下旬至 11 月初，应天津市文化局局长阿英之邀，随梅剧团赴天津演出。

12 月 7 日至 31 日，与梅兰芳、萧长华、奚啸伯、杨宝森、王少亭、刘连荣、梅葆玖等演出于上海中国大戏院。剧目有《贩马记》《十道本》《贵妃醉酒》等。

其间，5—18 日，应邀参加传字辈以新乐府剧团于同孚大戏院演出昆剧，俞振飞演出《梳妆·掷戟》等。

12 月 29 日，梅兰芳、俞振飞、梅葆玖在中国大戏院演出《游园惊梦》，新乐府全体人员参加演出"灯彩堆花"。

1950 年 1 月 1—23 日，与梅兰芳、奚啸伯、萧长华、梅葆玖等演出于中国大戏院，剧目有《游园惊梦》《贵妃醉酒》《状元谱》等。

1 月底，与传字辈移至恩派亚（改名嵩山）大戏院演出《梳妆掷戟》等戏。

9 月 28 日—10 月 2 日，随梅剧团演出于天津中国大戏院，剧目有《游园惊梦》《贵妃醉酒》《霓虹关》等。

10 月至 11 月初随梅剧团在天津、北京演出。

冬，在中国大戏院与言慧珠演出《太真外传》，饰演高力士。

12 月底，应马连良之邀，偕夫人黄蔓耘、岳父黄圃裳、跟包一行六人赴港。在香港期间，俞振飞尽力演出京昆名作。

1955 年 4 月 1 日离开香港，4 月 5 日抵京，梅兰芳亲至车站迎接。

4 月 12—17 日，参加文化部、中国文联、中国剧协等联合主办"梅兰芳周信芳舞台生活五十周年"纪念活动。纪念活动期间，俞振飞为毛泽东主席等中央领导演出《迎像哭像》。

4 月 14 日，纪念活动正式开幕，与梅兰芳、梅葆玖于天桥剧场合演《断桥》。

5 月起，与梅兰芳拍摄了昆曲《断桥》彩色艺术影片，6 月中旬，《断桥》电影拍摄完成。

1955 年 6 月底，俞振飞离京返沪，偕夫人黄蔓耘回沪定居，开始了他新的辉煌演剧生涯。

7 月 13 日至 30 日，浙江国风昆苏剧团来沪，于光华大戏院演出。最后 3 场由沪浙两地传字辈联合演出。终场由浙江青年演员演出《茶访》开锣，言慧珠、周传瑛演出《长生殿·小宴》压轴。俞振飞观看演出。

上海市委宣传部决定为俞振飞组织欢迎演出，并邀请浙江国风昆苏剧团和上海市戏曲学校传字辈老师配合。

9 月 25 日至 28 日，俞振飞由黄蔓耘、朱世藕配演，在长江剧场连续演出《长生殿·小宴·惊变·埋玉·迎像哭像》《太白醉写》《连环记·小宴》《贩马记·写状·三拉团圆》。

10 月 1—6 日，上海市戏曲学校为欢迎俞振飞归来，于长江剧场举办昆剧观摩演出。俞振飞与王传淞、朱传茗、华传浩、薛传刚、郑传鉴、黄蔓耘、朱世藕、张娴等，演出《风筝误》《白蛇传》《贩马记》《评雪辨踪》《连环计》《太白醉写》6 场传统折子戏，供该校昆剧班学生观摩学习。赵景深、俞振飞、周玑璋在报刊发表文章，谈观摩演出的意义及艺术成就。

11 月 11—20 日，国风昆苏剧团假座杭州东坡剧场、胜利剧场举行昆剧观摩演出，俞振飞应邀偕夫人黄蔓耘，与传字辈合演《断桥》《太白醉写》《贩马记》《小宴》《跪池》《游园惊梦》《见娘》《梅岭》《琴挑》《评雪辨踪》《长生殿》等剧。同时，参加该团《十五贯》的创作、排演，常与周传瑛等讨论至深夜。

1956 年 1 月 10 日，毛泽东等中央领导在中苏友好大厦（今上海展览馆）观看京昆晚会，俞振飞与李玉茹演出《断桥》。另有周信芳、童芷苓《打渔杀家》和张美娟《泗州城》等。

1 月 14—20 日，中共中央召开关于知识分子问题的会议。毛泽东主席又请俞振飞等去北京为全体中央领导演出。

4月，应中共中央工作会议组织处之邀赴京，于中南海与李玉茹合演《断桥》。周恩来总理、陈毅副总理亲往后台看望，并解决他的工资待遇问题。

8月24日，俞振飞与徐凌云、朱传茗、张传芳、郑传鉴、华传浩等赴苏州参加昆剧会演。

9月22—29日，江苏省文化局和苏州市文化局主办昆剧观摩演出于新艺剧场。俞振飞与徐凌云演出《连环计·小宴》与《太白醉写》，并主动提出与张继青、章继涓演出《断桥》。演出期间出席有关座谈会，就《十五贯》创排成功作长篇发言。

11月3日，上海市文化局、中国戏剧家协会上海分会主办的全国昆曲观摩演出开幕，共演出119个剧目。11月4—13日，俞振飞与华传浩、张传芳、方传芸、朱传茗、郑传鉴、王传淞、王传蕖、张娴合演《白罗衫》《渔家乐》《湖楼受吐》《惊丑、前亲、后亲》《太白醉写》。11月15—27日，俞振飞与言慧珠、朱传茗、郑传鉴、周传铮、王传淞、徐凌云、张娴演出《断桥》《八阳》《见娘》《小宴》《埋玉》《太白醉写》《湖楼受吐》《琴挑》等。

1957年2月下旬，应周传瑛之邀，与浙江昆苏剧团赴南昌、福州、厦门演出《琴挑》《百花赠剑》《跪池》等戏。

2月底，言慧珠自上海赶至南昌，与俞振飞合演《惊变、埋玉》。此后俞振飞和言慧珠多次联袂演出，对昆曲的发展作出了很大的贡献。

11月，复旦大学举行纪念关汉卿、汤显祖活动，俞振飞与言慧珠率戏校昆班学生演出《三醉》《瑶台》等戏。

12月6—10日，为纪念汤显祖逝世三百四十周年，与言慧珠、郑传鉴、倪传钺、华传浩、马传菁、周传沧及戏校昆大班学生，首演苏雪安改编、朱传茗谱曲的全本《牡丹亭》。全剧共八场：闺门训女、游园惊梦、写真离魂、跌雪投砚、魂游冥判、叫画冥誓、回生婚走、硬拷迫认。演出时间长达3个半小时。俞振飞与赵景深等先后发表评论和纪念文章。

1958年1月—3月，文化部组织中国戏曲歌舞团访欧演出，周总理指示要增加昆曲演出，并提议俞振飞与言慧珠作为该团主要演员，赴京集训。

2月20日，与程砚秋聚餐于前门老正兴饭店，商议修改《百花赠剑》。

3月9日，于北京文联大楼演出《百花赠剑》。惊悉程砚秋突患心脏病逝世，哀痛不已。

4月19日—10月24日，俞振飞与言慧珠、朱传茗、李玉茹、张美娟等随中国戏曲歌舞团参加巴黎国际戏剧节，在英国、比利时、瑞士、卢森堡、捷克斯洛伐克、波兰、法国等7国合演《百花赠剑》《惊变埋玉》，计102场，大受欢迎。俞振飞与言慧珠为昆曲走向世界，立下了不朽的功勋。

秋，根据周恩来总理建议，与苏雪安等人着手改编（元）白朴《裴少俊墙头马上》为昆曲。

11月4—6日，在上海参加中国戏曲歌舞团回国汇报演出。

12月，俞振飞与言慧珠于中苏友好大厦演出《百花赠剑》，招待新中国首任劳动部部长李立三同志。

1959年3月20日，上海市戏曲学校根据同名元杂剧改编的《墙头马上》在长江剧场首演，俞振飞和言慧珠主演。

6月下旬，上海文艺界举办讲习班，俞振飞演出《太白醉写》，并作艺术报告。

7月至8月上海举行各剧种流派观摩大会串，7月9日、10日，京昆剧大会串在人民大舞台举行，俞振飞与言慧珠演出《贩马记·写状》《长生殿·惊变、埋玉》。

9月中旬，应乌兰夫副主席邀请，与言慧珠赴内蒙古自治区作探亲演出。

9月底晋京，参加新中国成立10周年庆贺活动。

10月2日，在中山公园音乐堂首演《墙头马上》。

10月5日，在中南海怀仁堂演出献礼剧目《墙头马上》。

10月上旬，与言慧珠在民族宫、钓鱼台国宾馆等处演出《游园惊梦》和《小宴》。

10月中旬，应天津市文化局之邀，赴津演出《墙头马上》及折子戏。

12月11日，梅兰芳、俞振飞、言慧珠合演的《游园惊梦》在北京开拍电影。戏校昆大班学生参与《堆花》拍摄。

1960年1月21日，梅兰芳、俞振飞、言慧珠主演的彩色戏曲电影《游园惊梦》拍摄完成。

1960年3月15日—6月，中国戏曲研究院举办"表演艺术讲习班"，全国各省市各派5名代表，共200余人，梅兰芳为班主任。俞振飞作《谈〈墙头马上〉裴少俊形象的塑造》报告，又与梅兰芳主讲《游园惊梦》和《贩马记》，并作示范演出。

4月24日，参加北京昆曲研习社文化俱乐部第28次曲会，清唱《琵琶记·辞朝》。

1961年1月1日，昆曲电影《游园惊梦》正式公映。

6月13—18日，上海举行京昆传统剧目会串。俞振飞与周信芳、刘韵芳、艾世菊合演京剧《打侄上坟》，与周信芳、迟世恭合演《群英会》，与郑传鉴合演昆剧《千钟禄·八阳》。

7月17日，周恩来总理、陈毅副总理在上海友谊电影院观看了上海市戏曲学校京昆实验剧团准备赴港演出的剧目《杨门女将》。周总理指示邀请上海文艺界著名人士俞振飞、贺绿汀、黄佐临、杜宣、周小燕看戏、座谈，并提出由俞振飞、李玉茹、张美娟等组成艺术指导小组，加工提高艺术质量。

10月1—29日，上海青年京昆实验剧团举行建团公演。10月22日起，俞振飞与言慧珠在中国大戏院参加建团公演，演出京剧《西施》《花木兰》、昆剧《奇双会》《太白醉写》《八阳》等，凡8场。

11月23—29日，上海京昆实验剧团进行赴港预演于大众剧场。俞振飞与言慧珠演出昆剧《贩马记》《惊变埋玉》《太白醉写》和京剧《凤还巢》《宇宙锋》《贵妃醉酒》。

12月18日—翌年1月21日，戏校京昆实验剧团以上海青年京剧团名义赴香港演出。艺术指导俞振飞、言慧珠也应邀参加演出，演出《白蛇传》《杨门女将》《贩马记》及折子戏共39场，观众达66000余人次，轰动香港，新闻界称"上海青年京剧团演出是本港戏剧演出史上的一大盛事"。

1962年1月24日，俞振飞率上海青年京剧团返回广州，在广州演出16场，于2月20日返沪。3月1日起在人民大舞台作赴港返沪汇报演出一个月。

6月7—16日，俞振飞与言慧珠演唱《墙头马上》《贩马记》《牡丹亭》于中国大戏院。

10月2—4日，浙江苏昆剧团来沪巡回演出《风筝误》《西园记》，俞振飞偕上海市戏曲学校传字辈老师与之联合演出于丽都电影院。俞振飞的剧目有《迎像哭像》《评雪辨踪》《太白醉写》《见娘》等12个传统折子戏。

10月8日，率领上海青年京昆剧团赴南京，演出《太白醉写》《百花赠剑》于中华剧场。

12月13—26日，苏浙沪两省一市在苏州联合举办"1962年苏浙沪昆曲观摩演出大会"。俞振飞率上海市戏曲学校传字辈老师、上海青年京昆剧团参演。25日闭幕，俞振飞与言慧珠、周传瑛、华传浩、郑传鉴演出《墙头马上》。

本年，叶少兰专程来上海市戏曲学校进修，俞振飞为其传授昆曲《游园惊梦》《太白醉写》和《贩马记》。

是年为梅兰芳病故后的第二年，俞振飞陪同言慧珠在北京连演了10天京剧、10 天昆曲，报答恩师对言慧珠的栽培。

1963 年 1 月 15—28 日，上海青年京昆剧团于中国大戏院演出。俞振飞与言慧珠演出昆曲《百花赠剑》《太白醉写》《贩马记》和京剧《凤还巢》《宇宙锋》《贵妃醉酒》《西施》。

4 月，俞振飞与言慧珠等应邀赴京观看北京京剧团赴港演出剧目《奇双会》，结束后，周恩来总理接见时，邀请俞振飞、言慧珠一起合影。在京期间，俞振飞演出《惊变埋玉》，向朱家溍传授《醉写》，收录北方昆剧院丛兆恒、宋铁铮为弟子。

7 月，俞振飞、言慧珠、华传浩、郑传鉴、朱传茗、方传芸等赴长春电影制片厂拍摄昆曲艺术片《墙头马上》。

1964 年 1 月，《墙头马上》摄制完成，自长春返沪。

5 月 12 日，中共上海市委宣传部部长石西民部署青年京昆剧团昆剧队根据电影《红色娘子军》，重新改编《琼岛红花》，定名《琼花》。俞振飞参与唱腔设计工作。

6 月 5 日，全国京剧现代戏观摩演出大会开幕式在北京人民大会堂举行，其中上海演出团团长张春桥，副团长李太成、周信芳、俞振飞。

本年，俞振飞要求饰演昆剧《江姐》许云峰一角，未获同意。

1965 年和 1966 年，传统戏一律受批判，只能上演现代戏，俞振飞被剥夺演出权利，并受批判。

5. 与京剧皇后言慧珠组成黄金搭档、演出昆曲的重大贡献

自 1956 年起，京剧皇后言慧珠有意改行昆剧，1957 年 2 月起，与俞振飞合作演出。1957 年 5 月 1 日，两人一起调任上海戏校正副校长，他们两人由官方钦定，配成昆曲演出的黄金组合，一起攀登艺术高峰。

1957 年 2 月下旬，俞振飞应周传瑛之邀，与浙江苏昆剧团赴南昌、福州、厦门演出《琴挑》《百花赠剑》《跪池》等戏。

2 月底，言慧珠自上海赶至南昌，与俞振飞合演《惊变、埋玉》。此后俞振飞和言慧珠多次联袂演出，对昆曲的发展作出了很大的贡献。

由于言慧珠这次紧急追随俞振飞一起演出昆曲的出格优秀表现，上海市委领导将他们调任上海市戏曲学校正副校长，给他们的合作建立了这个坚实而有效的平台。

俞振飞和言慧珠从此一起合作演出，并带教戏校学生，将昆大班培养成 20 世纪下半期尤其是新时期最杰出的昆曲和戏曲团体。

6. 对戏曲现代戏和"文革"中传承昆曲的贡献

1964年大兴革命现代戏时，俞振飞也努力、积极参加。

1964年5月12日，市委宣传部部长石西民部署青年京昆剧团昆剧队根据电影《红色娘子军》，重新改编《琼岛红花》，定名《琼花》。俞振飞参与唱腔设计工作。此剧大获成功，取得轰动效应，俞振飞的参与，作出了颇大贡献。

1964年6月5日至7月31日，全国京剧现代戏观摩演出大会在北京人民大会堂举行。文化部副部长齐燕铭主持会议，文化部部长茅盾致开幕词，国务院副总理陆定一致贺词，周信芳由周恩来总理提名，担任大会顾问并在开幕式上作了发言，首都和来自全国各地的戏曲工作者5000多人出席。其中，上海演出团团长张春桥，副团长李太成（上海市文化局局长）、周信芳（上海京剧院院长）、俞振飞（上海市戏曲学校校长）。这是一次规模空前的京剧现代戏展演的盛会，参加演出的有文化部直属单位和18个省、市、自治区的29个剧团。另有各地30个观摩团。正式出席的人员达24100余人。周信芳和俞振飞担任上海团的副团长，都是周总理提议的。

在大力提倡现代戏的过程中，以俞振飞为校长的上海市戏曲学校也热烈响应，创作了多部作品。京剧有《柜台》《松骨峰》，昆剧前后排演了昆二班的《琼岛红花》和昆大班的《琼花》大戏；还有大小现代戏，有《红松林》《风雨送菜》《两元六》《送粮》《草原英雄小姐妹》《神仙盐》等，数量众多。戏校还拟将炙手可热的著名小说《红岩》改编为昆剧《江姐》。俞振飞校长亲自尝试谱写了主角许云峰的唱段，并为昆二班同学们在新大楼的教室开课教唱，以作研究探索昆曲的唱腔如何来适应现代戏的表演。俞振飞要求饰演《江姐》之许云峰一角，未获同意，此戏也就夭折了。

俞振飞一贯积极、热烈响应党的号召，由上也可见他对现代戏的热情积极的态度和所作的贡献。

"文革"前夕，昆曲已被取缔；北方昆曲剧院和上海青年京昆剧团等先后解散。

在逆境中，他依旧关心和鼓励他倾心培养的昆剧女小生岳美缇。

"文革"后期，俞振飞突然有了新的机遇。

1975年，俞振飞已届74岁高龄。4月8日起，因毛泽东主席在病中想观赏京昆传统折子戏，由上海录制一批送京。俞振飞在"接受审查"期间被调至北京，参加传统剧目录音录像，担任昆曲顾问。岳美缇演唱《三醉》，由俞振飞授曲、吹笛。

1976 年 2—10 月，文化部部长于会泳布置上海电影制片厂、工农兵电影制片厂录制京昆传统剧目。上海市文化局在泰兴路文艺俱乐部（原丽都花园，今上海市政协）筹建集训队，陆续拍摄传统京昆电影。昆剧为俞振飞《太白醉写》等。拍摄工作至"四人帮"垮台终止。

4 月 23 日起，为岳美缇、蔡瑶铣等说排《琴挑》《拾画叫画》。

5 月 29 日，参加《太白醉写》响排。9 月 27 日，《太白醉写》正式开拍。10 月 10 日，《太白醉写》初步完成。

俞振飞还关心华文漪参与演出的革命现代京剧及其电影《磐石湾》，他买票观看，还为此事与徐凌云之孙徐希博通信。

总之，在"文革"期间非常艰难的处境中，俞振飞还是为昆曲作出了难能可贵的贡献。

7. 在新时期昆曲示范演出的重大贡献

俞振飞作为昆曲泰斗、一代宗师，在新时期的演出都带有示范性和指导性。

1977 年 2 月 11、12 日，俞振飞先后在市府文艺晚会、上海人民广播电台演唱昆曲清唱《幽兰曲》《念台胞》。

6 月 24 日，与李玉茹、郑传鉴演出《贩马记》于延安剧场（共舞台，"文革"时改名延安剧场）。

1978 年 4 月 8 日至 24 日，俞振飞与陈从周、郑传鉴、方传芸、倪传钺、邵传镛、王传蕖、周传沧、辛清华、华文漪、蔡正仁等 11 人在南京出席两省一市"昆曲工作座谈会"，讨论继承革新和培养接班人问题，历时 17 天。俞振飞代表上海代表团致辞，题为《当好园丁同植新兰花》，并作"试谈昆曲发展的道路"的长篇主题发言，演出《写状》《梳妆》《醉写》《小宴》。

4 月 13 日，应座谈会组委会之邀，俞振飞与王传淞、张继青演出《太白醉写》于江苏省招待所大礼堂。全国人大常委会副委员长谭震林、江苏省委书记许家屯等出席观看。

4 月 23 日，与张继青合演《贩马记·写状》于江苏省昆剧院。

7 月 8 日，新任上海市委书记彭冲出席锦江饭店小礼堂的文艺晚会，观看俞振飞、李玉茹、郑传鉴等演出的昆剧《贩马记》。

7 月 15 日，上海市委举行文艺晚会于锦江饭店小礼堂，彭冲再次观看俞振飞演出的《太白醉写》。

1979 年 1 月 21、23、24 日，俞振飞与童芷苓、刘斌昆在人民剧场公演京剧《金玉奴》。这是三位艺术大师在"文化大革命"后首次重返舞台合作演出，受到观众热烈欢迎。

1980年1月下旬，应邀偕张君秋、李蔷华、童芷苓、关正明、孙正阳、李慧芳等人，赴武汉出席江夏剧院落成典礼，并与张君秋合演《春秋配》。

4月15—19日，由文化部、中国文联、中国剧协、上海市文化局、剧协上海分会联合举办的"俞振飞演剧生活60周年纪念"活动在上海艺术剧场（今已恢复原名兰心大戏院）隆重举行。15日的开幕式上，中共上海市委副书记兼宣传部部长陈沂和宋日昌、张骏祥、吴强、张君秋、凤子、于伶、周传瑛、赵丹、周谷城、丁是娥、筱文艳、周玑璋等七百余人出席。文化部副部长司徒慧敏致辞，并颁发奖状。上海市委副书记兼宣传部部长陈沂发言祝贺，俞振飞致答词。华文漪、岳美缇演出传统折子戏《琴挑》。俞振飞表演了昆剧《太白醉写》，与张君秋合演了《奇双会·写状》。上海京剧团、上海市戏曲学校部分人员参加演出。参与演出的有大批名家：华文漪、计镇华、蔡正仁、刘异龙、张静娴、王英姿、张继青、蔡瑶铣、雷子文、李淑君、侯少奎、张学津、周传瑛、张娴、童芷苓、刘斌昆、言少朋、张文娟、闫世喜、李长春、李松年、姚玉成、周云敏、朱玲妹等。

4月19日，俞振飞与张君秋合演《贩马记·写状》。

5月6日，张君秋赴沪在上海劳动剧场（人民大舞台，"文革"中改名劳动剧场）举行艺术交流演出，剧目有《龙凤呈祥》，与俞振飞合演之《春秋配》等。

12月20日，俞振飞在上海电台录制《监酒令》的二黄导板回龙慢板，念了整段白口，又接唱了西皮原板转二六。此出戏已有二十余年不唱了。

1981年3月29日，俞振飞在天蟾舞台最后一次演出全本《贩马记》，王传淞、陈巨来（1904—1984，20世纪最杰出的篆刻家，喜欢昆曲）、尹桂芳（1919—2020，20世纪最杰出的越剧小生，被誉为越剧皇帝）、张文涓（1923—　，著名京剧余派女老生、上海市戏曲学校教师）上台合影。

8月10—12日，纪念梅兰芳逝世20周年梅派艺术演出在沪举行，俞振飞先后与李玉茹、沈小梅合演《写状》《玉堂春》。

8月24—31日，赴京参加纪念梅兰芳逝世20周年活动，与梅葆玖合演《写状》《玉堂春》，与荀令莱合演《金玉奴》。

9月1日，偕夫人李蔷华参加北京昆曲研习社张允和公宴曲会，并唱《三醉·红绣鞋》。

1982年5月25日—6月3日，文化部、江苏省文化厅、浙江省文化厅、上海市文化局、苏州市文化局在苏州联合举办"一九八二年苏、浙、沪两省一市昆剧会演"。俞振飞率团出席，致开幕词；与郑传鉴示范演出《连环记·小宴》于忠王府古戏台。

9月28日—10月20日，与陶影率上海昆剧团赴西安演出，30日起于五四剧场陆续上演《牡丹亭》《钗头凤》《枯井案》及4台折子戏，轰动古城。陕西省委书记马文瑞观看《钗头凤》。

10月16日，与华文漪、刘异龙、计镇华演出《太白醉写》于五四剧场。

11月18日—12月16日，与陶影、李进率上海昆剧团赴北京演出，共计23场。

11月21日，于人民剧场首演《挡马》《下山》《弹词》，俞振飞《太白醉写》压轴。

11月22日起，陆续在人民剧场、长安剧场、政协礼堂、人民大会堂、北京大学、中国戏曲学院演出。首都文艺界多次召开大型茶话会、座谈会。

1983年1月6日，上海昆曲研习社假剧协大厅举行迎春唱曲联欢，俞振飞与赵景深、陈从周清唱。

3月16日，在北京参加文化部、中国戏剧家协会、北京市文化局、中国剧协北京分会、中国京剧院、北京京剧院、中国戏曲学院于3月16日开始的程砚秋逝世二十五周年纪念活动。与赵荣琛合演《春闺梦》。

10月28日—11月19日，与上海昆剧团赴港参加第八届亚洲艺术节，并任艺术指导。11月1日，演《太白醉写》与香港大会堂音乐厅。11月5日，与李蔷华合演《贩马记·写状》于新光大戏院。11月14日，演出《太白醉写》于九龙百丽殿舞台。

1985年5月14—22日，上海昆剧团举办"上海昆剧精英展览演出"，共9场、31个折子戏和一台大戏。俞振飞任艺术指导，并和郑传鉴合演《八阳》。

10月24日，赴京参加文化部、中国戏剧家协会、中国京剧院、北京京剧院、北京市艺术研究所联合举办之"隆重纪念荀慧生诞辰八十五周年"大会。俞振飞主持大会，并与荀令莱、郎石林合演《金玉奴》。

1986年4月20日—5月17日，根据上海市和四川省经济技术文化合作协议，上昆赴四川进行交流演出。在成都、重庆两地演出《牡丹亭》《墙头马上》《烂柯山》及折子戏。四川省委书记聂云贵、副省长康振黄、成都市委副书记王荣轩、重庆市副市长李长春观看演出。俞振飞在两地演出《八阳》片断。

1986年9月20日—10月13日，应文化部邀请，俞振飞亲率上海昆剧团晋京汇报演出 17 场、62 个折子戏、2 台古典名剧和《墙头马上》。

9 月 22 日，于人民剧场进行首场演出，华文漪主演《说亲·回话》，俞振飞和郑传鉴主演《千钟戮·八阳》片段。演出结束后，江泽民、陈丕显、曹禺等上台祝贺，并合影留念。

9 月 25 日，为驻华外交官专场演出，演出被定为 1976 年以来招待驻京外交官的第一个昆剧峰会。俞振飞和华文漪合演《游园惊梦》。

9 月 28 日，剧团应邀进中南海为中共十二届六中全会作专场演出。华文漪、岳美缇主演《偷诗》，俞振飞和郑传鉴主演《千钟戮·八阳》片段。演出前，中央政治局委员、书记处书记习仲勋接见俞振飞等人。

12 月 17—25 日，俞振飞赴京参加文化部举办"全国昆剧抢救继承剧目汇演"。

1988 年 9 月 2 日，上海昆剧团一行 60 余人，以俞振飞为艺术顾问，赴日本参加庆祝"中日和平友好条约缔结 10 周年"纪念，演出《长生殿》。

1989 年，俞振飞和李蔷华同台合作演出了《连环记》《长生殿》《奇双会》《刺虎》等，参加拍摄电视京昆《春闺梦》等戏。

1990 年春节，上海京剧院举办"京剧五世同堂演唱会"，俞振飞和李蔷华夫妇清唱《春闺梦》选段。

1990 年 3 月 10 日，上海京剧界在人民大舞台为第十一届亚运会义演清唱。演员有俞振飞、李蔷华、迟世恭、汪正华、王正屏、李炳淑、李丽芳、张南云、夏慧华、艾世菊、王梦云、马博敏、言兴朋。俞振飞与李蔷华清唱《春闺梦》选段。

1991 年，俞振飞已年届九十。2 月 26 日中共中央政治局常委、中央书记处书记李瑞环致信俞振飞，祝贺俞振飞九十诞辰和从艺七十周年。

4 月 9 日，在人民大舞台演出《贩马记》，俞振飞饰《团圆》中之赵宠，这是他最后一次登台。

4 月 12 日，在人民大舞台举行上海白玉兰戏剧表演艺术奖颁奖大会和俞振飞舞台生活 70 年暨 90 寿辰祝贺活动闭幕式。俞振飞清唱《长生殿·定情》【古轮台】一段，这是俞振飞最后一次唱曲。活动期间，《振飞曲谱》由市新闻出版局资助再版。

8. 拍摄舞台艺术录像，为后世留下艺术珍品和珍贵教材

1988 年 4 月 19 日，俞振飞舞台艺术录像新闻发布会在上海电视台贵宾室举行。当晚在电视台演播厅开机，至 5 月 27 日停机。共摄录京昆传统折子

戏 12 出，昆剧有《迎像哭像》《小宴惊变》《琴挑》《看状》《受吐》《赠马》《八阳》等。

1989 年 4 月 17 日，拍摄《俞振飞舞台艺术汇录》续集，至 6 月 19 日结束。有昆剧《拾画叫画》《小宴》《书馆》等。

9. 担任上海市戏曲学校校长，又在海内外讲学收徒，取得戏曲教学的巨大成果

俞振飞的昆曲教学活动，起步很早。他于 1931 年应上海暨南大学 ①（1949 年 8 月合并于复旦大学、上海交通大学等，1958 年于广州重建）文学院院长陈中凡教授之邀，任讲师，教"中国戏曲"课程。俞振飞讲授京昆知识和教唱昆曲，课余组织学生京昆俱乐部，自唱自演，俞振飞作指导老师。他以《游园惊梦》《四郎探母》等京昆剧目为教材，深入浅出地讲解分析，穿插演唱，形象生动，极受欢迎，听课学生从小教室扩展到大礼堂，甚至许多教师慕名听课，包括院长陈中凡和名教授周谷城。后因再次应程砚秋之邀，去北京合作演戏而辞职北上。

俞振飞的后半生，与上海市戏曲学校 ② 结下不解之缘，开始其辉煌的艺术历程。其辉煌开端是 1955 年 10 月，上海市戏曲学校为欢迎京昆艺术家俞振飞黄蔓耘夫妇香港归来，1 日至 7 日假座上海黄河路长江剧场，隆重举办昆曲观摩演出。这是新中国成立后上海和全国首次昆曲专业演出，旨在改进和提高，进行艺术交流。

1957 年 5 月 1 日，俞振飞出任上海市戏曲学校校长，周玑璋任党支部书记兼副校长，言慧珠、陈洛宁任副校长。

俞振飞于 1957 年至 1966 年担任上海戏曲学校校长。当时学校里有昆剧、京剧、越剧的表演和音乐专业的多届学生，俞振飞以其崇高的威望，与言慧珠副校长一起，极大地提高了学校的声望。他与言慧珠一起亲自教学和演出示范，提高了学校的教学水平，使上海戏曲学校处于全国同类学校的最高地位，

---

① 学校前身是 1906 年清政府创立于南京的暨南学堂。后迁至上海，1927 年更名为国立暨南大学。抗日战争期间，迁址福建建阳。1946 年迁回上海。著名校友有吴学谦、李岚清、江上青、谭其骧等。1949 年 8 月合并于复旦大学、上海交通大学等高校。暨南大学于 1958 年在广州重建，"文革"期间一度停办，1978 年在广州复办。

② 上海市戏曲学校成立于 1954 年 3 月，以昆大班入学为起点。1996 年评为全国重点中等专业学校。2002 年，学校划归上海戏剧学院，成为上海戏剧学院附属戏曲学校。它是位于上海市闵行区莲花路 211 号的国家级重点中等专业学校。

至今无人可以超越。

其中上海戏校昆大班是文化部建议上海招生和兴办的。俞振飞、言慧珠和多位传字辈名家亲授经典剧目。昆大班在这几位传字辈名家的教育下，打下了切实的基础，办学质量很高。

1959 年 8 月 31 日昆二班 ① 入学，1966 年 12 月毕业。

俞振飞作为上海戏曲学校校长培育的这两批学生，后来是上海昆剧团初创时期的全班人马。

中央领导非常重视和关心昆大班学员，毛泽东主席、周恩来总理等多次观看他们的演出。

1960 年 6 月 1—11 日，上海市戏曲学校被评为全国文教系统先进单位。俞振飞赴京出席全国任教群英大会，并参加全国艺术教育会议。

1961 年 8 月 1 日，上海市戏曲学校昆大班、京大班学生毕业，同时，由两班毕业生组成的上海市戏曲学校京昆实验剧团正式成立，周玑璋任团长。俞振飞出席建团大会。

10 月 1—29 日，上海青年京昆实验剧团举行建团公演。

在此之前，周总理已决定昆大班和京大班毕业生赴香港演出。

早在 7 月 17 日，周恩来总理、陈毅副总理在上海友谊电影院观看了上海市戏曲学校京昆实验剧团准备赴港演出的剧目《杨门女将》。周总理指示邀请上海文艺界著名人士俞振飞、贺绿汀、黄佐临、杜宣、周小燕看戏、座谈，并提出由俞振飞、李玉茹、张美娟等组成艺术指导小组，加工提高艺术质量。

11 月 23—29 日，上海京昆实验剧团进行赴港预演于大众剧场。俞振飞与言慧珠演出昆剧《贩马记》《惊变埋玉》《太白醉写》和京剧《凤还巢》《宇宙锋》《贵妃醉酒》。

12 月 18 日—1962 年 1 月 21 日，上海市戏曲学校京昆实验剧团以上海青年京剧团名义赴香港演出。艺术指导俞振飞、言慧珠也应邀参加演出。演出《白蛇传》《杨门女将》《贩马记》及折子戏共 39 场，观众达 66000 余人次，轰动香港，新闻界称"上海青年京剧团演出是本港戏剧演出史上的一大盛事"。

昆大班和京大班一毕业就轰动香港，为新中国的文艺事业争得了很大的荣誉。

---

① 原称"昆小班"，自 1986 年昆三班入学之际，改称"昆二班"。

俞振飞为校长的上海市戏曲学校的教学成果在全国领先。1984年3月1日上海戏曲学校庆祝建校30周年时统计,30年来该校为各戏曲团体输送了各类人才500余名。

1986年6—7月,俞振飞全程参与上海市戏曲学校第三届昆剧演员班(昆三班)和音乐班招生工作,并捐助人民币3000元(系落实处理"文革"期间被抄家家具折价)作为该班教育经费。

俞振飞在上海戏校的教学,呕心沥血,数十年如一日。他制订了"因材施教、全面发展、普遍培养、重点提高"的教学原则,传道授业,论材审用,培养了一大批优秀的接班人。

上海市戏曲学校常务副校长顾兆琳用"以心示教,以情示教;因材施教,不拘一格;一视同仁,有教无类"来总结俞振飞的执教风格。俞振飞教学时和蔼可亲,学生上他的课,就如同置身于水乳交融之中。他充分调动每个人的潜质,释放出他们的能量,在学生中口碑极好。

学生台上演出,俞振飞总是认真观看,认真记录。演出结束后,给学生适当的提醒和指导。俞老教学是严谨,而不是严厉。

俞振飞慧眼识金,20世纪50年代即将岳美缇培养为女小生,倾心帮助她成长为表演风流潇洒、细腻,格调素雅清新,富有俞派小生所特有的气质和风度的一流艺术家。岳美缇的门下弟子有黎安和著名女小生翁佳慧、胡维露等,俞派小生人丁兴旺。

1978年10月18日,俞振飞兼任上海市戏曲学校艺术顾问。1982年1月20日,俞振飞复任上海戏校校长。1984年12月27日,俞振飞任上海市戏曲学校名誉校长。

在上海市戏曲学校之外,俞振飞也应邀参与上海和全国的戏曲教育活动。

1957年6月15日—8月13日,文化部在上海举办第三届戏曲演员讲习班,华东各地方剧种主要演员200余人参加学习。俞振飞应邀讲课。

1959年6月下旬,上海文艺界举办讲习班,俞振飞演出《太白醉写》,并作艺术报告。

1960年3月15日—6月,中国戏曲研究院举办"表演艺术讲习班",全国各省市各派5名代表,共200余人,梅兰芳为班主任。俞振飞作《谈〈墙头马上〉裴少俊形象的塑造》报告,又与梅兰芳主讲《游园惊梦》和《贩马记》,并作示范演出。

1962年10月9日,应江苏省戏剧家协会之邀,于南京文化会堂为江苏省文艺界作艺术报告，详谈《太白醉写》《迎像哭像》《见娘》与《贩马记》之表演经验。11 日，应江苏省文化厅、江苏省戏剧家协会之邀，俞振飞于"总统府"子超楼三楼大会议室出席欢迎上海青年京昆剧团座谈会，并作发言。

在新时期，俞振飞的昆曲和戏曲教育扩展至全国和海外。

他参加了上海和全国的一系列昆曲教学活动。如 1978 年 4 月 8 日起，俞振飞在南京出席两省一市"昆曲工作座谈会"，讨论继承革新和培养接班人问题，历时 17 天。4 月 8 日开幕式上，俞振飞代表上海代表团致辞，题为《当好园丁同植新兰花》。其后他又作了"试谈昆曲发展的道路"的长篇主题发言。1986 年以后，出任文化部振兴昆剧指导委员会主任委员。

1987 年 1—6 月，俞振飞应邀赴美国林肯大学、圣地亚哥、科罗拉多、夏威夷、柏克莱等地大学讲演。俞振飞讲学的所到之处，都受到热烈欢迎和赞扬。

80 年代，俞振飞曾多次受邀到香港中文大学和香港文化艺术中心讲学。1983 年 11 月 3 日，应香港中文大学中国文化研究所及音乐系所设中国戏剧艺术讲座之邀，作"我与昆剧六十年"讲座。1987 年 7 月，俞振飞偕夫人由美抵港，于香港文化中心作"京昆剧的表演艺术"讲演。1988 年 10 月，为表彰俞振飞的造诣与贡献，香港中文大学授予俞振飞荣誉博士学位，他成为继梅兰芳之后，第二位获得该校名誉博士殊荣的京昆艺术大师。

俞振飞在担任上海市戏曲学校校长期间，他与副校长周玑璋、言慧珠和众多名师精诚合作，组织和指导戏曲艺术教育，培养出一大批在各艺术院团挑大梁的著名艺术家，其中最著名的有华文漪、李炳淑（京剧）、杨春霞（京剧）、蔡正仁、岳美缇、计镇华、梁谷音、王芝泉、刘异龙、张洵澎、蔡瑶铣、史洁华、蔡青霖等一批著名演员。他常说："我没有子女，同学们就是我的孩子。"

他在戏校和海内外培养的小生演员有百余人，最著名的有蔡正仁、岳美缇、李松年、薛正康、黄正勤、储金鹏、陆伯平等。

此外，他个人收纳的弟子皆活跃在全国各地京昆舞台上。俞振飞亲授的学生，多达 41 人，多为著名演员和票友，其中，昆剧小生 11 人，京昆小生 1人，昆剧演员 1 人，昆曲票友 1 人，京昆票友 3 人（其中邓宛霞，后下海组团）；上海戏曲学校教师 1 人；京剧小生 15 人，京剧武旦 1 人（曾学小生行当），京剧票友 4 人，票友 3 人。

其中在香港和美国的弟子，如杨世彭、顾铁华、邓宛霞等，对京昆艺术在海外和国外的传播起了积极作用。

10. 在改革开放时期大力推动昆曲京剧的发展

晚年的俞振飞曾任第五届全国政协委员、中国文联副主席、中国人民保卫世界和平委员会上海分会副主席、文化部振兴昆剧指导委员会主任、上海戏剧家协会副主席等职。

1978年2月1日，上海昆剧团成立时，他以77岁的高龄出任第一任团长。1984年12月27日，上昆领导班子调整，俞振飞改任名誉团长，华文漪任团长。1981年11月18日，上海京剧院恢复建制。俞振飞任院长。1984年11月，上海京剧院调整领导班子，俞振飞任名誉院长。

晚年的俞振飞重新看到了昆剧的复兴。他身体力行，组织管理之外，演出、讲学、讲演，连绵不断。

1978年4月8日起，俞振飞在南京出席两省一市"昆曲工作座谈会"，讨论继承革新和培养接班人问题，历时17天。4月8日正式开幕，俞振飞代表上海代表团致辞，题为"当好园丁同植新兰花"。其后他又作了"试谈昆曲发展的道路"的长篇主题发言，还示范演出了《写状》《梳妆》《醉写》《小宴》。

1980年4月18日，举行昆剧推陈出新座谈会，俞振飞提出改编昆剧古典名著设想。

9月1日，俞振飞在全国政协会议上提交《为昆曲的继承、革新和发展提几点建议》的提案。

1980年12月29日，上海市戏曲继承革新委员会成立，俞振飞任主任委员。

1981年5月10日，上海京昆之友社成立。俞振飞为名誉社长，樊肇鹏为社长。

1981年11月5日，俞振飞出席苏州昆剧历史陈列馆开馆仪式。

1984年8月起，华文漪三度赴港，与俞振飞弟子、昆剧名票顾铁华合演《百花赠剑》和《小宴》。临行时，俞振飞在1984年8月16日《文汇报》发表《送华文漪赴港演出有感》。这样的艺术大家，给得意高徒发表这样郑重其事的送别文章，这在中国现代戏曲史上是独一无二的。

1986年1月11日—14日，文化部保护和振兴昆剧会议由副部长周巍峙、艺术局副局长俞琳主持，假上海工业大学"乐乎楼"举行。会议宣布正式成立文化部振兴昆剧指导委员会，并在上海设立办公室。周巍峙为名誉主任，俞振飞为主任委员，俞琳、郑传鉴、华文漪等20人为委员。

1987年1—6月，俞振飞应邀赴美国林肯大学、圣地亚哥、科罗拉多、夏威夷、柏克莱等地大学讲演。俞振飞讲学的所到之处，都受到热烈欢迎和赞扬。

1988年9月2日，上海昆剧团一行60余人，以俞振飞为艺术顾问，赴日本参加庆祝"中日和平友好条约缔结10周年"纪念，演出《长生殿》。演出期间，俞振飞在电视台作电视讲演，特别讲了京剧大师梅兰芳与昆剧的关系，还着重介绍了华夏古老的民族文化精粹、昆剧的渊源、形成和发展及其表演艺术的特点，以及昆剧在我国的文学地位与审美价值。

1989年，俞振飞和李蔷华同台合作演出了《连环记》《长生殿》《奇双会》《刺虎》等，参加拍摄电视京昆《春闺梦》等戏。

1991年4月8日，中央和上海市各界在上海商城剧院联合召开"祝贺俞振飞舞台生活70年暨90华诞"大会。中共中央总书记江泽民写来题词"艺术精湛"。全国政协主席李瑞环发来贺信："俞振飞不愧是我国当代艺高望重的京昆表演艺术大师、杰出的戏曲教育家，为繁荣社会主义戏曲事业，弘扬民族优秀文化作出了重大贡献。"为俞振飞发来贺词、贺电、贺信的还有荣毅仁、贺敬之、曹禺、张庚、刘厚生和陈至立等国家领导人和文化艺术界权威人士。一致对俞振飞的艺术活动与艺术成就及其贡献作了高度的评价。其后举行四天俞派艺术研讨会。俞门弟子在人民大舞台演出了《监酒令》《拜月记》《奇双会》等。九十高龄的俞振飞主动提出要与李蔷华夫人合作演出《奇双会·团圆》，而且是作为庆祝演出的压轴戏。这是俞振飞最后一次登台，此后不久他就因病住院直至逝世。

11. 中流砥柱，为振兴和传承昆曲和戏曲而鞠躬尽瘁

俞振飞一生为昆曲的振兴而作出不懈努力。

新中国成立后，早在1956年11月29日全国昆曲观摩演出结束时，文化部副部长郑振铎作《有关发扬昆剧的三个问题》的讲话；俞振飞也作发言，力陈集中传字辈演员成立昆剧团，如何整改传统剧目等。

进入新时期的俞振飞已有75岁高龄，他老骥伏枥、志在千里，为昆曲和戏曲的发展而鞠躬尽瘁、死而后已。

1978年4月8—24日，俞振飞与陈从周、郑传鉴、方传芸、倪传钺、邵传镛、王传蕖、周传沧、辛清华、华文漪、蔡正仁等11人在南京出席三省（江苏、浙江、湖南）一市"昆曲工作座谈会"，讨论继承革新和培养接班人问题，历时17天。俞振飞代表上海代表团致辞，题为"当好园丁同植新兰花"，作"试谈昆曲发展的道路"的长篇主题发言，11月1—9日，文化部、中国戏剧

家协会、上海市文化局、剧协上海分会、浙江省文化厅、剧协浙江分会、江苏省文化厅、剧协江苏分会等八单位联合举办"昆剧传习所成立六十周年纪念大会"。俞振飞出席开幕式，并致开幕词，题为"承前启后 继续前进"。

1978年11月，俞振飞应邀出席文化部教育司主办表导演艺术教学座谈会，并作题为"戏曲程序与表演"发言。

1984年10月26日—11月1日，赴京参加文化部、中国文联等举办梅兰芳诞辰九十周年纪念活动，并在梅派艺术学术研讨会上发言。

随着干部政策的变化，中青年干部逐渐上任。1984年11月，上海京剧院调整领导班子，俞振飞任名誉院长。12月27日，上昆领导班子调整，俞振飞改任名誉团长，华文漪任团长。俞振飞尽管不担任具体职务，他依旧为昆剧和戏曲的命运担忧和操劳。

20世纪70年代末期到80年代初期，经过戏曲的一度繁荣，进入1984年以后，戏曲迅即陷入困境。昆剧的困难更大，缺乏观众、缺乏经费。俞振飞利用自己的社会地位和崇高威望，为此努力奔走。1984年9月18日，俞振飞亲自上书党中央，辗转通过习仲勋夫人齐心，递送给总书记胡耀邦，希望党中央对昆曲加以重点保护和扶持。信中建议"国家定昆剧为重点保护的文化艺术"；对列为国家重点保护的单位采取"保戏保人"政策，实行高待遇、高报酬，剧团则要保证"出人出戏"，同时建议以上海昆剧团为试点；成立昆剧基金会，拍摄电影电视，建立专用古典剧场等，推动昆剧演出。胡耀邦阅信后非常重视，于9月22日批示文化部："文艺战线很广，问题不少，建议一个专业一个专业地理出问题，制定或修订具体政策措施加以解决。"

于是，1985年4月25日，中共中央办公厅和文化部颁发〔1985〕20号文件《关于艺术团体改革的意见》，提出对戏曲剧种实行分类指导、重点扶植原则，指示："在调整艺术团体时，对某些古老稀有的艺术品种（如昆曲）……应予以保护和扶持。"文化部随后又发出《关于保护和振兴昆剧的通知》，上海市文化局召开上海昆剧团及有关方面的座谈会。

为了有效保护和传承昆曲，1985年5月22日，中国昆剧研究会成立。

1986年1月11—14日，文化部保护和振兴昆剧会议于上海工业大学"乐乎楼"举行。会议宣布正式成立文化部振兴昆剧指导委员会，周巍峙为名誉主任，俞振飞担任主任委员，俞琳等20人为委员。并在上海设立办公室。上海郑传鉴、华文漪等为委员，方家骧任副秘书长兼办公室主任。

1987年12月17—25日，文化部举办的全国昆剧抢救继承剧目汇报演出在北京举行，包括上昆，全国五大昆剧团一共演出 30 个剧目的两台大戏和七台折子戏。

俞振飞为昆曲保护和传承尽心尽力，惨淡经营，直到 1991 年因病住院，还在病床上唱曲，直至逝世。

12. 理论建树

俞振飞作为一位文化底蕴深厚、学识渊博的学者型的表演艺术家，他还结合自己的艺术实践和教学实践，在理论上对昆曲艺术的特点和创作规律做了精辟的阐述，著有《俞振飞艺术论集》《振飞曲谱》和多篇昆曲理论与评论文章，是一位难得的昆曲理论家，其著作也是保护和传承昆曲的优秀学术著作和典范教材。

四、结论

综上所述，俞振飞是 20 世纪最杰出的昆曲艺术大家、昆曲教育大家和昆曲理论大家，其杰出的表演实践、教育实践和理论成果，对 20 世纪昆曲生存和发展作出了巨大的贡献。

俞振飞 1955 年回上海后，开始了艺术生涯的辉煌阶段。自 1955 年至 1991 年，俞振飞在上海的 45 年漫长岁月中，形成了熔京昆艺术于一炉、"书卷气"浓郁的儒雅秀逸的俞派表演艺术风格，成为公认的新中国 70 年戏剧史上里程碑式的京昆艺术大师和标志性的文化大家。他的昆曲《游园惊梦》《百花赠剑》《太白醉写》《琴挑》《断桥》《监酒令》等折子和《奇双会》《墙头马上》全本，京剧《金玉奴》《春闺梦》《玉堂春》《春秋配》等多部代表作，皆成为传世经典。

俞振飞本人的昆曲演唱、教学活动对昆曲的生存和发展起了很大的作用。

自 1921 年至 1991 年，俞振飞在 70 年的艺术生涯中从不间断地坚持昆曲演出，并与京剧大师一起演出昆曲，不断积累演出经验，取得了丰硕的成果。

俞振飞的前半生尽力坚持昆剧演出，不断积累演出的经验，在京、昆的融会贯通中，形成独特的表演风格，显示昆剧艺术的巨大魅力和深厚影响。

他在京昆剧中所创造的独具特色的儒雅、秀逸书卷气的无与伦比的俞派小生风格，前无古人能企及，后人恐也难出其右。

诚如岳美缇所总结的，俞振飞引领小生从"脂粉气"到"书卷气"的转变，其意义并非只是对于小生行当的一次气质上的提升，对于昆剧的整体美学风格也是一次重要转型。文化造就演员，演员也造就了文化，这是俞老师留给我们最大的启迪。

俞振飞作为20世纪昆曲最杰出的小生艺术家和京剧最杰出小生艺术家之一，表演风格清新儒雅、精细入微，富有"书卷气质"的独特风范。他曾与梅兰芳、程砚秋、言慧珠等诸多名家合创经典，是代表京昆艺术的一座丰碑，成为昆剧巾生艺术难以逾越的高峰。

俞振飞合作的名家大家之多，空前绝后。俞振飞与多位名家共同创作最高水平的艺术经典。

以昆曲经典《游园惊梦》为例，他与京剧四大名旦合作演出，与20世纪最杰出的昆曲三大正旦（言慧珠、华文漪、张继青）合作演出，即可谓空前绝后。

俞振飞是一位学者型的表演艺术家，他文化底蕴深厚，学识渊博，且又十分谦和，诚恳待人，在他的直接指导下，团结了许多昆剧界的老师和优秀学员，通过各种方式，卓有成效地进行了大量昆剧传统剧目的抢救整理和学习继承工作。他还亲自传授剧目，指点表演技巧。

研究家公认：俞振飞倡导京昆互补雅俗共赏。俞振飞在70年的舞台生涯中，不仅把昆曲中边歌边舞的特殊表演手段带进了京剧，还将浓郁的"书卷气"引入京剧表演，丰富了京剧小生一行；同时，又把京剧明快强烈的风格引入昆曲，促进了这两个剧种的相互交流和共同提高。

俞振飞对多位名家提供有力帮助。

俞振飞帮助梅兰芳、程砚秋提高昆曲演唱水平。他教育与提供有力帮助的多位学生都是一代名家，如岳美缇、蔡正仁等。

俞振飞具有非凡的艺术创造力。

俞振飞不仅演唱一流，而且善于思考、精于创作。

程派《春闺梦》一剧，是俞振飞应邀一起创作的，在结构穿插、表演技巧上，都有很多新的试验和创造，此剧成为程派名剧和不可超越的舞台经典之一。

上海市戏曲学校集体改编《墙头马上》剧本，首先请苏雪安写出初稿，接着由周玑璋副校长负责召集俞振飞、言慧珠、朱传茗、方传芸、华传浩一起讨论修改。此后边排边改，反反复复排了十几遍，本子也修改了十几次。俞振飞不仅一起修改剧本，在唱腔创作和表演指导方面，也作出了重要贡献。

俞振飞还改编了明传奇《惊鸿记》第十五出《学士醉挥》，曲词与原著有所不同。俞振飞感到剧名不够醒目，索性把它改成《太白醉写》。原本唐明皇、杨贵妃上场，合念一支【引子】，俞振飞改为唐明皇念全【引子】，接定场白。下面是杨贵妃歌舞，宫娥们合唱【大红袍】。这样就为李白的上场，作好充分的铺垫。

俞振飞的理论著作和戏曲音乐著作《俞振飞艺术论集》《粟庐曲谱》《振飞曲谱》，都是代表20世纪最高水平的经典著作。他还发表多篇昆曲理论、评论文章和讲稿，又是一位杰出的昆曲理论家。

俞振飞在新中国成立后的昆曲电影和录像拍摄，为昆曲的发展作出了重大贡献。

俞振飞参与电影5部，除京剧1部（《三堂会审》，饰演王金龙，1949）之外，其余4部皆为昆剧：《断桥》（饰演许仙，1955）、《游园惊梦》（饰演柳梦梅，1960）、《墙头马上》（饰演裴少俊，1963）、《太白醉写》（饰演李白，1976）。

他拍摄的5部电影，都是与最高水平的艺术家合作，完成的都是经典艺术影片。

1988年，俞振飞以87岁高龄，拍摄《俞振飞舞台艺术汇录》，共摄录京昆传统折子戏12出，昆剧有《迎像哭像》《小宴惊变》《琴挑》《看状》《受吐》《赠马》《八阳》等。1989年，拍摄《俞振飞舞台艺术录像》续集，有《拾画叫画》《小宴》《书馆》等。

他克服年迈病弱的困难，认真录制了自己的表演剧目，为我们留下了一笔十分宝贵的财富。

俞振飞是桃李满天下的昆曲教育大家。他作为戏校校长培育的昆大班和昆二班，组成中国昆曲第一团——上海昆剧团。俞派小生誉满天下。

俞振飞继承、保护、弘扬昆曲的时代责任感和民族责任感，值得后人学习。后人不仅应该学习和继承俞振飞的出众技艺，更重要的是应该学习俞振飞忠于祖国、忠于艺术，为此而终生奋斗、鞠躬尽瘁的伟大精神。

俞振飞不仅是20世纪对昆曲贡献最大的艺术家，也是对20世纪戏曲贡献最大的文化大家。

主要参考文献

王家熙、许寅等整理：《俞振飞艺术论集》，上海文艺出版社1985年版。

梅兰芳：《舞台生活四十年》，中国戏剧出版社1987年版。

周传瑛口述，洛地整理：《昆剧生涯六十年》，上海文艺出版社1988年版。

朱建明、方家骥主编：《上海昆剧志》，上海文化出版社1998年版。

江沛毅：《俞振飞年谱》，上海文化出版社2011年版。

唐葆祥：《俞振飞传》，上海文艺出版社1997年版。

费三金：《俞振飞传》，上海文化出版社2011年版。

谢柏梁、钮君怡：《雅部正音官生魁首——蔡正仁传》，上海古籍出版社2012年版。

岳美缇：《巾生今世——岳美缇昆曲五十年》，文化艺术出版社2008年版。

做戏、协调与格调
——从《俞振飞艺术论集》谈俞振飞的表演思想

张 聪

（上海大学上海电影学院戏剧与影视系，硕士研究生）

赵晓红

（上海大学上海电影学院，教授）

摘要： 俞振飞作为肩挑京、昆的小生泰斗，在长久的舞台实践中形成了自己独特的表演思想，这不是一句"书卷气"所能概括和形容的。在京剧中，小生作为旦角的附属角色主要承担配戏的任务，俞振飞在京剧小生的演出实践中形成了自觉的表演意识，建立了戏剧情境中的表演主体性。在舞台实践中，从自身程式动作，到整体的舞台配合都以协调为原则，进行了程式动作的重新编码，形成了丰富的表演经验。而对戏曲格调问题的重视，则成为俞振飞进行戏曲表演贯穿始终的美学标准和艺术追求。

关键词： 俞振飞表演思想　做戏　舞台协调　表演格调

北京到上海的1000多公里路途承载了诸多戏曲艺术家的辛酸血泪。南下之路是"淘金之路"，北上之路是一条"问艺之路"，俞振飞的职业戏曲生涯就是从北上开始的。作为上海滩小有名气的小生演员，在繁华的申江是足够立足的，作为南方演员的他却选择了北上问艺，艺术朝圣与生存斗争的交织让他的空间行动路线与众人截然不同，这一行动昭示了俞振飞对于戏曲艺术的执著和敬仰。俞振飞作为非科班出身，且肩挑京、昆两种表演艺术的大师，在几十年的舞台演出与教学研究中形成了对于京昆表演艺术独特的理解和实践。相比于叶派、姜派有鲜明辨识度的唱腔而言，俞振飞并没有以唱腔著称（这里的唱腔主要指京剧唱腔，而昆曲中的"俞家唱法"影响甚大），他把自身的气质施加于实践中所形成的表演艺术彰显出了独特的标识性。

俞振飞最初参加程砚秋的"鸣和社"而"下海"，与活跃于20世纪40年代的叶盛兰、姜妙香可以称为小生行当最为著名的三位，并且梅兰芳、程砚秋、马连良等剧团都是请这三位配戏的。可见虽然是票友身份"下海",但表演天赋与艺术水准是被同行顶级大师们认可的。相比于叶盛兰的英武气,姜妙香的柔软气,俞振飞的"书生气"历来被人们津津乐道,这是他的特点,也不是唯一的特点,仅凭一份"书生气"塑造的人物会是"公式化"的。背后表演理念与技法的支撑才把"书生气"变成一把塑造剧作人物的"万能钥匙",因此要想理解"书生气"就必然要探究俞振飞的表演理念与审美追求。在俞振飞的口述史《俞振飞艺术论集》中,他把自己表演经验和舞台实践进行了详细的记录,在对相关剧目的分析中能清晰地看出他在塑造人物时的理念与始终坚持的原则。

一、做戏:表演意识的自觉

俞振飞的戏曲职业表演生涯主要有两部分,以 1955 年从香港回内地为界。1955 年之前身处戏曲自由演出市场中的俞振飞,先后与程砚秋的"鸣和社"、梅兰芳的"梅剧团"、黄金大戏等合作,为谋生主要从事京剧演出,兼演昆剧;1955 年回上海后在上海戏校主要从事昆剧的教学与演出,兼演京剧。这种变化在"俞振飞大事年表"中表现得较为突出。也就是说,俞振飞主要的表演经验与舞台积累都是处于 1955 年之前的京剧小生表演,这也是以他 20 年代所学习的昆剧表演为根基的。当我们携带着《俞振飞艺术论集》中的表演观念,再重新审视当时的戏曲审美传统、表演环境与剧团行当配置,就更能发现俞振飞所秉持的戏曲表演理论的伟大和艺术创造性。

旦角作为生行的附属行当而独立出来,始于梅兰芳等旦角挑班制度的形成。小生行当也随着旦角的崛起而逐渐繁荣。与越剧不同,京剧小生始终处于旦角的附属层面。由于戏曲中"角儿"制度的形成,大家的欣赏重点多为舞台上旦角的唱与做,承担配戏任务的行当更多因为唱而被关注,例如小生"叶派"创始人叶盛兰、老旦"李派"创始人李多奎,都是被观众以唱作为极具辨识度的欣赏条件,加之于京剧重"唱"的审美传统,"做戏"这个概念与意识在观众欣赏与演员表演的双重层面都被弱化了。以表演昆剧出身的俞振飞在几十年的舞台实践中,深受昆剧载歌载舞特性的影响,他在"唱戏"的同时,更注重运用动作完成细节上的处理以准确传达丰富的意蕴,也就是完成"做戏"这一过程。正如他在《〈奇双会·写状〉的表演格调》一文中所说的"像这样一字一腔与一个身段紧密结合的表演,都是昆曲的演法……在演出实践中,我又根据昆曲的特长，作了进一步的发挥。我经常用昆曲的演法来加工丰富一些京剧剧目的舞姿。"① 这是历来被提及的昆剧身段对京剧的影响。进一步阐释，也就是说运用昆剧的动作来丰富"做工"的手段，从而完成"做戏"这一过程。俞振飞真正获得的是诸多的"做工"技巧，从而实现了"做戏"过程中准确且丰富的细节表达。这在吹腔戏《奇双会》、京剧《三堂会审》等非昆剧剧目的表演中较为明显。

所谓的"做戏"是一种复杂、丰富的舞台动作叙事，运用一系列动作来解释唱词，或弥补唱词所没有的意蕴和不易于表达的场景，从而服务于人物形象的塑造。俞振飞在《奇双会》《三堂会审》等剧中总是运用一些细节和复合动作来完成人物形象的塑造和情感的传达。《奇双会·写状》一折中赵宠要询问李桂枝为何做不成"七品郎官"，转身后"为了表现心里的不安，我在这里设计的动作是：猛吸一口气，两膀向后往中间一夹，要使观众清楚地从背上的动作看到人物心情的变化。"② 赵宠听到自己前途不保时紧张、不安的心情，并没有运用冗长的唱词来表达，而是通过背部"一紧一夹"的变化就能简练且生动地表现出来了。还有，两人互相倾诉遭继母虐待的不幸遭遇时，俞振飞唱完"听妻言罢我心中苦"后，设计了"站在'大边'台口，左手拉着右袖，右手伸出指向站在'小边''正场桌'旁的桂枝，用这个指过去的动作带动身子，使整个身体背向着观众；右脚轻轻在台板上一跺，两膝就像弹簧一样上下弹动几下，纱帽翅也就随之颤动了几下"③ 一组身段。指法、跺脚、颤帽翅等动作使得赵宠有一种感同身受的样态，相比于唱腔，外化的动作让赵宠始终处于和李桂枝共通的戏剧情感中，运用动作而呈现的内心的同情与愤怒使得剧情节奏更为紧凑。整个舞台空间因为动作的出现而有波动感，打破了单独依靠唱腔而造成的静谧。

在《俞振飞艺术论集》中，俞振飞在解析每一部剧作时大量的提及并阐述了"做戏"时的细节处理，细节动作对于戏剧情节的推动和人物形象的构建起到了基础性作用。"做戏"中"戏"的含义就有一种观赏性与戏剧性的视觉感官意义。因此俞振飞在"做戏"的舞台演出中还设计了一系列的"复合动作"，也就是由诸多紧凑的动作组合起来而完成的对于某一行为或情境的模仿表演。

---

① ③ 俞振飞述，王家熙等整理：《俞振飞艺术论集（增订本）》，中西书局2016年版，第66页。

② 同上书，第60页。

例如《贩马记·写状》中赵宠"写状"之前的准备动作，"赵宠把它（状纸）拿出来后放到桌面上，用水袖拂一拂：一拂，两拂，先从里，后从外。他接着拿笔，要先咬一咬笔头，吐一下，然后蘸墨。蘸完了墨再去弹一下，弹时要手心朝外。这一弹，同时也给场面上一个交代，司鼓者见到这个手势，就起【浪头】开唱"。① 拂纸、开笔、蘸墨、弹墨这一顺序明显就是古代书房中进行写作的先导动作，这一组复杂且细致的复合动作虽然迟滞了整体的剧情节奏，但使得赵宠的书生气就这样直白地跃然于舞台之上，也成为全剧"书生气"最为浓郁的一组动作，不愧为点睛之笔。在俞振飞与言慧珠主演的《墙头马上》也有这种"复合动作"的使用。裴行俭逼迫裴少俊写休书时，裴少俊见到掷于地上的毛笔，又做出了"俯身摸笔""缩手摇头""单腿退步""抓袖抛袖"等一气呵成的动作，借此来表现裴少俊动摇与坚定、软弱又抗争的复杂态度与内心斗争。动作的变化也让人物形象更富有层次性的递进变化和戏剧性的欣赏价值。这一系列的"复合动作"在帮助丰富人物形象的同时，更是把技术性因素呈现出来，细腻、精到、逼真又超越的动作有着十足的观赏价值和欣赏意义。

作为昆剧表演出身的俞振飞在戏曲表演中始终在坚持舞台表演上的唱、做平衡，避免主角"重唱"而造成的配角在舞台上的单调和呆滞，通过配角的"演戏""做戏"来丰富人物形象与维持舞台上整体的戏剧情境的统一和完整，不破坏舞台演出的整一性。俞振飞在细节的把握与组合动作的创造上，都是紧紧围绕着"戏"这一观赏性强的感官体验展开的，背后的目的与含义的传达还是以人物形象的塑造为核心，也只有紧扣这一核心的"做戏"才有稳定的逻辑基础与艺术价值，否则就会变成戏曲行业内所称的"洒狗血"和"柴头"。长期生活于上海的俞振飞，戏曲表演中的做工与同在上海的周信芳形成了鲜明的对比，戏曲市场上的海派风味并没有异化俞振飞的京朝派气质，细腻、准确的做工所传达的是戏曲人物持重、丰盈的特点，耐看且值得回味。

俞振飞在实践中秉持的"做戏"理念，对于搬上舞台的整部剧作而言就是艺术示谕的过程，主要是对于人物形象的建构和超越现实的摹写，包含着形象阐释的艺术性审美与超越现实的技术性审美。这种表演思想暗含着两层意义，首先是对于附属位置的小生行当中"做戏"的表演实践，极大地充盈了该行当的观赏性，从表演理念上为该行当本身的艺术走向作出了行动参考；其次是在

---

① 俞振飞述，王家熙等整理：《俞振飞艺术论集（增订本）》，中西书局 2016 年版，第 70 页。

"做戏"与人物情感的复合中所应该运用的方法，即舞台实践中"做戏"的动作"化用"和分寸如何准确传达人物之神韵，形塑视觉审美的，这也将是下文要论述的重点。

二、协调：重新编码的舞台程式

在小生行当或者每一行当中，"做戏"的表演自觉形成后，还面临着程式动作从舞台化到审美化的演变。程式动作的舞台化是初步的，只有完成欣赏价值与审美意义的构建才是艺术的、经典的。俞振飞所参与加工创作的《奇双会》《游园惊梦》《墙头马上》《三堂会审》《断桥》等无疑都成为久演不衰经典流传的剧目。也就是说在"做戏"中程式动作的设计是成功的、经典的。俞振飞对经典剧目的表演动作进行分析、拆解中经常出现"顺""圆""平衡""串起来""递关节""越齐越好"等词语，这一类词语的使用都是程式动作进行中要注意和遵循的。对这一类词语的提炼和背后程式动作的观察不难发现都是在追求一种"协调"。这在《俞振飞艺术论集》"传艺凝思录"里有明确的提及：

> 照我个人在长期学戏、演戏中的体会，它（"法"，作者加）似乎应是指手、眼、身、步的相互联系与相互协调，指身体各部位训练中的规范、法则与相互协调，也包括各种身段动作组合过程中的规范、法则与相互协调。①
>
> 动作是否美，与做动作时候人体各部位的对称和协调有着密切的关联，破坏了动作的协调与对称，也就失去了动作的美感。戏曲表演程式要求"左起右落"，要求"圆"，也就是说必须保持动作的对称和协调。②

只不过出于舞台经验总结基础上的这种提法尚未完善和系统化，而且主要是对于自身程式动作在运用过程中的经验总结和凝思，视野范围存在局限。在阅读口述史和观看影像资料时不难发现，这种"协调"大致可分为三种：第一，演员自身程式动作运用上的协调；第二，演员之间动态的协调；第三，舞台上静态的协调。

---

① 俞振飞述，王家熙等整理：《俞振飞艺术论集（增订本）》，中西书局2016年版，第257页。
② 同上书，第254页。

（一）演员自身程式动作运用上的协调

俞振飞在"传艺凝思录"里解释"法"的含义时着重强调的就是身体各部位的协调，对于自身肢体程式动作组合的协调美学原则具备了理论自觉。比如《奇双会》赵宠第一次生气说完"欠通之极矣呀"后的一组动作，"即以右手食指横擦鼻尖而过，然后左手拉着右手的袖子，用右手食指再画一个圈，最后向右下方一指，手下去的同时，右脚斜着往上翘。手到了该亮住的部位，脚也同时到了该亮住的部位，于是亮一个相。"① 这一组动作对表现赵宠文弱且带有一丝气愤的"书生气"是非常形象的。针对这个身段他还刻意强调，"练的时候，不仅要把亮住的部位摆好，还要使组合过程中处处有'法'。也就是说，在动作的过程中，动到哪里如果拍一张照片，都应当是一个有造型美的相。"② 从他的论述中能够看出，他强调的"法"就是肢体的协调，并且这个协调不是"亮相"定格后的协调，而是程式动作行动过程中贯穿的协调，是"相机所捕获的每一个相"。这种形容或许有些夸张，但俞振飞所要表述的是肢体语言形成的程式动作要始终保持"协调"的美感，不能只追求亮相时瞬间的惊艳。在《游园惊梦》中梅兰芳对于俞振飞创作的程式动作的"协调感"也有过赞誉。俞振飞修改了柳梦梅出场的身段，梅兰芳看后说，"这个方法，一点没有生硬牵强的毛病。反倒增加了梦中迷离惝恍的情调，可以说改得相当成功。就是俞五爷本人也觉得从前每次拱起双手，在等杜丽娘的时候，总是显得怪僵的……"③，修改了之前生硬牵强的僵直感，使人物出场的动作变得协调顺畅。因此柳梦梅出场的经典动作被一直沿用至今。

（二）演员之间动态的协调

舞台演出毕竟是群体之间的合作，尤其是男女主角"戏份"相当的"对儿戏"，这种合作与搭配只有更协调一致才有"戏"可看。俞振飞在《奇双会》中着重强调了这种"对儿戏"里两人的配合，"两人都念完'请坐'后，站齐，同时转身朝里，一起往里走。走得越齐越好，一快一慢就不好看。'对儿戏'对这些小节要求比较高，两个演员一定要互相照顾，互相配合。"④ 还有与梅兰芳合作《奇双会》时，"在小生抚肩摇动时，旦角也要有一个相应摇动的身段。

---

①② 俞振飞述，王家熙等整理：《俞振飞艺术论集（增订本）》，中西书局2016年版，第59页。

③ 梅绍武、屠珍等编撰：《梅兰芳全集（第一卷）》，河北教育出版社2000年版，第180页。

④ 俞振飞述，王家熙等整理：《俞振飞艺术论集（增订本）》，中西书局2016年版，第56页。

这个身段也要注意分寸感，要保持桂枝稳重的身份，否则人物就轻了。梅先生对我抚肩的动作衬托得非常好，他在做摇身动作的同时，还做出一个很不开心的神情，这就显得更恰当……"①由于"对儿戏"中男女主角的互动较多，且肢体动作的交集也多，所以对演员之间的动态协调要求也就会多。在这两组动作中，"越齐越好""相应摇动"是程式动作的核心看点，这不是简单的配合，而是从这一身段的开始到结束，两个人都是统一的动作，乃至动作方向上的一致或对称，所产生的频率相同的律动感，这便是追求协调而产生的审美。

需要指出的是，由于是两人的合作演戏，"配合"与"协调"可能存在词意上的近似而混淆。在本论点中"配合"是不妥帖的，"配合"作为一个动词使用有着单一的目的性，缺乏过程。"协调"可以作为一个美学词汇使用，是对目标和境界的追求。通过演员之间的"配合"达到"协调"的舞台追求，形塑艺术上的审美。

（三）舞台上静态的协调

舞台空间中人物之间的动作配合所形成舞台空间构图后产生的雕塑感。俞振飞对于"雕塑感"的欣赏和运用多次出现于《俞振飞艺术论集》："我国的戏曲是综合性艺术，它融歌、舞、剧、技于一体，具有独特的艺术观，造型动作富于雕塑感。"②并且特别推崇梅兰芳在舞台上的雕塑感："他的造型，是从四面八方都经得起品味和鉴赏的雕塑，上下左右各方面看去，无一不好。"③可见静态的协调产生的雕塑感一直是俞振飞所想要达到的，因此自己在演出过程中开始了借鉴和创造。演出《三堂会审》王金龙"读状"时，借鉴了李桂芳的身段，经过多次舞台实践后，他发现了该身段是从关羽夜读《春秋》中化用出来的。最为经典的是昆剧《断桥》中创造的舞台构图。

1955年拍摄的昆剧《断桥》中，这一动作与《俞振飞艺术论集》中稍微有点差别，俞振飞口述史中的记录是："三个人亮相时，都面向前台，小青举剑，白娘子用右手拦着她，我在这里用了一个左手翻袖颤动、蓦然跌坐在地的身段。这样，就构成了一个很美的舞台画面。"④这一动作就是后来《白蛇传》中最为经典的画面之一。电影中这一动作没有进行完整还原稍微带有遗憾。我

---

① 俞振飞述，王家熙等整理：《俞振飞艺术论集（增订本）》，中西书局2016年版，第61页。

② 同上书，第23页。

③ 同上书，第162页。

④ 同上书，第86页。

昆剧《断桥》

京剧《白蛇传》

昆剧《墙头马上》

们可以看到俞振飞还将这一经典的舞台构图运用到了昆剧《墙头马上》上，虽然人物的身份发生了变化，矛盾焦点发生了变化，但作为三人之间的动作组合却没有较大改变。从昆剧《断桥》到昆剧《墙头马上》，再到京剧《白蛇传》，这种舞台构图形成的视觉审美效果是影响广泛的，相比于《二进宫》第三人的"跪唱"要高明很多，同时"做戏"的表演思想所产生的舞台构图与审美优势更加的具有艺术价值。这种静态的协调并不占据舞台演出的主体，但往往形成经典式的程式性动作。

三、格调：艺术追求与演员气质

作为大众文化重要组成部分的戏曲，在发展长河中始终以大众审美的转移为变化基础，但经典艺术的创造者们却在追寻艺术高度，引领民众审美，承担历史责任，以自身的文化修养影响艺术格调。出身于书香门第的俞振飞无疑加入了这一行列。

昆剧的艺术格调自不必多说，对京剧《三堂会审》、吹腔《奇双会》的表演风格的理解和创造最能体现出俞振飞对艺术格调的追求。他对《奇双会》的表演格调的评价："难就难在不容易演得有格调，而这类喜剧如果把格调演低了，是不会有分量的……如果一味追求廉价效果，把它演'俗'了，大多数观众是要讨厌的。所以，我倾向于演得雅一些，格调高一些，同时不忘发挥它通俗易懂、平易近人的特长。"① 廉价效果的追求会冲散贯穿剧目始终的"父受含冤"的悲剧线索。因此梅兰芳会在本折最后两人互相"捉弄"的表演上添加一个"转回身来，再看看状纸，引起心头一阵难过，禁不住又落下泪来"②的身段，以协调平衡悲喜氛围。在《三堂会审》中俞振飞也在强调对喜剧氛围把握的适度性，"全剧'戏料'集中在王金龙和'蓝袍'刘秉义的唇枪舌剑上，而这些'戏料'趣味也不够高。本来应该是个冤案，而实际上是当作'花案'来审的……要把这一问题处理好，王金龙、刘秉义两个人物的表演更重要，更关乎全剧格调之高下。"③ 笑料主要是围绕"嫖娼"而展开的嘲笑、讽刺和挖苦，本身趣味不高。为了搞笑而搞笑会显得剧目轻薄，滑向"快餐文化"，自然就"不会有分量"。

通过以上的分析可以看出，俞振飞对《三堂会审》《奇双会》中"喜剧"表演的警惕是非常高的。这种警惕是出于舞台表演对观众的迎合而造成艺术的媚俗与演员自身艺术修养不高而造成艺术形象的损伤的考量。《三堂会审》《奇双会》中的女主人公是背负冤屈的"祈求者"，男主人公却带有喜剧属性的"官员"，如果单独追求喜剧效果就会沦为《纺棉花》《大劈棺》等低俗的表演，消解了剧作中女性命运的悲情色彩和官员的持重身份，造成人物形象的曲解和坍塌。因此俞振飞对"格调"的追求总是建立在剧情逻辑与人物形象之上的，他倾向于"雅一些""含蓄一些"的表演，还要保留原有的"通俗易懂"的风格。

对于怎样提高剧目的格调，他在《奇双会》里作出了阐述："除了我在上面讲到的对赵宠这个人物精神气质的理解问题之外，还有一个关键，就是演员本身的艺术气质问题。"④ 这句话有两层内容，一是把握赵宠的性格特点，二

<hr>

① 俞振飞述，王家熙等整理：《俞振飞艺术论集（增订本）》，中西书局 2016 年版，第74—75 页。
② 同上书，第 73 页。
③ 同上书，第 149 页。
④ 同上书，第 75 页。

是注意演员自身的艺术气质。前者是对剧目和人物最基础的理解；后者是形成艺术风格的方式，也是产生"流派"的重要因素。注重两者结合，就使得演员的个人气质为剧目镌刻上独一无二的基因密码，塑造出带有自身特点的剧目格调，后世的模仿者、学习者在缺少个人修养与艺术风度时很难窥得其中三昧。这也成了俞振飞"书卷气"独一无二的重要因素。那么俞振飞本人所追求的艺术风格具体是什么样子呢？在他对梅兰芳对评价中，表露出了他所推崇的戏曲表演艺术应该具有的"格调"——"他的表演简洁洗练却包含着丰富的感情，沉稳平静却蕴藏着深厚的功力，格调相当高雅。"[①] 也即是：以简练的动作准确传达丰富的人物感情，运用舞台表演技巧的"简笔"完成对人物情感多层次的书写，在不瘟不火的沉稳中展现高雅舒展的审美意境。

这实际上都是中国传统书画艺术中的美学表达与意境追求。俞振飞对戏曲表演艺术的古典美的追求，又与他自身的传统文人气质难解难分。

在这里，俞振飞论述了剧目要表现的格调和演员表演的格调。前者是演员对剧目总体的把握，是站在宏观角度的艺术凝视；后者是对剧中人物的理解和驾驭，站在具体实践角度的思考。在确立剧目格调后要通过对剧中人物的塑造来表现，剧中人物的格调则依靠人物性格的体验和自身艺术气质相互结合，因此才有了俞振飞对梅兰芳表演的极致欣赏和推崇。戏曲格调问题是俞振飞进行戏曲表演贯穿始终的美学标准和艺术追求，从体验人物到调动技巧再到舞台呈现。

四、小结

做戏是演员主体与戏剧情境融合的自觉，协调是舞台程式重新编码后的运用与总体的行动原则，格调则是戏曲表演"中和之美"与雅正观念的追求。做戏、协调、格调三者体现了俞振飞的戏曲表演思想从肢体外延到内心审美的深入，由表演的主体凸显与自觉意识，到雅正理念的追求。这种表演意识与艺术观念的形成跟他的学艺之路有莫大关系。俞振飞的艺术路径基本吻合了清中叶苏州昆班北上进京的线路，北上的苏州昆班携带着优秀基因总会与当地的艺术相交融，乃至孕育新的表演艺术。携带着昆剧表演技艺的俞振飞同样在北上后

---

① 俞振飞述，王家熙等整理：《俞振飞艺术论集（增订本）》，中西书局 2016 年版，第 162 页。

孕育了新的表演理念与表演技术。苏州昆曲的江南文化与北京戏曲的精致文化共同培植了他的戏曲美学思想与技术要素，尤其是在做工的精准与声腔的研磨上看到了"京朝派"的气质，使之很少沾染上海的市场习气。因此活跃于戏曲市场繁盛时期的俞振飞，见证了"万花筒"般的民国戏曲表演，在上海滩激烈的戏曲市场竞争中，依旧保有对戏曲艺术格调的坚持，始终把"格调"的高低作为衡量戏曲创作的标尺，以自身的文学修养和艺术体悟来形塑戏曲表演的艺术风格。

花雅互鉴与开放性传承：
俞振飞演剧理论探究

刘 轩

（浙江传媒学院，助理研究员）

摘要： 俞振飞先生是20世纪京昆表演大师，特别是在昆剧小生行的表演艺术方面，他以自己的亲身艺术实践使得昆剧小生行当的表演在20世纪后期与前代艺人的风格发生了较大转变，并使之成为一套衡量昆剧小生表演优劣的"新"标准与"新"传统。同时，他有意识地对京昆的表演特色及各自的艺术优劣进行了内行的思考和总结，并形成了较为完整细致的相关理论观念。当今在继承俞振飞先生的表演艺术的同时，对他的表演理论遗产进行系统的梳理和总结，对昆剧艺术当下及未来的传承与发展无疑会产生更深远的指导作用。

关键词： 俞振飞 演剧理论 京昆互鉴 继承与革新

俞振飞先生是20世纪京昆表演大师，特别是在昆剧小生行的表演艺术方面，他以自己的亲身艺术实践使得昆剧小生行当的表演在20世纪后期与前代艺人的风格发生了较大转变，并使之成为一套衡量昆剧小生表演优劣的"新"标准与"新"传统。俞振飞的昆剧曲唱传自家学，其14岁时，由曲家张紫东牵线开始学习身段表演，开蒙自全福班老生沈锡卿，开蒙戏是《牧羊记·望乡》，个别剧目如《长生殿·小宴》《紫钗记·折柳阳关》传承自徐金虎，其余剧目和主要艺术师承于全福班名角沈月泉。29岁北上拜京剧名小生程继先为师，正式"下海"，开始了职业戏曲演员的生涯。从14岁作为"串客"登台到九十岁最后一次演出《贩马记》，在俞振飞先生长达76年的演剧生涯中，他不仅京昆兼擅，传承了很多经典"老"戏，也积极参与编排新剧目，而且在演出传统剧目的过程中主动地根据时代的变化适当地对其曲唱与舞台表演进行"微调"。在长期的舞台艺术实践中，俞振飞先生不仅形成了自己独具特色的表演艺术风格，并且由于他曲友出身，相比其他职业戏曲演员，具有较高的文化水平，因此他有意识地对京昆的表演特色及各自的艺术优劣进行了内行的思考和总结，并形成了较为完整细致的相关理论观念。当今在继承俞振飞先生的表演艺术的同时，对他的表演理论遗产进行系统的梳理和总结，对昆剧艺术当下及未来的传承与发展无疑会产生更深远的指导作用。

一、俞振飞演剧理论的构成

俞振飞先生的演剧理论主要来源于其长期丰富的舞台实践，可以说是他对于自己一生唱曲及粉墨登台的艺术总结，细究其内容及渊源，主要可以分为以下几个方面。

首先，俞振飞先生有关昆剧的演剧理论中，论述最充分、体系最完整的就是有关唱念做打表演经验的具体总结。昆剧经过四百余年的发展，尤其是经过清代乾嘉时期由全本戏转变为折子戏在舞台上反复地打磨之后，已经形成了一整套自成体系的演剧规范。与京剧及其他地方戏曲剧种相比，昆剧表演的奇巧性可能略有逊色，但在舞台上的一举一动、曲唱念白都有严格的规范和深厚的可继承的"传统"。俞振飞先生在昆曲曲唱方面家学渊源深厚，后又拜师程继先学习京剧，对京剧小生的唱法也有全面系统的掌握；在昆剧程式表演方面，他受教于苏州全福班名角，承袭了南昆正宗的"姑苏风范"。因此，他对于四功五法的论述，是基于自身长期京昆舞台演出实践之上的思考，颇具独到性。

俞振飞先生出身清曲世家，曲唱方面由乃父俞粟庐先生亲传，继承了由清代叶堂传承而来的南昆清曲曲唱风格，咬字归音十分讲究，在清曲界及梨园同侪中都享有盛名。梅兰芳先生也曾在听了俞振飞所唱的《铁冠图·刺虎》之后表示比自己所学的更加细腻，并请俞振飞为自己加工整理了多出昆剧剧目的唱腔。而俞振飞本人自幼随其父学习正宗南昆曲唱，后又拜师京剧名小生程继先正式学习京剧小生演唱，故而其不仅有深厚的昆曲曲唱功底，而且对京剧小生唱腔和用嗓方式也有系统的掌握与长期的舞台实践经验。因此，在中年以后，俞振飞基于京剧小生的演唱方式反观昆曲曲唱，对其有了不同于传统的一些新的体悟。这部分内容主要体现在他所撰写的《唱曲在昆剧艺术中的位置》《习曲要解》《念白要领》等理论文章中，同时在《昆剧艺术撷谈》和《戏曲表演艺术的基础》中也有相关论述涉及。

在舞台表演方面，俞振飞先生虽然并非自幼坐科，但他在京昆两方面都受教于梨园名家，得到了较高艺术水平的系统指导与训练。另外，由于俞振飞本人幼年时期受到良好的私塾教育，同时，在父亲俞粟庐的影响下学习了书法、绘画，并接触了书画古玩鉴赏方面的知识，故而其在舞台上的表演从成名起就以"书卷气"独树一帜。由此衍生出的相关演剧理论总结中，俞振飞先生除了对戏曲表演所必备的基本功训练的重视之外，特别注重强调演员本身文化修养的提高与其他艺术门类的学习对于舞台表演的重要作用，以及戏曲演员在演剧时注意体察人物、在符合程式规范的前提下尽可能表演贴合"这一个"人物的独特性等论述，都值得重视。这些论述一部分集中在《昆剧艺术撷谈》和《戏曲表演艺术的基础》两篇理论文章中，还有相当多内容分散地出现在他对于自己出演具体剧目具体人物的经验谈之中，还有一部分体现在他评论其他演员表演的剧评文章中。

其次，俞振飞先生的演剧理论还跳出了具体剧目和剧种的框架，站在一个较为宏观的角度对昆剧及戏曲表演本体涉及的因素进行深入细致的解析。俞振飞先生基于其较高的文化素养和理性思维能力，在他总结自己的演剧经验的时候，不仅仅局限在本行当内一招一式的表演解析上，而是能从剧种甚至整个戏曲这个艺术样式的较为宏观的角度来对戏曲表演艺术的本体进行细致深入的剖析。如他在《昆剧艺术撷谈》中，从昆曲的起源开篇，介绍了其曲唱"水磨腔"的艺术特征，并从歌、舞、剧、技四个方面详细分析了昆剧舞台演出在当下的优劣性，这在 20 世纪 80 年代的背景下，对于全面客观认识昆剧这个传统深厚又屡屡暂别舞台、受众日益缩减，大众认知日益模糊的戏曲表演样式具有重要作用，能够使相关从业者在制定和实施有关昆剧的保护与传承计划时更为恰当和有效。

另外，俞振飞先生在《戏曲表演艺术的基础》一文中，以京剧和昆剧为例，对戏曲表演的"四功五法"逐一拆解开来进行了全面的分析，从其内涵到外延都有所涉及，并且还提到了表演与音乐相互配合的问题，以及演员在舞台上表演节奏的问题。这已经不局限在京剧或者昆剧某一两个剧种框架内来讨论了，而是对中国主要的戏曲剧种样式的舞台表演都有一定的普适性意义，是对戏曲本体艺术特征的探讨。

再次，俞振飞先生的演剧理论还包含了对不同剧种艺术特色的体悟以及京昆发展前景的思考。俞振飞先生是 20 世纪难得的在京昆两个剧种的表演方面都取得了较高成就的艺术家。他出身于清曲世家，有深厚的昆曲曲学功底，同时，系统学习了京剧小生的唱腔，长期与京剧名角儿配合演出，不仅在京剧小生行当的唱念与表演方面颇有成就，而且对于京剧其他行当流派的表演艺术也有相当的理解和体悟。在此前提下，俞振飞先生对京昆两个剧种的艺术表演都有比较准确和深刻的认知，并以客观公正的态度对二者在唱念做打等具体方面进行了一些比较，提出了京昆在艺术上应该互相取长补短的建议，并基于此对于京剧和昆剧各自未来的发展提出了自己的建议。这部分内容集中体现在他的理论文章《昆剧艺术摭谈》中。

第四，俞振飞先生的演剧理论中还涉及对于专业戏曲演员如何学戏的教学性指导。俞振飞先生不仅自身是在艺术上独树一帜的一代宗师，而且也是当代昆剧艺术的重要传承人和戏曲教育家。在 1949 年以后，他积极参与到京昆的教学与传承工作中，曾担任上海戏曲学校的校长，为新中国的昆剧人才培养贡献了许多力量。特别是现在已经成为国家级非物质文化遗产传承人的代表群体"昆大班"，主要演员几乎都在不同时期受到过俞振飞在艺术上的指导与点拨。因此，俞振飞先生对于昆剧的教学与传承工作也颇有经验和心得，这也体现在他的相关理论文章中，比如《习曲要解》《念白要领》《练嗓和护嗓》等文章，对于戏曲演员学习唱曲有直接的指导意义。在《程式与表演》一文中，他从戏曲演员塑造人物的独特性入手，把当时饱受诟病的戏曲程式、行当等表演要素与话剧表演强调的体验人物、表现生活结合起来，并以自己的演出为例，说明了在保留程式和行当的前提下如何表现鲜活的人物，并且提到了年轻戏曲演员应该如何对待程式的问题，不啻为一篇当时为戏曲从业者端正思想、正确认知戏曲表演本质的重要文献。

另外，俞振飞先生的演剧理论中还有一部分内容也值得注意，即他在与梅兰芳、程砚秋、马连良等京剧名家长期合作演出的过程中，对他们的表演方式进行了细致的观察和体悟，不仅将其借鉴到自己的演出中，还提出了很多有关戏曲表演研究的问题。如他在《悼砚秋、说程腔》中，谈到了程腔悲剧风格的形成问题；在《无限深情杜丽娘》中，谈到了梅兰芳所演绎的杜丽娘的独特之处和他对眼神的运用；在《珠联璧合受益深》中谈到了与不同舞台风格的演员配合演出同一个剧目时对自己表演方式的调整和坚守自身舞台风格的问题；等等。这些不仅是俞振飞先生舞台艺术生涯的珍贵经验总结，对于戏曲理论研究来说，也不啻为值得深入思考的课题。

二、俞振飞演剧理论的特点及在舞台实践中的反映

如上所述，俞振飞演剧思想涉及戏曲舞台表演的诸多方面，归纳起来，具

有以下几个特点。

首先，开放性与包容性。俞振飞先生虽然出身于清曲世家，但非常难能可贵的是他并没有像前代一些清曲家一样对于昆曲曲唱抱持着重清曲而轻剧曲的态度，并且直接指出清曲家的曲唱方式并不适合舞台搬演，并不能一味尊崇：

> "清曲"也不可避免地存在着缺陷，它不如"戏工"的紧密结合演出，与舞台形象又有距离，这是不符合唱曲艺术的正确而严格的要求的。(《昆曲艺术摭谈》)

同时，作为京昆兼擅的艺术家，俞振飞先生对"花""雅"两种不同舞台风格和审美取向的艺术并没有厚此薄彼，而是能够以一种包容和开放的心态客观地认识到两种表演艺术各自的优长，提出二者应该互相借鉴，取长补短，来使自身的舞台表演艺术更加完善。特别值得注意的是，俞振飞先生尤其提到了昆剧应该向京剧学习的问题，他不仅建议在曲唱方面昆剧演员要适当地学习京剧的练嗓发音，因为京剧演唱不受到曲牌的限制，更适合演员找到适合自己的发音部位和演唱方式，而且指出京剧的身段表演虽然不像昆剧那么精美完善，但胜在精炼，比起昆剧的无歌不舞、注解曲词的身段表演来说，京剧表演显得较为简洁大方、含义悠长。基于此，俞振飞在搬演《贩马记·写状》时，有意识地结合二者之长，在保留昆剧表演细腻的基础上，将部分身段合二为一，连贯起来而不是逐字逐句分割开来表演，既能准确塑造人物，又不使人感到繁琐芜杂。

其次，尊重传统与力求革新并存。俞振飞先生有关演剧的理论文字中，最常见的字眼就是"加工""革新"。他对待昆剧这种传统相对比较深厚的表演艺术的态度是既有对传统的珍视，又提倡对改革与创新应该有审慎与包容的态度。他对传统与创新的态度是"积极而又审慎、大胆而不鲁莽"，这体现在他对传统戏的改造上。

以俞振飞先生为代表的老一辈艺术家对于旧剧的改造，并不意味着一个模式的定型，更多的是为后来者提供了一个可供借鉴和效仿的思路，例如在20世纪50年代，梅兰芳和俞振飞二位先生合作的昆剧折子戏《断桥》，就在深入理解人物的基础上对这一折传统戏从唱词到舞台调度和人物的具体表演身段都进行了系统的改造，主要集中在对许仙这个人物的处理方面。——后来梅、俞二位先生的《断桥》演法成为该折戏的经典演出范式，但其继承者们并没有止步于此，仅仅局限于一招一式的模仿，而是不断地在细微之处根据自己的理解和不同演员自身的舞台气质加入新的内容，使得这一出原本在舞台上打磨得已经十分成熟的"老"戏在当代的昆剧舞台上仍然常演常新，表演内容日益丰富。

俞振飞先生对于京昆舞台表演的把握和标准全部立足于"贴近人物"，极力避免"过火""油"——这也是在俞老有关表演的评论文章中频繁出现的两个与好的舞台表演相反的词语，提醒着从事戏曲工作的从业者在进行改革的时候一定要立足于剧情和人物塑造的需要，慎之又慎。

与此同时，俞振飞先生也不讳言改革，并且他把恰当的改革也看成是一种必要的发展。提出了在全面继承的基础上应该努力创新，推陈出新与博物馆式的展示应该并存发展，以此满足不同时期观众的审美期待。他所传承的《太白醉写》就很好地践行了这一理念。

《醉写》是清末苏州文全福昆班艺人沈寿林、沈月泉父子的拿手戏。当代昆剧表演艺术家周传瑛和俞振飞都曾观看过沈月泉的演出，并且向他学习了这一折戏的表演。20世纪50年代，俞振飞先生时隔多年再次登台献此折之前，由周传瑛帮助他对身段程式进行了一些回忆和恢复。从上述传承过程可知，近代以来昆剧舞台上的《醉写》一折俱传自沈氏一脉，且两位主要的传承人俞振飞和周传瑛之间还存在着密切的相互交流和学习过程。然而，从目前可见的演出录像来看，二人对于剧中李白这一形象的演绎却各具特色，并不完全一致。①

从开场来看，二人都遵循了传统的"双手掇带充上"的上场方式。不同的是，俞振飞版李白出场时的几步台步不同于一般的小生步法，而是"一顺边"，出场时演员身体横着背对观众，左手端袍带，右手抓袖，右手和右脚朝同一方向，同起同落——这种摇摇晃晃的步法在其他剧目表演中是禁忌，但在这一折戏中恰好契合了李白宿醉未醒的特殊状态。而周传瑛的上场虽也旨在表现李白的醉态，却用了不同的身段动作：他在一般官生走方步的基础上进行变形和夸张，将两腿分开的程度加大，膝盖微弯，出场一个小的跟跄，继而双抖袖，表现李白宿醉未醒，又因为要参见皇上，努力走官步而立足不稳的情态。

继而，表现"昨夜阿谁扶上马"一句，俞振飞的表演是右手外折袖，左手

---

① 此处所参照视频来自优酷网：http://v.youku.com/v_show/id_XNTUxMDkyMjgw.html 俞振飞《太白醉写》，http://v.youku.com/v_show/id_XODY2MjM2MDE2.html 周传瑛《太白醉写》。

端袍带亮相，传递出李白潇洒自若的诗仙气质。而周传瑛则右手拍右腿，左手端袍带，侧重表现了李白酒后恃才自傲、志得意满的心情。接着，对于后面"哈哈哈"几声"醉笑"的表演，俞振飞接续之前折袖的动作，先右手抖袖一笑，再左手抖袖一笑，然后伴随着"啊，哈哈哈哈"的笑声，后退两步，双手透袖。周传瑛此处的表演是在第一笑时，双手做捋须式，同时向左侧走一醉步，第二笑时左转身四十五度对上，双手仍保持捋须式，后退两步，"啊，哈哈哈哈"时双手放须，举起做散落状。

从开场的这一段表演来看，周传瑛的身段动作严守"官生"家门而加以发挥，相对更为规整，而俞振飞重在用水袖与步法的结合表现出李白诗仙的飘逸气质，动作不多，但特色很鲜明。特别是对"一顺边"醉步的发展——这种身段本来是昆剧舞台上最为忌讳的，因为容易造成身体的摇晃，但是因为在这一折戏中李白所戴的"学士盔"比较特殊，"桃翅"很长①，而传统的戏曲舞台上下场口都用门帘遮挡，如果用一般的小生上场台步，正着身子走出，容易挑到门帘，所以只有横着身子出场。在这种情况下，前辈艺人结合具体的戏剧情境，创造性地发明了这种"一顺边"的出场方式，既刻画了人物，又解决了演出中的技术难题。正因为这一身段设计非常巧妙独特，因此，尽管当今舞台形式已经发生了变化，西方的镜框式舞台在相当大的范围内取代了中国传统的三面镂空式舞台，上下场口也不再需要帘幕遮挡，俞振飞仍然将这种特定环境下诞生的身段程式保留了下来，成为他表演这一折戏最具特色的看点之一。

从《太白醉写》后续的传承状况来看，显然俞振飞一路的风格传承更为广泛，甚至近年来舞台上可见的《太白醉写》演出，都出自俞振飞的传承——这并不能绝对地下定论说俞振飞与周传瑛在表演水平上有高下之分，只能说明俞振飞对于这一折戏的演绎更为契合当代观众的审美期待。

再次，专业性与通俗性。俞老谈艺的一个非常有特色的地方在于他能够把梨园内部的许多"行话"用比较通俗且准确的语言讲解出来，使得原来颇有些神秘意味的"口口相传"的梨园秘诀可以为更多人了解。这得益于他本身具有较高的知识文化水平和表达能力，同时又兼具职业戏曲演员的身份，在梨园中浸润数十年，对于很多梨园界内部的"行话"也了解得很多，并且经过亲身长期的艺术实践，有更深入地理解和体会。例如他在《戏曲表演艺术的基础》一

---

① 据俞振飞先生的说法，这是借鉴了川剧小生的穿戴，在昆剧舞台上只有这一折中的李白可以如此穿戴。

文中提到的"挂味儿"，即在运用声音在表现人物复杂的思想感情变化时，不仅声音优美，而且富有表现力，具有动人心弦的艺术感染力，也就是要做到富于情韵。

第四，观察细致，体会深刻，提出了很多值得后人深入研究和探讨的问题。例如在《戏曲表演艺术的基础》一文中，俞振飞先生在解析戏曲唱念中运用气息的方法时提到了程砚秋学习太极而提高了舞台上运气技巧的问题，对于表演艺术研究是一个极具现实意义的课题。

综上所述，俞振飞先生兼具专业戏曲演员与资深戏迷、戏曲研究者双重身份，他的演剧理论也同时具有作为表演艺术家的"说戏"与作为研究者的"理论探讨"两重意义和价值。他对于戏曲表演的理论总结，不仅对于戏曲演员有很强的教学意义，对于普通观众或是戏曲理论研究者，也提供了从更为专业的角度去欣赏和评价一场演出的优劣的标准，是有关戏曲表演艺术，特别是京昆表演一笔宝贵的理论遗产，值得后来者认真研究和继承。

俞振飞的艺术实践
与探索

论俞振飞与《贩马记》

赵山林

（华东师范大学中文系，教授）

摘要：《贩马记》是俞振飞先生常演不衰的名剧。本文从四个方面论述俞振飞与《贩马记》的艺术创造。一是俞振飞演出《贩马记》的历程，他对《贩马记》可以说是一生钟情，初学于蒋砚香而转益多师，终于自成一家，共演出两千多次。二是俞振飞对《贩马记》性质的认识，从"三不管"（昆、京、徽俱不承认）到"两相兼"，即"现在它既是京剧，也是昆剧"。三是俞振飞对《贩马记》艺术性的把握，他认为最紧要的问题是演员的"艺术"。四是俞振飞《贩马记》的众多合演者（从翁瑞午、程砚秋、梅兰芳到黄蔓耘、言慧珠、李蔷华等）以及他们眼中的俞振飞表演艺术。

关键词： 俞振飞 贩马记 京剧 昆剧

一、俞振飞演出《贩马记》的历程

《贩马记》是俞振飞先生常演不衰的名剧。1946 年，俞振飞在《谈〈贩马记〉》一文中回忆道："我这出《贩马记》，从票友到现在，足足二十五年了，出演的次数，实在难以计算了，毛团团的算一算，大约总在一千次以上。"[1] 从 1946 年到 1991 年 4 月 9 日俞振飞最后一次登台与夫人李蔷华，弟子王泰琪、计镇华等合演《贩马记·团圆》[2]，中间又有 45 年，全部统计起来，俞振飞先生的《贩马记》应该演了两千多次。

俞振飞的《贩马记》是 1920 年至 1921 年学的。1920 年 4 月，梅兰芳应许少卿之约，第四次到上海演出。4 月 22 日，在天蟾舞台与姜妙香演出全本《贩马记》，5 月 4 日又演出《贩马记》。[3] 其时正在天蟾舞台担任班底的小生演员

---

[1] 俞振飞《谈〈贩马记〉》，《海光》周报 1946 年第 15 期，第 4 页。

[2] 江沛毅编著《俞振飞年谱》，上海文化出版社 2011 年版，第 307 页。

[3] 谢思进、孙利华编著《梅兰芳艺术年谱》，文化艺术出版社 2010 年版，第 90—92 页。

蒋砚香，早先学过《贩马记》，这次看到梅兰芳、姜妙香的演出大受欢迎，于是又认认真真地学了几遍，后来又教给了俞振飞、翁瑞午。

俞振飞 1920 年秋天从苏州来到上海，在穆藕初的纱布交易所做文书，开始一半职员一半"拍先"生涯的。俞振飞学唱《贩马记》，最初是源于京剧票友翁瑞午（1899—1961）。俞振飞后来回忆道："我最初学唱《贩马记》，大约在民国九年、十年之间。那时我刚从苏州到上海来不久，由翁瑞午兄的介绍，入了沪上唯一的老票房'雅歌集'。当年的翁瑞午，在票界中真是大大有名，《贩马记》中的李桂枝，他确乎是第一个唱出名的，我学《贩马记》，也是他的竭力怂恿才学的。"① 至于教授《贩马记》的老师蒋砚香，俞振飞回忆道："蒋先生的小生戏，肚子极宽，他也是昆曲的出身，后来到北平拜了小生老前辈杜蝶云为师，杜老先生的能耐，据说非常高明，因为他演戏的时间太短，所以知道他的人不多，但是我老师继先，问过他知道这位老先生，并且也很崇拜他。杜蝶云入了民国就辍演了，他也是苏州人，所以后来他回苏州，在观前街开了一家茶馆，名叫云露阁，大概几位老苏州，提起云露阁都是知道的。"② 这里所说的"老师继先"，是著名小生演员程继先（1874—1944）。继先，一作继仙，程长庚之孙，曾拜徐小香为师，得其真传，并兼收王楞仙、朱素云之长。俞振飞说："我老师程继先，生平以'三会'最为得意。三会者，《奇双会》《群英会》《临江会》是也。《奇双会》即《贩马记》。现在流行的《贩马记》，俱从李奇《哭监》起，一直到《三拉》《团圆》，前面李奇《贩马》等场子，早经删去，只有荀慧生尚从《贩马》唱起，但是精彩的场子，还是《写状》《三拉》。所以改由《哭监》唱起，确乎是去芜存菁，当初删改的人，手段相当高明。至于前面《贩马》一段事迹，在《哭监》李奇口中，已经说得很为明白。至《写状》一场，旦角又将李奇所唱的词句，重来一遍，台下听来，早就知道是怎末一会事了。如果还要一场一场的唱出来，似乎太累赘了！"③

虽然《贩马记》是程继先的拿手好戏，但俞振飞的《贩马记》最初的确是蒋砚香教的。俞振飞回忆道："蒋砚香先生的《贩马记》是偷来的，他的聪明真是绝顶，什么戏让他听过一两次，他就连词儿，带地方，都偷会了。那时蒋先生因抽吸鸦片，以致形容枯槁，嗓音喑哑，所以就沦为班底了。梅畹华先生有一次应老天蟾舞台之聘，初次排演《贩马记》，就很为轰动，恰巧那时蒋砚

①② 俞振飞《谈〈贩马记〉》，《海光》周报 1946 年第 15 期，第 4 页。
③ 俞振飞《谈〈贩马记〉》，《海光》周报 1946 年第 5 期，第 4 页。

香搭的也是老天蟾，他见《贩马记》这样吃香，票界中一定有人爱学，所以他就特别注意这一出，他就全神贯注的听了三回，却被他全部偷会了。"①

俞振飞向蒋砚香学了《贩马记》，可是并不满足，仍然在继续不断地学，向各位前辈学。他后来回忆道："北平有句俗语，叫作'砍的不如镟的圆'，偷来的，总没有实授的来得正确。我跟他学会之后，逢到有北方角儿南来表演《贩马记》的时候，我必作座上之客，朱素云、程继先二位，我聆教得再多。我听了他们老前辈的演出，我很觉得自惭形秽，我就把自己不对的地方，逐渐修改，后来这出《贩马记》，我与瑞午兄出演数次之后，虽然颇得一班听众的赞誉，然而我总觉得不是那么一回事，因为彼时，我上台只会唱几出昆腔戏，演《贩马记》的《写状》，还能勉强应付，至于《三拉》一场，简直不是味儿。我研究我不是味儿的毛病在什么地方呢？大原因是不敢用大嗓，不用大嗓，就显露不出着急的神情来，所以小生比任何一门角色都难，就是难在大小真假嗓子并用，最难的，有些音正在真假夹界之间，要使听戏的，听不出你用的是真嗓，还是假嗓。这一种音，我觉得是最难得到的，往往学唱小生的，不是完全假嗓，而闻之与青衣毫无区别，就是一阴一阳，一真一假，聆之使人刺耳。须真假无痕，大小无迹，方称正工。"②

二、俞振飞对《贩马记》性质的认识：从"三不管"到"两相兼"

对于《贩马记》，俞振飞演出极多，而思考也经常不断。1946 年，俞振飞在《谈〈贩马记〉》中写道："有人问我《贩马记》是昆腔，还是京戏，我说这叫作'三不管'。什么叫'三不管'呢？因为皮黄班算它是昆腔，昆腔班说它是乱弹。据戏剧界几位老先生说，此剧始创于徽班，及至询问徽班中人，又说并无此戏。昆、京、徽，俱不承认，岂非成了三不管吗？但据我的猜测，八成是创于徽班，或武班。我记得二十余年前，在九亩地新舞台，听过一次周凤文、赵君玉合演的《桂枝写状》，我那时刚学会《贩马记》。不过周、赵所演的《写状》，对白没有现在流行的这样紧凑。写状时候，用骑跨台子，生旦对坐，尤觉别扭万分。据说这是徽派的路子，由此可以证实《贩马记》是由徽班转移到皮黄班的。"③

---

① ② 俞振飞《谈〈贩马记〉》，《海光》周报 1946 年第 15 期，第 4 页。
③ 俞振飞《谈〈贩马记〉》，《海光》周报 1946 年第 5 期，第 4 页。

以往的看法,《贩马记》为徐小香(1832—1912)首演,但实际上可以上溯到乾隆晚期,从时间来说早了半个世纪以上。

乾隆六十年乙卯(1795),刊行了一本《消寒新咏》,作者铁桥山人、石坪居士、问津渔者,生平均不详。由该书序跋可知,铁桥山人姓李,石坪居士姓刘,问津渔者姓陈。据周作人说,铁桥山人即李澐,山阴人①。三人乾隆末年寄居北京,潦倒都门,同结金兰之好,又一样酷爱戏曲,因而共同写成《消寒新咏》,对当时花部、雅部演员的演出进行评论,其中包含多名徽班演员。

《消寒新咏》卷之四载铁桥山人题三庆徽部旦色金双凤云:

戏剧场中贵肖真,毋贪艳冶可怡人。

哀音妆出悲肠断,确像当年骨肉亲。

诗人自注:"余尝观其演《李桂枝查监》一剧,父女相泣,甚为凄切淋漓,今特拈出。双凤之技艺,已得其大概矣。"②这里通过《贩马记》演出的评论,提出艺人表演不能仅以声色取悦于人,而要深入体会剧中人物的情感,并且加以淋漓尽致的表现。

种芝山馆主人《花天尘梦录》中有《凤城花史》上下编两卷,成书于道光十八年(1838),记载道光六年至十八年的伶人事迹;又有《凤城花史续编》,成书于道光二十六年(1846),记载道光十八年至二十六年的伶人事迹。③从这一文献中,我们可以追寻道光中期以后春台班艺人演出《奇双会》的足迹。

张三福(1823—?),《凤城花史上编》云:"年十四初登场,扮《卖鳜鱼》小剧。娇音弱骨,见者啧啧赞不已。继乃演《玉簪》诸剧,缠绵幽艳,体会入微。演《跳墙》《下棋》则有幽闲自好之情,演《草桥惊梦》则有凄婉可怜之色。式端凝之风度,《女儿国》之太师也;逞飒爽之英姿,《铁鎈峰》之洞主也。他如《楼会》之温柔宛转,《刺虎》之愤激悲哀,《巧遇》之流连荡佚,无

---

① 见《谈中国古书:消寒新咏》,《知堂书话(上)》第二辑,中国人民大学出版社2004年版。

② 铁桥山人、石坪居士、问津渔者:《消寒新咏》,周育德校刊本,中国老年文物研究学会中国戏曲艺术中心1986年内部资料,第76页。又谷曙光整理本,傅谨主编《京剧历史文献汇编(清代卷)》壹"专书(上)",凤凰出版传媒集团,凤凰出版社2011年版,第136—137页。

③ 参见吴新苗《抄本〈花天尘梦录〉中的昆曲史料》,《文献》2014年第1期。

不各尽其妙。间复演《昭君》《奇双会》以投俗好，而态度亦自妍丽。歌喉圆朗，直如一串骊珠。不二年间，声名突过流辈，一时以传胪之名属之。"① 张三福生于道光三年癸未（1823），14 岁出台，即在道光十六年丙申（1836）。这里"传胪"是二甲一名，意思是张三福位于张金麟、张金兰、张翠香之后，可列当时春台班第四。

邢福云（1828—?），《凤城花史续编》云："性格温谨，庄雅自持。度曲娇婉，串演安闲，时有步趋梅生（张三福）之意。……演《跪池》《独占》《茶叙》《问病》《跳墙》《下棋》《赠剑》《点将》《捞月》《昭君》《女儿国》《二度梅》《奇双会》皆佳。而《画兰》一折，著名尤甚。"②

沈宝珠，《凤城花史续编》云："宝珠之《诱别》《独占》《跪池》《赠剑》《上坟》《后亲》《说亲回话》《奇双会》，则又佳甚。光艳狡狯，迥非庸品。字曰蕊仙，沈姓。"③

《燕台花镜诗一百二十韵》更以邢福云、沈宝珠二人擅演之剧互文对举，写道：

> 缘真夸独占邢福云《独占》，
> 会果验双奇沈宝珠《奇双会》。④

可见《独占》《奇双会》二剧，是邢福云、沈宝珠二人都擅长的剧目。

根据有关记载，徐小香（1832—1912）的确是较早上演《贩马记》的艺人之一。邘江小游仙客《菊部群英》"岫云主人徐小香"条下徐小香常演的昆曲剧目中就有：

---

① 种芝山馆主人：《花天尘梦录》卷一《凤城花史上编》，吴新苗整理本，傅谨主编《京剧历史文献汇编（清代卷）》壹"专书（上）"，凤凰出版传媒集团，凤凰出版社 2011 年版，第 555 页。
② 种芝山馆主人：《花天尘梦录》卷三《凤城花史续编》，吴新苗整理本，傅谨主编《京剧历史文献汇编（清代卷）》壹"专书（上）"，凤凰出版传媒集团，凤凰出版社 2011 年版，第 572 页。
③ 同上书，第 573 页。
④ 种芝山馆主人：《花天尘梦录》卷九《燕台花镜诗一百二十韵》，吴新苗整理本，傅谨主编《京剧历史文献汇编（清代卷）》壹"专书（上）"，凤凰出版传媒集团，凤凰出版社 2011 年版，第 624 页。

《奇双会》（知县）①

倦游逸叟《梨园旧话》云："徐小香昆剧及南梆子腔，如《风筝误》《游寺》
《奇双会》《得意缘》诸剧，无不精妙。而又有昆丑杨三，昆旦朱莲芬、阎复喜、
梅巧龄诸名伶与之相配，自然精采动人，毫发无憾。"②

朱莲芬应该与徐小香合演过《奇双会》，日本学者辻听花《菊谱翻新调》
一书附录一之三"已故名伶拿手剧目"记录朱莲芬的拿手剧目有：
《挑帘裁衣》《奇双会》《思凡下山》③

《菊部群英》"闻德主人徐阿三"（按：徐阿三为徐小香胞弟）条下王桂官
（1859—1908）、任桂林（1858—?）合演的剧目中有：
《奇双会》（桂官知县、桂林夫人）④

《菊部群英》"桐云主人陆金凤"条下宝铃（1856—?，姓赵）演出剧目
中有：
《奇双会》（夫人）⑤

佚名《新刊鞠台集秀录》中有：
余庆主人章铭坡，号瑞卿，小名金虎。唱昆旦，兼花旦，善饮酒，隶玉
成部。
《刺虎》《摇会》《湖船》《奇双会》⑥

---

① 邗江小游仙客：《菊部群英》，张次溪编纂《清代燕都梨园史料正续编》（上），中国戏剧
　　出版社 1988 年版，第 500 页。
② 倦游逸叟：《梨园旧话》，张次溪编纂《清代燕都梨园史料正续编》（下），中国戏剧出版
　　社 1988 年版，第 821 页。
③ ［日］辻听花：《菊谱翻新调　百年前日本人眼中的中国戏曲》，浙江古籍出版社 2011 年
　　版，第 150 页。
④ 邗江小游仙客：《菊部群英》，张次溪编纂《清代燕都梨园史料正续编》（上），中国戏剧
　　出版社 1988 年版，第 476 页。
⑤ 同上书，第 495 页。
⑥ 佚名：《新刊鞠台集秀录》，张次溪编纂《清代燕都梨园史料正续编》（下），中国戏剧出
　　版社 1988 年版，第 654 页。

对于《奇双会》的来历，梅兰芳也有过考证，他在《舞台生活四十年》中记录道："萧长华先生对我说：'《奇双会》也是徐大老板（小香）的拿手戏，他在三庆班贴演的时候，是程大老板（长庚）的李奇，胡喜禄的桂枝。这句话可早得很哪，还在同治末年，光绪初年间，宫里的《奇双会》是王楞仙、乔惠兰、陈德霖这一辈的老先生才唱开头的。还有诸茹香的父亲诸秋芬先生，他的外号叫诸桂枝，就是演《奇双会》而得名的。'据名票红豆馆主（溥侗）告诉我：'《奇双会》是发源于徽班。'这是一点也不错的。"①

在喜连成（富连成）的剧目中，《奇双会》也是大受欢迎的。恽毓鼎（1862—1917）《澄斋日记》1916年1月8日（乙卯十二月初四日）："至广和楼，约张先生、杨朗轩伯侄、管丹丈、白氏昆仲、溥哲臣、刘孟禄、澜翁、典臣婿即铭、纶、懿同观。宝懿与喜连成东家沈君熟识，特烦其演《奇双会》《全本东昌府》，故演来倍见精神。萧翰臣闻有《奇双会》，羡而来观戏。散，同至福兴居夜餐。"②观客郑重其事请求安排演出于先，更有后到观客纯粹是慕名而来，可见《奇双会》一剧的吸引力是很强的。

而俞振飞本人，经过多年的演出实践与反复思考，对《奇双会》的性质也作出了更加清楚的表述："有些同志看昆剧团演这出戏，还问了我一个问题：《奇双会》到底算京剧呢，还是算昆剧呢？我说，现在它既是京剧，也是昆剧。京、昆本来就有着血缘关系，两个剧种经常交流剧目。京剧前辈演员曾把许多昆曲剧目带到自己的舞台上去演出，并使之成为京剧保留剧目；昆剧演员也曾把京剧剧目带到自己的昆剧舞台上来。我本人兼演昆剧和京剧，也力图在两个剧种的艺术交流方面，包括剧目交流中多做些工作。昆剧里有这出《贩马记》，就是从我开始的。我自从向蒋砚香先生学会这出戏后，除了在京剧专场里演，有时也在昆曲专场里演。后来，我又教给了朱传茗、顾传玠等同志，他们就在昆曲剧团里演开了。此后，昆剧里也就有了这个剧目，而且常常演出了。对此，我十分欣慰。我觉得，在我的演剧生活中，这也是一件有些纪念意义的事情。"③

---

① 梅兰芳：《舞台生活四十年》，中国戏剧出版社1987年版，第472页。

② 《恽毓鼎澄斋日记》，傅谨主编《京剧历史文献汇编》清代卷第七册"日记"，凤凰出版传媒集团，凤凰出版社2011年版，第662页。

③ 王家熙，许寅等整理：《俞振飞艺术论集》，上海文艺出版社1985年版，第92页。

三、俞振飞对《贩马记》艺术性的把握：最紧要的问题是演员的"艺术"

《贩马记》盛演于舞台，对于《贩马记》的品评和讨论也持续不断，人们经常讨论的问题，包括剧中的一些细节是否合理，等等。例如 1943 年沈明康的《小生戏杂谭（上）〈贩马记〉里的夫妇之爱》文中写道："《贩马记》《写状》一场，为全剧重心，其描绘少年夫妇之'爱'，可谓刻划无遗。起先，我对剧中……'非是下官不会写，只是夫人叫何名字，下官倒还未曾领教过呀'一句，非常怀疑，后来在一部《二十年目睹怪现状》中看到这样一首小词：'恩爱夫妻年少，私语喁喁轻俏，问到小字每模糊，欲说又还含笑。说便说郎须记了，切休说与别人知，更不许人前叫。'方知旧礼教的女子，简直把自己的小名，保守得比贞操还要牢靠。"① 文中所引，为《二十年目睹之怪现状》第三十九回《老寒酸峻辞干馆　小书生妙改新词》中的闺房小词《忆汉月·美人小字》，这首词，被小说中人称为"绝唱"②，词中描写，与《贩马记》《写状》一场的情景确有相通之处，也可以帮助理解《贩马记》编剧的艺术匠心。

俞振飞对于《贩马记》的艺术性，有过很多论述。《海光》周报 1946 年第 5 期开始连载俞振飞《谈〈贩马记〉》的"编者谨志"写道："戏剧家俞振飞先生，久以昆曲名世。频年大学掌教，红氍献艺，独步南北艺坛，早有一代宗匠之目。而《贩马记》一剧，精妙无伦，尤称绝唱。近时与梅兰芳博士数度合作，璧合珠联，精彩纷呈，益令人有观止之叹！兹经本报敦请，特撰是文，抒其心得，以飨读者。名家专论，不同寻常。非仅为本报增光，抑亦曲迷之眼福也！"③ 这一概括，是实事求是的。对于《贩马记》的艺术创造及其艺术特点，俞振飞本人所谈，确实是甘苦自知，绝非局外人可以想见。

俞振飞 1946 年所写的《谈〈贩马记〉（六）》写道："《写状》一场，唐大郎兄批评赵宠骨头太轻，我并不是偏见，也不是自私，我觉得《写状》一场，当初编剧的人很用一番脑筋，虽然似乎赵宠对他的太太玩笑开得过火一点，但是不如是，就精彩毫无了。我在民国廿五年，与程砚秋同赴重庆演剧，遇见一

① 沈明康：《小生戏杂谭（上）〈贩马记〉里的夫妇之爱》，《力报》1943 年 2 月 24 日第 4 版。
② 吴趼人：《二十年目睹之怪现状》，华文出版社 2018 年版，第 258 页。
③ 俞振飞：《谈〈贩马记〉》，《海光》周报 1946 年第 5 期，第 4 页。

位四川票友（名姓已忘），他与大郎兄同志，对于写状赵宠对太太的寻开心，十二分的反对，他说李奇是桂枝的父亲，当然是赵宠的岳父，既然知道他的老泰山问成死罪，秋后处决，他与夫人还要大开玩笑，未免太不通情理了。因此这位四川票友，费了半年多的心血，将《写状》一场，完全重编，我到重庆去的时候，他的剧本还脱稿不久，承蒙他的盛意，将该剧本赠给了我，叫我来提倡改良。至今这本剧本，我还寄存北平。他的怎样改法，我已不记得了，总之对于情理是通了，可是台上的精彩也没有了。因为既然李奇问成死罪，秋后处决，桂枝当然伤心，赵宠、桂枝又是新婚不久的恩爱夫妻，老爷看见太太不开心，自己也就愁眉不展了，夫妻两个人，相对'哭出乌拉'的写状，试想这一场怎样唱得出精彩来。本来欣赏旧剧，最紧要的问题是演员的'艺术'，不求如何合理，但求于剧有力，余如一举手，一投足，俱有准尺寸，准地方，'脸上''身上'带戏，还不算数，'眉''眼'之间，也得传出神气来，方为能手，不然何以一出《四郎探母》，流传了一百多年，至今还是有人爱听，就是各人有各人的俏头，各人有各人的味儿。如果一本电影，或者一出话剧，充其量看了三遍，绝不想再看了。再说区区这出《贩马记》，唱得自己也有些难为情了，然而台下每次总有几位老听客坐在那里，这几位老主顾对于我的《贩马记》，大约至少的也听过五十次以上。我遇见过一位姓徐的老主顾，他对我说：'你的《贩马记》，在你票友的时代我就听了，大约快有二百次了。'的确，我这出《贩马记》，从票友到现在，足足二十五年了，出演的次数，实在难以计算了，毛团团的算一算，大约总在一千次以上。所以这出戏我不敢说怎样好，不过'纯熟'二字，我敢大胆地说一句当之无愧。"[1]

类似论述，都生动具体而又高屋建瓴地反映出俞振飞的艺术观。

四、俞振飞《贩马记》的众多合演者以及他们眼中的俞振飞表演艺术

俞振飞自己回忆，《贩马记》一剧，他从十九岁开始演出，仅同梅兰芳就合演过五十几次。[2]此外，与俞振飞合作演出过《贩马记》的旦角尚有：翁瑞午（1899—1961），程砚秋（1904—1958），章遏云（1912—2003），南

① 俞振飞：《谈〈贩马记〉(六)》,《海光》周报1946年第10期，第4—5页。
② 参见唐斯复《俞振飞八十高龄上舞台》,《人民戏剧》1981年第10期。

铁生（1902—1991），新艳秋（1910—2008），朱传茗（1909—1974），侯玉兰（1919—1976），黄桂秋（1906—1978），顾正秋（1928—2016），吴素秋（1922—2016），李世芳（1921—1947），李玉茹（1924—2008），袁美云（1917—1999），张君秋（1920—1997），黄蔓耘（1901—1956），言慧珠（1919—1966），李蔷华（1929—2022），梅葆玖（1934—2016）等。①

对于俞振飞在《贩马记》演出中所体现的表演艺术，多位合演者均有论及，限于篇幅，这里简单说一下梅兰芳先生的看法。

梅兰芳先生谈到《贩马记》的时候说："几位演赵宠的，各有各的特长和心得，都是继承了传统有所发展。"②"振飞的赵宠，唱和身段，都有独到之处。吹腔是四平调的前身，它是一种时调性质的曲调，变化不多，很容易唱到油滑庸俗一路。但振飞是运用昆曲的开、齐、撮、合的唱法，悠扬宛转，富有感情，身段也是适当地使用了昆曲的传统法则，首先是达到肌肉松弛，善于调整肢体各部分的劲头，使唱与做自然融洽，成为一体。例如'哦，下官不在衙内……'句，'哦'字一出口，猛一抬头，纱帽翅一颤，突出地表现一惊，这种身段单靠把头一抬是没有效果的，必须把脖子挺住，身体上部略往前俯，把腰上的劲，猛的送到脖梗子上去，这种劲头他本人可能并不曾预先准备如何控制，但做出来却是恰到好处。他的唱是家传，昆曲身段是昆曲名小生沈月泉教的，后来又拜程继仙为师，学习了京剧的基本功夫。他的举止神态，潇洒从容，表现出赵宠是一个诗酒风流的县令，和他本人的性格也有相似的地方。"③与俞振飞同样，梅兰芳谈《贩马记》的艺术创造及其艺术特点，也确实是甘苦此心知，或者甘苦两心知，绝非局外人可以想见。

---

① 参见唐葆祥《俞振飞活动大事记》，见唐葆祥著《俞振飞传》，上海文艺出版社1997年版，第214—243页。又参见江沛毅编著《俞振飞年谱》，上海文化出版社2011年版。
② 梅兰芳：《舞台生活四十年》，中国戏剧出版社1987年版，第497页。
③ 同上书，第497—498页。

俞氏父子"气、音、字、节"
演唱理论探微
——兼论昆唱中的"四功"

白 宁

（沈阳音乐学院民族声乐系，教授）

摘要：俞粟庐先生及其哲嗣振飞先生承继昆曲文人清工流脉，深得叶堂唱口精髓，身体力行地从传承传播、曲唱实践、曲论总结等多方面弘扬昆曲艺术，对近代昆曲的传承发展起到不可替代的作用。粟庐先生曾提出，昆曲演唱中"字、音、气、节"是为四个关键点，振飞先生将清工昆唱与舞台实践相结合，化传统曲论精华于金玉之声中，将其父"字、音、气、节"理论具体化，把昆唱之秘笈倾囊授于后人。本文试从振飞先生对粟庐先生理论的阐述角度着手，对振飞先生视域下有关"字、音、气、节"理论内涵进行梳理，挖掘振飞先生对传统曲论的沿袭、继承与理论拓展。

关键词：俞粟庐 俞振飞 昆曲演唱 昆曲理论 字、音、气、节

将俞振飞先生视为近代昆曲界"一代宗师"，并不为过。清末民初昆曲发展走入低谷，后继乏人，俞氏父子与昆剧传习所孤舟独桨延续江南昆曲传承的香火。俞振飞先生下海后，昆乱不挡，与梅兰芳先生、程砚秋先生等大师搭档，在戏曲舞台上绽放耀眼的光芒，戏曲电影《断桥》《游园惊梦》《墙头马上》《太白醉写》等记录下大师的秾姿贵彩，定格了戏曲史上最为动人的声像光影之一。1957 年，俞振飞先生任上海市戏曲学校校长，培养京、昆剧戏传人。1978 年，上海昆剧院成立，振飞先生老骥伏枥，担任团长。1984 年，振飞先生上书胡耀邦总书记，申述当时昆曲的艰难处境，党中央极为重视此事，文化部于 1985 年颁发了《关于保护和振兴昆剧的通知》，1986 年成立了文化部昆剧指导委员会，1987 年文化部再次发出《关于对昆剧艺术采取特殊保护政策的通知》。振飞先生尚编撰出版《粟庐曲谱》《振飞曲谱》等，并将自己演唱经验总结成理论，《习曲要解》《俞振飞艺术论集》中的曲唱理论至今为曲家和唱曲者

奉为圭臬。可以说，俞振飞先生为近代昆曲的传承发展起到不可替代的作用。

俞氏父子本是昆曲文人清工传承流脉，承继清代著名曲家叶堂唱口的精华，振飞先生曾提及："我六岁开始学唱昆曲，父亲以清代叶堂（字广明，号怀庭）一派的唱法传授于我。"① "清乾嘉间，长洲叶怀庭以文人雅好度曲，辄与王梦楼、钮匪石相切磋，唱法率遵魏氏遗范，且手订纳书楹曲谱行世，少洗凡陋，其门人传之华亭韩华卿，先父则又师事韩氏，一脉相承，故所唱与流俗迥不相侔。"② 俞氏父子可谓曲唱"血脉"正宗。下海后，振飞先生在京、昆舞台上大放异彩，将清工昆唱与舞台实践相结合，化传统曲论精华于金玉之声中，堪称一代大家。

俞粟庐先生曾提出，昆曲演唱中有四个关节点，即"字、音、气、节"，振飞先生称其为昆曲"唱、念艺术中的四项技术要素"③，结合自身丰富的昆曲演唱经验，将其父"字、音、气、节"理论具化，详细阐释，把昆唱之秘笈倾囊授于后人。1980年《振飞曲谱》出版时，振飞先生增补改写了《习曲要解》，置于卷首。增补后的《习曲要解》指出："怎么能唱好昆曲呢？技巧的法则当然是个基础。我父亲教授昆曲时，指出字、音、气、节四项必须加以重视，所谓'字'，是指咬字要讲四声、阴阳、出字、收尾、双声、叠韵等等。所谓'音'，是指发音部位、音色、音量、力度等等。所谓'气'，是指运用'丹田'劲来送气，以及呼吸、转换等等。所谓'节'，是指节奏的快慢、松紧以及各种特定腔的规格等等。"④ 这"四项技术要素"对于曲唱理论与曲唱实践来讲都极为重要，是俞氏父子在继承传统曲论、曲唱基础上，对昆曲演唱提出的概要性总结，可视为昆腔演唱中的"四功"。

本文试从俞振飞先生撰写的有关昆曲演唱的论述入手，梳理振飞先生视域下"字、音、气、节"理论之内涵，挖掘振飞先生对其父宗海先生理论的挖掘与阐述，对传统曲论的继承与拓展。如有不当之处，还望方家教正。

---

① 俞振飞：《习曲要解》，载王家熙、许寅等整理、上海艺术研究所编《俞振飞艺术论集》，上海文艺出版社1985年版，第323页。

② 俞振飞：《习曲要解》，载《粟庐曲谱》，俞振飞编，上海世纪出版股份有限公司、上海辞书出版社2011年版，第2页。

③ 俞振飞：《戏曲表演艺术的基础》，载王家熙、许寅等整理、上海艺术研究所编《俞振飞艺术论集》，上海文艺出版社1985年版，第281页。

④ 俞振飞：《唱曲在昆剧艺术中的位置》，载王家熙、许寅等整理、上海艺术研究所编《俞振飞艺术论集》，上海文艺出版社1985年版，第319—320页。

一、"有字有口"："学歌之首务也"

俞粟庐先生在《度曲刍言》中论及："学唱之人，无论巧拙，只看有口无口；听曲之人，莫问精粗，先听有字无字。若口齿分明，土音剔净，即有字有口；若出字不清，四声五音不明，是说话有口，唱曲无口。每有唱完一曲，但闻其声，辨不出一字，令人听之烦恼。"① "辨四声，别阴阳，明宫商，分清浊等音，学歌之首务也。"②

古人重视演唱中的"字真"③、字正，改良昆山腔的魏良辅提出"曲有三绝：字清为一绝，腔纯为二绝，板正为三绝。"④ 吐字的真、清可谓昆腔演唱的第一要务。

字声的演唱应注意哪些方面？俞振飞先生从以下几个视角有过探索。

1. 土音剔净、恪守字韵

地域性声腔的演唱，多与其所在地域的方音、土语关系密切，明代王骥德《曲律》云："古四方之音不同，而为声亦异，于是有秦声，有赵曲，有燕歌，有吴歈，有越唱，有楚调，有蜀音，有蔡讴。"⑤ 而发展到高级阶段的戏曲声腔艺术，在自身发展完善的过程中，有的声腔会逐步规范演唱字音，对字音的规度有时能突破地域性声腔因方音而受到的地域限制，从而流播得更广。

昆山腔属南曲流脉。明代魏良辅改良昆山腔后便注重字音演唱，其《曲律》云："五音以四声为主，四声不得其宜，则五音废矣。平上去入，逐一考究，务得中正，如或苟且舛误，声调自乖，虽具绕梁，终不足取。"⑥ 魏良辅对字音演唱提出了纲领性要求，从"平上去入，逐一考究"可知昆山腔演唱使用四声，这与北曲曲韵《中原音韵》的"平分阴阳，入派三声"有所不同。有

---

① ② 转载自俞振飞：《习曲要解》，载王家熙、许寅等整理、上海艺术研究所编《俞振飞艺术论集》，上海文艺出版社 1985 年版，第 324 页。

③ （元）燕南芝庵：《唱论》，载历代散曲汇纂收《乐府新编阳春白雪》卷首，影元刻十卷本，浙江古籍出版社 1998 年版，第 1 页。

④ （明）魏良辅：《曲律》，载中国戏曲研究院编校《中国古典戏曲论著集成》（五），中国戏剧出版社 1959 年版，第 7 页。

⑤ （明）王骥德：《曲律》，载《中国古典戏曲论著集成》（四），中国戏剧出版社 1959 年版，第 114 页。

⑥ （明）魏良辅：《曲律》，载《中国古典戏曲论著集成》（五），中国戏剧出版社 1959 年版，第 5 页。

学者认为，因《南词引正》提到"《中州韵》词意高古，音韵精绝，诸词之纲领"①，所以认定魏良辅时便以《中州韵》②为昆山腔演唱用韵。由于学术界对《南词引正》的真伪存疑，因此不能确证魏良辅时以中州韵为昆曲演唱用韵。

明、清很多曲家立著述探讨南曲用韵问题。一些曲家认为南曲不能用北曲曲韵。明代王骥德《曲律》云："周之韵，故为北词设也，今为南曲，则益有不可从者。盖南曲自有南方之音，从其地也"。③

明代沈璟率先提出南曲也宗"中州韵"，沈宠绥《度曲须知》记有沈氏对曲韵的相关讨论："又闻之词隐生曰：'国家洪武正韵，惟进御者规其结构，绝不为填词而作。词曲之于中州韵，犹方圆之必资规矩，虽甚明巧，诚莫可叛焉者。'"④沈璟尚提出了"借韵"的方法，即在遵中州韵的基础上，可从南方语音中相近却不同的韵部借韵，可参见其编撰的《南词韵选》。

明代沈宠绥提出南曲声腔演唱音韵应兼用《洪武正韵》与"中州韵"，《度曲须知》云："明兴，……而词既南，凡腔调与字面俱南，字则宗《洪武》而兼祖《中州》。"⑤其实，由于《洪武正韵》编撰不够完善，且南方语音较复杂，当时的南曲声腔并未全遵《洪武正韵》。

清代毛奇龄认为南曲本无韵，不能以北曲曲韵约束南曲曲韵，其云："至若北曲有韵，南曲无韵，皆以意出入，而近亦遂以北曲之例限之。至好为臆撰如《西楼记》者，公然以中原音韵明注曲下，且引曲至尾，皆限一韵。而附和之徒，反以古曲之出入为谬，而引曲、过曲、前腔、尾声之换韵，反谓非体。何今人之好自用，而不好按古，一至是也。"⑥

昆曲演唱虽不断完善自身吐字发音，但应以何种曲韵为主，尚有探索空间。到了清末民初，有关昆曲的用韵又有所发展，可从振飞先生论述中一窥究竟。俞振飞先生认为，昆曲演唱总体秉持中州韵，在演唱南北曲时字音有所差

---

① 钱南扬：《魏良辅南词引正校注》，载《汉上宧文存／梁祝戏剧辑存》，中华书局 2009 年版，第 91 页。

② 《中州韵》，全称是《中州乐府音韵类编》，作者署"燕山卓从之"，首载于元代《朝野新声太平乐府》卷首，实为元代周德清《中原音韵》的衍生传本。

③ （明）王骥德：《曲律》，载《中国古典戏曲论著集成》（五），中国戏剧出版社 1959 年版，第 112 页。

④ （明）沈宠绥：《度曲须知》，载《中国古典戏曲论著集成》（五），中国戏剧出版社 1959 年版，第 234—235 页。

⑤ 同上书，第 197—198 页。

⑥ （清）毛奇龄：《西河词话》，载《清文渊阁四库全书》，上海人民出版社 1999 年版。

异，演唱语音也具有部分吴地语音特征。振飞先生曾云："昆剧和京剧的唱、念，用的都是中州韵。"① 振飞先生指出演唱南北曲时，字音是有所差异的："昆曲的传统念字法，南曲实际分为：阴平、阳平、阴上、阳上、阴去、阳去、阴入、阳入八种；北曲实际分为：阴平、阳平、阴上、阳上、阴去、阳去六种。这个传统，相沿不变。"② 振飞先生认为昆曲演唱所用"中州韵"，其实是浸润了吴音特征的"中州韵"；朱复先生在《忆俞振飞老师论曲要》中提及："俞师曾撰文说：即使统称中州韵或韵白，还有南音、北音之分。南音之中、更有吴音（苏州音）较强、较弱之别。"③ 叶长海先生在《曲律注释》注释中指出，"以吴音为正：吴音，吴地的语音，即当时昆山腔唱念所用的语音，有似于后人所谓的'中州韵苏州音'。"④ 振飞先生指出，要注意到昆曲四声调值所具有的独特音韵特点："昆曲念上声和去声的调值，正好与普通话相反"⑤，应将其保留并在昆曲演唱中加以运用。在曲唱时应如何分韵，振飞先生指出可以参考《韵学骊珠》，"昆曲分韵，清乾隆以来，一般按照沈乘麐的《韵学骊珠》，平、上、去三声分二十一部，入声分八部，其韵目及收音详见该书，可以查阅"。⑥

　　俞振飞先生既客观地指出昆腔演唱语音在秉持中州韵的同时具有一定的吴音特点，同时也指出应注重摒除土音，重视演唱音韵规范。这是振飞先生对昆曲演唱语音的总体要求，更是振飞先生将一代代昆曲唱家的探索积累所作的总结归纳，反映了昆曲演唱中有关用韵的普遍认知。

　　2. 辨四声，识五音，口齿分明，出字真清

　　中国传统演唱理论历来重视演唱中的"字真"⑦ "字清"⑧。在粟庐先生看来，

① 俞振飞：《戏曲表演艺术的基础》，载王家熙、许寅等整理、上海艺术研究所编《俞振飞艺术论集》，上海文艺出版社 1985 年版，第 271 页。
② 俞振飞：《习曲要解》，载王家熙、许寅等整理、上海艺术研究所编《俞振飞艺术论集》，上海文艺出版社 1985 年版，第 327 页。
③ 朱复：《忆俞振飞老师论曲要》，载《复旦昆曲研习社》公众号，2022 年 5 月 18 日发布。
④ （明）王骥德著，陈多、叶长海注释：《曲律注释》，上海古籍出版社 2021 年版，第 134—135 页。
⑤ 俞振飞：《习曲要解》，载王家熙、许寅等整理、上海艺术研究所编《俞振飞艺术论集》，上海文艺出版社 1985 年版，第 326 页。
⑥ 同上书，第 333 页。
⑦ （元）燕南芝庵：《唱论》，载历代散曲汇纂收《乐府新编阳春白雪》卷首，影元刻十卷本，浙江古籍出版社 1998 年版，第 1 页。
⑧ （明）魏良辅：《曲律》，载中国戏曲研究院编校《中国古典戏曲论著集成》（五），中国戏剧出版社 1959 年版，第 7 页。

如果想实现出字的真、清，需要注意辨别四声，分清阴阳清浊，进行正确的发声吐字，"辨四声，别阴阳，明宫商，分清浊等音"。① 这种观点传承自明代王骥德，在王氏《曲律》中，分设字之"平仄""阴阳""闭口"章节，详释如何正确辨字以实现曲唱中的字音清正。

俞振飞先生也传承了传统曲论的这些理论精华，指出昆曲的清团音与普通话有所区别，昆腔曲唱的口齿分明需建立在分清尖团音、清浊字的基础之上。俞振飞先生总结道：

（1）凡以 z（资）、c（雌）、s（思）三个声母拼出的字是尖音。

（2）凡以 j（基）、q（欺）、x（希）三个声母拼出的字是轻团音。

（3）凡以 zh（知）、ch（蚩）、sh（诗）三个声母拼出的字是重团音。②

此外，振飞先生还细致梳理了昆曲曲唱中的清浊音、阴出阳收等语音情况，具体可参见《习曲要解》，这里不再赘言。

分清字音后，需要曲唱时"五音"与之完美的配合。曲唱中的"五音"，既指音律学中的宫、商、角、徵、羽旋律谱字，也可指音韵学中的喉、舌、齿、牙、唇发声部位。音韵学之"五音"，需与"四呼"相配合，是对声母与韵母发音进行的一种分类方法。

南北朝时顾野王《玉篇》中所收沙门神珙的《五音声论》，是目前可见关于音韵学之"五音"的较早记载，其云："东方喉声（何我刚鄂歌可康各）西方舌声（丁的定泥宁亭听历）南方齿声（诗失之食止示胜识）北方唇声（邦龙剥雹北墨朋邈）中央牙声（更硬牙格行幸亨客）"。③ 在不同朝代的不同韵书中，"五音"的先后顺序有所不同；部分韵书中"五音"的构成也有所不同。如上引沙门神珙《五音声论》中"五音"为"喉、舌、齿、唇、牙"，清代潘耒《类音》中"五音"为"喉、舌、颚、齿、唇"，在潘耒的分类中，"五音"中无"牙"声，但增入了"颚"声。

明代《韵法直图》中，有开口、齐齿、合口、撮口、混呼、闭口、咬齿、卷舌诸法，曲论中"四呼"理论由此发展而来。明代沈宠绥最早将"四呼"用于曲唱研究，《度曲须知·经纬图说》中论述，曲唱时应结合"开、齐、合、撮"等相应口型确保字音发声的准确。

---

① 转载自俞振飞：《习曲要解》，载王家熙、许寅等整理、上海艺术研究所编《俞振飞艺术论集》，上海文艺出版社 1985 年版，第 324 页。

② 同上书，第 328 页。

③ （梁）顾野王：《大广益会玉篇》，高等教育出版社 2016 年版，第 183 页。

俞振飞先生继承中国传统曲论中有关"五音四呼"的演唱要求，对其进行详细论述，并在此基础上提出五音中尚有两个变音，是对传统"五音四呼"理论的发展。振飞先生论及的"五音四呼"中的两个变音为：

（1）变宫是软性舌面音。凡以 i（衣）、ú（迂）两个介母拼出的字是软性舌面音。

（2）变徵是舌尖音和舌边音。凡以 d（得）、t（特）、n（讷）三个声母拼出的是舌尖音；凡以 i（勒）一个声母拼出的字是舌边音。

五个正音和两个变音合起来，古人叫作"五正二变"，统称五音。五音运用准确，声母才能清晰无误。①

俞振飞先生认为"五正二变"古代就有。明代《洪武正韵》曾对"五音"进行过理论拓展，将牙、舌、唇、齿、喉、半舌、半齿，与乐律学中的即宫、商、角、徵、羽、半商、半徵进行关联。《洪武正韵》提出的二变为半舌、半齿，俞振飞先生论及的二变则为软性舌面音、舌尖音和舌边音，可以说，"五正二变"的理念传承自古人，但具体内涵是不同的。这是振飞先生在继承传统曲论基础上所作的理论拓展，并具有极强的舞台实践意义。

3. 从"唱声病"反观一字之内的"善过度"

宋代沈括提出了演唱中的"善过度"理论，其《梦溪笔谈》云："古之善歌者有语，谓'当使声中无字，字中有声。'凡曲，止是一声清浊高下如萦缕耳，字则有喉、唇、齿、舌等音不同。当使字字举本皆轻圆，悉融入声中，令转换处无磊块，此谓'声中无字'，古人谓之'如贯珠'，今谓之'善过度'是也。"②沈括本指演唱中声音与字音间的圆融自然。俞振飞先生的理论总结中，指出了几种可能出现的"唱声病"现象，并提出如何解决这些"唱声病"，其解决之法，是将"善过度"理论化用于一字之内的多重演唱办法与演唱连接之中，具有极强的实践意义。

明代曲论有借切字实现发声吐字的理论探索，并推衍出有关字头、字腹、字尾的演唱要求。明代沈宠绥《度曲须知》提出的"凡敷演一字，各有字头、字腹、字尾之音"，③成为后世曲唱吐字的理论遵循。

---

① 俞振飞：《习曲要解》，载王家熙、许寅等整理、上海艺术研究所编《俞振飞艺术论集》，上海文艺出版社 1985 年版，第 331 页。

② （宋）沈括：《元刊梦溪笔谈》卷 5，古迂陈氏本，文物出版社 1975 年影印本，第 19 页。

③ （明）沈宠绥：《度曲须知》，《中国古典戏曲论著集成》（五），中国戏剧出版社 1959 年版，第 221 页。

在传统曲论中，对字头、字腹、字尾的连接关系，针对演唱时值有所探讨。俞振飞先生在前代曲论的研究基础上，发展了有关字头、字腹、字尾的连接关系理论，从解决"唱声病"角度提出对一字之内头、腹、尾的"善过度"演唱要求。

振飞先生提出，演唱字头与字腹的连接时，要将切字之法运用得自然圆融，不可出现割裂之感。如果没有实现字头与字腹的"善过度"，那么即便唱家唱念准确，也会产生好像唱了两个字般的听觉感受。振飞先生论及："声母念准了，如果出字处理不当，仍会造成字头不好的毛病。一种是把声母与韵母截然分开，头、腹成为显然两截，好像在唱两个字，这只能说在用反切方法读字，而不是在唱曲，而正确的处理，则要求声母与韵母过渡得自然浑成，不露痕迹"。①

不可将字头与字腹唱成两字，要使二者"自然浑成，不露痕迹"，其解决之法是可借"善过度"之法实现字之头腹间的圆美连接。

俞振飞先生尚提出的另一种演唱中的字声病："另一种是把声母强调过分，成为'摘钩头'，成为'字疣'，（皆沈宠绥语），是口齿不清的一种表现。……字头必须有，即使这个字在曲谱上只给它一个音符，也要有好似'一点锋芒'那样的字头，才能像《度曲须知》所云，把上半个字面'管'好，不致出字越出声母范围，张口便错。"②何为"摘钩头""字疣"？沈宠绥解释道："今人每唱'离'字、'楼'字、'陵'字等类，恒有一'儿'音冒于其前，又如唱一那字，则字先预赘一舐腭之音，俗云'装柄'，又云'摘钩头'，极欠干净，此又可名曰'字疣'，不可误认为字头也。"③可知，"字疣"是指本字当中没有、唱家不小心带出来的多余的字音。

俞氏父子传承自叶堂唱口，振飞先生曾对叶堂唱口总结道："出字重，转腔婉，结响沉而不浮，运气敛而不促。"④"出字重"是叶堂唱口的关锁之地，振飞先生认为可借"出字重""字头必须有"之法来避免演唱中出现的"摘钩头""字疣"现象，同时，应把握字头演唱的适度，提出了对"出字重"与"度"之间把握的"善过度"。这是建立在鉴赏角度提出的应避免的唱声病理

①②　俞振飞：《习曲要解》，载王家熙、许寅等整理、上海艺术研究所编《俞振飞艺术论集》，上海文艺出版社 1985 年版，第 332 页。

③　（明）沈宠绥：《度曲须知》，载《中国古典戏曲论著集成》（五），中国戏剧出版社 1959 年版，第 222 页。

④　俞振飞：《艺林学步》，载《梨园忆旧——中国著名表演艺术家自述》，傅杰编，浙江大学出版社 2008 年 5 月版，第 53 页。

论，需唱家洞晓唱声病原理后运用"功深镕琢"的曲唱实践进行规避，是曲唱中的高级演唱要求。

振飞先生认为，演唱中还需注意字音与乐音的圆美和顺，不能因强调旋律而使字音不正，也不能因为过于注重正字而忽视音律演唱，在腔字关系中应实现字正和腔美的"善过度"。振飞先生提道："唱要悦耳动听。常常因为音律的关系，使字音不能完全摆正，这一问题，要辩正地加以处理，不能机械地只强调某一方面；如果刻板地讲究咬字，必然要影响音律，结果变成字正腔不圆了。这就是戏曲作曲与演唱中的'腔词关系'问题。"①

俞振飞先生曾提道："有人会说，昆曲按牌谱曲，依字行腔，只顾四声、阴阳，往往不符合曲文所应表达的人物情绪，岂非以字害意？因此主张以人物情绪为谱曲的唯一根据，不必顾虑四声、阴阳等等。对于这样的观点，我认为应该加以分析。首先要明确认识，所谓四声、阴阳等等是从哪里来的？……这是汉语通过千百年社会实践而形成的，是从人民生活中积累而成的。……只要是用汉语讲话，总不能字音颠倒，教人听不懂。"② 在俞振飞先生看来，字的音韵不仅仅反映了汉字的发音情况，也是记录着中国历史发展的一道深刻印记，更是中国传统文化的一个缩影。准确地演唱字音是昆曲演唱的第一要务，是曲唱欣赏中的一个审美核心。它与中国传统乐论、唱论、曲论一脉相承，构筑了中华民族音乐、剧戏鉴赏的独有美学特征。

二、"唱戏用音"：振飞先生对音声关系的探索

俞振飞先生曾说："'唱戏用音，说话用声'，这是我们戏曲界的传统说法"。③"唱戏用音"，可以理解为戏曲演唱中声音的使用情况。针对昆曲演唱中的声音使用，振飞先生曾从以下几个角度进行过相关讨论。

1. 音之矩度
好的声音的使用，是戏曲演唱的重要条件，是演唱训练的核心。振飞先生

---

① 俞振飞：《戏曲表演艺术的基础》，载王家熙、许寅等整理、上海艺术研究所编《俞振飞艺术论集》，上海文艺出版社 1985 年版，第 271—272 页。

② 俞振飞：《习曲要解》，载王家熙、许寅等整理、上海艺术研究所编《俞振飞艺术论集》，上海文艺出版社 1985 年版，第 324—325 页。

③ 俞振飞：《戏曲表演艺术的基础》，载王家熙、许寅等整理、上海艺术研究所编《俞振飞艺术论集》，上海文艺出版社 1985 年版，第 274 页。

认为，声音应训练达到圆、润、美的程度，并能够在演唱中运用自如。振飞先生提道："正确的发音方法，是保证戏曲演员念好、唱好的先决条件。戏曲表演极其重视声音的圆润优美和运用自如，有所谓'子弟无音客无本'之说。"①

在俞振飞先生看来，"圆润优美和运用自如"的声音需要满足音色、音准、音域、音量四方面要求，对这四方面的训练贯穿了整个学唱过程，是实现高水平演唱的嗓音能力和基本功支撑。

——音色

音色，声音之色度，属唱家天生所具有的声音天赋，包含唱家嗓音自然具有的色泽感和纯净度，也包含演唱时和顺通畅的发声，还需注重对旋律美的声音呈现。俞振飞先生说道："首先，既是唱曲，就要求所发的音是悦耳的乐音，而不是刺耳的噪音。一切干涩、紧巴、嘶哑以及蛮叫的音，都属于噪音；而甜润、明亮、光滑、宽松的音，才符合乐音的要求。这就是音色（音质）美与不美的主要差别。"②

——音准

俞振飞先生认为，演唱时的音准问题很重要，这里的音准，是指演唱的音高与音乐旋律的音高相符，而不是指字音的准不准。俞振飞先生说道："有人唱曲，音阶高低非常准确；有人则不准，所谓'左嗓'；也有人准与不准拿不稳，常常出现'荒腔'现象。"③造成音准不好的现象很多，俞振飞先生认为与耳音的好坏息息相关，振飞先生说道："这些准与不准的差别之所以发生的原因，在于耳音。耳音准，发音也准；耳音不准，发音也不准。"④其实，乐工、唱工皆需具有音准好的耳朵。与乐工不同的是，唱工不仅耳音要好，而且还要在演唱中用嗓子将音唱准，并通过气息的良好保持保障声音的稳定。

——音域

在俞振飞先生看来，有一定的演唱音域是唱家的必要条件。一方面，较宽的音域更适合演唱，另一方面，如果没有那么好的声音条件，则需要唱家后天认真练习。振飞先生说道："又次，是音域宽窄问题。一般来说，昆曲小工调（D调）从 $\underline{3}$ 到 $\dot{3}$，两个八度音程，基本上在这范围内升降。如果嗓音够得

---

① 俞振飞：《戏曲表演艺术的基础》，载王家熙、许寅等整理、上海艺术研究所编《俞振飞艺术论集》，上海文艺出版社 1985 年版，第 275 页。

② 俞振飞：《习曲要解》，载王家熙、许寅等整理、上海艺术研究所编《俞振飞艺术论集》，上海文艺出版社 1985 年版，第 340 页。

③④ 同上书，第 341 页。

上这个音域，应当说唱曲不致发声困难；当然，嗓子的音域宽些就更好。有些人发不出高音，甚至中音也困难，只能唱低八度的调底，那就是'塌中'了。但也有不少女声唱低音则十分吃力。克服音域窄的缺陷，必须依靠经常练声。"①

从演唱音区看，昆曲小工调（D调）从$\underset{.}{3}$到$\overset{.}{3}$两个八度的音程，对于男女声的演唱难度和演唱要求其实是不同的。女声先天比男声高四度至八度不等，通常而言，男高音比女高音低四度音以上，男中音比女高音低八度音以上。因此这个音区对于男声而言是较高的演唱音区，要注重高音区的演唱，男声演唱中或多或少会涉及真假声的使用和转换。俞振飞先生论述到："唱昆曲小生曲子，必须交替使用大小嗓……大小嗓的转换并不是一刀切的，谁也没有硬性规定D调3音非唱大嗓不可，唱了小嗓就是错误。"②真假声的转换，需高超的声音驾驭能力，如何能使真假声"善过度"，转换得"不着痕迹"？振飞先生指出：

（1）大小嗓转变必须有个过渡，才能不着痕迹；

（2）这个过渡的特点是"小阳调"，它是阴、阳调相互渗透的，以此为过渡，就既不是旦角的尖嗓，又不是老生的阔嗓，而恰恰成为小生特有的大小嗓过渡音。习曲者必须多听小生曲子，细心体会，寻到这个"小阳调"，把握住它，不断练习，巩固下来，久而久之就能练出这个音，自然地运用到小生曲子中去。③

对于女声而言，昆曲小工调（D调）从$\underset{.}{3}$到$\overset{.}{3}$两个八度的这个音区演唱起来不算特别难。这个音区的高音对女声而言不是特别高，演唱起来要较男声轻松一些；但部分女声可能会出现中低音下不去、唱的不够"稳"的现象，俞振飞先生提出"但也有不少女声唱低音则十分吃力。"④因此，女声演唱时应注重声音从低音到高音的平顺，尤其防止演唱低音区时出现纰漏。解决之法，振飞先生认为："克服音域窄的缺陷，必须依靠经常练声。"⑤

——音量

中国古代乐论、唱论、曲论中有关于演唱音量方面的要求，但多与其他演唱要求"埋"在一起，很少作为独立的演唱要求。魏良辅《曲律》云："择具最难，声色岂能兼备。但得沙喉响润，发于丹田者，自能耐久。若发口拗劣，

---

① ④ ⑤　俞振飞：《习曲要解》，载王家熙、许寅等整理、上海艺术研究所编《俞振飞艺术论集》，上海文艺出版社1985年版，第341页。

② ③　同上书，第342页。

尖粗沉郁，自非质料，勿枉费力。"① 在这里，魏良辅将对音量、气息及音质的要求作为挑选演唱人才的标准，置于一处论述。俞振飞先生将其分开来，分别要求并进行详细论述，振飞先生说道："再次，则是音量大小。有人音量大，不用扩音设备也能'满堂灌'，给人以充实、饱满的听觉感受（当然不是蛮叫）。也有人音量小，只能在厅堂、房间里唱，不能适应大庭广众的需要，那么，纵然唱法很好，也未免缺憾。"②

中国传统曲论探讨演唱之声时，往往论及堂声③、声音色泽④、声音之形⑤等。对堂声、音色、声形的研究是中国古代演唱理论中唱声理论的主要构成。在此基础上，俞振飞先生拓展了唱声的理论涵盖，提出对音色、音准、音域、音量的要求，扩展了传统曲论的理论内涵。振飞先生还结合详细论述使其含义明晰，便于理解掌握。如何能将实现这四项声之演唱要求，使之达到"美听"的效果？俞振飞先生提出："如何能够达到音色、音准、音域、音量等方面的正确要求呢？除了在发音问题上讲究方法，勤于练习，是没有其他捷径的。"⑥

2. 声之内蕴

俞振飞先生对曲唱之音的要求，除上述对天赋及声音训练方面的要求，还有对音乐表现方面的要求，要求即便有了"美听"之声，尚要有"动人"之音。振飞先生总结到："我认为，要把唱曲艺术提高，必须在'劲'和'味'两个方面不断用功、补课"。⑦

什么是演唱中的"劲"？振飞先生回忆自己小时候跟父亲学曲子时曾提道："那时候还没电灯，桌子上点着一盏煤油灯，父亲念白，一用劲，'噗'地把灯吹灭了，六十二三岁的老人，口劲还这么大。我习曲时，他老是督促

---

① （明）魏良辅：《曲律》，载中国戏曲研究院编校《中国古典戏曲论著集成》（五），中国戏剧出版社 1959 年版，第 5 页。

②⑥ 俞振飞：《习曲要解》，载王家熙、许寅等整理、上海艺术研究所编《俞振飞艺术论集》，上海文艺出版社 1985 年版，第 341 页。

③ 如元代燕南芝庵《唱论》云："凡人声音不等，各有所长。有川嗓，有堂声；背合破箫管"。

④ 如明代魏良辅《曲律》云："听曲不可喧哗，听其吐字、板眼、过腔得宜，方可辨其工拙。不可以喉音清亮，便为击节称赏。"

⑤ 如清代徐大椿《乐府传声》云："凡物有气必有形，惟声无形。然声亦必有气以出之，故声亦有声之形。其形惟何？大、小、阔、狭、长、短、尖、钝、粗、细、圆、扁、斜、正之类是也。"

⑦ 俞振飞：《艺林学步》，载《梨园忆旧——中国著名表演艺术家自述》，傅杰编，浙江大学出版社 2008 年 5 月版，第 56 页。

我："要用劲！用劲！'"我看现在有些演员，由于没有下过这种功夫，就缺这股'劲'。"①从这段论述可知，振飞先生所讲的"劲"，是演唱时借由深厚的丹田气支撑以及多年勤练而得来的口部力量，从而发出的有"根"的慷慨稳健之声、响遏行云之音。这是对曲唱之"劲"技法层面的要求。

形上层面所论的曲唱之"劲"，是音乐的内在韵味。振飞先生谈到叶堂唱口的声之韵骨时曾说过："我父亲唱曲，学的就是叶派，非常讲究阴阳、清浊、停顿起伏、抗坠疾徐。"②从这段话中可知，上佳的声音"停顿起伏、抗坠疾徐"，借声之回转顿挫挥写乐之蕴藉沧豪，游心驰骋，声韵天成，这需要唱家具有高超的声音驾驭能力。

戏曲演唱有个术语叫"挂味儿"。振飞先生提道："什么叫'挂味儿'？'挂味儿'即是在运用声音来表现人物复杂的思想感情变化时，不仅声音优美，而且富有表现力，具有动人心弦的艺术感染力，也就是要做到富于情韵。"③

"挂味儿"的演唱，内蕴声之种种技法，涵沈音之万千气象，抒怀曲之笔外意概。振飞先生解释"挂味儿"时，以杨小楼演绎的《霸王别姬》作为释例，他说道：

> 我们重听杨小楼先生与梅兰芳先生在1931年共同灌制的唱片《霸王别姬》，就很能够了解到这一点。杨小楼先生是京剧界的一代宗师，他的嗓音非常洪亮，可谓"响遏行云"。但是，我们从他灌制的唱片中，能够听出项羽在不同的境遇中所表现出来的不同的情绪。例如：项羽出场后唱的〔粉蝶儿〕，归座以后的〔定场诗〕和念白，以及读完韩信来信时的"哇呀……"等，将西楚霸王项羽那种不可一世的骄横傲慢的情状，充分地显示了出来；战败后，在"四面楚歌"声中，向虞姬唱到"十数载恩情爱相亲相倚，到如今一旦间就要分离"这几句〔西皮散板〕时，声音里带有一种凄切悲凉之感；再如这一场中"力拔山兮气盖世"的悲歌和与虞姬以及与乌骓马诀别时的念白，他的声音如泣如诉，悲壮凄厉，将项羽处在众叛亲离、被困垓下，与虞姬生离死别时的心情表现得淋漓尽致。……梅、

① 俞振飞：《艺林学步》，载《梨园忆旧——中国著名表演艺术家自述》，傅杰编，浙江大学出版社2008年5月版，第56页。
② 同上书，第54页。
③ 俞振飞：《戏曲表演艺术的基础》，载王家熙、许寅等整理、上海艺术研究所编《俞振飞艺术论集》，上海文艺出版社1985年版，第277页。

杨两位艺术大师合作的《霸王别姬》已成千古绝唱，可是声音却长久地在许多戏曲观众的耳际回响。我举这个例子，是要说明我们戏曲演员是应该很重视声音的表现力和感染力的。①

3. 声音使用与行当之间的关系

在一些戏曲剧种中，存在着不同行当的演唱有着不同的用声要求这一现象。关于昆曲不同行当的用声要求，俞振飞先生进行过详细论述："戏曲演员的发声，与演员行当的区分有着密切的关系。生、旦、净、丑，在音色和音质上有着不同的要求和特色。"②

俞振飞先生对部分行当演唱用声总结道：

> 大冠生一般要求低音宽亮，高音响堂，大嗓与小嗓兼用，在听觉上给人以一种端庄雍容、冠冕堂皇的感觉。这是很难的。《迎像哭像》中的唐明皇戴苍白胡子，声音更是非要宽亮、响堂兼而有之不可，所以小生对这一折戏往往视为畏途。

> 小冠生所饰演的角色，大多数是一些平步青云、少年得志的人物，因此发声要比大冠生稍为窄一些，尖一些，小嗓的比例大一些，在听觉上给人以一种纤细而带些稚气的感觉。

> 巾生就是戴巾子的小生，……演的是《琴挑》中的潘必正、《牡丹亭》中的柳梦梅等一类书生，声音中要透出典雅潇洒、风流倜傥之色，带有浓重的书卷气。

> 鞋皮生，京剧里叫穷生，大多数扮演的是一些落魄潦倒、一时失意，日后又青云直上的书生，诸如《破窑记·评雪辨踪》中的吕蒙正、《绣襦记·教歌》中的郑元和等人物。小生行当里面穷生戏是比较难演好的。从发声方面来讲，不能过于明亮，而是黯淡一些为佳，既有儒生的清高和自命不凡的特点，又要表现他们失意落魄的窘态，还要有一些不明世故的呆气。

> 雉尾生所扮演的人物，都是风华正茂、英姿勃勃的青年将官，如昆剧

---

① 俞振飞：《戏曲表演艺术的基础》，载王家熙、许寅等整理、上海艺术研究所编《俞振飞艺术论集》，上海文艺出版社1985年版，第277页。
② 同上书，第275页。

《连环记》中的吕布、京剧《群英会》中的周瑜等，声音要求明快、挺拔、俊秀、结实一些。①

应该说，成熟的戏曲声腔存在着不同行当的角色，有着各具特色的性格特征和表演倾向，在演唱时往往有着较为固定的声音呈现习惯，由此生发出不同行当各自的用声特点。这些用声特点往往与这些角色的身份和性格有关，也与其搬演的故事情节相关，在长期的舞台表演中成为一种约定俗成的呈现习惯，并为受众所接受。昆曲剧戏呈现中不同行当的声音差异久已有之，并非俞振飞先生时代才有。振飞先生凭借多年的舞台演唱与观察，结合不同行当的角色特征，将各行当的不同用声要求与演唱办法整理归纳出来，成为昆曲演唱可资参考的重要资料，也能被其他戏曲声腔所借鉴。

三、气正韵悠：贯穿于曲唱各层面中的"气"

古人论唱必然谈气。唐代段安节《乐府杂录》云："善歌者必先调其气。氤氲自脐间出，至喉乃噫其词，即分抗坠之音。既得其术，即可致遏云响谷之妙也。"②

中国古代唱论、曲论中，有关唱之用"气"的探讨是其中一个研究重点。气，是发声的基础，是运腔的靠托，也是传递意蕴的手段。

俞振飞先生有关"气"之解读，包含以下几个层面。

1. 气与发声

在古代乐论、唱论、曲论中历来看重演唱中气息的使用，认为气息的运用是演唱的基础条件。演唱发声时需要下丹田的深气息支撑及均匀流畅的气息使用，俞振飞先生论气时提道："唱曲者在开唱之前，先要用鼻孔把气深深地吸足（也可以用嘴吸气，但要注意形象），储存在丹田之下，然后缓慢而均匀地吐送出来，用以冲激声带，发出声音。这里的关键有两个：一个是气要吸得深，如果仅仅储存在胸腔中间，就是吸得太浅，容易一泄无余；另一个是气要吐得缓而匀，如果一用就完，就是吐得太快，或是吐得不顺，影响后面的

---

① 俞振飞：《戏曲表演艺术的基础》，载王家熙、许寅等整理、上海艺术研究所编《俞振飞艺术论集》，上海文艺出版社 1985 年版，第 275—276 页。

② （唐）段安节：《乐府杂录》，载中国戏曲研究院编校《中国古典戏曲论著集成》（一），中国戏剧出版社 1959 年版，第 46 页。

换气。"①

近代西方音乐传入中国后，对中国音乐有了一定影响。西方声乐艺术强调对共鸣腔体的使用，振飞先生借鉴西方声乐艺术理论反观中国传统演唱，提出了中国传统的演唱中有共鸣腔体的使用，共鸣腔体的实现需要演唱时气息的配合，振飞先生曾提到："砚秋的演唱，气息运用与共鸣位置配合得十分紧密"。②

气息不仅是发声的有力支持，也是演唱长音、保持拖腔时的重要保障。在演唱一些较低、较难唱、较容易"露怯"的旋律时，成熟的演唱者擅长用气把声音"兜住"，使其不露瑕疵。俞振飞先生提到："曲子中低音比较难唱，难在容易'塌'下去，露出嘶哑低沉的喉音。例如《琵琶记·辞朝》〔啄木儿〕中'万里关山音信杳'的'信''杳'二字，音阶都很低，特别是'杳'的第一个音是 F 调 1 占四拍，唱时要用底气拖住，使它平稳、饱满。"③

清末戏曲界有"昆乱不挡"之说，很多京剧演员从小学习昆腔演唱，既长于乱弹，也擅唱昆曲，直至今天的京剧人才培养中，仍多用教习昆曲"打底子"。其中一个原因源于昆曲用气极讲究，演唱极匀净细腻，而且昆曲中有很多长腔，为实现这些长腔彻满流丽的演唱，昆曲训练出的唱家往往具有气息悠长、运气均匀、借气推声、用气自若的特点。俞振飞先生曾提及："昆曲中有很多长腔，譬如'橄榄腔'，一个音阶延长到四拍，甚至像《牡丹亭·惊梦》〔山桃红〕中的'也'字，三个音阶共占八拍，《劝善金科·思凡》〔山坡羊〕中'小尼姑年方二八'的'八'字，'被师父削去了头发'的'发'字，两处各占十二拍。遇到这些长腔，都必须用气息拖住声音。如果吸气不足，吐气太快，必将匆促换气，捉襟见肘，把一个流转美妙的腔唱得支离破碎，七拆八掖。"④用昆曲"打底子"的唱家，再去演唱其他的戏曲声腔，往往善于用气将声音运化的圆润自若，并借助功力深厚的气息支撑实现"响遏行云"的声音效果。作于宣统年间的陈澹然《异伶传》曾记："自长庚造鼻音法，音辄出丹田，京师剧一变。……客尝闻诸月楼矣，月楼语客曰：'吾师奏曲名天下，靡法勿精，

---

① 俞振飞：《习曲要解》，载王家熙、许寅等整理、上海艺术研究所编《俞振飞艺术论集》，上海文艺出版社 1985 年版，第 343—344 页。

② 俞振飞：《戏曲表演艺术的基础》，载王家熙、许寅等整理、上海艺术研究所编《俞振飞艺术论集》，上海文艺出版社 1985 年版，第 279 页。

③④ 俞振飞：《习曲要解》，载王家熙、许寅等整理、上海艺术研究所编《俞振飞艺术论集》，上海文艺出版社 1985 年版，第 344 页。

古大家皆若此。……语至尾声，虽平调必千回百折，愈吐愈高，响彻云霄而后已。此其运气乃至神乎。吾侪特一体，且以名天下。嗟夫，吾师其圣矣乎。'故天下号曰伶圣"。[①] "月楼"，即杨月楼，谈及其师程长庚之所以声遏行云、名动天下，其中一个重要的原因在于演唱时善用气息，"音轫出丹田"，"其运气乃至神乎"。张次溪著《燕都名伶传》中指出，程长庚善唱源于其"深研昆曲，辨字音极清，抑扬吞吐，为他伶所不及"。[②]

2. 气与气口

行腔中气息的停顿与接续，是需格外注意的地方，传统演唱称其为气口。气口有多种，是好的发声的必要支持，并能左右演唱中曲情韵味的呈现。俞振飞先生提到："戏曲唱、念中，换气的方法，行话叫'气口'。其中，又有明气口、暗气口等区别，明气口让人能感觉到，暗气口让人感觉不到。'气口'掌握得好不好，对声音、节奏都有很大影响，对唱和念中的气氛、情绪、韵味当然也有很大关系。"[③]

有关气口的使用，主要是为了实现以下两个演唱目的：

一是演唱时借气口补足将竭之气，然后用蕴满之气接唱下面的乐句。有时这种气口可以让人听到，如换气、歇气等明显的气口，有时则需要偷气、就气，让听者察觉不到唱家气息的吞吐。俞振飞先生提到："昆曲是无过门的，唱起来一句接一句，一字顶一字，不但换气的地方要恰当，而且还得要会'偷气'。'偷气'是戏曲艺术在气息运用上的一个非常重要的技巧，就是在唱的空档中偷吸一口气，不让听众觉察到，听起来不露什么痕迹，就好似循环不断一气呵成似的，十分悦耳动听，其实却已经换了好多口气了。"[④]

再者，昆曲演唱由于没有过门，那么在演唱较长的一支曲时，唱者需借助多种气口的使用，保证声音从始至终的完美饱满。俞振飞先生提到："昆曲没有'过门'，唱一二十分钟的曲子，要求一气呵成，并非易事。因此，唱曲时必须用'丹田气'拖住声音，才能神完气足，而不使声带疲劳；反过来说，就

---

① 陈澹然：《异伶传》，载张次溪编纂《清代燕都梨园史料》(下)，中国戏剧出版社 1988 年版，第 733 页。

② 张次溪：《燕都名伶传》，载张次溪编纂《清代燕都梨园史料》(下)，中国戏剧出版社 1988 年版，第 1187 页。

③ 俞振飞：《戏曲表演艺术的基础》，载王家熙、许寅等整理、上海艺术研究所编《俞振飞艺术论集》，上海文艺出版社 1985 年版，第 278 页。

④ 同上书，第 278—279 页。

会显得气竭力衰。怎样把气用的好？靠善于吸气、吐气、换气、偷气。"①

气口的使用，不仅为发声吐字提供支撑，又可结合曲辞进行呼吸句读，更能借短暂"休养"以完成较长时间的演唱。上佳的唱家不仅长于用气，甚至能达到善用"一口气"，只借用一个气口的吸纳，完成长乐句、高难度的曲唱表演，达到元代燕南芝庵提到的"爱着有一口气"②的境界。俞振飞先生也曾经提道：

练笑和练唱一样，要练好"气"，掌握好"气口"。例如：《群英会》周瑜在席前向蒋干说到"……口似悬河，舌如利刃，安能动我之心哉"后面的笑，从技术处理上讲，在"安能动我"念完时，就要深深地吸一口气，然后再念"之心哉呀，哈……"一气呵成，中间就不能再换气了。这就有赖于演员刻苦的练"气"，才能掌握它。再拿京剧《黄鹤楼》里周瑜的笑来说，当甘宁告诉周瑜，刘备只带赵云一人过江时，周瑜念："哦！并无人马，就是子龙一人？"接着就是一个长笑。周瑜在念"一"字韵时候，右手伸一指，连翎子带右手同时向左复右转一个圈，再念出"人"字；在念"人"字的时候，对甘宁一看，深深地吸一口气，然后屏住了这口气，慢慢地一个一个"哈""哈""哈"，由低至高，连续不断地笑出来，至少要有七八个到十来个"哈"，才够标准。这十来个"哈"全靠念完台词看甘宁时一刹那吸进的那一口气。③

3. 借气以正字

中国传统唱论、曲论重视演唱中的字正，其中不乏借行腔、切字之法以正字方面的理论探索，也有通过气口使用来"正字"的演唱技法。明代曲论针对入声字的正确演唱进行了理论探索，沈宠绥提出了："凡遇入声字面，毋长吟，毋连腔，出口即须唱断。至唱紧板之曲，更如丢腔之一吐便放，略无丝毫粘带，则婉肖入声字眼，而愈显过度颠落之妙"。④潘之恒总结出"缓急抑扬断复续"。⑤演唱入声字时，可在唱出字头后通过一个小气口的使用让声音马上停顿，

---

① 俞振飞：《习曲要解》，载王家熙、许寅等整理、上海艺术研究所编《俞振飞艺术论集》，上海文艺出版社 1985 年版，第 343 页。

② （元）燕南芝庵：《唱论》，元刻十卷本，《历代散曲汇纂》收《乐府新编阳春白雪》卷首，浙江古籍出版社 1998 年影印本，第 1 页。

③ 俞振飞：《戏曲表演艺术的基础》，载王家熙、许寅等整理、上海艺术研究所编《俞振飞艺术论集》，上海文艺出版社 1985 年版，第 280 页。

④ （明）沈宠绥：《度曲须知》，载《中国古典戏曲论著集成》（五），中国戏曲研究院编校，中国戏剧出版社 1959 年版，第 200 页。

⑤ （明）潘之恒：《鸾啸小品》，载《潘之恒曲话》，汪效倚辑注，古典戏曲论著译注丛书，中国戏剧出版社 1988 年版，第 17 页。

而后再配合拍板之缓急、曲调之抑扬继续行腔。这样的演唱，既能唱出入声字的字调特点，又不会改变应有的谱字旋律。

俞振飞先生指出，演唱其他字调时也可借气口的使用实现"正字"目的。振飞先生提道："唱上声字'嚯腔'，要把第二个音虚唱，同时吸半口气，这也就是偷气；如果不会偷气，把第二个音唱实了，就没有唱好'嚯腔'（去声字的嚯腔在第三个音上。上、去声字的虚实唱法，都关系到用气方法。）"。①

振飞先生还提出，可以在行腔中结合不同力度的气息使用达到"正字"目的，振飞先生提到："《千钟戮·惨睹》[倾杯玉芙蓉]中'受不尽苦雨凄风带怨长'的'带'字，'谁识我一飘一笠到襄阳'的'到'字，《荆钗记·见娘》[江儿水]中'改调潮阳'的'调'字，都是去声字，都是'豁腔'，必须在腔前吸足了气，然后虚唱'豁头'，实唱下一个音，使其达到满宫满调、转折有力的境地。"②

4. 运气以润腔

行腔时气息所具有的作用应该是怎样的？俞振飞先生对此有过论述，具体为：

一是，借助流转的气息，实现运腔的和润圆融。振飞先生讲程砚秋先生演唱时曾经提及："在演唱中，一定要有气息的运动。学唱时，学习用气的技巧是不可忽视的。如程砚秋先生，用气技巧就极为讲究。我们如果细听程先生的唱，就会发现砚秋在行腔时，总是用气息推动着声波，仿佛是气息推动着旋律在前进一样。"③从俞振飞先生的论述中可知，行腔时借助气息的推助，可使运腔"流动"起来，行腔与声音仿若小船，而气息便是小舟下面的水，在气息的推动下行腔流丽圆滑，不会滞涩。如此看来，好的气息支撑不仅是发声的关键所在，同时也是行腔"丸转"④的心诀。

二是，运腔时绵长匀称的气息使用。昆曲曲唱中的细致体现演唱的方方面面，其中气息的匀称铺陈，与出字收音的丝丝入扣一样至关重要。明代沈宠绥形容昆曲演唱说道："声则平上去入之婉协，字则头腹尾音之毕匀，功深镕琢，

---

① ② 俞振飞：《习曲要解》，载王家熙、许寅等整理、上海艺术研究所编《俞振飞艺术论集》，上海文艺出版社 1985 年版，第 345 页。

③ 俞振飞：《戏曲表演艺术的基础》，载王家熙、许寅等整理、上海艺术研究所编《俞振飞艺术论集》，上海文艺出版社 1985 年版，第 279 页。

④ （元）燕南芝庵：《唱论》，元刻十卷本，《历代散曲汇纂》收《乐府新编阳春白雪》卷首，浙江古籍出版社 1998 年影印本，第 1 页。

气无烟火，启口轻圆，收音纯细。"①在振飞先生看来，不仅应做到"字则头腹尾音之毕匀""启口轻圆，收音纯细"，更应做到气息流转的从始至终，气息运化的绵长赞细。振飞先生说道："我和砚秋在一起的时候，常常见他练习太极拳。砚秋告诉我，他在舞台上运用气息的方法，便从太极拳的用气方法中取得了许多借鉴，力求运气的完整、均匀，处处不断'劲'。……他高超的用气技巧，值得我们很好地学习和研究。"②

三是，演唱一些腔格时需要借助气口的使用来共同完成，在这里，气口属于腔格演唱的组成部分。如，嚯腔共有三种，其中的一种便需借气口的使用营造出一种吞吐之声，振飞先生曾提到："凡遇工尺较多，或过于板滞的腔格，为了使它灵活一些，有意少唱一个音，这少唱的一个音就是嚯腔。比如《游园》［醉扶归］中'一生儿爱好是天然'的'是'字，腔格为 (5̇ 65 3 32)，唱到'五'（6）时，要把口略略张开，吸半口气而不出声，这个不出声的'五'（6）就是嚯腔，好像是把'五'（6）吃掉，所以在唱法中属于吞吐的吞字法。"③再如带腔，共有三式，其中一种为："凡在一音连续之中，与应行换气之处，小做停顿，再迅行仍用原音，续唱而下者，谓之带腔；"④振飞先生1953年所作，载于《粟庐曲谱》卷首的第一版《习曲要解》中，振飞先生对"嚯腔"就有较为详细的解释。在1980年《振飞曲谱》出版时，振飞先生增补改写的第二版《习曲要解》中，振飞先生对很多内容再次进行细化论述。这里举例的"嚯腔"，便是振飞先生再次细致梳理后，结合气口运用提出的演唱之法。

四是，一些推助曲情的腔格的运用，尤其是在题眼、务头处的演唱，需要借助上佳的气息运用进行表现。振飞先生提到："散板曲中的'卖腔'，例如《单刀会·刀会》［新水令］中第二个'大丈夫心烈'的'大'字，《长生殿·哭像》［煞尾］中'痛怎忘'的'痛'字，'再细讲'的'再'字，都有'卖头'，

① （明）沈宠绥：《度曲须知》，载《中国古典戏曲论著集成》（五），中国戏剧出版社1959年版，第198页。

② 俞振飞：《戏曲表演艺术的基础》，载王家熙、许寅等整理、上海艺术研究所编《俞振飞艺术论集》，上海文艺出版社1985年版，第279页。

③ 俞振飞：《习曲要解》，载王家熙、许寅等整理、上海艺术研究所编《俞振飞艺术论集》，上海文艺出版社1985年版，第357页。

④ 俞振飞：《习曲要解》，载《粟庐曲谱》，俞振飞编，上海世纪出版股份有限公司、上海辞书出版社2011年版，第7页。

都要预先吸足了气，徐徐送出，声音才能坚实有力。"①

可以说，振飞先生对气息与运腔使用关系所作的探索，是在传承前代曲论基础上所作的理论推进，这些理论内容与振飞先生多年的舞台实践密不可分。

四、节与"心板"：格范之上的"伸缩"

中国传统音乐中的"节"，既包含拍板节奏之义，也具有音乐驰骤、声音舒疾的内蕴。振飞先生曾说："节，就是节奏，内行人叫作尺寸。唱或念时都得掌握住尺寸。快时忽然改慢叫'撤'或'扳'，慢时忽然改快叫'催'或'抢'，都按剧情的需要而安排。"②

古人看来，"节"是乐音的重要组成，它能使声音锦上添花，它能规范音乐之矩度，高水平的唱家必须精于此并自如驾驭。《礼记·乐记》所云："乐者，心之动也。声者，乐之象也。文采节奏，声之释也。"③明代魏良辅《曲论》云："曲有三绝：字清为一绝，腔纯为二绝，板正为三绝"④，振飞先生曾提到："特别是昆曲，动听与否，和节奏的掌握有很大的关系。……唱、念的节奏，还要与台上抬手动脚做身段的节奏相配合。往往看到一个演员的表演，说他不好吧，应有尽有，说他好呢，又使人不能满意，这种表演，常常是没有节奏的缘故。"⑤

在振飞先生有关曲唱之"节"的论述中，可看到以下几个演唱要求与特点：

——振飞先生对各种板式及板式的演唱有着详细的论述，并从中挖掘板与腔格演唱之间的配合。

俞振飞先生在《习曲要解》中，对昆腔演唱的拍板作以细致梳理，将腰

---

① 俞振飞：《习曲要解》，载王家熙、许寅等整理、上海艺术研究所编《俞振飞艺术论集》，上海文艺出版社1985年版，第344页。

② 俞振飞：《戏曲表演艺术的基础》，载王家熙、许寅等整理、上海艺术研究所编《俞振飞艺术论集》，上海文艺出版社1985年版，第280—281页。

③ （清）阮元校刻：《阮刻礼记注疏》，清嘉庆刻本，浙江大学出版社2015年影印本，第2672页。

④ （明）魏良辅：《曲律》，载中国戏曲研究院编校《中国古典戏曲论著集成》（五），中国戏剧出版社1959年版，第7页。

⑤ 俞振飞：《戏曲表演艺术的基础》，载王家熙、许寅等整理、上海艺术研究所编《俞振飞艺术论集》，上海文艺出版社1985年版，第281页。

板、底板、赠板等多种工尺谱中板式符号一一标注，便于学唱、会唱、善唱之人使用。其中一些腔格需与"节"共同配合使用，这里试以卖腔举例说明。

卖腔是一种可以增强声音美感的腔格，多用于散板曲中，上板之曲也有使用的。演唱时，不同的板式其唱法是不同的：散板曲演唱卖腔时，应拖长原有之拍板用以润腔演唱；上板曲演唱卖腔时，由于没有拖长腔格的拍板时间，因此要使用停拍以待腔。振飞先生论及："卖腔此腔用于散板曲中较多，特将一音拖长，使更增其悠扬之致，至于上板之曲，限于板眼，无从拖长，故极少使用，用于散板中者，如《紫钗记》'阳关'折中［鹧鸪天］'掩残啼回送你上七香车'之'上'字，其腔格为'上六'，唱时将六字音拖长，约较长于其他工尺三四倍，（凡唱长音时，须略带波浪形，方称上乘），即系卖腔。用于上板曲中者，因其板眼尺寸有限制，故如逢本腔时，只可停拍以待之"。①

——高级层次的"节"的演唱，往往与曲情相关，并能为舞台呈现增加表现力度。

"节"本是一种音乐自身具有的属性，凡有乐音必有"节"之运用。一些上佳的唱家在唱曲时，善用乐之"节"与曲情配合，使舞台呈现增色。明代魏良辅《曲律》云："惟腔与板两工者，乃为上乘。"②这里试以拿腔举例说明。

拿腔，系结合拍板之驰骤来演唱音乐的推助处或务头处。为凸显乐之步步推进，用节之急促推助进行表现，同时需注意将节奏加快处的前一句唱得较慢，造成一种强烈的拍板对比效果，营造出一种务头处"山雨欲来"之势。振飞先生说道："拿腔是用在一句或者几句曲文的中间，使得气氛加强，以配合表演动作。比如某一句曲文要唱得快些，才显得精彩，就先把前一句末尾几个字唱得稍慢一些，使后一句能够突出其快。这种拖慢的腔就是拿腔，俗名叫作'扳'，是欲擒故纵，先收后放的意思。拿腔依据舞台动作的需要，配合使用，曲谱中没有标明。"③

——最高级的曲唱，是在曲之节度之上尚有"心板"的运用。

为什么卖腔、拿腔可以将曲之"节"进行"伸缩"使用？曲唱的拍板从

---

① 俞振飞：《习曲要解》，载《粟庐曲谱》，俞振飞编，上海世纪出版股份有限公司、上海辞书出版社 2011 年版，第 20—21 页。

② （明）魏良辅：《曲律》，载中国戏曲研究院编校《中国古典戏曲论著集成》（五），中国戏剧出版社 1959 年版，第 6 页。

③ 俞振飞：《习曲要解》，载王家熙、许寅等整理、上海艺术研究所编《俞振飞艺术论集》，上海文艺出版社 1985 年版，第 358 页。

来都不是一成不变的，应有快有慢、有促有缓，有时是明显的张弛，有时是不着痕迹的松紧，源于好的唱家内在有一个"心板"，这个"心板"是唱家的内心节奏，结合旋律流韵、曲辞文义及剧戏铺陈与转折进行演唱，具有灵动的伸缩性特点。振飞先生曾提及："戏曲唱腔的节奏还有一个特点，是伸缩性强。一段唱，里面总是有'撤''催'等变化，只是有的大些，听众感觉明显，有的变化细微，听众没有觉察到。但演员心里要明白，其间是有变化的，唱得活了，感情表达就会自然些。还有一种'耍板'的唱法，俗称'耍着唱'，就是某些腔，并不落进原来的板槽内，而是有节奏地加以灵活掌握。'耍板'要'耍'得好，演员的内心节奏必须是很强的。掌握这些变化的本事，内行叫作'有心板'。'心板'就是内心节奏。'心板'的锻炼，当然也是需要下功夫的。"①

曲唱中"心板"，是一种音乐的内在韵势，是曲辞之外的铺叙与暗涌，它通过对音乐旋律的把控、对拍板节奏的驭御、对内在律动的驰骋，借声音诠曲情，造境意。俞振飞先生曾提到过：

> 我几十年间所见笛师，以张云卿为最好。……据我父亲说，有一次他在北京曲集上唱一段《玉簪记·秋江》，由张云卿吹笛，配合得严丝密缝，唱者舒心惬意，听者如饮醇醪。其时有位曲友见猎心喜，急忙请我父亲教会了这支曲子，也要求张云卿吹笛伴奏，但效果不佳，就责怪张云卿对人有厚薄。张云卿不能接受，说："俞某人唱得有交代，我合得上，你唱得没有'肩胛'，是'连刀切十八块'，一无交代，叫我怎么吹？"②

优秀的唱家和功力一般的人，其演唱之"节"的差异在哪？俞振飞先生论道："最好的笛师要在伴奏时扔掉自己的东西，而跟着演唱者的'气口''尺寸'和各种润腔技巧，紧紧配合，才能相得益彰，起到锦上添花的效果；倘若唱得不合规范，没有交代，怎能埋怨笛子配得不好呢？"③振飞先生这里是在论述笛师如何配合唱家，但从中可知，好的唱家应将唱之用气、心板"尺寸"及腔格口法紧密配合并进行演唱呈现，将内在的"心板"借演唱"交代"给笛师，方

① 俞振飞：《戏曲表演艺术的基础》，载王家熙、许寅等整理、上海艺术研究所编《俞振飞艺术论集》，上海文艺出版社1985年版，第281页。

②③ 俞振飞：《艺林学步》，载《梨园忆旧——中国著名表演艺术家自述》，傅杰编，浙江大学出版社2008年5月版，第59页。

能琴瑟和鸣、珠联璧合。在这里，唱家的"心板"是曲唱之内在筋节，曲辞呈现的内蕴风骨。

结语

曲唱中仅仅将"字、音、气、节"演唱得宜是不够的，还需在曲情的把握基础上，将其圆融地配合。振飞先生曾说道："我父亲教授昆曲时，指出字、音、气、节四项必须加以重视。……我现在要说的是，这些理论知识也好，具体方法也好，都是属于技术法则的范畴，不了解它，不掌握它，固然唱不好曲子，但仅仅到此为止而不善于运用的话，还不能称为艺术。……因此，在字、音、气、节之外，应当增添一个'情'字。运用字、音、气、节，为表达'情'服务"。①

戏剧创作时，制曲者是第一创作者。走到舞台上，唱工用曲唱之声、舞台表演诠释文本，这时唱工成了主角。对唱工而言，熟练掌握"字、音、气、节"是为了更好地发声传意，实现剧戏的声音演绎，并在演唱时呈现出一种挥洒写意、声韵天成之境，仿若"如鲛人之锦，不着一丝纰颣"②之态。振飞先生曾说："歌唱艺术要求把声音的高低、强弱、轻重、快慢、虚实、刚柔等相对的形式作出恰当的对比处理，使其达到美听的效果，这就是曲折而不平不直了。这些不拘一格的灵活处理，既要符合技巧法则，又要不为法则所困住，做到'从心所欲不逾矩'。艺术家追求的这个境界，且得细心探索、反复实践，才能有所收获。"③

实现了"美听"完成了曲情铺陈，还不算达到最高级的艺术呈现。最高级的艺术家，能用声音摹写"阳春"，借"水磨"点染"桃花源"，开启一段欣赏者本没有却能在当下与其他听者共享的对美的集体感受；最高级的艺术家，尚能在相同的曲牌剧戏演唱时，既全契合格范，又将个人烙印隐显于声彩之中，通达文本、音乐未至之境，打破历史感与在场的疆界，实现一段有署名的艺术

---

① 俞振飞：《唱曲在昆剧艺术中的位置》，载王家熙、许寅等整理、上海艺术研究所编《俞振飞艺术论集》，上海文艺出版社 1985 年版，第 319—320 页。

② （明）王骥德《曲律》，载中国戏曲研究院编校《中国古典戏曲论著集成》（四），中国戏剧出版社 1959 年版，第 132 页。

③ 俞振飞：《唱曲在昆剧艺术中的位置》，载王家熙、许寅等整理、上海艺术研究所编《俞振飞艺术论集》，上海文艺出版社 1985 年版，第 321 页。

雕刻。俞振飞先生便达到了这个境地："他将昆剧历史上'清工'和'戏工'集于一身，将京昆艺术熔于一炉，表演风格以书卷气为显著特色。他锐意促进京昆两个剧种各自的风格化，成为京昆剧坛一代宗师，彪炳梨园界。"①

可以说，振飞先生"偶然为客落人间"，他的演唱，声释清赋，音逸宫商，气劲遒隽，曲曲传情。

---

① 费玉平、刘鹏编著《小生唱腔与伴奏》，文化艺术出版社 2021 年版，第 32 页。

再论昆曲常用曲牌理论
——写在俞振飞 120 周年诞辰之际

张 玄

（上海音乐学院，副教授）

摘要：2022 年，京昆艺术大师俞振飞 120 周年诞辰，重温俞老"昆曲常用曲牌"理论具有纪念意义和现实意义。"昆曲常用曲牌"理论既是昆曲音乐理论，也是基于表演实践的作曲技术理论。该理论的提出始于《墙头马上》创作，本文通过对《墙头马上》中经典曲牌和套曲的运用，阐述昆曲常用曲牌理论，并讨论了该理论的现实意义。

关键词：俞振飞　昆曲常用曲牌理论　《墙头马上》

　　2022 年，戏曲艺术大师俞振飞 120 周年诞辰。俞老作为我国戏曲界最杰出的艺术家之一，家学深厚、开宗立派、京昆兼能。在昆曲艺术的曲学、剧学、表演美学及教育方面都有着重要的贡献，对我们当今的昆曲曲学理论、表演理论研究具有重要的启迪和指导作用。

一、"昆曲常用曲牌"理论

　　"昆曲常用曲牌"理论既是昆曲音乐理论，也是基于表演实践的作曲技术理论。其内涵是以多维度的曲牌分类考察曲牌自身的音乐性、适用性、实用性，按照宫调、笛色、合结音、南北曲风格等多个音乐维度、多层面共同衡量的原则，兼顾昆曲套数的组套原则、行当唱腔和情感表达，所形成的综合性曲牌分类思维。同时，是"以套为纲"①与"死腔活

---

① "以套为纲"是建立在常用曲牌理论基础上的常用套曲作曲技法，即以经典化的套曲结构作为音乐创作的基本框架。

调"①作曲观念与技法的科学表述。对于昆曲音乐理论的研究，俞振飞不仅在《振飞曲谱》序言中对于唱曲的"习曲要解"和"念白要领"进行了经验总结和详尽指导，同时，在20世纪50年代，就开始了昆曲常用曲牌理论的探索：

> 　　1958年访欧回来后，一次周总理问俞振飞："明年建国十周年，你们准备拿什么剧目向国庆献礼？"俞振飞没有准备，一时愣住了。周总理说："我给你们推荐一个题材：元杂剧中有一出《墙头马上》，主题是反封建的，有教育意义，你们可以改编一下。"
>
> 　　俞振飞回到上海后，就组织力量着手《墙头马上》的改编。如果说《牡丹亭》只是传统剧目的删繁就简，那么《墙头马上》的改编就完全是一种创新。昆剧传统剧目中没有此剧。元杂剧的结构、人物不可能完全照搬，唱腔和表演手段都得重新设计，任务是艰巨的。他们还是请上海京剧院的编剧苏雪安执笔，上海人艺的话剧导演杨村彬执导，俞振飞自始至终参与了编、导、演的全过程。此外，言慧珠、周玑璋、朱传茗、方传芸、华传浩等人也一起参加了设计和讨论。该剧由俞振飞饰裴少俊，言慧珠饰李倩君，郑传鉴饰裴行俭，华传浩饰裴福，其他角色由昆班学生分饰，如梁谷音饰梅香，计镇华饰李世杰，刘异龙饰乳娘……
>
> 　　……俞振飞以前虽也演出过不少京剧新戏，但像《墙头马上》那样，一切从零开始创造角色的戏，却还是第一次。他在塑造裴少俊这个人物形象上付出了创造性的艰苦劳动。
>
> 　　通过《墙头马上》的创排演出，还积累了改编、创作昆剧新戏的经验。俞振飞把它总结为两条：一是"不怕争论不怕改"，二是"新旧戏剧工作者应该大合作"。
>
> 　　……
>
> 　　《墙头马上》由长春电影制片厂于1963年摄制成彩色艺术片，演员大多是原班人马，也给俞振飞、言慧珠的合作留下一个珍贵的纪念，亦为后

---

① "死腔活调"原指北曲作曲技法中的古训，由于北曲曲词结构较为松散，不似南曲对板的要求那般严苛（南曲"衬不过三"），相较于南曲的死板活腔，北曲被归纳为死腔活板。当下，应用于场面之作的昆曲音乐创作，昆曲曲牌程式性规律是"死腔"，作曲家的自如创作空间就是"活调"。

人留下一份宝贵的艺术遗产。①

俞振飞在《墙头马上》电影拍摄期间，曾谈道："昆曲曲牌太多太多，有些曲牌实际上并没有多少特点，而且现在创作中存在乱选曲牌的现象"，"应该选一些曲牌经常使用，大家常唱常听，耳朵当中就熟悉了。"②作为曲牌体的声腔，曲牌是昆曲音乐的灵魂。在《墙头马上》的曲牌选用中，俞振飞是非常用心思的，无论是【集贤宾】套曲、【九转货郎儿】套曲、小石调【渔灯儿】套曲，还是【新水令】套曲的运用，都是采用经典、常用的曲牌套路恰切地表现人物。（后文将对这些套曲选用的合理性、经典性做出进一步说明）应该说，在《墙头马上》的排演中诞生的昆曲常用曲牌理论的创想，是基于实践萌发的理论总结。通过数十年实践的成功，到 80 年代后，俞振飞则在择取曲牌方面更加坚定了这一想法。被俞振飞亲笔题诗赞誉为"爨演之余，耽研曲律""融会贯通，颇有所获"的俞门弟子、昆曲音乐家顾兆琳先生曾撰文回忆：

> 令我最难忘的事上海昆剧团建立后的八十年代初的一天，俞老师、师娘蒨华老师和一批朋友、学生们在雁荡路洁而精餐馆吃饭时，老师不仅谈唱曲技巧，而且还谈昆剧音乐的革新思路。他说："昆曲的曲牌浩如烟海，有许多不常用的就少用或干脆不用，如果整理出一批常用的曲牌，经常演唱就比较好"。老师的话言简意赅，却给我指明了学习和努力的方向。从此以后，"常用曲牌"的课题深深地印刻在我的脑海之中，我暗暗下定决心，要进一步学习曲牌格律，并探索"常用曲牌"的设置方案。③

本文正标题中的所谓"再论"是源于笔者十年前（2012 年）发表的一篇旧文《精而善用　遵古拓新——谈顾兆琳先生昆曲音乐理论建树》一文，在这篇文章中笔者用了较大篇幅，比较详细地梳理了"昆曲常用曲牌理论"从萌生到

---

① 唐葆祥：《清风雅韵播千秋——俞振飞评传》，上海古籍出版社 2010 年 6 月版，第 108—110 页。

② 谈话转述记录于 2010 年 10 月 2 日，顾兆琳老师采访视频。

③ 顾兆琳：《骊珠串串沁心田——回忆俞振飞老师对我从事作曲、演出"两门抱"的关心》，《昆剧曲学探究》，中西书局 2015 年 8 月版，第 4 页。该文原载《上海戏剧》2012 年第 8 期。

成熟的过程：

> "昆曲常用曲牌"应用理论经历了萌生——初探——实践——总结——再实践——成熟的发展过程，植根于丰厚的曲牌遗产，承传吴梅、杨荫浏、王守泰等曲家构想，始于俞振飞而成于顾兆琳。①

因此，在这一理论的初创和缔造者俞振飞大师诞辰120周年之际，笔者希望回到理论的原点，再次回望大师当年厚积薄发所提出的重要观点，并立足当下感受俞振飞当年的高瞻远瞩。

二、《墙头马上》选牌三例分析

"妾弄青梅凭短墙，君骑白马傍垂杨。墙头马上遥相顾，一见知君即断肠"，唐代诗人白居易的这首乐府《井底印银瓶》是昆剧《墙头马上》的远源，而近源则是元曲四大家之一的白朴所撰写的杂剧，这部杂剧与郑光祖的《倩女离魂》、王实甫的《西厢记》、关汉卿的《闺怨佳人拜月亭》一起，并称元杂剧中的四大爱情剧。剧中男女主人公冲破封建思想藩篱的大胆爱情、无巧不成书的离合和对封建家长的戏谑，让这部戏充满了轻喜剧的味道，因此其又被列为中国古代十大喜剧之一。全剧有"遣子""诗媒""出走""归绛""逼试""责俊""逼休""认婿""悔休""观圆"十折，从曲牌套数的选用上非常讲究，音乐上也很经得起推敲，现选取三个选牌例子进行分析。

1.【二郎神】套曲

"出走"一折，是裴李二人花园相会与定情出走的一折。这一折的戏剧节奏有着前松后紧的特点，前半段是等待、陈情和定盟，后面被乳娘发现后戏剧节奏陡然紧张起来，至两人定情出走戛然而止。在这一剧折中运用的曲牌有【高阳台】—【二郎神】—【集贤宾】—【啄木儿】，从结构上看是【商调·二郎神】的短套。【高阳台】是一支由宋词派生的曲牌（宋词词牌名【高阳台】，又名【庆春泽】），在这里是作为引子使用的（此外还有用作过曲的【高阳台序】），这支曲牌应用并不多，在《集成曲谱》中也仅有两例作为引子使用。但用在这

---

① 张玄：《精而善用　遵古拓新——谈顾兆琳先生昆曲音乐理论建树》，《昆剧曲学探究》，中西书局2015年版，第271页。

里非常合适。曲笛在开唱前奏出迂回下行并由同一乐汇模进构成的乐句，柔缓的旋律恰似李倩君娉婷的身姿，奠定了羽调式的合结音。【二郎神】套曲在《长生殿·密誓》《琵琶记·廊会》《牡丹亭·叫画》等传统剧折中均有使用，在"出走"中的运用则更为精到。【二郎神】的选牌恰如其分，曲牌中长拖音、长时值带来的迟滞感，既表现了裴少俊首次张口表达爱情时的生涩，也描绘了他心中的对于这份情感的笃定。而俞家唱腔的书卷气又进一步诠释了年少书生心中对于爱情的斗胆和执著，绝不似那浪荡子一般随意。接下来的一支过曲【集贤宾】，由于是简套的用法，主腔上又高度相似，因此结构一改过去【二郎神】长套松垮的弱点，音乐逻辑上非常严密。且这支【集贤宾】速度上明显比【二郎神】更快，用音乐将李倩君在裴少俊表白心迹后，又探明其尚未婚配这一内心变化的过程加以渲染，情感随即喷涌而出。言慧珠在《我演"墙头马上"》一文中谈到了对曲牌的改革：

> 李倩君除月夜园会定情一场外，这个人物都不适于唱低的和慢的调子，即使定情一场的"集贤宾"我们也去掉了十几板，把和情感不对头的地方的长三眼拖腔都去掉了。[1]

而接下来的选曲更妙，从商调曲牌犯调到【黄钟宫·啄木儿】，调式色彩瞬间转换，加之短长短铿锵有力的节奏和打击乐【浪头】的混牌子奏法，非常完美地表现了李倩君被乳娘撞破恋情后出走的决心、坚定的表态，剧情被推向了第一个小高潮。

这一折的选曲和套数安排，非常经典地体现了俞氏昆曲常用曲牌理论的思想和应用。即以舞台实际应用为出发点，依据家门、情绪、戏剧线选择速度、结构、风格相适应的套曲，遵循传统中的程式性特点，主腔明确、曲牌个性明显。然而，遵古的同时又不拘泥于旧有做法，运用比较少用的淡雅清新的【高阳台】作引子，犯调到别宫（【商调·二郎神】犯调到黄钟虽不罕见，但多犯集曲曲牌，直接犯调到【黄钟宫·啄木儿】此前未见）。联套后听觉上既新鲜又熟悉，取古法唱新意，是昆曲常用曲牌理论的完美实践。

---

[1] 言慧珠：《我演"墙头马上"》，《上海戏剧》1960 年第 2 期。

谱例 1①：【高阳台】曲牌

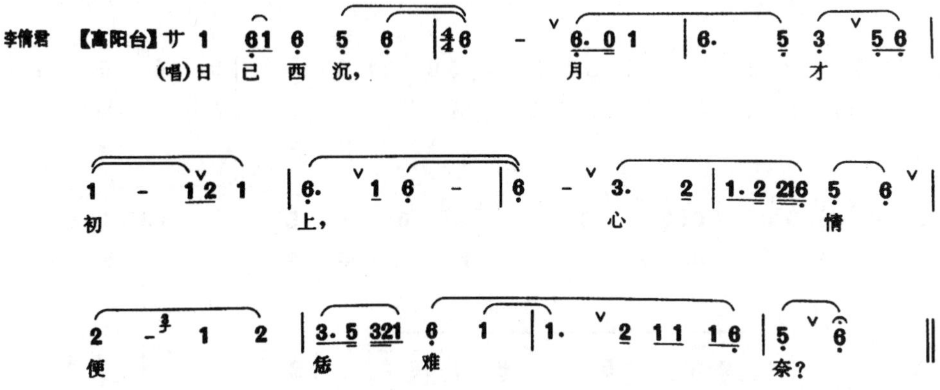

李倩君　【高阳台】廿 1　61 6　5　6　｜4/4 6　－　6. 01　｜6.　5 3　56｜
　　　　（唱）日　已　西　沉，　　　　月　　　才

1　－　121｜6.　16　－｜6　－　3.　2｜1.2 216 5　6　｜
初　　　上，　　　　　心　　　情

2　－　1　2｜3.5 321 6　1｜1.　2 11 16｜5 6‖
便　　怎　难　　　　　　奈？

2.【渔灯儿】套曲

"责俊"一折，戏剧高潮一层高过一层，前半段是一个小冲突：恩爱的裴李二人第一次因为躲藏在花园中做瞒人夫妻四五年产生口角，非常形象地塑造了一个老实的近乎懦弱的书生和敢作敢为敢担当的李倩君的形象对比。后半段的冲突更加剧烈，伴装赶考离家的裴少俊不得不回到前门面对老父亲的问询和责打。因此在戏剧结构上分为妻子责俊和父亲责俊两个小段落。父亲给出的惩罚措施居然是将裴锁到后花园中，除一日三餐不许与外人相见，不明真相的封建家长歪打正着地成全了裴李和两个孩子，不得不说是此折两番冲突后一个充满喜剧性的小结尾，也为后面戏剧冲突最高潮"逼休"做了铺垫。这一折的选曲主体为【渔灯儿】套曲，先后用了【山坡羊】—【渔灯儿】—【锦渔灯】—【锦中拍】、干念牌子【扑灯蛾】和曲牌【缕缕金】。【渔灯儿】套曲在传统剧中是一个常用的长套。由【渔灯儿】—【锦上花】—【锦中拍】—【锦后拍】—【骂玉郎】五支曲牌顺序构成，音乐的逻辑结构严密。尤其包含首牌【渔灯儿】在内的四支曲牌在传统用法中较少有增删或者倒换顺序，【骂玉郎】则常有被省略的情况。《西厢记·听琴》《烂柯山·痴梦》《水浒记·活捉》中都有成法可依。在《墙头马上》这一折的运用中，这个昆曲常用曲牌构成的套曲又出现了更多新意：套曲中保留【渔灯儿】中三个"为什么"的诘问，音乐上结构层层延展、旋法上越来越复杂多变、音域上越来越宽，张力越来越强（在《烂柯山·痴梦》中有相同的用法。）

---

① 曲谱源自上海昆剧团：《振飞曲谱（下册）》，上海音乐出版社 2002 年版，第 337 页。

谱例2[①]：【渔灯儿】曲牌

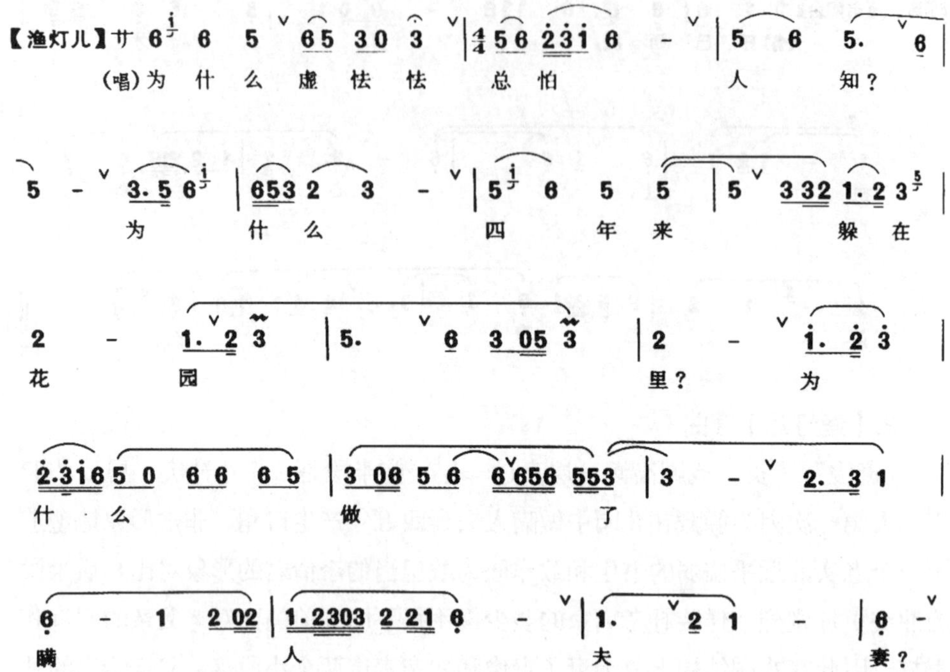

接下来的【锦渔灯】【锦中拍】与首牌衔接紧密，特别是【锦中拍】由散板到上板，由旦、生、丑接续演唱，正闪结合凸显顿挫之感，音乐上非常有韵致。在这个曲牌后却没有延续【渔灯儿】套曲的【锦后拍】和【骂玉郎】，而是跳到了唱【缕缕金】，由于剧情前后两个部分的分割，又有干念牌子插入其中，【缕缕金】的安排并不突兀，然而当我们把套曲结构置放到更大的视角中去研究时，就会发现结构严密的奥妙。2015年，笔者曾指导上海音乐学院音乐学系本科三年级学生杨越麟写作了《清风雅韵播千秋——从昆剧〈墙头马上〉看俞派艺术特色》一文，在文章中特别研究了"责俊"一折的结构特点。引用这篇文章中的列表，我们能够更直观地看清楚其套曲结构特点：

① 曲谱源自上海昆剧团：《振飞曲谱（下册）》，上海音乐出版社2002年版，第346页。

图 1①：

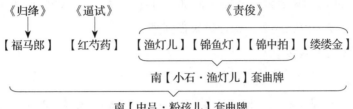

这是昆曲复套之中，"套包套"的结构，在南【中吕·粉孩儿】中插入了一个相对完整的【小石调·渔灯儿】套曲，大套之中加用小套，且是跨了三折运用，规模宏大且增强了剧折之间的音乐联系，是十分精巧且见功力的布局。

3.【九转货郎儿】

"逼休"一折中，【九转货郎儿】的运用在舞台上的效果是非常显著的。在戏剧冲突最强的当面逼迫与反抗中，角色情绪到达顶端。前面的南曲套曲一路唱下来，到这里陡然一变，七声音阶清角、变宫音让调性、调式都发生了剧烈的改变，其间既有羽、商的调接触、清角为宫的近关系转调，又有大二度远关系的转调，人物情绪随着唱腔跌宕起伏，十三度的跳进高下闪赚让唱腔的风格硬朗而直接。

> 改编者用了"九转货郎儿"一套牌子，"九转"按照序应是一二三四五六……顺序接转，而现在改为二三五四七八六。而且对唱改为有话即长，无话即短，需要几句唱几句。由于词句长短和四声的变换，腔服从词，词服从感情，腔也自然而然有了变化，听上去有"货郎儿"的味道，但没有一句是套用现成的。②

被变换了次序的【九转货郎儿】，在传统的基础上展示出了令人炫目的魅力。【二转】中仍有是【货郎儿】本格，【五转】"怎道是玷辱了他世代书香"一句清角为宫，上四度旋宫转调，留有明显的《长生殿·弹词》中"恰便似莺与燕弄关关"的味道。【四转】依然通过节拍的变化，以切分节奏的正闪结合

---

① 杨越麟：《清风雅韵播千秋——从昆剧〈墙头马上〉看俞派艺术特色》，《聆戏者说》，上海音乐学院出版社 2021 年版，第 361 页。原文发表在《戏友》期刊 2016 年第 1 期，第 42—46 页。

② 言慧珠：《我演"墙头马上"》，《上海戏剧》1960 年第 2 期。

推动情感的流动。被移位到最后一支的【六转】仍然保留了传统的叠字加垛，"惊惊恐恐悲悲切切兢兢战战委委曲曲"几乎未改一音，却将原来【六转】的激越铿锵置换为惊恐战栗，舞台效果很强烈。

谱例3①：【六转】

综合以上三个套曲的运用，三个折子三种不同的选牌、选套处理方式，全部运用了令人耳熟能详的常用曲牌，却又在运用中别出心裁。曲曲不雷同、支支有新意，创作者对传统曲牌耕耘之深，跳出传统创新技法之高妙令人叫绝！

三、"昆曲常用曲牌理论"的当代价值

诚然，《墙头马上》的经典化还有其他诸多因素。表演上俞派小生"书卷气"的表演和演唱亦在这出戏中有充分的体现。对人物的精准拿捏、极具俞家唱标志性的腔音和细腻的润腔（特别是嚯腔的运用，阴出阳收，略高于笛却不同于罕的俞派特点）以及俞、言两位大师精湛的表演都是该剧成为俞派经典剧目的原因。但选牌之成功实为基石，俞振飞"昆曲常用曲牌理论"也从此剧开始找到了方向。借此机会，我们重读俞老八十四岁时写下的一段文字：

"……声律理论，杳渺已久，后学缺乏专书以为津梁，苦于问津无由，时至今日，知音更少，问题益为突出。评论者存在两种观点：一种认为昆曲声律高深莫测的，又是一成不变的，比如套曲，北【新水令】之后，只许续以【折桂令】【雁儿落带得胜令】诸牌，南【步步娇】必与【醉扶归】

---

① 曲谱源自上海昆剧团：《振飞曲谱（下册）》，上海音乐出版社2002年版，第354页。

【皂罗袍】【好姐姐】相联，成规在前，不容移易（按诸实际，何尝如此，然而论者不问也！）另一种认为昆曲套数，早已凝固、僵化、桎梏为害严重，何不改弦更张，一时'存牌废套'或'彻底废弃曲牌体'之主张，纷然而起，面对种种不同议论，孰是孰非，言人人殊，而毁誉之间，并无明证实理，明其轨辙，实属不容稽缓之务……

虽有汗牛充栋的曲谱，无非为填词、讴歌而设，至于某牌某套之音乐结构如何，以及如此结构之依据何在，言者殊渺，专著无闻也，致使后人按谱循声，但知其然不知其所以然，声律之秘，昏昏然如宝镜尘翳，长期研磨了光彩，这真是昆曲的大缺憾呵！"①

重读经典，这位戏曲巨擘当年的高瞻远瞩与字里行间的忧虑仍然令人动容。俞老当年对昆曲常用曲牌理论的思考确实非常深入，面对"一成不变"和"改弦更张"的两种态度，其实早在《墙头马上》的创作中俞老已经给出了最精准的示范和指导。只不过后学未能深入体察，当下有的作品仍然在"套腔""破套存牌""自由长短句"间游移徘徊，而那些能够立在舞台上且能传唱的作品又都是自觉或不自觉地遵循了俞老的昆曲常用曲牌理论，在传统与当代、程式与创新间寻找着平衡点。从这一点来说，重温经典、重温理论对我们当下的创作和理论仍然有重要的现实意义。

1963 年《墙头马上》电影拍摄时，俞老将昆大班、昆二班的学生们带在身边，言传身教。后来的"华岳"（华文漪、岳美缇两位老师）版、昆三班、昆五班一直在接力传承着这部经典。2022 年 7 月 14 日，由上海昆剧院团演出的《墙头马上》在上海保利大剧院上演，黎安、沈昳丽等艺术家们在舞台上一支支唱着【二郎神】【渔灯儿】【九转货郎儿】，台下观众随着艺术家们的精湛表演时而会心欢笑、时而鼓掌喝彩。笔者当日坐在台下，深感古老昆曲的艺术魅力和承传有序的艺术生命，也许这便是俞老诞辰 120 周年之际最美好的纪念。

---

① 俞振飞：《昆曲曲牌及套数范例集（南曲第四集）》序言，1985 年写作。《昆曲曲牌及套数范例集（南套·上册）》，上海文艺出版社 1994 年 7 月版，第 597 页。

曲唱与传承："俞家曲唱"的理论贡献论

裴雪莱

（浙江传媒学院戏剧影视研究院，副研究员）

摘要："俞家曲唱"是指俞粟庐和俞振飞父子昆曲曲唱技艺的方法、方式、特征和理念，其形成、发展和传承的脉络清晰可见。"俞家曲唱"的地位和影响，除去精湛的曲唱技艺之外，还与不断建构和完善的理论贡献有关。具体包括曲谱的整理和编订、曲学论述的撰写和阐述，以及曲唱理论的传播与传承等方面。总之，"俞家曲唱"的实绩不仅在于曲唱技法，还在于理论意识的自觉和理论水平的高超。

关键词：曲唱与传承 "俞家曲唱" 理论贡献

晚清民国以来，江南昆曲曲家俞粟庐及其子振飞通过自身的努力和天赋，凭借高超的技艺和成就，以及谦虚好学、诲人不倦的人格魅力，影响并带动江南乃至全国昆曲曲唱的发展。然而，俞氏父子的贡献绝非限于曲唱技艺之高，剧目搬演影响之大，推动培育之勤，他们的理论贡献同样居功至伟。

历经晚清、民国及新中国，俞氏父子的曲唱理论在不断的实践中前进，逐渐成熟完善，他们的《度曲一隅》《度曲刍言》《习曲要解》等理论论述，形成继晚明魏良辅《曲律》和沈宠绥《度曲须知》，清初李渔《闲情偶寄》和徐大椿《乐府传声》等一脉而来，具有全新时代品格的曲唱理论。因此，当今曲学研究及曲友曲唱，普遍关注俞氏父子在唱曲、授曲等方面的成就，曲唱技艺之高、影响之大，或者是振飞舞台实践之精彩、授曲教曲之成功，而对于俞氏父子的曲唱理论[①]缺少全面深入的讨论。这包括俞氏父子曲唱理论的形成、发展和传承诸多方面。

---

① 本文称"俞家曲唱"，正文有定义。

一、"俞家曲唱"的定义及脉络

昆曲"俞家曲唱"指昆曲曲家俞粟庐确定的曲唱规范和方法心得，并由其子振飞补充完善的曲唱体系。他们的曲唱方式、方法、特征和理念，概称之"俞家曲唱"。分为三个层次：俞粟庐、俞振飞父子的曲唱；俞门弟子们的曲唱；向俞氏父子请教或自觉吸收学习俞派曲唱技艺技法的曲唱。

先说"俞派曲唱"。这个概念是曲家徐凌云在 20 世纪 50 年代提出的，时值俞振飞梅兰芳合演昆曲之际。故而先有《游园》《惊梦》《断桥》《思凡》《刺虎》等五折单行出版，并得到徐凌云题跋。接着徐凌云影印《游园惊梦》等折子，并撰写题跋：

> 昔上海穆君藕初创"粟社"，以研习先生唱法为标榜一时，附列门墙者沾沾于得"俞派唱法"为幸事。①

这当是"俞派唱法"概念的最早提出时间。2011 年和 2014 年，南京大学吴新雷教授先后两次撰文讨论，产生较大影响。② 不过明末清初潘之恒《鸾啸小品》提出"昆山、吴江、松江"等不同流派的特征，但这是从地域的角度划分，是否同样可以"因人而划"，区分出不同的曲派呢？

有人疑问，曲牌连套体的昆曲曲唱是否如同京剧、越剧等板腔体声腔那样流派纷呈？但考诸曲史，俞派曲唱的存在确是不争的事实。不管是讨论"俞派曲唱"还是"俞家唱""俞家的唱""俞家曲唱"，粟庐父子对昆曲曲唱的贡献绝非仅限于曲唱技艺的拓展和推动，也不仅仅是弟子的培养和提携，还在于形成成熟完善的理论体系，脉络清晰，特征鲜明，体系完善，影响久远，是昆曲曲唱代表性阶段，具有里程碑意义。

因本文着重讨论的是俞粟庐、俞振飞父子的曲唱实践和理论成就，侧重粟庐与振飞之间的家学传承，而没有指向其弟子和传人们的曲唱，故而使用"俞家曲唱"的概念。

---

① 徐凌云口述，管际安、陆兼之记录整理：《昆剧表演一得》，古吴轩出版社 2009 年版。
② 《昆曲艺术中的俞派唱法》，《上海戏剧》2011 年 7 月，第 34—35 页；2014 年《昆曲"俞派曲唱"研究》，《曲学》2014 年第二卷，第 209—229 页。

讨论"俞家曲唱"必先明其脉络。大概分为三个阶段。

俞粟庐之前。一般认为昆腔自明嘉靖魏良辅等人改良之后，品格品质均大有改观，声誉鹊起。此后曲家代有传人，曲唱理论得到不断推进，重要节点有明沈宠绥《度曲须知》、清初李渔《闲情偶寄》和徐大椿《乐府传声》，分别着重讨论了曲唱的音韵、曲情和口法等方面。曲谱传承方面，乾隆五十四年（1789）苏州冯起风编订清宫谱《吟香堂曲谱》，较早产生影响。紧随其后，清乾隆五十七年（1792）苏州曲家叶堂的《纳书楹曲谱》（共计 360 余出曲目）为清宫谱的集大成者。此后同治九年（1870）王锡纯辑、苏州曲师李秀云拍正《遏云阁曲谱》、光绪三十四年（1908）怡庵主人即苏州张余荪《（增辑）六也曲谱》，以及苏州曲家王季烈《集成曲谱》（1925）、《与众曲谱》（1940）和《正俗曲谱》（1947）三种，等前呼后应，均已是侧重于舞台演出的戏宫谱。

俞氏父子时期。至光绪时期，娄县俞粟庐由曲家韩华卿处承袭吴中曲家清唱规范，又有自觉的理论意识，民国时期先后撰有《度曲一隅》（1922）及《度曲刍言》（1924）等理论著述，简洁精练。其子振飞更加具有理论自觉意识，与舞台搬演结合更加紧密，撰有《习曲要解》（1953），整理编订《粟庐曲谱》《振飞曲谱》，以及系列文章的发表，都已突破了一般的曲唱之域，具有较强的理论指导价值和传承深远的意义。

俞粟庐（1847—1930），名宗海，江苏娄县（今上海松江）人。光绪时期任太湖水师营处办事，移居苏州。粟庐青年时期曾就学于吴江沈景修（1835—1899）①，于金石、书画皆有所得。娄县曲家韩华卿，得叶堂唱法，粟庐尽得其妙。1924 年 3 月，俞粟庐曾于《哭像》折题跋：

> 海于此中摸索多年，直至同治壬申（即同治十一年，1872）之春，得晤甫里韩华卿先生，授以叶怀庭之学。当时吴门有赵星斋、姚澹人、张毅卿、何一帆诸君，皆深于叶氏之学，相与言论。②

可知粟庐于曲唱声律之学摸索多年，最终得遇叶派嫡传娄县韩华卿，而且与韩

---

① 嘉兴沈景修，居江泾镇，太平天国乱后，居吴江盛泽镇。少时即以诗文闻名于乡里，《盛湖志补》中称他"于诗文词皆殚力而究其指归"。书法尤善，偶有花卉，对俞粟庐的文学艺术修养影响颇深。

② 俞粟庐：《哭像曲摺跋后》，见吴新雷《二十世纪前期昆曲研究》附录，春风文艺出版社2005 年版，第 255 页。

华卿同时尚有赵星斋、姚澹人、张毅卿、何一帆诸人，多有交流请教，并非闭门造车，无师自通。晚清曲家韩华卿与其前辈晚明曲家魏良辅曲唱环境类似之处，身边都有若干名家切磋交流。晚清民国时期，曲家吴梅所撰《俞宗海家传》与粟庐本人所言一致，而于学曲的细节更加细致：

> 每进一曲，必令讽数百遍，纯熟而后至。夕则撖笛背奏所习，一字未安，诃责不少贷，君下气怡声，不辞劳瘁，因尽得其秘。①

吴梅与俞氏父子及江南曲家群体交往深厚，当有亲闻，方知如此细微。

"俞家曲唱"既得清曲正统叶堂一脉真传，又广泛吸收民间唱演实际情况和需求，尤得曲社曲友青睐。晚清民国时期，江南曲社壮大，尤其沪、苏、嘉、湖、杭等太湖流域曲家云集，譬如名伶沈月泉、文人吴梅、名士张紫东、企业家穆藕初、曲友串客徐凌云、李翥冈等人皆因曲唱荟萃于曲社，研习技艺，粟庐的谦虚好学及曲唱技艺受到诸家推崇，号称"江南曲圣"。譬如，上海吴局曲社（1902）、上海昆剧保存社（1921）、粟社（1921）、松江曲社（1920 年代）等，皆从其法、从其唱。由此，"俞家曲唱"的成就颇有时运之势，更有俞氏父子自身刻苦钻研和谦虚好学等因素。不过，1921 年苏州昆剧传习所的师资力量主要来源于清末姑苏四大昆班之首的全福班，沈月泉、沈斌泉、尤彩云等人，而清末民初诸伶周凤林、邱炳泉、丁兰荪等人皆以梨园传承为主，再如北京曲家红豆馆主溥侗南下上海后，一度因曲唱字音之争与俞氏父子不谐。概述彼时曲界纷繁之势，并非贬损粟庐父子之实绩，意在求证全面还原定位"俞家曲唱"生存发展之实境，愈显创伟之功。

1924 年 5 月 24 日《申报》刊发了俞粟庐撰写的《度曲刍言》，文中总结习曲心得，"出字重，行腔婉，结响沉而不浮，运气敛而不促"，对音韵的阴阳及清浊，旋律的停顿及起伏，声音的轻重及虚实，节奏的松紧及快慢等诸多细节均有说明。既有规范，又有技巧，做到言简意赅，细致可行，深受曲场曲唱欢迎。粟庐尝言：

> 尝读徐灵胎《乐府传声》一书，其论喉舌齿牙唇，四声阴阳，五音清浊，分析详明，与吴中叶怀庭先生论曲诸法相合，足为后学津梁。爰将前

---

① 《粟庐曲谱》，上海辞书出版社 2013 年版。

人所论，摘成九则，名曰《度曲刍言》，俾初学知其源流，有门径可入。①

这篇文章奠定了俞派曲唱的理论基础和依据，继明魏良辅《曲律》、明沈宠绥《度曲须知》、清徐大椿《乐府传声》之后，更加细致准确的指导性曲唱理论。

俞粟庐对叶怀庭、徐大椿等人曲唱之论了如指掌，并意识到其中价值和精华，故而概括提炼。大意如下：

首先，明白曲意曲情，不能唱完一通，情感情绪的变化等方面毫不知情。《乐记》云"凡音之起，由人心生也"，心口一致，情绪体现在曲唱过程中。其次，对吐字发音极其重视。这是曲唱者的曲唱能否成功的关键环节。譬如"调熟字音"，吸收明时沈宠绥《度曲须知》云"开口难，出字难"、"辨四声，别阴阳，明宫商，分清浊等音，学歌之首务也"等理论总结，并且阐明为何要切音。再如"字忌含糊"。告诫易误之途。曲分严合。再次，独唱与同场要有所区分。曲情曲意需要独唱的，不可同唱，否则错乱。反之亦是。譬如，《琵琶记·赏秋》为例，独唱对于人物塑造的作用，决不能被忽视。该文是粟庐仅存昆曲理论著述，收录于《粟庐曲谱》（中华书局 1953 年版、上海辞书出版社 2011 年版）之末。

粟庐之子振飞（1902—1993），自幼受其熏陶。其父仙逝后，下海串演。当时京剧演出名家璀璨，带动昆曲演员"下海"。这是时代氛围下京昆互生关系的一面。振飞之时，终将清唱融合戏场，深得曲社曲家及场上演员诸家偏爱。

振飞幼年及青年皆受其父熏陶，也曾代父教唱江南。29 岁开始，因程砚秋之荐，赴北京拜京剧名小生程继先为师，后成为京剧的专业演员，先后加入程砚秋和梅兰芳剧团。特别是在与梅兰芳的合作中，京剧"伶界大王"梅兰芳凭借昆曲经典剧目《游园惊梦》《断桥水斗》等在舞台演出，壮大了昆曲声势和市场影响力，而俞振飞也将"江南曲圣"俞粟庐的昆曲曲唱、曲情身段和美学高度启迪了京剧发展，二者之间，不仅仅是演员之间的合作，也是京昆剧种之间的相互成就。

新中国成立后，俞振飞整理《振飞曲谱》，附有《习曲要解》《念白要领》等内容，巩固并提升俞派曲唱的理论高度。1985 年，苏州举办纪念昆剧传习所等戏曲会议，他发表文章《一生爱好是昆曲》，以及《访欧散记》等著述，具

---

① 《粟庐曲谱》，上海辞书出版社 2013 年版。

有近现代昆曲史史料价值。

1957 年，俞振飞任上海戏曲学校校长后，组织师资力量，精心培养昆曲舞台接班人，当然新的时代语境下，以培养具有市场生命力的昆曲演员，体现时代精神和面貌的昆曲队伍，譬如昆大班至昆五班等昆曲力量的成长和成熟，仍以"俞家曲唱"作为昆曲曲唱最为重要的技术标杆和艺术面貌。因此不是本文讨论重点，暂且从略。

二、"俞家曲唱"与曲谱

《粟庐曲谱》是俞粟庐曲唱的精华呈现，成于其子振飞之手。

> 先选六十出重为填谱，更以所有工尺板眼，各腔唱法，一一由余手自记注，复由率斋倩吴中名书庞蘅裳君精缮成书，独苦尘事冗杂，间作间阻，七八年来，仅成其半，束之高阁而已。①

可见，振飞于 20 世纪 40 年代即着手整理，曲白俱全，详注工尺板眼，由书法家庞蘅裳抄录，美观雅致。原计划出齐 60 折曲目仅成半数，为 29 出 30 折。② 后有《粟庐外编》《昆曲集净》等曲谱的问世作为补憾。如果说遗憾，是在于俞派曲唱以生旦最为擅长，所订曲谱中老生、净、丑等行当的曲谱稍有不足，《粟庐曲谱》最初计划 64 折，实际出版 29 折，难免有所遗憾。徐凌云曾言：

> 自十九年（1930）先生作古，而能存续余绪，赖有工资振飞在，振飞幼习视听，长承亲炙，不仅引吭度曲，雏凤声清，而撖笛按谱，悉中绳墨，至于粉墨登场，尤其余事。

徐文积极肯定了俞氏父子的曲学影响和地位，也充分肯定了振飞继承家学曲唱，认为他的艺术修养足以深厚，兼有吹笛、制谱和搬演之长，唱演兼擅。曲谱编订具有乾嘉学派品质，即字有所依，句有所据，体现粟庐父子曲唱方式、

---

① 《粟庐曲谱》，上海辞书出版社 2013 年版。
② 2013 年上海辞书出版社仍然是 29 出 30 折。未出的 30 折若能问世发行，将是曲界艺林胜事。

方法和曲学主张。清乾嘉时期曲家叶怀庭正是乾嘉学术鼎盛时期，他与同时期文人王梦楼、钮匪石等皆有密切交往，本身谨奉魏良辅《曲律》遗范，意在辨明曲韵，有法可依。据吴新雷教授总结，《习曲要解》创造性提出八种新的腔格，分别是"带腔、垫腔、滑腔、�腔、拿腔和卖腔"①，并说此说于1962年得到振飞先生的肯定。有些腔格在清代曲谱已有笼统的表述，但未得到详细的解释，令人半知半解。譬如，据说清初曲谱题有"务头廿决"曰：

> 气字滑带段，轻重疾徐连，起收顿抗垫，情卖接撩扳（当为"板"）。②

这种口诀性质的表述，具有中国古代文化文学含蓄典雅的特征，不过，随着时间的推移，社会文化背景的变迁，如同较为抽象的概念，习曲者往往很难真正去有效地运用到曲唱的指导当中。对这些长期曲唱实践中使用，但却不知如何定义或者概括的腔格，振飞均有明晰科学的阐述，方便众多知识背景迥异的曲唱者入门。

另外，晚清民国时期江南曲界又有"俞家唱，徐家做"之称。与京剧的流派纷呈不同，昆曲普遍受到宫调、格律和曲牌的严格框范，"俞派唱法"或"俞家唱"或许受到京剧中梅派艺术定义的影响。这个概念出现之后，是否代表新的流派产生，尚有争议。吴新雷教授尝撰文《昆曲"俞派唱法"研究》认为"昆曲史上有艺术流派是客观存在的事实"，③依据是直到叶堂《纳书楹曲谱》出现，仍然是"板眼中另有小眼，原为初学而设，在善歌者自能生巧，若细细注明，转觉束缚。今照旧谱，悉不加入"④。加了小眼是否就可以成为昆唱流派产生的前提姑且不论，但昆曲曲唱即使有流派，也绝非京剧等板腔体那般差异显著。俞氏曲唱或应该视为集成"叶派唱口"的嫡传和推进者，如果是说流派，至少应该有与之相对的其他类型，而且昆曲史发展来看，昆曲舞台强调的"乾嘉风范"就是注重传承与规范，并未见更多的流派出现。相比较于流派，更像是一种唱法的传承。当然，唱法单一化，并非曲唱活跃程度的体现，而是应对名家辈出时代的召唤。

---

① 吴新雷：《昆曲"俞派唱法"研究》，《曲学》2014年，第225页。
② 吴文提及北方曲家曹沁泉曾见清初曲谱中有此语。另外，1933年1月的《剧学月刊》第二卷第一期《昆曲专号》"昆曲务头廿决释"中杜颖陶引言亦有采用。
③ 吴新雷：《昆曲"俞派唱法"研究》，《曲学》2014年第二卷，第211页。
④ （清）叶堂《纳书楹曲谱·凡例》。

说到曲唱之谱，同治九年（1870）《遏云阁曲谱》为昆腔曲唱第一部标注板眼和腔格的戏宫谱，其背景是昆曲渐趋衰微，大不如乾嘉时期传唱程度，引起曲家及有识之士的担忧。其后，《六也曲谱》（1908）、《春雪阁曲谱》（1921）、《集成曲谱》（1924）、《正俗曲谱》（1924）、《昆曲大全》（1925）《昆曲集净》《与众曲谱》接踵而至，迨《粟庐曲谱》为出，尽善尽美矣!《粟庐曲谱》详细标注板、眼、腔，章法井然，简洁流畅。诚如振飞所言：

> 凡一切唱法及各式小腔之均以工尺标明于谱中者，尚为前此所未有，故此谱之工尺填法，煞费经营，所有带腔，撮腔，叠腔，啜腔，滑腔，擞腔，豁腔等均各以符号标明之，至嚯腔，口罕腔，拿腔，卖腔，橄榄腔，顿挫腔等，虽无从率标符号，亦均为条举例证以明之。①

详细，准确，周到。故而备受曲友推崇。

《振飞曲谱》共有40折，曲白俱全，生旦之外，兼顾了老生、净、丑等曲目。包括文末附有10个精选曲牌，全部采取简谱形式，念白分量较足，则方便现代曲唱者传播与接受。具体来说，一是把所谓"昆腔"具体分类为15种（一说16种，一说20种），即对断、豁、滑、橄榄、擞腔等要领的总结。待1982年出版之时，振飞已年届八旬，对昆曲之法的领悟至深，继承了粟庐的理论经验，突出格律规范，增加念白的分量。

三、"俞家曲唱"与理论阐述

曲家俞粟庐特别强调唱曲之法、之理，并非一味追求技巧或者说炫耀技巧。粟庐《致俞建侯》书信曾言：

> 此次我在沪上，专与诸友谈唱曲出口、转腔、歇气、取气诸法，知者寥寥。振儿及绳祖能明白此中道理，为诸人之冠。尔亦需明此中之理。②

---

① 俞振飞:《习曲要解》，见《粟庐曲谱》卷首，上海辞书出版社2013年版，第4页。
② 俞经农藏本　唐葆祥编注:《俞粟庐书信集》，上海古籍出版社2012年版，第43页。港中大图书馆藏有1953年中华香港首印的《粟庐曲谱》。

粟庐言并非老年得子之祖，而是有所依据。振飞最终形成自己的曲唱风格，即在"字""音""气""节"的基础上，注重音韵口法的规范和吞吐虚实的区别，尤其是曲情的表现，继承了粟庐的理念，且因大量的舞台实践，有了新的发展和推动，最终实现清曲与剧唱的完美结合。可以说，"俞家曲唱"的理论建设始于粟庐，成于振飞。

2013 年版上海辞书出版社《粟庐曲谱》附录的文本内容，有"《解明曲意》《调熟字音》《字忌含糊》《曲严分合》《曲须自主》《说白情节》《高低抑扬》《缓急顿挫》《锣鼓忌杂》"9 个部分。① 封面题做"八则"，实际有九个要点。然而《度曲刍言》文末明确写到，"以度曲刍言八则，为初学入门之阶梯"，似当为八则无疑。或许粟庐认为，最后一条"锣鼓忌杂"不属于唱的范畴，或许掺入后来之笔，也未可知。因为，1953 年香港中华书局《粟庐曲谱》初版时，书后附录只有《度曲一隅》，并无《度曲刍言》。2013 年版不仅增加了《度曲刍言》②，而且这个《度曲刍言》的内容与 1924 年《申报》转摘《剧场报》有较为明显的出入。

何故？

《度曲一隅》最早问世时间是 1921 年 2 月，比《度曲刍言》早出三年时间左右。1921 年 2 月，上海曲家穆藕初出资，以昆剧保存社名义请上海百代唱片公司为其录制了 14 支曲子，《度曲一隅》是粟庐亲笔书写，随唱片赠送买家。对此，俞振飞《习曲要解》早已明确交待"篇末所附《度曲一隅》，为先父手笔。盖当先父囊为百代公司唱片录音时，故友穆藕初君，请其手书曲词，随片附送者"。③ 或因该文是剧场编印的观剧资料，以言简意赅、阐明旨要为主。

《度曲刍言》转录如下：

> 曲盛于元，而宋光宗朝已有歌曲体格，如出口若针锋一点，长音须中满如橄榄，收音要纯细，而过腔换字，出口四声，平上去入，以及阴阳清

---

① 2018 年 11 月 9 日，豆瓣醋鱼发文"俞粟庐自《闲情偶寄》《乐府传声》两书辑成《度曲刍言》九则，发表于笑舞台《剧场报》"，或为此因。

② 2019 年，笔者于香港中文大学访学期间，在钱穆图书馆看到 1953 年出版的《粟庐曲谱》，精致典雅，美轮美奂，既是曲唱传承，又有艺术品收藏价值。2015 年，唐葆祥先生提到，"有位阮国华先生通过古籍出版社与笔者联系，说他藏有俞粟庐的《度曲刍言》手稿。"如此，世上出现两个版本的《度曲刍言》。

③ 《粟庐曲谱》卷末，上海辞书出版社 2013 年版。

浊，并喉舌齿牙唇五音，须交代明白，不得舛误。全要字正腔纯，腔与板俱工者为上，悠悠扬扬得自然之妙，故曰"一声唱到融神处，毛骨悚然六月寒"，方为天地之音。歌曲全在闲雅、整肃、清俊、温润为至要，尤重格调。元人度曲，有抑、扬、顿、挫，徐大椿《乐府传声》云，一顿挫而神气现。《乐记》有云，上如抗，下如坠，止如槁木，累累乎若贯珠，皆言其能尽节奏之妙也。再加以说白精工，悲欢离合，各极其态，若亲历其境，形神毕肖，则听者神移，观者欢悦，庶称上乘。

全文共有 227 字，《度曲刍言》当为《度曲一隅》之后的概述和提炼了吧。但比《度曲一隅》的心得总结式文字更加详尽了很多。从如何运气、过腔换字说到元人度曲对于曲情的重视，意在强调曲是不同情感的载体。最后交代自己的意图和办法，自觉承续清中期叶怀庭之脉络，发扬光大。落款为"宣统辛亥四月古娄俞宗海"。写于辛亥革命爆发前数月。《度曲刍言》建立在自身曲学实践基础之上，从《闲情偶寄》《乐府传声》等前人的理论成果中汲取营养成分，源流清晰，更加通俗易懂，体现理论与实践的结合。

一般认为此文首见于 1924 年 5 月 24 日《申报》，而《申报》则是转摘自 1924 年 5 月 21 日《剧场报》。《剧场报》刊登此文，是为了配合 1924 年 5 月 21 日那一周的五、六、日三天，苏州昆剧传习所赴沪演出的宣传。当时《剧场报》是剧场免费赠送观众的材料，关于演出剧目的说明，以及客串昆剧脚本，还有曲家论述，其中有"《度曲刍言》《昆曲渊源》《宫调渊源》《搬演杂说》《板式辨异》《琵琶记与蔡伯喈》《曲海一勺》"[1]诸文。

如今，《剧场报》原版未见，但此文最早问世时间当是 1924 年 5 月 21 日。

《习曲要解》附在《粟庐曲谱》之前，理论色彩更加明显。振飞具有更加自觉地整理、传承和讨论曲学经验的意识，共有 20 种腔格之多，这么多的腔格前所未有，当然也是吸收借鉴了前人不断积累的经验，诸如清乾隆年间徐大椿《乐府传声》、咸丰时期王德辉《顾误录》、同治时期《遏云阁曲谱》、光绪时期张南屏《昆曲之唱法》，再到民国时期王季烈《集成曲谱·螾庐曲谈》等，皆有借鉴吸收，故而后出转精，较为完善。从俞粟庐《度曲刍言》（1924）到俞振飞《习曲要解》（1953 年），前后跨度将近 30 年。这对昆曲乃至古典戏曲的音乐声腔体系的认识和实践提升到了理论的高度。《习曲要解》还具体阐述曲

---

[1] 《申报》1924 年 5 月 21 日版。

唱字音的特征和方法。字音的总体特征是清、准、亮。

二者共同之处在于对字音曲律的精研和规范，具体表现为遵守昆腔格律，对"四声阴阳"的重视，从"四呼五音"①的基本原理入手，扩展到行腔、运腔及换气等诸多具体细节，再到声情关系，体现了"俞家曲唱"在传承基础上结合实践继承。俞氏父子对生旦行当最为精绝，尤其重视本嗓的使用，使得小生之曲亦有刚健之气，并非炫技之途，更非婉媚之趣。从魏良辅"三绝"即"字清、板正、腔纯"的总体规范，到俞粟庐"出字重，转腔婉，结响沉而不浮，运气敛而不促"，再到俞振飞的"稳、准、狠"，在规范基础之上，逐渐细化到昆曲唱演的具体行当门类。②

可以说，俞家曲唱的基础和规范有粟庐先生奠定，其拓展和弘扬则完成于振飞时期，最终完成了从清曲为主的曲唱到剧场清曲兼善的过渡。顾兆琳谈到《习曲要解》时说，"强调昆曲的四声腔格，比如上声字的（口罕）腔，去声字的曜腔，平声字的橄榄腔，入声字的断腔"。③就是说对腔的特征和特质要有深刻理解和把握。譬如，振飞"擞"腔冠绝一时，有"殷笑俞擞"之称；一是对"偷声换气""停声待拍"等技法明确运用到实际的曲唱当中。无论官生还是巾生，都应该做到音色挺拔有力度，这需要气息足够充沛，不能过多使用假声，以免虚多实少。譬如，【皂罗袍】"姹紫嫣红开边"中的"姹"，是去声字，为豁腔④，其腔格为 [六 尺 上]，那么该字头的第一个音要实唱，第二个音上挑时才虚，做到虚实结合，更加有力量感或者说顿挫感。再如【绕地游】"乱煞年光遍"的"遍"为豁腔，腔格为 [尺 上 四]，即在第一个音之后，有一个豁腔的标记符号"✓"。

之所以如此强调腔格和运气，根本原因在于昆曲曲唱的本质特征和要求。

---

① "四呼"指"开、齐、撮、合"，指的是发音的口型；"五音"指"舌、牙、唇、齿、喉"，指的是发音部位。

② 从俞振飞的舞台唱演实际来看，尤大小官生、巾生等生行为多。

③ 顾兆琳：《小议俞派小生唱法：昆曲小生不可"多脂粉气，少阳刚味"》，《上海戏剧》2013年第9期。

④ 据《粟庐曲谱》所附"习曲要解"，对"豁腔"定义为"凡所唱之字属去声（北曲无去声，有时以入声转入去声者，亦同之），于唱时在出口第一音之后加一工尺，较出口之第一音高出一音，俾唱时音可向上远越，不致混他声者，为豁腔。"

唱曲之法，不似乱弹之有过门，可以歇气故最要在能换气，即所唱之优劣，正亦全视运气之是否得宜，此谱于每腔可以透气之处，特于本音工尺之左下角用小钩作 ﹂ 符号以明之，唱者若能按此换气则一曲歌来，必能神完气足，无力竭声嘶之弊。①

《振飞曲谱》在自序之后，附有《习曲要解》《念白要领》等篇章，对曲唱相互映衬的念白识见独到。振飞晚年曲唱气力或稍弱，但精妙之境无与伦比，于曲唱、念白等内容的领悟和理论的把握都达到前所未有的高度。

曲唱技艺之外，理论总结及时、准确、细致和全面。一是对唱腔的突出，据《习曲要解》阐述，共由 15 个基本唱腔和 5 个派生而来的腔格构成，重视字音韵律的理论依据②，"俞家曲唱"强调昆曲曲唱的技法、技巧，也应包括其"声情关系"在内的理论和严肃严谨、规范讲究的精神内涵。一是对具体曲唱之"法"的阐述，金针度人。具体而言，诸如气息的运用、字音的把握等等。因昆曲曲唱"不似乱弹之有过门可以歇气"，如果气息不得法，无法完成"一气之长，延至数息"的曲唱过程。非常重视气口的把握和标注。字音自然采取切音的传统，注重清浊、阴阳、四呼、归韵等细节，全面继承《曲律》《度曲须知》《乐府传声》《韵学骊珠》等前人成果，更加突显细节、技巧和艺术特征，呈现出清、亮、劲的特点，是民族音乐艺术的美学精品。与当今有些曲唱的软、媚、黏大异其趣。

可以说，粟庐仍是传统曲家风范，振飞具有更加明显的理论意识。正如《振飞曲谱·自序》总结"我父亲可称是为典型性的任务，曲家们讲究吐字、发音、运气、行腔种种理论和技巧"。这里提到"理论"的说法。诚如其言，振飞的文章体现明显的理论意识，或与其长期担任上海戏曲学校校长、具有教育传承的使命和任务有关。《振飞曲谱》中《习曲要解》共有 6 个部分，即"四项记述要素（字音气节）""念字""发音""用气""节奏和腔格""曲情"等；

---

① 俞振飞：《习曲要解》，见《粟庐曲谱》，上海辞书出版社 2013 年版，第 2—3 页。
② 俞振飞：《习曲要解》，见《粟庐曲谱》，上海辞书出版社 2013 年版，第 10—26 页。吴新雷：《昆曲"俞派曲唱"研究》总结出"十五种腔格和五种派生腔格"。十五种腔格是：带腔、撮腔、断腔、垫腔、叠腔、啜腔、滑腔、擞腔、豁腔、嚯腔、哼腔、拿腔、卖腔、橄榄腔和顿挫腔带腔连撮腔、叠腔连擞腔、带腔连叠腔、撮腔前连带腔和卖腔中用橄榄腔，见《曲学》第二卷，上海古籍出版社 2014 年版，第 215 页。

《念白要领》文为例，分为"念白的音乐性""念白的语气化"等等，总结出"两平作一去""两去作一平""去声上声相连底后高""阳平入声先高后低"等十四条理论认知，条理清晰，切中要害，具有极强的针对性和指导性，绝非仅仅曲唱技艺精湛而已。

四、"俞家曲唱"的理论传承

曲唱传承的过程是全方位的，不仅是曲唱技艺的传承，也有曲学理论的浸润。"俞家曲唱"传承脉络久远，延续清中期叶派正宗，在江南地区蔚为大宗，后经弟子传至香港、台湾及海外。

重视文化艺术修养，是俞家曲唱理论不断提升的前提。俞粟庐学曲之前，即向嘉兴（一说吴江盛泽）文人沈景修学习金石、书画，奠定了深厚的文艺素养。在与其子、其侄等人的书信中，常常讨论书法、绘画、音韵等方面问题，绝非普通曲唱者所及。俞振飞不仅向南北京昆曲家或名伶请教曲唱身段，也向知识分子请教音韵曲律。譬如，振飞向上海文史馆音韵专家刘忆万请教音韵知识。《中国戏曲志》称俞振飞"工冠生、巾生、穷生、雉尾生，尤以表现巾生儒雅清新的风格最为突出"。① 作为粟庐父子曲唱主要特征的"儒雅"缘何而来？自然是源于父子二人在金石、书法、绘画等方面的创作和实践，并形成了深厚的文艺理论修养。这样的品质令其在梨园曲界独树一帜。

多方请教，切磋交流，促使俞家曲唱理论在实践中不断前进。粟庐学曲之前，曾向嘉兴文人沈景修学金石、书法，向韩华卿学曲期间，也向当时苏州赵星斋、姚澹人、张毅卿、何一帆等曲家请教。振飞同样与诸多文友曲友等群体保持切磋交流的传统：

> 吴君叔同，获交港中，雅嗜斯道，研讨之余，偶赌谱稿，为之击节，且以此谱刊行，有关昆曲之起衰继绝者至巨，坚嘱先将已定稿之三十出付印为初集，余则俟诸异日，续编之为次集，因商之率斋，深荷赞许，外此远客重洋之王孟锺项馨吾两君，亦同加赞助，此谱遂获问世，诸君子笃志雅学，嘉惠曲林，事堪矜式，而余得使先父家法，永垂不坠，藉此以传，尤应深志谢忱，永矢勿谖者。②

---

① 《中国戏曲志》，中国 ISBN 中心 1999 年版，第 551 页。
② 俞振飞：《习曲要解》，见《粟庐曲谱》，上海辞书出版社 2013 年版，第 3—4 页。

俞家曲唱的理论传承同样延续至海外。俞振飞是港中大名誉博士。他的弟子中，殷菊侬、顾铁华、薛正康等都是港澳著名昆曲艺术家。顾铁华积极推动"俞家曲唱"的理论总结工作。据《海外实业家顾铁华的粉墨春秋》说：

> 铁华亲任"香港中国传统戏曲艺术院"院长，特聘俞师振飞为名誉院长，包幼蝶、杨铭新为副院长；沈苇窗、殷菊侬、徐承贽为常务理事，夏梦、李蔷华为顾问，顾费肇为财务总监，薛正康为艺术总监，乐漪萍为院务主任。①

铁华任"香港中国传统戏曲艺术院"院长后，聘振飞为名誉院长，让香港曲友有更多机会亲自领略俞家曲唱的风采，也使得俞家曲唱的技艺和理论等得到全方位传承发展。他又邀请南京曲家王正来负责《粟庐曲谱外编》的编订，共得曲目30出之多，生旦之外，还有老生、武生、净和丑等诸多行当，这种曲学实践，意在证明俞家曲唱"并非仅是昆剧演出中生、旦演唱的一个流派，而是对昆曲（包括清曲和剧曲、亦包括生、旦、净、丑各个行当）歌唱艺术普遍认同的基本规律和理论科学的总结"。至此，俞家曲唱所具备的理论指导性和延展性得到最佳体现。

吴新雷先生曾提到"俞派小生"正宗地位毋庸置疑，俞家曲唱对昆曲曲唱的精雕细琢、继承发展垂范后世，至于"俞派小旦""俞派老生"②是否具有同等的高度和影响，与俞氏父子本身的唱演实践也有关系，或许尚有探讨的空间。张紫东固然以俞派老生在曲友中一时闻名，但毕竟没有传诸舞台，与梨园唱演之间关系尚未明晰，尤其是彼时京剧老生如日中天，昆曲老生自然不及传奇中生旦传统的影响。旦角则另有天地，譬如殷溎深等旦脚曲师，值得关注。当然可以肯定的是，俞氏父子的曲学理论可以用来指导小旦、老生、丑等不同行当，但至于是否形成该行当的流派，尚需舞台、观众和历史的多重检验。

振飞女弟子殷菊侬居港后仍然传承昆曲事业，其任"香港中国传统戏曲艺术院"常务理事固然与俞派传人顾铁华、薛正康以及香港曲家古兆申、张丽贞

---

① 费三金著，薛正康校：《海外实业家顾铁华的粉墨春秋》，上海三联书店2014年版，第247页。

② 吴新雷：《昆曲"俞派唱法"研究》，《曲学》2014年第二卷，第229页。

等人的推动有关，也是其本人长期坚持下来的结果。香港昆曲学者古兆申编有《昆曲曲唱理论》，香港曲家张丽真曾整理王正来《曲苑掇英》等，都是理论传承的实绩。

俞家曲唱的理论传承具有可操作性，实现诸多成功案例。常州人吴叔同时任香港中华书局总编辑，其《粟庐曲谱·序》开篇提到"歌咏之道，可以移风易俗，可以怡情陶性，古之六艺，乐居第二，良有以也"①，正是继承中国古典文艺评论对"乐"的评价和定位，认为具有一定的社会熏染功能。但是曲唱技艺的传承需要良师，曲唱理论的推动需要实践中发展，他还以夫人学曲的经历为例，证明即使不懂音韵之人，只要方法得当，良师指引，也可颇有所得：

> 内子珮，近从俞君振飞习曲，获睹其手自校订诸曲稿本，所谱之工尺符号，精密详确，虽不能音韵之人，按谱而歌，亦能四声自合，迥非坊间流行诸谱所可比拟，一旦付梓，于昆剧之发扬，必大有裨益。②

可见，戏曲传承不仅仅凭借剧本刊刻、选编、递修，也不仅仅依靠曲家的面传心授，还需要曲学理论的不断总结和实践，不断示范和推动。唯有如此，才能更加深远广泛地影响到每位愿意学曲唱曲的人。

总而言之，"俞家曲唱"的成就和贡献绝非限于曲唱技艺之高，传承推动之大，其曲唱理论贡献同样丰功至伟。《粟庐曲谱》《振飞曲谱》与《度曲一隅》《度曲刍言》《习曲要解》《念白要领》等文章论述，共同构成一套实践和经验组成的理论体系。曲友们根据理论总结来指导曲唱实践，实现了曲唱的理论传承，远播海外。可以说，曲谱的编订确定了"俞家曲唱"的基本规范，但如果没有有意而为的记录与整理，恐怕会有广陵之憾；如果没有深入浅出的理论阐述，则不同时代的曲友无法真正领悟并掌握其精妙之境。"俞家曲唱"的理论成就以《粟庐曲谱》《振飞曲谱》为主体，影响到广大曲唱人群，以《度曲一隅》《度曲刍言》《习曲要解》为高度，推动昆曲曲唱艺术进入新的境界。

参考文献

《粟庐曲谱》，中华书局 1953 年版；

---

① ② 吴叔同：《粟庐曲谱序》，见《粟庐曲谱》，上海辞书出版社 2013 年版。

《振飞曲谱》，上海文艺出版社 1982 年版；

《上海昆剧志》，上海文化出版社 1998 年版；

《苏州戏曲志》，古吴轩出版社 1998 年版；

《振飞曲谱》，上海音乐出版社 2002 年版；

唐葆祥：《俞振飞评传》，上海古籍出版社 2010 年版；

吴新雷：《昆曲艺术中的俞派唱法》，《上海戏剧》2011 年；

俞粟庐撰　唐葆祥编：《俞粟庐书信集》，上海古籍出版社 2012 年版；

吴新雷：《昆曲"俞派唱法"研究》，《曲学》2014 年；

唐葆祥：《俞粟庐〈度曲刍言〉手稿的新发现》，《曲学》2015 年 12 月；

《粟庐曲谱》，上海辞书出版社 2013 年版

附录 1：新见阮国华藏本《度曲刍言》，图片来源于唐葆祥《俞粟庐〈度曲刍言〉手稿的新发现》（《曲学》2015 年 12 月）

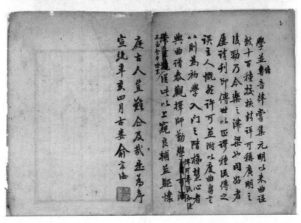

附录 2：岳美缇藏《度曲刍言》，图片来源于唐葆祥《俞粟庐〈度曲刍言〉手稿的新发现》（《曲学》2015 年 12 月）

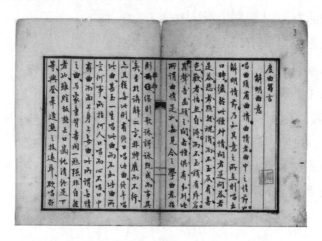

附录 3：《俞粟庐书信集》，上海古籍出版社 2013 年版，香港中文大学钱穆图书馆藏

俞振飞在上海戏校的课堂教学策略
——以俞振飞对上海"昆大班"的教学开展为考察

周 南

（上海戏剧学院戏剧文学系，讲师）

摘要： 在俞振飞的艺术生涯中，拜其为师、得其舞台技艺传授的俞门弟子数量众多，其中以上海戏曲学校前身华东戏曲研究院于 1954 年招收的昆曲大班（后业界习惯称作上海"昆大班"）最得俞振飞表演艺术真传。作为第一代由国家培养、也是俞老参与教学的第一班昆剧专业演员群体，他在"昆大班"身上投入了最多的教学时间与教育心力，突破传统课程教学的模式习惯，以多元化的教学策略为上海"昆大班"，尤其是小生行当的高质量成才，包括日后上昆艺术风格的奠定、艺术观念的建立都产生了至关重要的影响。

关键词： 俞振飞 上海戏校 课堂教学 上海"昆大班" 教学策略

自 1957 年出任上海戏曲学校校长，俞振飞开始有意识地将一部分职业重心转移到京昆艺术的教学传承与人才培养上。其中，上海"昆大班"作为第一代由国家培养、也是俞振飞参与教学的第一班昆剧专业演员群体，他投入了最多的教学时间与教育心力，给予了他们最充分的表演传承和艺术滋养。在应对繁杂校务行政及繁忙社会活动之余，他不仅承担部分校内课程并亲自编写教材，更突破传统课程教学的模式习惯，打通教室以外的多种教学互动方式，搭建多个"第二课堂"，以多元化的课堂教学策略为上海"昆大班"，尤其是小生行当的高质量成才，包括日后上昆艺术风格的奠定、艺术观念的建立都产生了至关重要的影响。

一

提及俞振飞，业界与学界多会冠以两个称号来评价他的地位与成就。一是"著名京昆表演艺术家",侧重于他作为演员在戏曲舞台上作出的艺术贡献,树立了京昆小生表演艺术的标杆典范。另一个是"戏曲教育家",着重在他作为师者为戏曲艺术的人才培养、剧目传承,以及"俞家唱"的系统研究与实践所作出的传承传播贡献。这两个称号通常是"艺术家"在前,"教育家"在后,充分说明对于俞振飞的定位,大家普遍认为还是舞台要重于讲台的。

实际也确实如此。这一方面出于当时社会身份认同的观念问题。应该说,俞振飞在业界为人所知正是从教学开始的,少年时起他就时常跟随、继而代替父亲"江南曲圣"俞粟庐给苏沪一带追慕"俞家唱"的曲友们教唱昆曲,这一教学行为也几乎贯穿了他整个人生。窃以为,对曲唱学问的继承发展、研究总结与实践教学是俞振飞在戏曲教育方面最重要的成果和贡献。但受聘专门教人拍曲的先生与学校学堂里的老师这两者在社会身份层面还是大不相同的,尤其在当时,做"拍先"通常是艺人讨生活的一种手段。正如俞父所言,"拍曲是业余的",闲暇时拍曲研习,用作志同道合之人的文化切磋或是个人修身养性是很好的,但不能当作正经饭碗,尤其身为官宦之家的后代,"再没落也不会让俞家后代沦为'拍曲先生'"。①

另一方面则是个人志向使然。至少在俞振飞前半生的自我职业规划中,做个教书匠并不是他的人生志向。他曾短暂有过一段正儿八经做大学教师的经历,是在第一次"下海"受挫后,经俞父老友屠心矩教授举荐,被上海暨南大学文学院聘为讲师,教授《中国戏曲》。

> 为弘扬民族戏曲,俞振飞讲授中国戏曲常识,特别是京昆知识和教唱昆曲,课余组织学生京昆俱乐部,学生们自唱自演,俞振飞作指导老师,忙得不亦乐乎。……他以《游园惊梦》、《四郎探母》等京昆剧目为教材,进行讲解分析,深入浅出,边讲边唱,边做边舞,生动活泼,意趣盎然,大受欢迎,听课学生越来越多,从小教室到大礼堂,座无虚席,甚至许多教师慕名听他的课,包括名教授周谷城和陈中凡。②

俞振飞很会上课,反响很好,薪资也不低,但这些"小成就"都不能替代他对于戏曲舞台的渴望。短短两年后,当程砚秋再次邀请他返回剧团、合作演

---

① 唐葆祥:《俞振飞传》,上海文艺出版社1997年版。
② 郑利寅:《艺海缘·桑梓情》,上海远东出版社2011年版。

戏时，他顶着骂名"二次下海"，舍弃了讲台，选择了舞台。即便后来在1957年调归教育系统、出任上海戏曲学校校长，他也始终没有像传字辈等其他专任教师那般，把系统授课作为自己的核心业务，还是将更多精力放在了演出、创作和社会活动上。"我喜欢戏，情愿牺牲这个讲师。"[1]

俞振飞虽说志不在讲台，并不表示他不教学生、不收弟子。相反地，但凡提出想跟他学戏、学曲，以及想邀请他去讲学示范的，他都非常乐意，且有教无类。俞门弟子中，从人员构成来看，既有已经功成名就的专业戏曲演员，也有普普通通的业余爱好者，以带"艺"投师的居多。就师徒性质来说，既有正式磕头拜师的，也有以师友相交的。在学习性质方面，既有长期浸润的，也有短期求教的。至于教学关系和形式，绝大多数属于传统的师徒制教学，以一出出具体的剧目为教学单元，通常由学生向老师提出学习，老师根据学生条件、接受能力等制定具体教学计划，抽空教学、教完为止，以学生们见缝插针地主动式学习为要。

在所有俞门弟子中，有一个群体与俞振飞的师生关系最为特别。他们不是磕头的师徒，却是俞门中最嫡传、最能全面代表和传承俞振飞表演艺术的学生群体。他们来自上海戏曲学校，其中最具代表性的便是以蔡正仁、岳美缇、王泰琪等为学生代表的上海"昆大班"。

上海"昆大班"指的是新中国成立初期由华东戏曲研究院（后于1955年撤制改建为上海戏曲学校）在1954年招生开办的第一届"昆曲演员训练班"。班上学员接受全新的公办戏校模式的教育，是第一批真正意义上由国家培养的昆剧专业演员。该班先后培养出蔡正仁、岳美缇、华文漪、梁谷音、王芝泉、蔡瑶铣、计镇华、刘异龙、杨春霞等一批在海内外极具影响力的京昆表演艺术家，是继昆剧传字辈科班之后行当最齐、能戏最多、表现能力与创作能力最强、社会知名度与认可度最高、国内外影响最大、艺术生命最长的专业昆剧表演群体，被全国戏曲教育界公认为"成材率最高的班级"。

俞振飞于1957年出任上海戏校校长，开始正式参与到上海"昆大班"的培养教学中。

> 我是在他们进校的第二年，从香港回到内地的。当时在上海工作的夏衍同志对昆曲极为重视，他指示把"传"字辈艺人都邀集到上海戏校，并

---

[1] 俞振飞著，王家熙等整理：《俞振飞艺术论集》，上海文艺出版社1985年版。

说我自幼得到父亲的传授，指示我一定要带好新中国第一批昆曲演员。①

这是他现代学制意义上的第一批学生（而非私人收徒），也是为新中国培养输送的第一批昆曲演员，意义重大，责任也重大。

关于俞振飞的教学思想，多人已有过相关方面的论述分析，其中以俞门弟子、"昆大班"学员顾兆琳的《以人为本　启迪心智——论俞振飞教育思想》②一文最为详尽，许多方法理念至今仍被上海戏校乃至全国的戏曲教育领域奉为圭臬。教育思想多着眼于理论，而教学开展依托于实践。正如前文所述，俞振飞出任校长后并没有脱离舞台，甚至演出交流与社会活动较以往更频繁，教学时间长期无法保证。诚然，校长一职本无需俞振飞如专任教师一般时刻处于教学一线。况且俞振飞并不是从开班之初就在"昆大班"教学师资行列的，在他来到戏校之前，沈传芷、朱传茗等十多位昆剧传字辈及陈富瑞、盖春来等一众京剧名家名师已经为"昆大班"打了三年基础。如何给"昆大班"的孩子们上课成了俞振飞面临的一个难题。

他始终牢记京昆艺术传承和戏曲人才培养这一党和国家赋予他的信任与责任，巧妙为人、分工合作，没有时间"创造"时间，课堂以外开拓"课堂"，在承担课程教学之外，又主动开启"第二课堂"，搭建多路径的教学互动方式，形成了他颇具特色的课堂教学策略，为"昆大班"带来了较之以往不一样的学习效果和动能，打开了新的艺术天地和视野格局。

二

课堂是开展教学行为的最核心区域，具体到戏曲来说，就是老师教戏、学生学戏的场所。

从物理空间来区分，俞振飞开展教学的场所主要有三处：

一是公共教学空间，主要指戏校里的教室、排练场等；

二是半私人空间，如宿舍、办公室等；

三是私人空间，如俞振飞住所等。

---

① 俞振飞：《八十二岁仍登台》，载自《朝花编辑部》选编，《朝花五十周年精品集 1956—2006》，上海三联书店 2006 年版，第 107 页。

② 顾兆琳：《以人为本　启迪心智——论俞振飞教育思想》，《上海戏剧》2002 年第 9 期，第 17—19 页。

其中，除在教室里开展的是以班级或行当组为授课范围的、课程性教学以外，其他场所空间多为较小范围的、非课程范畴的小课，以及针对个别人的"开小灶"。

俞振飞能戏很多，单就昆戏范围来说，虽没有准确统计过他演过多少出昆戏和京剧，但他"从六岁到十九岁，唱完了《纳书楹曲谱》中所有的曲子，共约二百余出"①，再加上"下海"后从舞台上积累打磨下的一批京剧剧目，剧目储备是非常丰富的。不过由于传字辈老师们先入校执教"昆大班"，在此之前已制定好了比较详细的教学计划，也搭配好了各行当、各剧目的主教老师，所以俞振飞很少在课上教戏，而是别开堂奥，聚焦在剧目教学的唱念阶段、也是他最拿手的家传"绝技"——"拍曲"上，围绕字、音、气、节、情等习曲技要进行从理论到实践的解析示范，"亲自编写了《中州韵念白规律》给全校学生上大课"②。

至于教戏说戏则多在课余饭后。这倒主要不是俞振飞主动要组织"补课"，更多是"昆大班"学生们的自觉行为。相较于形象好、扮相好、嗓子好、戏也好的俞振飞，担任"昆大班"主教老师的传字辈艺人们，尽管路子正、会戏多、经验丰富、技术全面且教学尽心，但在诸如身材体形、嗓子条件等方面大多有些缺憾，又较长时间脱离舞台，因此难以给予刚入校、只有十三四岁年纪的"昆大班"们最直观的美感。而俞振飞的出现让还处于朦胧开蒙期的"昆大班"第一次真实且近距离地看到了舞台上的昆曲之美、小生之美，有了清晰的美的代入，指引他们更加有事业信心、有目标方向地投身到学习之中。

> 俞老师因为经常要出去，时间不保证，但是只要在上海他都告诉我，我就跑到他办公室去唱两段，唱到他要开会或者有事。晚上我吃了晚饭就赶快跑到他家里去，他总会给我唱一个多小时。③

蔡正仁、岳美缇、华文漪、梁谷音、计镇华、王芝泉等后来在昆剧舞台上熠熠生辉的"昆大班"学员当时都是俞家门庭的座上常客。尤其是小生行当

① 唐葆祥：《江南曲圣俞粟庐》，郭宇主编，上海戏剧学院附属戏曲学校编，选自《俞粟庐俞振飞研究》，中西书局 2013 年版，第 24 页。

② 顾兆琳：《以人为本 启迪心智——论俞振飞教育思想》，《上海戏剧》2002 年第 9 期，第 17—19 页。

③ 陈姿彤主编：《我的京昆生涯》，上海大学出版社 2020 年版，第 205 页。

组，他们在戏校期间学习的剧目绝大多数都是课上先由沈传芷教会、课后再由俞振飞加工完善，如此双师教学模式打磨而成的。

相较而言，俞振飞在住所课堂的教学行为要多于其他两处，无形中给师生关系、教学关系带来了属性上的变化，其中最显著的要数学生心理心态上的变化。和在教室上大课相比，显然，在老师家中上课要来得更新鲜、更别致、更亲近。何况这位老师还是业界鼎鼎大名的俞振飞，能够时常到他家中近距离，甚至一对一地跟他学戏拍曲，这对于任何一个有志此业的年轻学子来说都会产生强烈的优越感和满足感，学习动能也自然能得到有效提升。

如果说上述三处课堂还不能充分体现俞振飞教学的空间特色的话，那么舞台，尤其是新编改编昆曲剧目的创作过程、舞台演出及电影拍摄则可以说是俞振飞另一个极其重要且别具一格的教学"课堂"。单是在校期间，"昆大班"的学生（以生、旦行当为主）就先后参与了昆剧折子戏《百花赠剑》（1958年改编，俞振飞、言慧珠主演）、昆剧《墙头马上》（1959年改编，俞振飞、言慧珠主演）和昆剧电影《游园惊梦》（1960年拍摄，梅兰芳、俞振飞主演）的演出拍摄。站在老师及最好的戏曲表演艺术家身边，近距离观察、捕捉他们在真实演出过程中的表演处理，甚至作为搭档配戏，这种机会不要说"昆大班"，就是对传字辈老师们也是平生少有、难能可贵的，教学效果必定要远胜于学校课程。

另外，由于俞振飞的频繁在外演出，书信也渐渐发挥起了"课堂"的作用，多位"昆大班"的学生与俞振飞长期保持着互通书信的习惯。

> 1958年至1966年八年中，一共给我写了160多封信，我这一生中从来没有第二个人给我写那么多信，且写得那么好！在我困惑、苦恼、欢乐或忘形时，这些信都给过我警告和鼓励。俞老师真实的内心、豁达的人生态度，都曾给我很深的影响，以至改变了我的性格和脾气。在信中他常谈文学、美术、音乐和艺术的相互关系，他那多方面的知识和修养令我十分敬羡，我要做个像俞老师那样的人！那时，心里充满了对事业、对人生的美好憧憬。①

---

① 岳美缇：《我是这样改唱小生的——我与恩师俞振飞》，《中国戏剧》2005年第1期，第58—59页。

在书信课堂，俞振飞用文字的方式更加细致地分析剧目人物、讲解唱曲技要、探讨艺术观念、分享他的演出经历等，更会针对不同学生的需求给予个性化的回应与鼓励。这样的"课堂"是真正交心的，是关乎全素质、全人格的，对学生的影响力是贯穿一生的。

三

在具体的教学策略上，俞振飞的课堂呈现出一种显性指导与隐性熏陶并举的教育特色和教学品格。在围绕具体剧目展开技术性教学的同时，他将艺术理念、格局修养、文化素养等软知识、软实力渗透作用在教学过程中，让"昆大班"在潜移默化中进行观察与思索，逐步转化成自己的艺术观、价值观。

表现大致有四：

其一，应教尽教不藏戏。学生的任何学戏要求他都无条件满足、无保留教授，并且将"哪些地方只要点到一下，哪些地方需要发挥一下，哪些地方需要特别'卖'一下，哪里又可以'偷'一下"[1]诸此种种他自己的表演俏头、"看家本领"也全都倾囊相授，全然不存在"教会徒弟、饿死老师"的旧观念隔阂。

其二，博采众长不霸戏。对于一些其他老师同样擅长的剧目，他没有因为艺术成就或职务地位的高下而高筑"学我不学他"的门墙壁垒，而是完全摒除门户观念，与其他老师分工合作，甚至主动建议学生先去跟其他老师学，鼓励他们博采众长，时刻用行动向"昆大班"传达着"同行是亲家"的艺术格局。

> 他（俞）不认为同行是冤家，他一直认为同行应该是亲家。他跟沈传芷老师的关系，如果有一点什么不愉快，最倒霉的是我们学生。沈老师这样教，我这样学，如果俞老又跟我说应该要这样，我再照俞老，如果沈老一看很不满意，再把我臭骂一顿。……幸运的是我的这两个老师很顾全大局，非常融洽。[2]

其三，点滴熏戏不喂戏。他采用我们现在说的"非指导性"教学方法，在

---

① 蔡正仁：《我敬爱的俞师》，《人民戏剧》1980年第4期，第13页。
② 《可凡倾听》栏目组编：《可凡倾听 一帘风月》，上海人民出版社2016年版，第158页。

教学过程中命令少、启发多，旨在激发学生自主学习的意识与能力，继而更好、更持久有效地对自己的学习及事业负起责任。

> 他（俞）老讲这句话，"上大课你们学到的东西还是不够的，昆曲要熏"。我以前也不知道怎么叫"熏"，这么多年以后，自己一点点才知道怎么叫"熏"。在他那里，他的谈吐，他讲的梨园典故，他会让你逐渐接受他的想法，包括他教课、唱曲子的方法，是一种潜移默化的影响。他常常一遍唱完了，我看老师不讲话，就努力想问题去问他，他讲什么我就记下来，他常常是看见我多问他就多讲些，我不问就少讲，也不是强制的。①

熏戏是旧时梨园界的行话，"指的是演员进行正规训练的同时，还需在一个艺术氛围浓郁的环境中接受熏染陶冶和长期的耳濡目染"②。俞振飞在北京做演员时就经常到有着"通天教主"之称的王瑶卿家中去"熏戏"，旁听他与朋友、学生们说戏闲谈，"讲述各种掌故，摹仿前辈演员的表演动作、神情，评论刚看过的戏"，③等等，看似杂谈却多有金石之言，每每使他受益良多。他将这种形式沿用到了对"昆大班"的教学之中，一方面扩充学生眼界、为他们营造起浓郁艺术氛围，另一方面也消解了刻板的教学关系，拉近了师生距离。

其四，精准磨戏无死角。俞振飞以学唱清曲之功夫作用于剧戏的打磨之上，不管是表演创作还是教学过程都讲究一个"圆"字，不把所有"不对称"和"不协调"都打磨圆润就反复修正，直至腔圆、气圆、劲圆、意圆。这是艺术态度的培养，更是对精神意境和文化美感的陶冶。

另外，考虑到"昆大班"在入校时只有十三四岁，属于青少年阶段，学习上、特别需要依靠理解力来内化的学习内容上，能力还比较有限。因此，俞振飞在教学中常运用一些生动精妙又通俗易懂的比喻来帮助学生们增进理解。比如一次在教如何笑、如何练气时，他把肚子与气息的关系比成捏皮球，"一收一放，永远没完没了，你的肚子就是皮球"④，让当时一直处于困惑状态的蔡正仁一下子找到了原因，找到了窍门。

① 陈姿彤主编：《我的京昆生涯》，上海大学出版社 2020 年版，第 205 页。
② 孙红侠：《桃李不言 一代宗师 王瑶卿评传》，上海古籍出版社 2013 年版，第 103—104 页。
③ 俞振飞著，王家熙等整理：《俞振飞艺术论集》，上海文艺出版社 1985 年版，第 25 页。
④ 《可凡倾听》栏目组编：《可凡倾听 一帘风月》，上海人民出版社 2016 年版，第 159 页。

在俞振飞课堂教学的熏陶下，"昆大班"得到了更全面、更多元、更精准的艺术提升和事业发展。此后的将近 40 年，俞振飞与"昆大班"始终保持着最亲近的关系：学校内是师生，剧团里是同事，舞台上是搭档，书信间是挚友，生活中是家人。他把自己几十年在舞台上摸爬滚打积累下来的京昆剧目、表演经验、创作理念和艺术品格悉数传承给了"昆大班"，指导他们一路成长为新中国成立后南方昆剧表演艺术最具代表性的接续力量和当代昆曲表演的艺术标杆。

手订梅边吹笛谱，并时酬唱有家风
——民国时期俞振飞与梅兰芳合作演剧考

韩雨晴

（中国艺术研究院，硕士研究生）

摘要： 每一位戏曲表演艺术家的风格都不是单独生成的，他们常常会向合作的演员请教、取经，彼此吸收、融合对方身上的长处，因此探讨艺术家们的合作演剧很有必要。本文梳理了民国时期俞振飞与梅兰芳合作演剧的基本情况，并分析了俞、梅二人为什么会在民国时期不断演出这几部戏的原因。

关键词： 俞振飞　梅兰芳　京剧

　　"香南雪北义相通，缀玉轩中凤好同。手订梅边吹笛谱，并时酬唱有家风。"这是俞振飞先生《八十自寿》组诗中的一首。附注："一九四六年起，余应梅剧团之邀，与兰芳合作多年，殊为相得。"①组诗和附注记录了俞振飞与梅兰芳多年交游、合作的投契。

　　俞振飞与梅兰芳，一生一旦，都是各自领域里光彩夺目的明星。他们二人在民国时期也曾多次在舞台上合作演出，珠联璧合，配合精妙。今天，如果要研究一位表演艺术家的艺术特色，必定不可忽视同时代与他同台演出的艺术家们，优秀的表演艺术家们之间一定是互相学习、互相吸收的。

　　俞振飞与梅兰芳的初次见面，是在 1932 年上海的大江南饭店。当场就由俞振飞吹笛子，梅兰芳唱了《游园》中的【皂罗袍】和【好姐姐】两支曲子。1933 年梅兰芳访美归来后，请俞振飞每周一、周三下午四点带笛来拍曲。梅兰芳从俞振飞身上学到了很多昆曲的表演技巧："我们这个研究昆曲的小团体里，加上了俞五爷，更显得热闹。那一阵我对俞派唱腔的爱好，是达于极点了，更

---

① 江沛毅编著：《俞振飞诗词曲联辑注》，中西书局 2017 年版，第 115 页。

显得热闹，也就有了部分的变化……我跟他们研究之后，虽说不能很深刻地全部了解，就拿已经体会到的，运用在表达情感方面，似乎比从前又丰富了一些。这对我后来表演昆戏，是有很大的帮助的。"① 梅兰芳在自己的回忆录里提到曾向朋友俞振飞请教："我在九一八以后，移家上海。又跟丁兰荪、俞振飞、许伯遒三位研究过昆曲的身段和唱法……这些热心朋友就同一面镜子、一盏明灯一样，永远在照着我。"② 可见，俞振飞对梅兰芳的影响是非常大的。

毫无疑问，梅兰芳对俞振飞的影响也是不可忽视的。俞振飞曾在《无限深情杜丽娘》中提到："梅先生还有一个独特的本领，就是在台上有一种特别巨大的感染力和一种特别灵敏的反应力，能够感染别人，配合别人，使彼此感情水乳交融，丝丝入扣。我与他合作数十年，对这一点体会特别深。"③ 1934 年，梅、俞初次登台合作，梅兰芳就已经是享誉全国的大艺术家了，而比梅兰芳小 12 岁的俞振飞还没有正式成为职业演员，远没有梅兰芳的名气，所以俞振飞在上台前不免紧张。但是，在掀帘出场后不久，"梅先生处处从剧情、角色出发，与同台演员紧密合作，产生感情交流，使我很快就免除了紧张和顾虑，进入到愉快心醉的艺术创造中去了。说实在的，我确有感到有些惊奇。"④ 这份惊奇是梅兰芳带给俞振飞的，带给还未正式下海的俞振飞的。此后，梅兰芳的艺术魅力也一直深深地影响着俞振飞。俞振飞就在《梅兰芳和梅派艺术》一文中说："这几十年里，梅先生对我影响很深，给我启发很大。"⑤

戏曲演出是一个整体艺术，就意味着台上的主角和配角必须相互配合，才能完美地演好一出戏。在这相互配合的过程中，好的艺术家也能从对方身上汲取到艺术养分，融汇到自己的表演中来。俞振飞与梅兰芳就是这样两位互相配合、互相影响、互相借鉴的艺术家，为 20 世纪的观众奉献了一出又一出的好戏。

俞振飞与梅兰芳民国演剧目录

1934 年 2 月 23 日，新光大戏院，俞振飞与梅兰芳演出《游园惊梦》，俞振

---

① ② 梅兰芳述，许姬传、许源来、朱家溍记：《舞台生活四十年：梅兰芳回忆录》，团结出版社 2005 年版，第 165 页。

③ 俞振飞著，王家熙整理：《俞振飞艺术论集》，上海文艺出版社 1985 年版，第 201 页。

④ 同上书，第 21 页。

⑤ 同上书，第 193 页。

飞饰柳梦梅，梅兰芳饰杜丽娘。

1934 年 2 月 24 日，新光大戏院，俞振飞与梅兰芳演出《瑶台》，俞振飞饰淳于梦，梅兰芳饰金枝公主。

1934 年 2 月 25 日，新光大戏院，俞振飞与梅兰芳、王莆民、王得天演出《断桥》，俞振飞饰许仙，梅兰芳饰白素贞，王莆民饰青儿，王得天饰法海。

1945 年，美琪大戏院，俞振飞与梅兰芳演出《游园惊梦》。

1945 年 12 月 2、3 日，美琪大戏院，俞振飞与梅兰芳演出《断桥》，俞振飞饰许仙，梅兰芳饰白素贞。

1945 年 12 月 4、5、7、10 日，美琪大戏院，俞振飞与梅兰芳、姜妙香、李宝櫆演出《奇双会》①，俞振飞饰赵宠，梅兰芳饰桂枝，姜妙香饰宝童，李宝櫆饰李奇。彼时申报评论："梅兰芳之桂枝，俞振飞之赵宠。搭配整齐，叹为观止。"②

1945 年 12 月 21 日，天蟾舞台，俞振飞与梅兰芳、周信芳、姜妙香演出《贩马记》。

1946 年 1 月 15 日，皇后大戏院，俞振飞与梅兰芳、姜妙香、李宝櫆演出《奇双会》，俞振飞饰赵宠，梅兰芳饰桂枝，姜妙香饰宝童，李宝櫆饰李奇。

1946 年 2 月 15 日，美琪大戏院，俞振飞与梅兰芳演出京昆片段。

1946 年 4 月 30 日，皇后大戏院，俞振飞与梅兰芳、刘连荣、崔喜云演出《宇宙锋·装疯》，俞振飞饰匡扶，梅兰芳饰赵女，刘连荣饰赵高，崔喜云饰哑奴。

1946 年 5 月 8 日，南京大戏院，俞振飞与梅兰芳、李宝櫆、王琴生、朱斌仙、芙蓉草等演出《探母回令》。

1946 年 5 月 22、24、27、28 日，皇后大戏院，俞振飞与梅兰芳、刘连荣演出《春秋配》，俞振飞饰李春发，梅兰芳饰姜秋莲，刘连荣饰侯上官。

1946 年 5 月 29、30、31 日，皇后大戏院，俞振飞与梅兰芳演出头、二本《虹霓关》，梅兰芳饰秦秀英，俞振飞饰王伯当。

1946 年 7 月 9 日，皇后大戏院，俞振飞与梅兰芳、周信芳、姜妙香、崔喜云演出全部《贩马记》。

1946 年 7 月 10 日至 14 日，天蟾舞台，俞振飞与梅兰芳、姜妙香、崔喜云

---

① 奇双会，又名《贩马记》。
② 《梅兰芳出演，声名不减当年》，《申报》1945 年 12 月 6 日。

演出《贩马记》。

1946年11月4、5日，中国大戏院，俞振飞与梅兰芳、傅祥麟、刘连荣、姜妙香、王少亭、新艳琴演出全部《宇宙锋》，其中，俞振飞饰秦二世，梅兰芳饰赵女，傅祥麟饰赵忠，刘连荣饰赵高，姜妙香饰匡扶，王少亭饰匡洪，新艳琴饰哑奴。中国大戏院广告语："此次重整当年阵容，盛极一时。"

1946年11月7日，中国大戏院，俞振飞与梅兰芳、萧长华、刘连荣、姜妙香、王少亭演出全部《宇宙锋》，其中，俞振飞饰秦二世，梅兰芳饰赵女，萧长华饰康建业，刘连荣饰赵高，姜妙香饰匡扶，王少亭饰匡洪。

1946年11月8、9、10日，中国大戏院，俞振飞与梅兰芳、刘连荣、刘斌昆演出《春秋配·捡柴、砸涧》，俞振飞饰李春发，梅兰芳饰姜秋莲，刘连荣饰侯上官，刘斌昆饰石景波。

1946年11月9、12、25日，中国大戏院，俞振飞与梅兰芳、姜妙香、王少亭、萧长华、朱斌仙演出《贩马记》，其中，俞振飞饰赵宠，梅兰芳饰李桂枝，姜妙香饰保童，王少亭饰李奇，萧长华饰胡老爷，朱斌仙饰禁卒。

1946年11月12、14日，12月27、29日，中国大戏院，俞振飞与梅兰芳、姜妙香、萧长华、刘连荣、辛文礼、魏莲芳演出头、二本《虹霓关》，其中，俞振飞饰后王伯当，梅兰芳饰前夫人后丫鬟，姜妙香饰前王伯当，萧长华饰家将，刘连荣饰家将，辛文礼饰前丫鬟，魏莲芳饰后夫人。

1946年11月28日，中国大戏院，俞振飞与梅兰芳、傅祥麟、刘连荣、姜妙香、王少亭、新艳琴演出《宇宙锋》，其中，俞振飞饰秦二世，梅兰芳饰赵女，傅祥麟饰赵忠，刘连荣饰赵高，姜妙香饰匡扶，王少亭饰匡洪，新艳琴饰哑奴。

1946年12月9、10、14、16日，1947年1月2日，中国大戏院，俞振飞与梅兰芳、萧长华、李世芳演出《金山寺》，其中俞振飞饰许仙，梅兰芳饰全部白娘娘，萧长华饰小沙弥，李世芳饰全部小青儿。时《申报》评论俞振飞之昆曲表演："俞振飞君之昆曲，早有盛名，断桥一剧，尤为出色当行，此次特烦扮演许仙，与梅君师徒合演，珠联璧合，诚不可多得之良机也。"①

1947年1月3日，中国大戏院，俞振飞与梅兰芳、萧长华演出《生死恨》。

1947年3月20、21、22日，大光明戏院，俞振飞与梅兰芳、姜妙香、孙兰亭、李宝櫆演出全部《贩马记》，俞振飞饰赵宠，梅兰芳饰桂枝，姜妙香饰

---

① 《介绍梅博士李世芳师徒及俞振飞合演〈水门〉〈断桥〉》，《申报》1946年12月9日。

保童，孙兰亭饰胡敬，李宝櫆饰李奇。

1947 年 5 月 1 日，俞振飞与梅兰芳、姜妙香演出《贩马记》，俞振飞饰赵宠，梅兰芳饰桂枝，姜妙香饰保童。

1948 年 4 月 6、19、27 日，5 月 4、11、12 日，天蟾舞台，俞振飞与梅兰芳、姜妙香、王少亭、茹富蕙、朱斌仙演出《贩马记》，其中俞振飞饰赵宠，梅兰芳饰桂枝，姜妙香饰保童，王少亭饰李奇，茹富蕙饰胡老爷，朱斌仙饰禁卒。

1948 年 4 月 7、20、21、28 日，5 月 7、8、14、16、18 日，天蟾舞台，俞振飞与梅兰芳、茹富蕙演出梅氏成名杰作《贵妃醉酒》，俞振飞饰裴力士，梅兰芳饰杨贵妃，茹富蕙饰高力士。

1948 年 4 月 24、29 日，天蟾舞台，俞振飞与梅兰芳、姜妙香、王少亭、刘连荣、茹富蕙、张盛利演出全部《宇宙锋》，其中俞振飞饰秦二世，梅兰芳饰赵小姐，姜妙香饰匡扶，王少亭饰匡洪，刘连荣饰赵高，茹富蕙饰康建业，张盛利饰赵忠。

1948 年 5 月 6、7、17 日，俞振飞与梅兰芳、杨宝森、茹富蕙演出《红鬃烈马》，俞振飞饰高思继，梅兰芳饰王宝钏，杨宝森饰薛平贵，茹富蕙饰魏虎。

1948 年 6 月 17 日，天蟾舞台，俞振飞与梅兰芳、姜妙香、王少亭、刘连荣、萧长华、张盛利演出全部《宇宙锋》，其中俞振飞饰秦二世，梅兰芳饰赵小姐，姜妙香饰匡扶，王少亭饰匡洪，刘连荣饰赵高，萧长华饰康建业，张盛利饰赵忠。

1949 年 6 月 16 日，天蟾舞台，俞振飞与梅兰芳演出《贩马记》，俞振飞饰赵宠，梅兰芳饰桂枝。

1949 年 8 月 30 日，中国大戏院，俞振飞与梅兰芳、姜妙香演出《贩马记》。

1949 年 9 月 1、2 日，中国大戏院，俞振飞与梅兰芳、李玉茹、张少甫、梅葆玖演出《游园惊梦》等。

俞振飞与梅兰芳民国演剧特色

1934 年 2 月 23 日，俞振飞与梅兰芳首次同台演出，演唱了昆曲《游园惊梦》，随后的两晚二人一起演出了昆曲《瑶台》和《断桥》。此后，俞振飞应程砚秋之邀北上加入程剧团，后来山河破碎、日寇入侵，俞、梅的再次同台已是 11 年后。1945 年，抗战胜利，梅兰芳决定重回舞台，他在俞振飞的鼓励下，于美琪大戏院重新登台与俞振飞合作演出《游园惊梦》。1946 年，俞振飞正式加入梅剧团，与梅兰芳合作演出了《贩马记》《宇宙锋》《春秋配》《虹霓关》《贵妃醉酒》《游园惊梦》《金山寺》等戏。

其中，在民国时期，俞振飞与梅兰芳合作演出最多的戏是《贩马记》。俞振飞是昆曲世家出身，梅兰芳又是享誉中外的京剧名家，他们二人在民国时期演得最多的戏为什么是吹腔《贩马记》呢?《贩马记》又名《奇双会》，是一出生旦并重的戏，也是一部别出心裁的喜剧作品。它突破了一般公案剧的表达方式，用轻松调笑的方式演绎了案件的昭雪过程，表现了赵宠与桂枝小夫妻新婚燕尔的甜蜜与温情。该剧剧情简单，又有轻松、愉快的氛围，是另类的公案剧演绎，又有喜剧性的大团圆结局，所以它深得民国时期观众的喜爱。自红豆馆主与陈德霖合演这出戏以后，唱全本戏《贩马记》的人就多了起来。俞振飞在1922 年向蒋砚香学习了《贩马记》之后，就一直在演出《贩马记》。有趣的是，民国时俞振飞与梅兰芳每次义演，大多是演出《贩马记》，可见《贩马记》很受当时观众的欢迎。

不仅如此，一部戏还得主角演得好，才能不断上演。《贩马记》是俞振飞的经典代表作，他将剧中赵宠的思想感情刻画得丝丝入扣、层次分明，完全从人物、从剧情出发，在台上展现人物。民国时期《申报》曾有文评价俞振飞的赵宠:"俞振飞以江南世家，为提倡曲学，作新乐府昆曲科班之教授，见《奇双会》之剧本而喜之，不以弋腔为鄙，常为搬演，移昆曲雅驯之声请容止，以入于弋腔，其美妙殆难方拟，遂驰誉于一时。揆彼红豆妙香之艺源自楞仙，楞仙亦是昆曲出身者，而振飞以后起入梨园，藉《奇双会》一剧，竟得大振声威，使北方小生为之失色，吁，亦云盛矣! 然以昆曲言，凡能演书馆、见娘、惊变之官生戏者，于赵宠之身份，殆皆优为之，但可为知者道，虽为俗人言耳。自振飞之以此剧成名，江南之演此者，皆从之改名《贩马记》，亦可观一时之风气……然当民国三十四年以后，黄桂秋梅兰芳在上海演此，俱以俞振飞饰赵宠，而强姜妙香为配保童。"① 俞振飞将人物性格刻画得细致入微，而且他根据剧情和唱词的需要，吸取了昆曲的长处，将昆腔的幽雅婉转的唱腔融入进来，使得他的表演优美动人。搭档梅兰芳也盛赞俞振飞扮演的赵宠一角:"振飞的赵宠，唱和身段，都有独到之处……振飞运用昆曲的开、齐、撮、合的唱

---

① 雪斋:《谈贩马记》,《申报》1948 年 7 月 16 日。

法，悠扬宛转，富有感情，身段也是适当地使用了昆曲的传统法则……他的举止神态，潇洒从容，表现出赵宠是一个诗酒风流的县令，和他本人的性格也有相似的地方。"①俞振飞的性格与赵宠有相似的地方，使得他能将赵宠的文人风雅完美地展现出来。总的说来，俞振飞能将赵宠这个角色表现得淋漓尽致，使得他能和梅兰芳在民国时期不断演出《贩马记》。

除了演出最多的《贩马记》之外，《宇宙锋》《春秋配》《虹霓关》《贵妃醉酒》等剧也都是俞振飞与梅兰芳在民国时常演的剧目。梅氏经典名剧层出不穷，但在俞振飞加入梅剧团期间，却只固定演出这几出戏，又是为何？当时在梅剧团中还有一位名小生姜妙香，他比俞振飞早入梨园，长期为梅兰芳配戏，早已是梅的得力助手。所以，在俞振飞加入梅剧团后，两位小生在生行戏的分配上，有着明确的分工："我和姜先生同在梅剧团有很长的时间，我们两个人从来没有因角色安排而发生过任何摩擦，感情一直非常融洽。我们的剧目也分得很平均：《凤还巢》《洛神》《霸王别姬》等剧目由姜先生演，《断桥》《游园惊梦》《春秋配》等剧目由我演；小生单挑的戏，姜先生演《玉门关》等，我演《辕门射戟》；《奇双会》《宇宙锋》则一直是我们分工合演。"②这几部戏你演，那几部戏我演，所以就出现了俞振飞和梅兰芳在民国时期的合作演出基本上都是这几部戏的情况。

除了上面提到的几部京剧戏之外，俞振飞和梅兰芳还合作了昆曲戏。《游园惊梦》是他们合作演出流传后世的千古名段。他们二人的合作演剧始于《游园》，也终于《惊梦》。1934年俞振飞与梅兰芳第一次同台演出《游园惊梦》，当时申报评论："梅兰芳君之杜丽娘，游园之旖旎风光，惊梦之春困娇慵，将一个伤春无那之离魂倩女，绘影绘声，曲曲传出，剧艺至此，叹观止矣。俞振飞君之柳梦梅，极深情缠绵之能事，加以翩翩风度，宛转歌喉，一时无出其右……如此美妙之节目，无怪观众始终不倦。"③俞、梅二人的《游园惊梦》配合得天衣无缝，已入化境，当时的观众看得入神、听得入迷，始终不觉疲倦，剧院自然可以请求俞、梅二人多次演出了。

昆曲《断桥》也是俞、梅二人民国时期多次演出的剧目。《金山寺》取材自中国传统故事《白蛇传》，白蛇故事在中国可谓家喻户晓，有着强大的群众

---

① 梅兰芳述，许姬传、许源来、朱家溍记：《舞台生活四十年：梅兰芳回忆录》，团结出版社2005年版，第459—460页。

② 俞振飞：《同行是亲家——忆姜妙香先生和我的友谊》，《戏曲艺术》1983年第4期。

③ 《昆剧保存社公演盛况》，《申报》1934年2月24日。

基础。再加上梅兰芳虽然文武昆乱不挡，但所会昆曲并不太多，但是他擅演《断桥》。《断桥》一折唱做并重，极富观赏性，抒情性强，深得观众喜爱。所以在民国时期俞、梅二人能多次演出，并且这折戏至今也盛演于京昆舞台上。

俞振飞与梅兰芳的合作演剧，都是京、昆的经典名剧，演出反响好。吹腔戏《贩马记》是二人在民国时期合作演出次数最多的，因为《贩马记》作为一部喜剧作品深受当时观众的欢迎，并且《贩马记》是俞振飞的经典代表作，俞振飞将赵宠的人物性格特点表现得非常完美、出神入化。俞、梅二人在当时也多次演出了《宇宙锋》《春秋配》《虹霓关》《贵妃醉酒》等剧，与当时梅剧团的角色分工有关联。而且，俞、梅二人的《游园惊梦》《断桥》等折，已是经典，至今传唱。

俞振飞的曲界交往
及其他

俞粟庐与吴梅

唐葆祥

（上海昆剧团，一级编剧）

俞粟庐，名宗海，字粟庐，号韬庵，生于清道光二十七年（1847）。吴梅，字瞿安，一字灵鹣，号霜崖，生于清光绪十年（1884）。两人相差37岁，缘因昆曲成为亦师亦友的忘年之交。

俞粟庐出生松江，曾任松江守备和金山卫守备，后弃武从文，光绪八年（1882）调任苏州黄天荡水师营任帮办营务官，遂移居苏州。在辞去金山守备，闲居松江期间，俞粟庐花九年时间向寓居上海的叶派昆曲传人韩华卿学昆曲，同时又花五年时间向移居盛泽的贡生、诗人、书法家沈景修学书法。俞粟庐得叶怀庭昆曲正宗唱法真传，成为当时"叶派唱口"的唯一传人，在苏浙沪昆曲界中，声名大振，被誉为"江南曲圣"，江南一带凡习曲者无不前来请益，各地每逢春秋社集，必邀俞粟庐参加。

吴梅出生于苏州书香门第，少聪慧，12岁习举业，15、16岁两次参加童子试，不举。此后即致力于诗古文词。18岁后致力于曲学研究，先后曾执教于苏州存古学堂、苏州东吴大学堂、北京大学、南京东南大学、广州中山大学、上海光华大学、南京中央大学、金陵大学。吴梅曲学著作甚富，成就卓著，为近代戏曲研究领域宗师级人物。文学史家浦江清这样评价吴梅："近世对于戏曲一门学问，最有研究者推王静安先生与吴先生两人。静安先生在历史考证方面，开戏曲史研究之先路；但在戏曲本身之研究，还当推瞿安先生独步。"吴梅在他的《遗嘱》中总结自己一生成就说："诗得散原老人，词得彊村遗民，曲得粟庐先生（余别有传），从容谈燕，所获良多。"

吴梅何时开始向俞粟庐习曲，目前没有看到有关资料。吴梅的《顾曲麈谈》第一章《原曲》中说："余十八九岁时，始喜读曲，苦无良师以为教导，心辄怏怏。继思欲明曲理，须先唱曲，《隋书》所谓'弹曲多则能造曲'是也。乃从里老之善此技者，详细问业，往往瞠目不能答一语，或仅就曲中工尺旁谱，教以轻重疾徐之法，及进求其所以然，则曰非余之所知也，且唱曲者可不必问此。余愤甚，遂取古今杂剧传奇，博览而详核之，积四五年，出于里老问答，咸骇而却走，虽笛师鼓员，亦谓余狂不可近。余乃独行其是，置流俗毁誉于不顾，以迄于今。"从吴梅自述中，可知他在1901年前，还未对戏曲产生浓厚兴趣，也不会唱曲。受里老刺激（苏州是昆曲的发源地，一般民众都能唱曲，但不一定唱好，也谈不上对曲理的研究），发奋钻研，四五年后，也就是在1906年前后，不仅学会了唱曲、谱曲、制曲，而且对曲学理论已经有了相当的研究。据王卫民的《吴梅年谱》，吴梅于1909年一度出任河南河道曹载幕。不久辞归。卢前《奢摩他室逸话》云："归吴后，节衣食以购图书，力所能举，皆置箧衍，词曲诸籍，亦粲然粗具。于是益肆力于南北词。春秋佳日，引吭长吟，世或以知音称之。"吴梅《顾曲麈谈》最早发表于1913年《小说月报》，1914年结集出版，书中并未提到俞粟庐。所以可以推测此时他还未与俞粟庐相识。

俞粟庐于光绪八年（1882）从松江调苏州黄天荡水师营，光绪二十年（1894）辞去水师营职务，去苏州望族补园主人张履谦（1837—1915）家任西席，鉴定书画，教授子弟。同时与画家陆廉夫、吴昌硕，王一亭、毛子建、冯超然及收藏家李平书等交往。年轻的吴梅此时正埋头读书做学问，没有进入这个文人圈子，与俞粟庐没有交集，是可以理解的。但吴梅于1916年作了【北越调斗鹌鹑】《寿俞丈粟庐七十》套曲，兹谨录如下：

【斗鹌鹑】事业屠龙，功名射虎，跌宕词坛，逍遥艺圃。白发青灯，红牙画鼓。老先生兴不孤。桑海重经，年华细数。

【紫花儿序】少年戎马，草檄文奇，看剑心粗。书生投笔，壮士援桴。模糊，落日旗门听鹧鸪。登楼谁赋？十载从军，一舸留吴。

【小桃红】吉金贞石费钩摹，芸叶香驱蠹，拓本丛残半笺诂，破功夫。欧阳集录荟罗富。琼林主簿，墨林都护，应画访碑图。

【黄蔷薇】况兰亭定武，更宣和书谱，老笔霜花艳吐，写得鸾骞凤舞。

【柳营曲】顾曲徒，

（寿俞丈粟庐七十）

遍玄都，先生妙音追太初。按板花奴，撇笛花姑，如意击珊瑚。徐泂溪重见分湖，叶怀庭再起姑苏。江山余啸傲，裙屐又通疏。嗏，丝竹恣歌呼。

【三台印】通灵素，清心腑，仙家正路。探药鼎，守丹炉，道家旁户。

养生旧方多野狐，唯君正宗人所无。引导精神，黄庭内府。

【庆元贞】老来春庑不须租，兴来杯酒不须沽，行来筇竹不须扶。

菰芦，狎野凫，吾自爱真吾。

【收尾】老人七十今初度。鹤南飞，新词待补。百岁大椿荣，三花寿芝古。

吴梅这套曲，写粟庐早年从军，青年唱曲、习书，晚年授徒，艺术化地概括了他的传奇一生，尤其对他的唱曲成就作了极高的评价。同时对他的书法艺术、气功养生也作了恰如其分的评价。据俞振飞的回忆，当年吴梅还将此套曲谱了工尺谱，在张履谦家补园三十六鸳鸯馆内，吴梅带领曲友们同声歌唱，为"江南曲圣"俞粟庐，他们的老师祝寿。在【柳营曲】首句"顾曲徒"之后，夹了一句念白："寿俞丈粟庐七十"，既表明了唱曲者的身份，也使祝寿的气氛达到了高潮。

从这套曲可以推测，吴梅于1914年后就认识了俞粟庐。而此时即1916年，吴梅不仅经常与俞粟庐相交往，而且已成为无话不谈的知交了。

据王卫民的《吴梅年谱》，吴梅于1917年任北大教授时，游圣恩寺，其《日记》云："既至圣恩寺，观郏钟及各手卷——余丁巳旧作《念奴娇序》南曲，赫然具在。追念前日，余作词后即订谱。季敭撇笛，粟庐高歌。旧地重来，游尘如梦——"丁巳年即1917年，据《吴梅年谱》载："秋前，尚作《念奴娇序》及《古艳诗》。九月，应北大聘，授古乐曲。"俞粟庐唱吴梅作词作曲的《念奴娇序》，这是他们俩的一次愉快的合作。不知何故，《霜崖曲录》里未收入此曲。

此后，吴梅从事教育工作，往返于北平、上海、南京、广州之间，但家在苏州，因此常能与苏州曲友及俞粟庐相聚。吴梅在北平期间常思念这位忘年老友，有曲为证：

【正宫刷子三太师】

寄俞粟庐（宗海）吴门

【刷子序】书斋数弓，东方暮年，游戏神通。偶翻成一曲清商，传遍了裙屐江东。匆匆，【三学士】记结夏西泠邀我共，怎消停又过春风。【太师引】听海上成连操雅弄，问谁是怀庭伯仲？朝阳凤，望南州慕云，春树千重。

这支集曲收集在《霜崖曲录》里。这是吴梅学生卢前于1931年编辑出版而成的散曲集，经吴梅亲自校阅。此曲未注明写作日期，但前一首【正宫杯底庆长生】注明"己未除夕"，即1918年除夕，那么这支集曲可确定写在1919年春无疑。曲中把俞粟庐比作半人半仙的东方朔，回忆当年为俞丈祝寿的盛况及同去西湖避暑唱曲的友情。【太师引】中把俞粟庐当年向韩华卿学"叶派唱口"艰辛与努力，比作成连向伯牙学琴，同至东海蓬莱山，使闻海水激荡、林鸟悲鸣之声，从而得到启发，技艺大进，终成一代名师。最后两句借用杜甫《春日忆李白》"渭北春天树，江南日暮云"，既写了真挚的思念之情，又点明了吴梅写作的地点在北方，时间是春天。

1920年春，上海实业家、被誉为"纱布大王"的穆藕初由画家冯超然陪同赴苏州，欲向俞粟庐学唱昆曲。据俞振飞告诉笔者，当时穆藕初由于烦劳过度，欲唱曲纾解，遂请教吴梅，当今谁的昆曲唱得最好？吴梅说非俞粟庐莫属。于是就有了穆赴苏州拜访之事。俞振飞说，那时他父亲已经七十多岁，又患白内障，行动不便，故而由他去沪教曲。但俞粟庐向穆藕初提了一个条件，儿子教曲是业余的，必须安排一个职务。这样俞振飞就在穆的纱布交易所当了一名文书。

穆藕初爱上昆曲之后，做了有益昆曲的三件大事。一是立即联系百代唱片公司为俞粟庐录制昆曲唱片，二是成立"昆剧保存社"组织曲友演唱活动，三是策划出版张紫东家藏的一百种昆剧曲谱。这三件大事都是同时进行的。出版曲谱是个大工程，序言由俞粟庐撰写，即现存的《度曲刍言》手稿（参见笔者《俞粟庐手稿之新发现》一文），而担任全书校对的则是吴梅和刘富梁二位。此书后因种种原因没能出版。俞手稿《度曲刍言》闲置箧中，流散沪上。百年之后，2010年张紫东后人出版此书时（由文化部出资，书名为《昆剧手抄曲本一百册》），并不知道俞粟庐曾作序，吴梅为之校勘，因而没将此文收入，也未提及吴梅校勘之事。

据穆家修等编著的《穆藕初先生年谱》载，1920年5月，穆藕初赴京公干，拜访了在北大教书的吴梅："5月3日，……访吴梅，探讨保存昆曲之道。返沪后致函吴梅，谓：'此次到京，期至匆促，乃天假之缘，得亲道貌，私衷庆幸，莫可名言。先生德学双粹，造诣深邃，于发扬国学，掖进后起之至意，至诚挚，至谦抑，至慷爽，风尘中所罕觏，昔贤相见恨晚之语，不啻为此次展拜我词学大家作也。……张君紫东之书，蒙先生及刘凤翁（穆家修注：即刘富梁）慨任校正，嘉惠来者，俾不绝如缕之韵学，光昌有日，当此新旧学问发挥光大，相互争存之日，得一代名贤起任提挈，欢慰正无限量。俞君粟庐因事过申，因同人坚请，暂留歇浦，遂下榻于弟处，晨夕盘桓，清兴浓郁，实为一时盛事。——昆曲收入留声唱片，以广流通一节，岁尾年头，当可实行也。'"穆藕初拜访吴梅主要是探讨"保存昆曲之道"，而吴梅对俞粟庐录制唱片之事、张紫东收集的百余种曲谱之出版也十分关心，也是他们谈话的内容之一。穆藕初这封书信还透露了一个消息：穆与吴是初次相识，所以有"相见恨晚"等语。那么，向穆藕初推荐拜师俞粟庐习曲，吴梅就不会是第一人了。俞振飞与我谈及此事，年近九十，记忆有误，亦在情理之中。

1921年苏州度曲家成立"道和曲社"，吴梅应邀参加，与俞粟庐及苏州的曲友们一起唱曲。是年秋，苏州成立的苏州昆剧传习所，俞粟庐与吴梅同是发起人之一。

1922年2月"昆剧保存社"在沪举行昆曲大会串，吴梅不仅与俞粟庐一起观看了三天演出，而且于2月16、17、18日，连续在《申报》上以灵鹣署名发表《观昆剧保存社会串感言》，详尽记录了当年"昆剧保存社"诸君彩串的盛况。其17日文中评论《狮吼记·跪池》："俞振飞饰陈季常，徐镜清饰柳氏。张紫东饰苏东坡，皆丝丝入扣，不愧鼎足。三君演此折时，出字无不清也，举步无不工也，门笋则无不灵也。"

在此期间，俞粟庐谈及吴梅的，从目前的资料看，仅见三处。一处是在写给俞振飞的信中讲到有一曲友徐美若，擅改《西楼记》曲子，被人笑骂。接着讲到《西楼记》创作经过："当时袁箨庵作成后，即与李玄玉观。李加《误缄》《错梦》（《拆书》之前）二折（原本'心惊颤'起即是《错梦》）。李笔墨胜袁。自明末至今三百年来，唱《西楼记》者不知几万人，其中无一通人？直至今日反要改其曲文？此不明曲学也！——近时王梦楼深佩服箨庵，实是知音。吴瞿安明白此中之理也。"（《俞粟庐书信集》之信六）虽然只是简单一句"吴瞿安明白此中之理"，恰是俞粟庐对吴梅曲学成就的高度认可。第二处是在给俞振飞的信中末尾提到"瞿安二十日北行"（《俞粟庐书信集》之信十五），对吴梅的行止都很关注，说明这一时期两人的交往很密切。第三处是在给俞振飞的信中谈到在吉园处见有戴文节册页一张，系吴庆余之物，下有注释"瞿安之族妹祖"。此虽与吴梅本人无关，但也反映了俞粟庐对吴梅家史的了解。

吴梅在《遗嘱》中，提到与俞粟庐"从容宴谈，获益良多"，透露了他们交谈之内容，除了唱曲种种之外，还包括书法、气功、医术、星相、养生、家世，以及人生经历等。俞粟庐年长，经历丰富，知识面广，对吴梅来说"得益良多"决非虚语。

正因为吴梅对俞粟庐一生了解得透彻，因此，当俞粟庐仙逝，吴梅前去吊唁时，才有底气对俞振飞说："你父亲的传记只有我来写。"这也是俞振飞生前告诉笔者的。

吴梅的《俞宗海家传》兹录于下：

　　君讳宗海，字粟庐，松江娄县人。曾祖启元，祖后沐，父承恩，就江南江阴营守备职。洪杨乱作，转战有功，阵亡六合。事具六合县志中。君因袭云骑尉世职，隶松江提标营。时提督李朝斌雅器君，亲为训迪，而幕中上客魏彦者，亦重君才，授以书法。君之工书，由是始也。君又长弓矢。同治中，曾文正公莅松江阅兵，试马射。君三试皆中。文正大喜，以朱笔作三圈，记君名上。又呼君与语，奖勉备至。光绪中，署金山县守备，甫莅事，游击某索君贿甚急。君不知营务积习，即驰白督宾魏，魏以告。督立召某游击面斥之。君以同官龃龉，知不可与处，亦谢职，改太湖水师营处办事。由是而移家寓吴矣。初，君居标营时，尝从盛泽沈景修游，通金石学。又与吴江陆恢同学北碑。陆兼画，君则一意于书，而名亦伯仲也。娄人韩华卿者，佚其名，善歌，得长州叶堂家法。君亦从之学讴。每进一曲，必令籀讽数百遍，纯熟而后止。夕则撅笛背奏，所习者一字未安，苛责不少贷。君下气怡声，不辞劳瘁，因尽得其秘。既居吴，吴中人士求书者无虚日。君从容挥翰，皆如其意而去。而一时度曲家春秋社集必邀君，君亦必至。至则必歌，气纳于丹穴，声翔于云表。当其举首展喉，如太空晴丝，随微风而上下。及察其出字吐腔，则字必分开合，腔必分阴阳，而又浑灏流转，运之以自然。盖自瞿起元、钮匪石后，传叶氏正宗者，唯君一人而已。吴县张公履谦，负乡里重望。闻君名，招至其家。君感其礼遇，为之考金石，搜文史，教授子弟，历四十年如一日。履谦既殁，其子元龡，孙钟来、钟湘等皆礼貌弗衰。迨君即世，钟来复经纪其丧。则君之持躬接物，举可知焉！晚年为上海李钟珏校定平泉书屋所藏金石书画，一时名手，皆服其鉴别之精。性和易，与人交，不分畛域。苟意所不可，虽百乘之尊，辄掉首弗顾。又好导引术，端坐调息，寂然无虑。故年至八十，而神明强固如壮岁也。君生于道光二十七年五月，卒于民国十九年四月，年八十又四。娶王氏，继顾氏、金氏。子一远威，女四，孙一。

赞曰：明嘉隆间有陈铎者，以将家子官辽东指挥使，工南词，有秋碧斋乐府，世号秋碧先生。以校君事，何其相类也。顾君又知医，兼通星名学，则秋碧或不逮钦！余尝叩君作书、哦曲之法。君曰："气盛则慧通，识多则用广。"呜呼，是艺而进乎道矣！

吴梅这篇《俞宗海家传》（以下简称《家传》），为我们研究俞粟庐提供了非常珍贵的历史资料：

其一，明确了俞粟庐的生卒年月。俞氏后人编写的《娄县俞氏家谱》中，只记载了俞粟庐生卒年份，没有月份。而《家传》中记明生于道光二十七年五月（1847年6月），卒于民国十九年四月（1930年5月）。

其二，首次披露了俞粟庐的家世，指出俞父承恩曾任江南江阴营守备，在洪杨作乱中牺牲，因有战功，追封云骑尉，世袭三代。而且指出事载《六合县志》。这篇《家传》在20世纪80年代初，俞振飞曾用毛笔抄录过一份，将他祖父与太平天国作战牺牲，并封"云骑尉"一节删除了。当时"文革"刚结束，思想有顾虑，这是可以理解的。后来我为写《俞振飞传》特地去上海图书馆查阅了《六合县志》。据载，俞承恩生于嘉庆二十三年（1818），卒于咸丰八年（1858），武举出身，原在六合任千总，"管带三千练勇"，他不仅作战勇敢，而且"御众宽而士争用命"，"战辄有功，升守备"。咸丰八年春，在知府温绍元率领下，攻克太平军占领的江浦，俞承恩"鼓勇登城，倏忽杀数十贼，身上下皆血肉模糊"。清政府封赏他为"骁勇巴图鲁"，擢为都司花翎正四品。同年八月，太平军陈玉成率十万大军攻打六合，此时，六合城内仅二千守军，温绍元自守南门，俞承恩守西门。太平军挖地道至城下，用炸药炸开城墙，温、俞退入巷战，尽皆战死。这一天为咸丰八年，九月十八日。数年后，清政府封谥俞承恩"云骑尉"，世袭三代，隶属松江提标营。俞承恩家属均在松江，幸免殃及。也由此俞粟庐从少年时代起，就受到松江提督的关照，以及幕中上宾魏彦的训育，18岁后入伍，归标营。四年中，从外委、把总、千总到守备，年年升级，可谓一路顺风。

其三，曾国藩于同治十一年（1871）到松江视察阅兵，俞粟庐率一队骑，接受检阅，受到曾国藩的奖勉。此事也是吴梅首次披露。后来我在注释《俞粟庐书信集》（以下简称《书信集》）时，才见到俞粟庐的家书中，详尽地记载了此事，与吴梅所说的"三发全中"略有出入。俞粟庐在写给五侄俞建侯的信中详细地讲述了曾国藩阅兵的经过："愚年十六、七即在外就事——十八归标营。二十一、二至二十六署千总、守备等事。适逢曾文正（十年辛未十月）按临，大阅营伍，经制各营。乱后马匹已无，因向考武各局，借四五十骑，练成以后，文正阅毕具奏称为'江南第一营伍'，而诸事必传俞守备询一切。愚步箭第四支过靶顶，而鼓不起。第五、六中。公以朱笔书'全中'二字（向来有五中者一点而已）。人以为大贵人看重，必有非常之擢。讵料文正次年壬申二月初旬中风而逝。"（《书信集·信十五》）吴梅说三发三中，也不算错，略去后面的细节，可能由于行文方便。

其四，关于俞粟庐的书艺和金石研究也提供了重要信息。《家传》中首次提到俞粟庐的书法的启蒙老师是松江标营的魏彦，之后正式拜师沈景修。俞粟庐的家书中没有向魏彦习书之事，但详尽地记录了拜沈景修事："我前于同治壬寅（1872）四月，拜从沈先生学书，其时松江亲族无一人言是。我只是一心临书。至光绪四年第七年时，沈师手写仿单见惠。即至震泽徐伯铭家酬应书件。半年中约得百余元。（《书信集·信十九》）"旧时书画界，老师为学生开仿单（价目表），意味着对学生成绩的认可，相当现代的毕业证书，从此可以"行道"即鬻字了。不久，俞粟庐于光绪八年（1882）调任苏州黄天荡水师营，据他的书信中回忆，"每年必有送同营及南京各处当事寿屏。于是广收碑拓，即自其时为始（《书信集·信十五》）"。他在水师营"每年必书寿屏五六堂，可得三百余元"（《书信集·信十八》）。从此，他以鬻字为主要经济来源，而教授昆曲是不收学费的。《家传》中提到"又与吴江陆恢同学北碑。陆兼画，君则一志于书，而名亦伯仲也。"这与俞的《书信集·信十六》可印证："时在光绪十余年中，我与廉夫正在广搜碑刻，肆力用功。"陆廉夫是清末山水画大家，也是近代大画家吴湖帆的启蒙老师。吴梅记述了当时俞粟庐的书名与陆廉夫在伯仲之间艺坛史实。

关于"通金石学"之说，俞的《书信集·信十五》中提到他在盛泽沈师家中习书同时："在案头代其考订金石文字，并查历朝史书者五年。"《书信集·十九》又提及："沈师于甲午年（1894）四月到苏，见之大为称赏，以为金石与碑学，目下不可多得。师所藏旧碑尽嘱加跋。"而《家传》中提及晚年在上海为李平书鉴定所藏金石书画，"一时名手，皆服其鉴别之精"。这在俞的《书信集》中虽无提及，但俞振飞曾告诉笔者，他十一二岁时就随父亲去李平书家鉴定金石书画，（当时画坛耆宿吴昌硕、王震、陆廉夫、毛子建等都是李家座上客）历时数年，虽然听不懂大人们的争议，但见识了许多书画文物，潜移默化，对美丑高下的鉴别，以及对他以后从事的京昆艺术产生了巨大的影响。

其五，对俞粟庐习曲经过、唱法特点、唱曲活动及历史地位，作出了生动的描述、精确的概括和最富权威性的评价。俞粟庐出生地松江是个人文荟萃之地，昆曲相当普及。俞粟庐在青少年时期就学会了一百余出昆曲，俞粟庐在给五侄的信中道："余于同治壬申十一年（1872）春间，与诸老辈晤谈，见余手书诸曲，随手填宫谱，诧为近世无有其匹。即与韩华卿先生言，此人可传叶氏之学矣。韩公亦言，留心几卅年，无一可传。今得此人，我可传彼。每到沪上必学三、五出，每年至彼三、四次不等。计九年，约二百出。旧有百余折，亦尽念过。"（《书信集·信二十三》）。韩华卿是松江人，寓居上海，他是当时"叶派唱口"创始人叶堂的隔代传人，欣然收下了这位难得的弟子。正如《家传》中所说："每进一曲，必令籀讽数百遍，纯熟而后止。夕则撇笛背奏，所习者一字未安，苛责不少贷。君下气怡声，不辞劳瘁，因尽得其秘"。

吴梅描述俞粟庐唱曲的特点是："气纳于丹穴，声翔于云表。其举首展喉，如太空晴丝，随微风而上下。及察其出字吐腔，则字必分开合，腔必分阴阳，而又浑灏流转，运之以自然。"俞粟庐的唱法，也即是叶派唱法，也即是昆曲曲唱的最高境界。俞粟庐1924年为昆剧传字辈首次在沪实习演出所作的浓缩版《度曲刍言》（发表在剧场报上，申报有专题报道），对昆曲的唱法作了如下要求："出口若针锋一点，长音须中满如橄榄，收音要纯细，而过腔换字，出口四声，平上去入以及阴阳清浊，并喉舌五音，须交代明白，不得片误，全要字正腔纯，腔与板俱工为上，悠悠扬扬，得自然之妙。"综观清末民初度曲家，俞粟庐是"叶派唱口"的最完美的实践者和继承者。所以吴梅作出的结论是："盖自瞿起元、钮匪石后，传叶氏正宗者，唯君一人而已。"这是具有权威性的历史定评。俞粟庐牢记韩师的嘱托，将"叶派唱口"传承下去。数十年中"教成者"，即他认可的、能掌握叶派唱法的学生达十五六人，遗憾的是这些优秀学生都在老师之前去世。最后，能继承这门绝学的唯有他的儿子俞振飞。

其六，《家传》中提到俞粟庐受聘于苏州望族张履谦家，"君感其礼遇，为之考金石，搜文史，教授子弟，历四十年如一日"。俞辞去黄天荡的军务去张家是光绪二十年（1894），辞职的原因是因为黄天荡在郊外，离城内的家数十里，每天来回得走几个小时，既耗时又费力。当时黄天荡营务处给的薪水，每月36两银子，张家请他的时候，工资由他自己开。俞粟庐说每月只需20银元足可维持生活。当时一银元不足一两，因此他的工资甘愿打了个对折，但他得到了自由，可以有充分的时间从事自己所喜欢的唱曲和写字。张家的"补园"与"拙政园"相邻（现并入"拙政园"）。是年除夕前三日，俞用工整的小楷为张家写了《补园记》。此文是张履谦为重刻了文徵明的《拙政园记》而写的，请俞粟庐书写，上石成碑，镶嵌在补园"拜文揖沈之斋"墙上。此碑至今犹在。

张履谦除了金石文史外，对昆曲也十分喜爱，而且张家老老少少都会唱昆曲，经常在补园的卅六鸳鸯馆举行曲会和拍曲活动。张履谦有四个孙子（长孙紫东，曲唱得最好），都由俞粟庐亲授。张家后人张岫云的《补园旧事》中收集孙善实的《卅六鸳鸯馆与留听阁的来历》一文中载："据张逸侪（张紫东三弟）说，当时在卅六鸳鸯馆拍曲时，粟老爷（对俞粟庐的尊称）常会不声不响坐在厅上听，大家一看他在场就吓哉。因为粟老爷教授昆曲认真不苟是出了名的。——他听人唱曲，若你唱得好，便拎起三弦为你伴奏（三弦的节奏是最能压准板眼的）。——若你唱得不太令他满意，他便打开手中的折扇，开始玩赏起扇面上的书画来。若他认为你唱得不好，干脆站起来欣赏墙上的书画。这时唱的人更加心慌意乱——正因为如此，大家觉得唱曲时粟老爷最好不要监场。善解人意的张家就在卅六鸳鸯馆侧面选了一个阁，专供粟老爷在里面休息、听曲。——并取名为留听阁。"

吴梅描述俞的人品、性格："性和易，与人交，不分畛域。苟意所不可，虽百乘之尊，辄掉首勿顾。"俞粟庐回忆自己在水师营 13 年，"自营哨各员弁，尽称我善。今虽七十以外，尚能见信于人。"并告诫儿子"顺境须要格外卑躬谦和，切勿藐视他人"（《书信集·信二》）。俞粟庐在张家供职，长达四十年，深得众人尊重。张履谦 1915 年去世后，张家后人待俞亦不薄，即使俞晚年，患严重白内障，已难效力，但每月 20 元薪金，一直不变。最后，俞粟庐的丧事，亦一并由张家操办。

其七，《家传》中提到俞"又好导引术"。古之导引术犹今之气功。这也是吴梅首次披露。笔者藏有俞粟庐手书的一条幅，可以相互印证。（此条幅乃粟庐侄孙俞经农所赠），其内容如下：

> 洒扫净室，窗棂虚朗，设几榻蒲团，跏趺静坐，调息久之，任意所适，散步空庭，吟风弄月，或展玩法书、名画，神清气爽，天君泰然。

经查，此条幅之内容摘录自明人杜巽才《霞外杂俎》，而略有增删（杜巽才号铁脚道人，此书所言皆养生术，大旨阐黄老恬静之理）。俞粟庐将它书写成条幅，挂在书房，犹如座右铭一般，不仅是他的一种向往与追求，也是他真实生活的写照。

练气功不止在养生，而与唱曲大有关系。元代芝庵《唱论》就提出："有偷气、取气、换气、歇气"，唱曲全凭"一口气"。而练气之法主要是"气沉丹田"。俞粟庐的静坐调息就是为练这"丹田之气"。他在给五侄的信中提及"我在沪上专与诸友谈唱曲出口、转腔、歇气、取气诸法，知者寥寥（《书信集·信二十三》）"。又"《闻铃》曲止二支，名百板武陵花。我当时亦嫌费力，后得用气之法，借呼吸气中加腔，……自然不觉其苦《书信集·信二十五》"。关于运气之法，俞振飞所编著的《粟庐曲谱》中解释得更清楚："应先将丹田之气，提至喉间，始再徐徐放出，斯为上乘。""所唱之优劣，正亦全视运气之是否得宜。"

吴梅说他曾向俞粟庐叩问"作书哦曲之法"，俞曰："气盛则慧通，识多则用广。"盖中国的艺术，如书法、绘画都讲究"气"，唱曲与气关系更加密切。俞粟庐对"气"的掌控和运用，达到了炉火纯青，出神入化的地步，所以吴梅赞美俞的唱曲"是艺而进乎道矣！"

其八，《家传》最后的"赞"中，将俞粟庐与明嘉靖年间的陈铎相比，陈亦能文能武，官辽东指挥使，工南词。两人可并肩。但俞知医学又兼通星命学，而陈不及。吴梅此论是他个人的看法，在俞生前两人可能没有谈论过此话题。因为在俞的心目中，与他生平遭遇更相似的是清道光年间的汤贻汾（号雨生）。他在给俞振飞的家书中写道："其祖任台湾淡水县，适林爽文作乱，其父亦在台北，均遭其害。雨生以袭职为三江营守备，历升至温州乐清协副将，亦遭人忌。四十岁辞官，居南京，筑琴隐园，与袁子才辈称大名士。善画山水，能制曲。咸丰癸丑，江宁被陷殉难，谥曰贞愍。论诗文及画，我皆不能，而弓马杂技以及写字，汤当逊我。唯制曲予不能，而唱曲汤虽能，终不能及我。各有三长耳。（《书信集·信二》）"

虽则两人所比人物有所不同，其致一也。吴梅与俞粟庐相交二十余年，彼此心仪，不愧挚友也。

吴梅的《祝寿曲》及《家传》手书文本，应保留在俞振飞箧中，《祝寿曲》的影印件及俞振飞删节过的《家传》，都是俞振飞交于笔者的。《家传》全文最早影印出版的是1940年日本一家印刷所，附录在《俞粟庐自书唱片曲谱》一书之中。据《跋》文作者傅芸子叙述，他在日本讲学时，在日本汉学家青木正儿家中，听到俞粟庐的唱片，大为惊叹。回国后，遇见好友俞振飞，得到吴梅写的《家传》抄本并由穆藕初当时编的《度曲一隅》印本，他即将此转赠于青木正儿。由青木正儿的学生奥村伊九良负责出版了其中附录《家传》的《度曲一隅》。1953 年俞振飞在香港编著《粟庐曲谱》出版，将《家传》收录书中。

1988 年 9 月，俞振飞率领上海昆剧团《长生殿》剧组访日演出时，日本汉学家波多野太郎将 1940 年日本出版的《度曲一隅》，请俞振飞签名。数天后，波多野太郎又将俞签名本复印 100 册，其中第二十五册自己签名盖章后，复赠予俞振飞。

关于 1962 年重印《粟庐曲谱》遗存校样的说明

吴新雷

（南京大学文学院，教授）

摘要： 1962 年下半年，上海文艺出版社顺应南北曲友的热切期盼，筹备重印《粟庐曲谱》。好在俞振飞先生自港返沪，已将香港中华书局初版的《粟庐曲谱》的铅版带了回来，再版不难。出版社跟时任上海市戏曲学校校长的俞先生商量，先生欣然同意，便在 1962 年秋写出了重印前言，《前言》中敬表谢意说："现在，由于上海文艺出版社的热心提倡，这本曲谱得以在上海重印。"当时，俞先生还着力用白话语体文改写了《粟庐曲谱》卷首的《习曲要解》，落款为"一九六二年秋月俞振飞重订于上海"。上海文艺出版社排版刷出校样后，先生亲自校对，因我正在研究"俞派唱法"，先生便把多刷的一份校样邮赠给我查证并参校。

但因形势有变，出版社重印的计划被紧急叫停！而俞先生的《粟庐曲谱》初版的铅版和为重印写的《前言》等原稿及校样等因存放的戏校仓库遭遇火灾而全部被焚。幸而我珍藏这份校样尚遗存人间，现今将这份校样原件（孤本）捐赠给上海艺术研究中心，公之于同好！

关键词：《粟庐曲谱》

1962 年下半年，上海文艺出版社呼应南北曲友的热切期盼，筹划重印《粟庐曲谱》。刷出文字部分的清样后，俞振飞先生亲自校对。当时俞先生因我正在研究"俞派唱法"，便把多刷一份的校样邮赠给我查证并参校。但不料形势有变，出版社被骤然叫停，重印计划没有实现。俞先生的自存本由于"文革"中库房遭遇火灾全被焚去，独遗下我珍藏的这份校样尚留存人间，现今找出来捐献给上海艺术研究中心，以便公之于同好！这里把此事的原委加以钩稽，说明其来龙去脉。

20 世纪 40 年代，俞振飞先生为继承发扬乃父粟庐老人家的度曲家法，开始着手《粟庐曲谱》的订立事宜。1945 年抗日战争胜利后，梅兰芳先生息影 8

年后重登舞台，与俞先生在上海美琪大戏院联袂公演昆剧折子戏。为了配合演出，俞先生把已订工尺谱的《游园·惊梦》《断桥》《刺虎》《思凡》作为《粟庐曲谱》的抽印本分四册印行（每册封面均由梅先生题签），徐凌云老曲家为之作跋，跋语中首提"俞派唱法"之论。50年代初俞先生客居香港时，得到企业家昆曲热心人士吴叔同先生（香港中华书局董事长）的赞助，正式刊印了30折定稿的《粟庐曲谱》，1953年付印，于1954年正式出版，分订上下二册，计由香港中华书局印行了宣纸线装本50套，道林纸平装本500套。

　　时至1962年，广大昆曲爱好者都想购买《粟庐曲谱》而不可得，上海文艺出版社便顺应"热盼重印"的呼声，准备再版。好在俞先生自港返沪时，已将全书的铅版带了回来，重印不难。出版社跟担任上海市戏曲学校校长的俞先生商量，先生欣然同意，在1962年秋写出了"重印前言"，《前言》中敬表谢意说："现在，由于上海文艺出版社的热心提倡，这本曲谱得以在上海重印。"同时，先生还着力用白话语体文改写了《习曲要解》。上海文艺出版社用繁体铅字竖排刷出了校样，因我在俞先生指导下正从事"俞派唱法"的研究，俞先生便寄赠文字部分的校样给我参考并参校。

　　正当上海文艺出版社准备在1963年开春之季部署全书的付印出版时，却不料政治形势风云骤变，在极左思潮的冲击下，上海文艺出版社重印《粟庐曲谱》的计划被紧急叫停，此事也就无疾而终。后来，俞先生把《粟庐曲谱》的铅版和重印本校样等资料存放在上海市戏曲学校的库房里，又不料"文革"期间1969年的12月中，紧邻戏校的文化广场失火，殃及戏校仓库，先生寄存在

俞粟庐名宗海号韬盦75岁玉照（《粟庐曲谱》卷首）

库房里的《粟庐曲谱》铅版和重印本底稿、校样等全被焚毁。我曾问过先生，先生在 1976 年 4 月 28 日给我的信中说：

> 关于《粟庐曲谱》未刊稿，由于从五原路搬到华山路，东西摆不下，我有两只箱子，专放文稿、书画、旧纸以及碑帖等物，当时寄存在戏曲学校。因为戏校后面有一排空房，但和"文化广场"只相隔一墙。1969 年文化广场失火，把戏校一排空房全部烧光，我的两只箱子当然也付之一炬。这是万万想不到的事。（您寄给我谈俞派唱法的一本大作，也在两只箱子内。）①

幸而先生赠我的这份校样我一直珍藏着，至今犹可见及其原貌。

这份校样开篇是《前言》，并且列有全书目录如下：

　　　　　目次
　　前言
　　习曲要解
　　　　琵琶记

---

① 见唐葆祥、徐希博、陈为瑀编注：《俞振飞书信选》，上海古籍出版社 2012 年版，第 225 页。

■ 重印本《粟庐曲谱·前言》校样
　文末落款为"俞振飞一九六二年秋月"

南浦
辞朝
赏荷
盘夫

红梨记

亭会

玉簪记

琴挑

邯郸梦

扫花
三醉

牡丹亭

游园
惊梦
寻梦
拾画

紫钗记

折柳

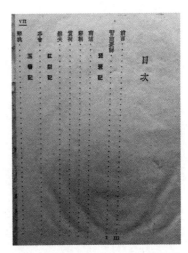

1962年上海文艺出版社准备重印的《粟庐曲谱·目次》（校样）

阳关

　　疗妒羹

题曲

　　西厢记

佳期

　　铁冠图①

刺虎

　　金雀记

乔醋

　　千钟禄

惨睹

　　西楼记

玩笺

　　长生殿

定情

絮阁

惊变

---

① 原校样中漏排标题"铁冠图"三字，现加以校补。

闻铃

　　渔家乐

藏舟

　　牧羊记

望乡

　　慈悲愿

认子

　　雷峰塔

断桥

　　孽海记

思凡

度曲刍言

度曲一隅

俞宗海家传

　　以此与1954年初版本比较，初版本分上下两册（上册至《西厢记》为止），而重印计划不分上下合订为一册。初版本卷首列有吴同叔写的序言，重印本未列，而重印本增列了"俞振飞一九六二年秋月"写的《前言》，又在卷后增列了粟老旧稿《度曲刍言》。卷首俞先生所作《习曲要解》，初版本是用浅近的文言体写的，重印本为通俗起见，变用白话语体改写了，落款为"一九六二年秋月俞振飞重订于上海"。至于1982年上海文艺出版社新出简谱本《振飞曲谱》所列《习曲要解》，是俞先生再次以白话语体重新改写的，与1962年的改本又大有不同，内中对16种腔格次序也作了调整。所以这份校样中的《习曲要解》文本，值得重视。由此可见，先生的《习曲要解》前后共计写了三次，初版本是第一稿，重印本是第二稿，"振飞曲谱本"是第三稿。《习曲要解》是俞先生曲学理论的核心著作，是先生演唱昆曲的心得之精义结晶，这曲论三稿，均有其历史性的学理价值。

　　重印本从《琵琶记》至《孽海记》的工尺谱，以及《度曲一隅》（粟老为百代唱片公司录音制片时手书的13面唱词）工尺谱，因为有带回来的香港中华书局的铅版，可以直接付印，所以当时没有预刷样张，而是先刷出了文字稿的

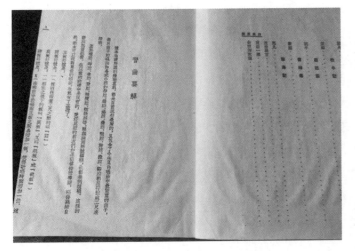

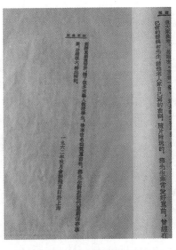

▌重印本《粟庐曲谱》目录后的《习曲要解》（校样）

▌重印本《习曲要解》的落款（校样）
落款为"一九六二年秋月俞振飞重订于上海"

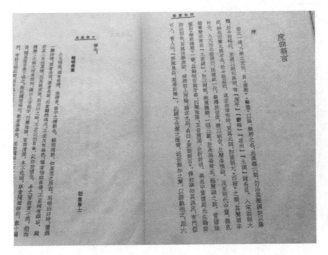

▌重印本所附粟老《度曲刍言》校样

清样。故而俞先生寄给我的这份校样只有文字部分没有工尺谱部分。卷末所附吴梅《俞宗海家传》，初版本尚未断句，没有标点，重印本由先生加上了标点符号，为避免麻烦，删去了"洪杨乱作"和"曾文正公"等敏感刺眼的字句。

　　我在整理"俞派唱法"的研究论文时，在文中报道了这份样稿的事情。①特别是《重印〈粟庐曲谱〉前言》，曾于 2009 年给上海田笙昆曲研究会发在

① 　见拙著《昆曲史考论·昆曲"俞派唱法"研究》上海古籍出版社 2015 年版，第 369 页。
　　又见郭宁主编：《俞粟庐俞振飞研究·昆曲"俞派唱法"研究》，中西书局 2013 年版，
　　第 114、121 页。

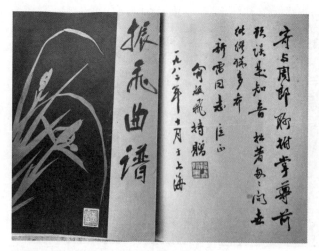

■ 俞振飞先生给吴新雷签赠《振飞曲谱》并在扉页上题词

■ 1981年春俞振飞先生和夫人李蔷华老师同笔者合影

《田笙集》第五辑中，又于2011年提交原文给上海辞书出版社发在新版影印本《粟庐曲谱》481至483页。① 但曲友们还没有见到校样的全貌，现今适逢上海艺术研究中心发出纪念俞振飞120周年诞辰学术研讨会征稿及展品征集启事，所以特将这份遗存的校样原件（孤本）捐献出来，从此便公之于众啦！

---

① 又，校样中粟老旧稿《度曲刍言》，我曾转载于拙著《二十世纪前期昆曲研究》，春风文艺出版社2005年版，第249—254页。

俞振飞与当代昆曲的知识生成
——昆曲"俞派"知识的生成与建构续论*

陈 均

（北京大学艺术学院，副教授）

摘要：在当代昆曲知识里，"俞派""书卷气"与俞振飞紧密相关。民国时期，为了在戏曲场域里获取一定位置，俞振飞主导或影响了这些知识的生成。20世纪80年代，随着俞振飞确立戏曲界的中心位置，通过"纪念会"这一特定方式，这些昆曲知识得以进一步的生成与建构。俞振飞与昆曲"俞派"知识的关联展示了当代昆曲的运作机制及昆曲知识的生成方式。

关键词：俞振飞　俞派　书卷气　知识生成

在《20世纪50年代以来昆曲流派问题的回顾与省思——以昆曲"俞派"的建构与展开为例》[①]一文中，笔者讨论了昆曲"俞派"的建构过程。即使是在"昆曲无流派"这一观念的制约下，"俞派"仍然得以成立并获得较大范围的认可，这实际上与俞粟庐俞振飞父子在昆曲界的位置与影响力有关。在"俞派"的建构中，俞氏父子的"昆曲朋友圈"起到了重要作用，尤其是俞振飞，其友人与弟子如吴新雷、岳美缇、顾铁华、朱复、蔡正仁等，都参与了"俞派"的进一步建构。但是，问题的另一面是，在"俞派"的建构里，俞振飞扮演了何种角色？起到了什么作用？又是在何等情境下，这一知识得以生成与建构，并得以持续再生成，因而构成一种"层累"甚至比"层累"更为复杂的昆曲知识？笔者在此使用了"知识生成"这一概念，相较于通常使用的"建构"，"知

---

* 本文为国家社科基金艺术学重大项目《百年戏曲演出史及其发展高峰研究》（批准号21ZD15）阶段性成果。

① 载《戏曲研究》第104辑，文化艺术出版社2017年版。

识生成"更侧重于内发性和互动性，是一种物与知识概念的互动过程①。也即，"建构"这一概念具有后现代的色彩，注重从外部对知识的"层累"进行解析与解构，而"生成"则注重探究知识产生的情境与动力。二者从内外的不同视角来讨论所谓"层累"知识的生产机制。

当代广为流传与使用的昆曲常识，很多是一些令人疑窦丛生的知识。诸如"百戏之祖""昆曲六百年""水磨调"等说法，作为"知识"，它们的生成、传播与接受，往往有多种因素参与，最终由一种或多种因素成为建构的主要力量，从而生成为习常的昆曲知识。这些昆曲知识可能会消失，也可能会继续生成与建构新的昆曲知识。学术领域里的编撰、出版、阅读与研究等机制，提供了较多的大众所接受的昆曲知识。笔者曾讨论被视为"经典"的昆曲史著作如《昆剧演出史稿》《昆剧发展史》对于昆曲观念的影响。②而且，大众传媒的参与、国家及地方政府的社会动员，也都是昆曲知识生成与建构的重要力量。

俞振飞是20世纪最为重要的京昆艺术家之一。他幼习昆曲，后又学习并演出京剧，与程砚秋、梅兰芳等名伶合作，成为著名京昆小生。新中国成立后担任上海戏曲学校校长、上海京剧院院长等职，培养了大批京昆青年演员，是在戏曲界拥有很大影响的艺术家。除了是名演员与"好演员"，俞振飞还被认为是"一位戏曲的研究者"，"他对自己演剧经验的总结，常常旁涉文艺的广泛领域，眼光开阔，思考问题也就能深入一层"③。在当代昆曲的知识场域里，作为富有表演经验且具有权威的人物，与俞振飞相关且有影响的昆曲知识不在少数，大致有三类：其一，由俞振飞主导而生成的昆曲知识；其二，与俞振飞密切相关并参与生成的昆曲知识；其三，俞振飞并不认同的昆曲知识。在本文中，笔者对昆曲"俞派"的知识生成的继续探讨，既是对俞振飞与20世纪昆曲的关系进行梳理，同时，也是对当代昆曲的运作机制以及昆曲知识的生成方式的一次探询。

一、昆曲"俞派"知识的早期生成

"俞派"之名，一般认为最早出现在徐凌云于1945年撰写的《粟庐曲谱

---

① 尹吉男：《绪论》，载《知识生成的图像史》，三联书店2022年版，第8页。

② 参见拙文《昆曲史的建构及写作诸问题——以〈昆剧演出史稿〉、〈昆剧发展史〉中的"北方昆曲"为例》，载《戏曲艺术》2014年第1期。

③ 张庚：《序》，载《俞振飞艺术论集》，上海文艺出版社1985年版，第260页。

序》。譬如拙文《20世纪50年代以来昆曲流派问题的回顾与省思——以昆曲"俞派"的建构与展开为例》与王馨《〈粟庐曲谱〉之版本及流传新考》皆持此说，只不过王馨认为在1945年《粟庐曲谱》抽印本里的徐凌云跋为"首次提出'俞派唱法'"①，而拙文所举为刊载于《海光》1945年第4期的徐凌云跋②。近来笔者发现，1940年8月31日，在《立言画刊》上刊登的俞振飞《昆曲盛衰与提倡之必要》一文里，俞振飞就已经开始使用"俞派"一词：

> 先大夫粟庐公，潜心曲学垂六十年，江浙名流，推之为俞派，盖传法于江南老曲家韩华卿、滕润之两先生。两先生者，固亲炙怀庭，而得叶派真传者也。③

由此文可知，"俞派"之使用可前推至1940年的俞振飞，徐凌云亦只是沿袭与传播"俞派"知识。1946年，在梅兰芳抗战后复出公演所印制的《梅剧团出演特刊》④里，有沈明康撰写的《俞振飞小传》，开篇叙述俞振飞家世，即从"俞派"开始，"父粟庐先生，知名南北，致力昆曲垂六十年，识曲者尊之曰曲圣，标帜俞派，奉为圭臬"。

虽然这三篇文章发表于不同的时间与场合，但是可以看到，三文的时间相近，文中所叙述的大部分知识也相近，主要元素如叶怀庭、韩华卿、俞粟庐这一脉络的叙述相同，应是某一昆曲圈子的共同知识。而且，从功能上来说，这三篇文章的目的都在于推介"俞振飞"。1940年的《昆曲盛衰与提倡之必要》一文为俞振飞的自我推介，文中提及"俞派"后，即是俞振飞对自己的昆曲活动的介绍，如创立昆剧传习所等；徐凌云文则是落脚于梅兰芳复出时与俞振飞合演；沈明善文为对俞振飞的介绍，以及宣传梅兰芳与俞振飞的合作。或者可以说，亮出"俞派"，输出"俞派"知识，实则是为俞振飞的演艺活动铺垫与宣传。"俞派"成为俞振飞的身份标志之一，俞振飞力图以"俞派"继承者的

---

① 王馨：《〈粟庐曲谱〉之版本及流传新考》，载《南大戏剧论丛　第十四卷》，南京大学出版社2018年版，第79页。
② 载《戏曲研究》第104辑，文化艺术出版社2017年版。
③ 载《立言画刊》1940年第101期，1940年8月31日，第10页。
④ 据姜德明推测，《特刊》印制于1946年底或1947年。参见《书摊梦寻》，燕山出版社1996年版，第205页。又，《俞振飞小传》里有"去冬与梅博士出演美琪戏院"之语，据此，笔者判断应是1946年撰写。

身份在民国时期的戏曲场域里获得一定位置，以开展其演剧生活。俞振飞是"俞派"知识的早期生产者与使用者，较早生产出从"叶派"到"俞派"这一昆曲历史脉络的知识。此后，"俞派"知识的传播往往也与俞振飞相关联。

1963 年，俞振飞受邀在中国戏曲研究院作关于"表演艺术"的讲座，在讲述"唱腔"时，就提道："我出生在一个爱好昆曲艺术的世家。父亲俞粟庐先生（1847—1930 年）一生都在勤奋地钻研昆曲，著有《粟庐曲谱》一书流传，在南方的昆曲界中有一定的影响，被称为俞派昆曲唱法。"①

1976 年 4 月 28 日，俞振飞尚在"文革"中被审查时，就致信给吴新雷，问询他于 1962 年所写的《论俞派唱法》，以作为介绍昆曲的材料，提供给上海文化局的"唱片收藏组"。②在 20 世纪 80 年代初期，当俞振飞介绍昆曲的歌唱艺术时，认为"昆曲的歌唱艺术在昆剧表演的整体中，应当说是占有极为重要的位置的"③。而"唱曲艺术"的历史，则是从魏良辅的"水磨调"到叶堂再到"俞派"：

> 清乾隆中，苏州叶堂（字怀庭）是一位音律家，也是唱曲家，订有《纳书楹曲谱》一书，对唱曲艺术很有贡献。继承其艺术者，有瞿起元、钮匪石等人。后来，有一位江苏娄县人韩华卿，唱曲得到叶氏家法，他教授了我的父亲。我父亲享了大年（八十四岁），提倡昆曲，传授了很多人，包括我在内，久而久之，就有了俞派的称号。④

1986 年 12 月 15 日，俞振飞在香港中文大学作"昆曲的源流及其变革"演讲，在介绍"昆曲的歌唱"时，也以"俞派"为正宗：

> ……由于我父亲教授不少学生，称为"俞派"，在江南、浙西的影响很大，人称"曲圣"。……上述《度曲一隅》跋文所说"出字重，转腔婉，结响沉而不浮，运气敛而不促"四句，是我父亲唱曲风格的特点，对于有

---

① 刘沪生、黄在敏记录整理：《俞振飞谈表演艺术》，《戏曲研究》第 6 辑，文化艺术出版社 1982 年版，第 73 页。

② 参见《俞振飞书信选上》，上海古籍出版社 2012 年版，第 225 页。

③ 俞振飞：《唱曲在昆剧艺术中的位置》，载《俞振飞艺术论集》，上海文艺出版社 1985 年版，第 316 页。

④ 同上书，第 318 页。

些唱口一味在高而细上追求所谓"效果""味道",正是一种变革。请问,如果音色、音量,不亮而暗,不堂而瘪,使听者侧耳不闻,怎么还有美感?我从小接受了父亲的教诲,可以说至今还是守着"家法"的,下面就扼要介绍一些"俞派"唱法。

俞振飞对于"俞派"知识的使用大致有三个特点:其一,往往出现在对于昆曲历史的叙述里,并且作为昆曲发展至近现代的主要段落;其二,多作为自我叙述的开场白。也即以"俞派"知识来作为铺垫;其三,对于"俞派"特点的叙述基本上集中在昆曲的曲唱方面。对照昆曲"俞派"的建构史,可以看到,俞振飞对于"俞派"知识的运用还属于"俞派"的"初步建构"阶段。[①]在1980年之后,俞振飞的弟子及友人们开启了以俞振飞为中心的"俞派"进一步建构。其中,俞振飞的"俞派"知识生成无疑提供了建构"俞派"的基础。

二、"书卷气":昆曲知识的生成与再生成

"书卷气"是与"俞派"知识密切相关的另一种昆曲知识,被认为是俞振飞小生艺术的表演特色。在诸种当代志书、百科全书类的书籍上的"俞振飞"词条基本上都会包含"俞派"与"书卷气"。举一部《当代百科知识大词典》上的"俞振飞"为例。该词条约二百余字,除首尾叙述其经历与著述外,主要艺术评价集中于以下段落:

> 他将京、昆表演艺术融为一体,形成儒雅、透逸,富有"书卷气"的表演风格。还系统整理、发展了昆曲曲调,创造了讲究声律、韵味的唱法,世称"俞派"。[②]

"书卷气"与"俞派"一起,不仅是对俞振飞的"盖棺论定",而且成为关于俞振飞的昆曲知识。追溯"书卷气"这一知识在戏曲领域的使用,可以看到,在民国时期的报刊剧评里,"书卷气"尚是一个很少出现的评语。1945年

---

① 参见拙文《20世纪50年代以来昆曲流派问题的回顾与省思——以昆曲"俞派"的建构与展开为例》,载《戏曲研究》第104辑,文化艺术出版社2017年版。

② 曲钦岳主编:《当代百科知识大词典》,南京大学出版社1989年版,第175页。

起，一些上海小报新闻与剧评，将"书卷气"与俞振飞关联起来，成为对俞振飞的风格描述。譬如，1945 年 6 月 3 日的《力报》上，一篇《书卷气》的短评就记录了一场发生在剧场里的争论，该场有俞振飞演出的《三娘教子》，两位女观众争论俞振飞与叶盛兰的优劣，一位认为叶盛兰的嗓子比俞振飞好，另一位则认为俞振飞的面孔好，因为"有书卷气"①。1947 年 5 月 15 日的《飞报》上的一则名为《俞振飞有书卷气》的剧评，则称"梨园小生，人材缺乏"，该文将俞振飞与叶盛兰比较，"叶四以有武工底子自骄，腹内则不通文墨"，而"俞系世家子玩票下海，富书卷气，自非凡流可及也"②。1947 年 5 月 29 日，发表在《戏世界》上的一则新闻，提及"上海一般人的批评说：俞五唱赵宠，满身书卷气"③。从这一类小报新闻与剧评来看，"书卷气"之所以成为俞振飞的一个标签，是因为他与名小生叶盛兰之间的竞争，相较于叶盛兰出身于梨园世家，有武功底子，俞振飞出身于昆曲家庭，又系中途下海演戏，因此被冠以"书卷气"。但是，"书卷气"并非俞振飞的专属标签，《上海特写》1946 年第13 期报道了北平梨园界的一场纷争，有"书卷气息"的王泊生、陈大濩，排挤叶盛章叶盛兰到了上海。文中引张恨水说南京的妓女缺少"书卷气"，又描述陈大濩"一副书卷气息的头脑"，副标题亦用"北平梨园界变成书卷气"等等④。这些"书卷气"的使用场合，显然也并非赞誉。

在俞振飞写给徐希博的信函里，提及 1933、1934 年间，其父徐子权曾给予他建议，在与姜妙香、叶盛兰等小生的竞争中，相较于姜妙香的"唱工"、叶盛兰的"武功"，他因为有昆曲底子，应在文戏的"念白""面部表情""身段动作"上"独树一帜"。⑤徐子权提出的建议虽然还未出现"书卷气"，但后来冠以"书卷气"的特征已包含在内。"书卷气"与俞振飞的关联，是基于在 20 世纪三四十年代戏曲领域的竞争而产生的知识。与"俞派"一般，这一知识生成的目的在于以之作为身份标志，确立俞振飞在戏曲场域里的位置。

此后"书卷气"虽然偶被俞振飞提及，但并不一定与俞振飞自己相关。如

① 凤三：《书卷气》，载《力报》1945 年 6 月 3 日。
② 《俞振飞有书卷气》，载《飞报》1947 年 5 月 15 日。
③ 《俞振飞专有书卷气：叶盛兰要讨教！由一出奇双会说起》，载《戏世界》第 294 期，1947 年 5 月 29 日。
④ 行者《陈大濩气走叶盛章》，载《上海特写》1946 年第 13 期。
⑤ 载《俞振飞书信选（下）》，上海古籍出版社 2012 年版，第 311 页。

前述俞振飞1963年在中国戏曲研究院关于"表演艺术"的讲座，"书卷气"成为"巾生"的特点，"巾生，也称作扇子生，例如《琴挑》中的潘必正、《牡丹亭》中的柳梦梅等一类书生，声音要比较典雅潇洒，风流倜傥，带有浓重的书卷气。"①

值得注意的是，1974年2月24日，俞振飞在给徐希博的信里，提及在写关于"书卷气"的文字，并与徐希博讨论。②虽然现今还未见到俞振飞此时关于"书卷气"的具体文字，但是"书卷气"显然是俞振飞与其"朋友圈"商讨的主要议题之一。到了1980年，在"俞振飞演剧生活六十年"筹备前后，以"书卷气"作为俞振飞的风格的文章开始陆续出现。1980年1月，薛正康、许寅撰写的《俞派小生的"书卷气"——知书识画明诗善字而精于戏》一文在《文化与生活》第一辑发表，将俞振飞的表演艺术概括为"七气"：卷气、英气、才气、水气、粉气、傻气、酸气。在"七气"里，第一个"卷气"即"书卷气"。薛正康是俞振飞的弟子，许寅是俞振飞艺术的记录者与评论者，曾整理多篇俞振飞艺术表演经验文字，是《俞振飞艺术论集》的合作者之一。而且，他们也都是俞振飞艺术经验记录小组的成员。在这篇文章里，书卷气被当作俞振飞表演艺术特点中的一个，而且是首要特点。

1980年4月15日，周传瑛的《曲海沧桑话今昔——纪念俞振飞同志演剧生活六十年》一文在《解放日报》上发表。当日正是"俞振飞演剧生活六十年"纪念会的开幕，周传瑛亦以此为题作了发言。作为一篇对俞振飞演剧生涯进行品评与总结的庆祝文章，此文谈及了昆剧传习所、仙霓社、梅兰芳复出演出昆曲等多个昆曲史的关键点上俞振飞的贡献，其后特意提出俞振飞的"书卷气"：

> 他演的巾生戏和我们学的在表演上颇有差异。按我们老师的路子，巾生在表演动作上需带有脂粉气，例如角色的手法和台步（经常用窜步、碎步），近似闺门旦。而俞振飞同志饰演的巾生，就摆脱了脂粉气，突出了"风雅"，也就是大家异口同声一致赞赏的"书卷气"。我曾对"脂粉气"和"书卷气"两种截然不同的表演反复推敲，后来才明确这是一个关系到

① 刘沪生、黄在敏记录整理：《俞振飞谈表演艺术》，《戏曲研究》第6辑，文化艺术出版社1982年版，第74页。

② 载《俞振飞书信选（下）》，上海古籍出版社2012年版，第328页。

昆剧表演艺术如何适应时代发展以及正确刻画人物性格的问题。……这是一次重大的改革，振飞同志的表演方法跟上了时代。

这篇文章虽然发表于 1980 年 4 月 15 日，但是写作时间更早。1979 年 12 月 7 日，俞振飞在给徐冠春的信里就提及收到周传瑛这篇特意为纪念会所写的长文。[①] 周文将"书卷气"与俞振飞的表演风格相关联，而且是一种"大家异口同声一致赞赏"的"共识"。作为对照，周传瑛提出"书卷气"和"脂粉气"这两种小生表演的特征，并将"书卷气"视作昆曲表演艺术发展的方向。

"书卷气"与"脂粉气"的对照或对立，此前较少见诸文字。在梅兰芳回忆舞台生涯时，涉及皮黄小生德珺如的一则逸闻[②]，在脚注里提到"脂粉气"，"脂粉气"与对其艺术特点及水准的评价无关。或者，也可以说，"脂粉气"这一知识是周传瑛在写作这篇文章时，基于自身的表演经验与感受，借助于"脂粉气"这一说法，而赋予了与"书卷气"相对的含义，完成了一种昆曲小生艺术由"脂粉气"向"书卷气"的发展图景，从而为俞振飞之于昆曲的艺术贡献找到了一个新的历史定位。

岳美缇的回忆进一步补充和解读了周传瑛所写的细节，并且将"书卷气"从俞振飞的表演风格扩展到俞派小生表演艺术的特点。

二十多年前，我去杭州向周传瑛老师学戏。传瑛老师非常崇敬俞振飞老师。一次他说起在他们一代学戏时昆曲小生都叫"一步生"。所谓"一步生"就是小生的台步跟旦角差不多，步子很小，因而称为"一步生"。当时小生有许多踢步、小挪步、小串步等动作，而小生的兰花指、水袖、身段摆动的幅度也都与旦角相近，纤细秀气。唱时的声音也以尖细的假声为主，很明显地带有一种"脂粉气"，因此传统的巾生都带有一点"娘娘腔"，这甚至成为了当时巾生的一种特色。而俞老师认为舞台上的小生都

---

① 参见俞振飞《信二十九》，载《俞振飞书信选（上）》，上海古籍出版社 2012 年版，第 103 页。在这封给徐冠春的信里，俞振飞提及纪念会的筹备，以及周传瑛写此文的情况。

② 许姬传：《梅兰芳对编剧的一些看法》，载《忆艺术大师梅兰芳》许姬传、许源来著，文化艺术出版社 2015 年版，第 57 页。文中提及德珺如时有一个注解"德珺如早年唱青衣，后改小生。当时的习惯，小生是不敷粉的，德珺如的皮肤黑，就用了点粉，谭鑫培和他是儿女亲家，常跟他开玩笑，说他有脂粉气。"

是才子或文人，所以一定要有"书卷气"。所以从俞老师开始，小生的台步与身段动作才渐渐放开；发声用嗓也以真假混合声为主，明显地区别于旦行。因此"书卷气"成了俞派小生表演艺术的核心内容。传瑛老师说昆曲小生从"脂粉气"演变到"书卷气"，就是俞老师对于昆剧艺术最大的贡献。①

在"俞派"的建构里，岳美缇的文章是将"俞派"由昆曲曲唱艺术扩展到小生表演艺术的重要一环。而在这一段回忆里，周传瑛文章中关于"脂粉气""书卷气"的"反复推敲"被情境化，细节更为丰富。"书卷气"也由俞振飞的小生表演特点转变为"俞派小生表演艺术的核心内容"。1980 年，王家熙在上海人民广播电台进行京剧流派讲座，并整理为《俞振飞与俞派艺术》② 一文。在该文里，王家熙直截了当地提到"俞派小生的突出特点是儒雅秀逸而又雄厚俊健，富于'书卷气'"。"俞振飞反对小生的声音带脂粉气，他自己的声音就强调一种雄浑美。""小生角色，大多表现儒生雅士，要求有'书卷气'，俞振飞这个方面的特长特别显著。他在诗词书画以及音韵学各方面的深厚修养，又能使他自然地流露出'书卷气'，而且使他在唱念的处理上能够得体而精到。""脂粉气"与"书卷气"再一次出现在关于俞振飞与"俞派"的叙述之中。王家熙与许寅一样，也是俞振飞艺术经验的记录者与评论者，对于俞振飞的表演非常熟悉，也有很多交流。在这一阐释倾向下，"书卷气"作为一种风格描述，从俞振飞逐渐扩展到"俞派"。俞振飞对这一转移也表示认同，甚至认为"'俞派'的特质乃为'书卷气'"。③

"书卷气"这一昆曲知识的生成，经由俞振飞与其友人的交流，又借助于1980 年"俞振飞演剧生活六十年"纪念活动，与"俞派"这一知识集中出现，此后又被继续再生成与建构为一种习常的昆曲知识。

三、纪念会：一种昆曲"知识生成"的特定方式

2002 年，为纪念俞振飞百年诞辰，上海辞书出版社出版了大型画册《昆剧

---

① 岳美缇：《俞振飞表演艺术与中国文化》，《上海戏剧》2002 年第 9 期。
② 载《王家熙戏剧论集》，中西书局 2014 年版，第 405 页。
③ 许寅：《俞振飞在美国讲学》，《上海戏剧》1988 年第 2 期。

泰斗俞振飞》。此书汇集了俞振飞生前任职的多家机构的文献资料，展示了俞振飞百年间的艺术历程及其影响。全书将百年分为七个部分，并总结其特点①：

第一部分（1902—1920 年）魏曲梁词　叶堂正宗

第二部分（1921—1950 年）转益多师　京昆并举

第三部分（1951—1955 年）滞留香港　苦心经营

第四部分（1955—1966 年）焕发青春　艺入"化"境

第五部分（1977—1986 年）欣逢盛世　老翼伏枥

第六部分（1987—1993 年）弘扬国粹　走向世界

第七部分　幽兰倩影　俞艺流芳

如以俞振飞的演剧生活为中心，以上七部分可以合并为三个阶段：第一阶段是 1902—1955 年；第二阶段是 1955—1966 年；第三阶段是 1977—1993 年。在第一阶段，俞振飞学习昆曲与京剧，与程砚秋、梅兰芳合作，成为一位具有竞争力的知名京昆小生艺人。昆曲"俞派""书卷气"等知识的生成即与俞振飞的此种处境有关。在第二阶段，俞振飞在中国社会里逐渐成为一位主要的戏曲艺术家，其"自述"云"1960 年赴北京，在演员讲习班上讲课，同讲者有梅兰芳、刘成基、马师曾、袁雪芬、徐凌云等，皆一时硕彦也"。②即是这一地位的表征。但是，在国家体制所给予的社会位置及相关待遇上，与梅兰芳等被当作典型的艺术家还存在一定的差距。③在第三阶段，随着"文革"的结束及改革开放时代的来临，俞振飞成为国家认定的顶级艺术家。在《俞振飞年谱》所列举的 1977—1986 年间，笔者摘录以下重要事件④：

> 1978 年 10 月 9 日，上海市文化局党委任命上海昆剧团领导，先生任团长。

---

① 参见《目录》，《昆剧泰斗俞振飞》，龚学平主编，费三金撰文，上海辞书出版社 2002 年版。

② 载《昆剧泰斗俞振飞》，龚学平主编，费三金撰文，上海辞书出版社 2002 年版，第 128 页。

③ 参见《演剧生活六十年——答记者问》，载《俞振飞艺术论集》，上海文艺出版社 1985 年版，第 28—29 页。俞振飞自 1955 年 4 月 1 日从香港回国后，仅被安排担任上海戏曲学校教师。1956 年春，俞振飞为毛主席演出时，经陈毅过问，才提高工资。1957 年 5 月 1 日，被任命为上海戏曲学校校长。这一经历与梅兰芳、马连良等戏曲艺术家很难相比。

④ 参见《俞振飞年谱》江沛毅编著，上海文化出版社 2011 年版，第 232—288 页。

1979 年 7 月 20 日，参加上海艺术研究所关于艺术记录工作座谈会，就老艺术家、老演员作艺术记录、总结唱腔和表演艺术经验诸问题作发言。

1979 年 10 月 30 日—11 月 16 日，赴京参加第四次文代会，并当选为中国文联副主席。

1979 年秋，俞振飞艺术记录整理小组成立，主要成员有王家熙、薛正康、徐希博、许寅等人。

1980 年 4 月 15—19 日，俞振飞演剧生活六十年纪念活动在沪举行。中共上海市委书记夏征农，……等七百余人参加开幕式，文化部副部长司徒慧敏在开幕式上致辞，并颁发奖状。

1980 年 12 月 29 日，上海市戏曲继承革新委员会成立，先生出任主任委员，袁雪芬、丁是娥、筱文艳任副主任委员……

1981 年 11 月 18 日，上海京剧团举行恢复京剧院建制大会，先生出任院长。

1982 年 2 月，市文化局局长李太成来校宣布：经市委宣传部批准，先生复任上海市戏曲学校校长。

1982 年 7 月，《振飞曲谱》由上海文艺出版社出版。

1985 年 7 月，《俞振飞艺术论集》由上海文艺出版社出版。

1986 年 1 月 17 日，全国政协京昆室成立，先生担任副主任。

1986 年 1 月 11—19 日，出席文化部保护和振兴昆剧工作会议于上海工业大学。会议宣布正式成立"文化部振兴昆剧指导委员会"，先生出任主任委员。

这些事件，展示了俞振飞逐渐走上中国戏曲界的中心位置的过程。这一中心位置，在 20 世纪五六十年代，为梅兰芳马连良等人所享有。而俞振飞处于次一级的位置。新的中心位置带来了更大的文化权力，与之相随的是，围绕俞振飞开展着一系列活动，这些活动既包括各地邀请的艺术讲座，也包括艺术经验的记录、总结、发表与出版，尤其是《振飞曲谱》与《俞振飞艺术论集》的出版，使其影响得以扩展与深入。这些活动是俞振飞作为国家顶级艺术家的体现，也促成诸多昆曲知识的生成与建构。可作为典型案例的当属昆曲"水磨调"这一知识，——昆曲"水磨调"来源于吴地红木家具的制作工序的解释，即是叶圣陶通过俞平伯给《振飞曲谱》撰序的契机而生成①，并通过《振飞曲谱》这部"唱曲者必备"②的书籍而广为流传。俞振飞不仅邀请俞平伯撰写序言，因此参与了这一昆曲知识的生成，而且在讲座里也给予引用与叙述，进一步扩展了这一昆曲知识的传播。③

昆曲"俞派""书卷气"等昆曲知识的生成，一个重要的节点便是1980年4月15—19日举办的"俞振飞演剧生活六十年"纪念会。在观察俞振飞这一阶段的经历时，"纪念会"是一个承前启后的关键节点。在"纪念会"前后，一批与俞振飞相关的文章与言论被制作与生产，陆续见诸报刊，成为公共知识。此次纪念会，原本是上海艺术研究所为老艺术家举行的一次小型纪念活动，因为1979年俞振飞被选为中国文联副主席，便升级为由文化部主导的大型纪念会，举行的时间一再推迟，最终在1980年4月15日举行。此次纪念会的规格与规模，除散落于当时报刊的文章与记载外，可从一套纪念会的资料汇编大致了解。这套资料汇编应是当时选辑了纪念会的主要资料，准备出版，但并未实施。2018年5月，被中国昆曲博物馆通过征集渠道收藏。2019年12月，中国昆曲博物馆将这套征集得到的资料汇编进行整理后，印制为《俞振飞演剧生活六十年》(《中国昆曲艺术》第19期)。这套资料前有彩插，为俞振飞的照片选辑。文字部分包括"大会发言""贺信贺电选""报刊文章选""报刊电台报道、专稿选""俞振飞自述"等类别。从大会致辞与回忆报道可知，纪念会由"中华人民共和国文化部、中国文学艺术界联合会、中国戏剧家协会、上海市文化局、上海市文学艺术界联合会、中国戏剧家协会上海分会联合举办"④，其重要意义在于，"这是文化部继'梅兰芳、周信芳舞台生活五十年'和'盖叫天舞

---

① 杨振华：《俞平伯与叶圣陶的"暮年上娱"》，载《永远的外婆家》杨振华著，山东画报出版社2017年版，第19页。亦可参见《暮年上娱：叶圣陶俞平伯通信集》，花山文艺出版社2002年版，第410—506页。

② 邓隽、邓岩欣：《从昆曲字腔看明代中州韵四声的调型》，载《吴语研究》第9辑，上海教育出版社2018年版，第21页。蔡正仁在《雅部正音官生魁首——蔡正仁传》里叙述了这种状况："许多昆剧团就是直接拿着《振飞曲谱》给演员伴奏，戏曲学校、业余曲社、票友更将《振飞曲谱》当作了必修必备的'教科书'。在台湾凡是爱唱昆曲的人，几乎人手一册"，载《雅部正音官生魁首——蔡正仁传》谢柏梁钮君怡著，上海古籍出版社2012年版，第72页。

③ 载《振飞曲谱》，上海文艺出版社1982年版，第1页。俞振飞在《昆剧艺术摭谈》的讲稿里予以引用，载《俞振飞艺术论集》，上海文艺出版社1985年版，第260页。

④ 《上海市文化节许平同志致开幕词》，《中国昆曲艺术》第19期，2019年12月内部印制，第1页。

台生活六十年'之后的又一重大活动"①，上海市文化局副局长许平在开幕致辞时开宗阐明其意义：

> 在五十年代和六十年代，我们为表演艺术家梅兰芳、周信芳、盖叫天举行过舞台生活五十年、六十年纪念活动。那几次活动，曾经在我国文艺界，特别是戏曲界产生过重大影响，对繁荣社会主义戏曲艺术起了很大的促进作用。今天，我们在新的形势下，再度举行这样的活动，意义更加不同一般。我们要继往开来，繁荣社会主义新时期的文艺，需要更多的、独树一帜的表演艺术家！②

此次纪念会是新中国在国家层面上第三次举办戏曲艺术家的舞台生活纪念会，而且是"文革"之后的首次纪念会，意义自然非同一般。在为纪念会而写作的文章里，"俞派""书卷气"成为频频出现与被使用的昆曲知识。譬如刘厚生的《写在俞老舞台生活六十年之际》③，亦是为此次纪念会专门撰写。其中特别强调俞振飞的"书卷气"：

> 书卷气，是俞振飞同志作为一个独具风格的大演员的特有的气质。小生演员多演书生才子，当然需要有书卷气。但是气质是做作不了的，不是谁想要就可以伸手取来，这是一个人各种修养的自然结晶。俞振飞同志不止是我们通常说的"老艺人"，也不止是大家熟知的昆剧名演员，他实际是杰出的昆剧学者兼演员。他学识渊博，有高度文化修养，能诗善画，且又刻苦学习，虚怀若谷，在多年的积累中逐渐形成了他的书卷气。
>
> ……书卷气应该是所有演员——特别是演书生才子的演员都具备的气质，……在俞振飞同志舞台生活六十年纪念之际，我之所以愿意突出强调这一点，正是希望引起青年戏曲演员的注意，总结俞老的经验，向他学习这种坚持提高文化修养，改造自己气质，在艺术上精益求精的精神。

---

① 《编后记》，载《中国昆曲艺术》第 19 期，2019 年 12 月，内部印制，第 144 页。
② 《上海市文化节许平同志致开幕词》，载《中国昆曲艺术》第 19 期，2019 年 12 月，内部印制，第 1 页。
③ 载《人民戏剧》1980 年第 2 期。

陆兼之在《松老兰香俞振飞》①里述及"俞派"的意义：

> 昆曲这个古老剧种，一般很少讲流派，其实当它从江苏传播全国以后，结合当地的不同语言，就存在了以地方色彩为标志的流派，比如北昆、湘昆、川昆、婺昆等等。但在南昆的范畴内，偏偏只有一个"俞派"是以个人艺术特色而成立的。这个"俞派"就是俞粟庐、振飞父子两代所创造的流派开始，其艺术特点主要体现在昆曲的唱念上，后来由振飞同志进一步发展到表演方面，逐渐形成了昆曲小生行当一种独特的艺术风格。

在此次纪念会的文章里，提及"俞派"的文章除大会致辞外，还有赵景深、吴新雷、王家熙等人的文章。而且，与纪念会相配套的舞台演出也带有展示"表演艺术流派"②的含义。

"纪念会"之后，俞振飞进入到梅兰芳、周信芳、盖叫天这些京剧艺术流派创始人的行列，而且是改革开放时代被列入的第一位。这种"政治"上的定位，无疑会影响到俞振飞的艺术生涯与日常生活。在给徐冠春的信中，俞振飞曾描述其生活状态："从去年四月我的舞台生活六十年大会开始，一直到现在，我家里的来人，经常我还没起床，客厅里就坐满了人。""近年各处要我做表演艺术报告，各种刊物，又要我写表演艺术文章，逼上梁山。"③"纪念会"产生的效应，不仅仅是随着地位提升之后其昆曲知识得以传播，转变为社会公共知识，而且由于讲座邀请的增多，更产生了知识生成的压力与动力，进一步激发了昆曲知识的生成与建构。在此次纪念会后，与俞振飞相关的纪念会仍然继续举办。1991年4月7日，"艺术大师俞振飞舞台生涯七十年"庆祝活动举办；2002年8月15—17日，"俞振飞百年诞辰纪念"活动举行；2011年7月15—18日，"雅韵千秋——纪念京昆艺术大师俞振飞先生109周年诞辰"举办；2012年7月7日，"纪念俞振飞先生110周年诞辰艺术研讨会暨俞振飞俞粟庐书信集首发式"举办；2013年7月16日，"生生不息——昆曲泰斗俞振飞逝世20周年纪念"活动举办，及至2022年7月15日起举办的"雅韵千秋——纪念俞振飞先生120周年诞辰"系列活动等。各种类型与级别的纪念会，往往包括

① 载《艺术世界》1980年第2期。
② 许寅、张曙、浦锡根：《俞振飞演剧生活六十年纪念会隆重举行》，《解放日报》1980年4月16日。
③ 《信三十二》，载《俞振飞书信选（上）》，上海古籍出版社2012年版，第115页。

研讨会的举办、书籍的出版、舞台展演的开展、展览的展示等活动，与俞振飞相关的昆曲知识的生成与建构仍在继续进行。譬如，在2011年的纪念活动上，"俞派"知识进一步被宣布新的目标为构建"俞学"。①

　　本文从知识生成的角度，讨论了"俞派""书卷气"等与由俞振飞主导及与俞振飞相关的当代昆曲知识。基于不同的戏曲场域与社会情境，这些昆曲知识被制造出来，成为流行的昆曲知识，从而塑造了我们对于昆曲的感觉与认知。或者说，只有我们仔细探究这些昆曲知识的生成史，才有可能复杂与动态地理解昆曲的发展历程，而得以去把握与判断昆曲乃至艺术的面貌与特征。

---

① 郭宇：《构建"俞学"》，载《俞振飞年谱》，江沛毅编著，上海文化出版社2011年版，第1页。

江南吴文化的生命与灵魂
——昆剧的历史地位和当代意义

张福海

（上海戏剧学院，教授）

摘要：昆剧孕育于江南吴文化，吴文化的质地是水，昆剧是水文化的体现；没有长命无衰的事物。中国戏曲处于重建再造的历史时期，作为"非遗"被保护的昆剧，同时也面对适应新时代观众审美的新创造。昆剧的超物质性水文化是形上的游离人生、自然的精神，是昆剧乃至江南戏曲继承和创造的本质，是江南吴文化的生命与灵魂。雅部昆剧提供了当代戏剧建设的范例，其中包括了语言的参政。

关键词：吴文化　水　昆剧

在纪念昆剧表演艺术家俞振飞先生120周年诞辰之际，本文意在通过纪念作为当代昆剧的代表性人物俞振飞先生，从文化学的立场认识和理解昆剧的历史地位，进而评价昆剧在当代文化中具有的价值和意义。

一、关于昆剧"非遗"的认识与评价

昆剧作为遗产的身份已经有21年的历史；因为"遗产"的观念，而改变了我们以往关于"传统戏剧"的理解和认识。但事实上，我们对非遗的观念无论是在学理上还是在实践上，仍不是鲜明的，甚至模糊、含混大于明确性，因此在行动上成效不甚显著。

有一个事例，对我们关于非遗的认识或许会有一定的意义：昆剧作为一个剧种，如同京剧、越剧等其他剧种一样，都有一个剧种形态的发生、成长和完成这样一个过程。昆剧在这方面总体是明显的，因此可以推定的是，梁辰鱼创作《浣纱记》作为昆剧剧种形态诞生的标志，时间上应该在明嘉靖三十八年，即公元 1560 年，这一年梁辰鱼约 41 岁，是他应顺天府乡试的第二年。梁辰鱼因创作了《浣纱记》而声名鹊起，闽浙总督胡宗宪慕名邀他入其幕府，梁辰鱼应邀入幕，途中得知严嵩案发，由此可知这是嘉靖四十三年（1564）的事情。能够动用江南著名雅集上演唱备受文人雅士推崇的水磨腔为自己的剧作装腔配曲，如果梁辰鱼年纪小些，不会有这个气魄和胆识，如果年纪很大，则没有这份勇气和激情；无论前者还是后者怎样，还应具有足够的戏剧智慧和必备的才情。梁辰鱼创作在当时即受到时贤的认定和接受。这就是说，昆剧形态的诞生在时间上是可以推定为 1560 年。

从形态学的意义上讲，昆剧形态是昆剧的本体，从它诞生之后到走向成熟，犹如一个人由孩子长大成人一样——昆剧的本体即形态，是在康熙三十八年，亦即 1699 年完成的；标志这个剧种形态完成的是孔尚任创作的《桃花扇》剧作。

怎么来认识这个问题呢？大约在 17 世纪前半叶，折子戏开始流行。折子戏的出现，深在的原因是各个行当的锤炼，目的在于使剧种臻于至境，直到洪昇的《长生殿》、孔尚任的《桃花扇》的出现，是为昆剧艺术的完备的表征，剧种形态至此形成。这也就是说，从昆剧剧种形态诞生到完成，前后大约经历了 140 年左右的时间。这个时间长度，在中国戏剧史上是谜一样的时间：考察蒲州梆子剧种形态完成的时间、京剧剧种形态完成的时间等，几乎都在 140 年左右。

昆剧形态完成后，意味着不再发展，也无需发展；进一步说，如果有某种新的因素加入进来，就会引起昆剧本身的瓦解，同时也意味着新的剧种形态的生成。海派京剧与京朝派京剧的分野就是这方面的典型例证。那么昆剧形态完成后，既无需发展，也无需创造，犹如唐诗宋词那样，只需遵循或按照既成的格式进行创作配曲演唱即成。这就是为什么清代很多文人把传奇创作叫作"填词"的原因。

一个剧种形态形成后有它自身的稳定时期，这个稳定时期，可把它称为"形态守恒期"。形态守恒期能持续多久，要有很多的原因，而且很具体。历史上中国消亡了很多剧种，如余姚腔、海盐腔，是比昆山腔的出现还要早的剧种，但都已经消亡了。昆剧的情况有所不同。今天我们来研究昆剧，它的存亡问题，往往会涉及人们的感情。客观地说，昆剧的形态守恒时期比较长。根据史料记载，1922 年的下半年，苏州的昆剧班社文全福班在苏州长春巷全浙会馆公演三个月后，正式报散。① 昆剧的守恒历史时代到此终结。

1921 年秋苏州昆剧传习所的成立和俞振飞转年参加传习所在上海的演出，事实上昆剧已经进入"非遗"阶段，俞振飞是陪穆藕初在昆剧全福班艺人沈月泉的传授和指导下跟着学戏和后来参加演出的。他们的演出是属于票友性质的。尽管如此，他们得到的传授，皆为昆剧的正宗。如俞振飞昆曲演唱是乃父俞粟庐的衣钵传授，而俞粟庐的昆曲演唱是亲炙受业于冷板清唱大师叶堂的韩华卿；因此吴梅有"传叶氏正宗者，唯君一人而已"的评价。这个评价无论在当时还是在后来，都是耐人寻味的。俞振飞于 1930 年"下海"，年方 28 岁，也是在这年，俞粟庐去世，享年 84 岁。

俞振飞登台演出，意义是重大的、深远的。一方面是他能够使自己承袭的昆曲由清唱转向昆剧的舞台戏剧人物表演，这是一个质的跨越；另一方面，他以自己的舞台实践，塑造了众多昆剧形象，同时，也为昆剧事业培养出诸多表演人才。他的半个世纪之久的舞台生涯，正值昆剧不断走向孤寂、凋零甚至灭绝的过程，"文革"前后，他的昆剧已成遗响，艰难地和他的弟子们维系着昆剧的一线香火，直到故去。他没有看到 2001 年 5 月昆剧作为"非遗"形成的新景观。这个景观是昆剧的复兴，但不是复活。

怎么来理解是复兴而不是复活？前面说到，1922 年之后的昆剧，步履维艰，经过近三十年的挣扎，濒临灭绝的昆剧已然是日落西山；进入 1951 年 5 月，中国戏剧在新的历史时代开始了新一轮的戏剧变革，几乎所有的新老剧种在内容和形式方面，全面兴起本剧种的革新局面。昆剧在当时已经不属于被研究改造之列，但却经历了系属华东戏曲研究院继绝存亡时期，而后是 1956 年《十五贯》"救剧种"时期、十年"文革"再度消亡时期、20 世纪 80 年代死而复兴时期、2001 年"非遗"时期。本文就此提出的问题是，为什么说经过这半个多世纪艰难困苦并能走到今天，昆剧不是复活，而是复兴？复活，指的是一个事物本身死后又活了过来；昆剧不是复活。昆剧进入 1951 年之后，剧

---

① 顾笃璜的《昆剧史补论》记述："民国十一年（1922）下半年，由全福班昔日的值戏码陈聚林重整旗鼓，散集各的原班三十多位艺人，恢复全福班，在苏州长春巷全浙会馆公演。……在公演三个月以后，真正报散了。"上海古籍出版社 1987 年版，第 135 页。邓长风在《明清戏曲家考略全编》（下）中记述说："全福班在苏州演出后，该年底又到上海演出过。《申报》1922 年 12 月 12 日《记小世界全福班之昆曲》一文，……由于当时虽然'日演两次'，却未登广告，所以全福班这次鲁殿灵光的演出的起讫时间无从得知；但其最后的报散，当在 1922 年底前后，则无疑问。"上海古籍出版社 2009 年版，第 483 页。

院（团）的组织建设、演员的培养、剧目的演出等相关的各个方面，都意味着昆剧是复兴；所谓复兴，是重建，是再生、是新生。确定昆剧是复兴而不是复活，由时代、环境、演员、观众这四个方面的因素为依据的。如崭新的历史时代、全新的社会文化环境、教与学之间是师生而非师徒关系、老一代和新一代观众的更替。对此，可以举例理解昆剧的复兴：1972 年出土的汉代长沙马王堆汉墓辛追的素纱单衣，重量 49 克，不到一两，叠起来能装入火柴盒里。南京云锦研究所反复用了 47 年时间才制作成功。但是这个成功是仿制的成功，表明的是相隔两千多年，生产时代、制作环境（条件）、工艺技术、使用者等，已如同云烟断灭、飘散。仿制，就是现代人通过研究，运用今天的手段实验完成的模仿之作，不等同也不是汉代的素纱单衣。另如被联合国教科文组织列为世界文化遗产的阿富汗巴米扬大佛，2001 年 3 月被阿富汗武装派别塔利班炸毁。人们曾谋求多种试图恢复大佛的方法，如"原物归位"（anastylosis）的新材料和方式的复制等。但各种方法都不过是纪念意义的，无论雕琢的效果如何，前提是确定了的，即不是笼罩在那个时代那个环境那个技术还有那些虔诚的信徒共同形成的宗教氛围完成的心灵感受的大佛；艺术创造的一次性原理，也决定了时隔 1500 年的今天再造巴米扬大佛最多是复制、仿制，是不能复活的。当然，任何比喻都是有缺陷的，不可能那样恰当，但相通之处在于，今天的昆剧不是历史上昆剧的复活，昆剧的时代、演员、环境氛围、观众都变了，还有戏剧史上随时发生的"艺随人亡"的现象，造成的艺术顿然断灭，令人惊叹和无限惋惜；昆剧是复兴，即再生或新生，相续和继承的是昆剧的精神，是昆剧精神的复兴，是昆剧精神的再生或新生。在这个意义上说，昆剧一旦离开了属于他的那个特定的历史时代，在新的时代里，所有的昆剧都不能用是与不是或像与不像来衡量，极端一点讲——在新的时代里，所有的"是"或"像"，都可以说是"是"也不"是"，是"像"也不"像"；而在属于昆剧的那个历史时代里，所有的"是"或"像"就是"是"或"像"，而所有的不是也是"是"，所有的不像也是"像"。标准是特定的历史时代确立的，艺术作品不但注意到时代性，同时是包括了艺术家的个体生命及其心灵感受性。它既有属于一个历史时代的时代性，也有不仅属于一个历史时代而拥有一切时代的恒久性。因此，在今天，我们衡量或品鉴昆剧的标准，应是在昆剧精神的复兴意义上建立起来的。正是在这个意义上，半个多世纪以来，尤其是进入 21 世纪以来，在昆剧"非遗"理念的推动下，昆剧的后继者们为发扬和光大昆剧精神进行的努力，是昆剧得以存活和保持下来，其卓越的贡献，历史必将铭记。

二、建立在水文化基础上的昆剧艺术精神

从文化史上看，一个共同生活在一起的族团，由于生活条件的相同，文化特点的相同，和由此形成的精神形态的相同，因此而与其他族团相区别。决定这个区别的，首先是作为物质基础的地域环境因素发挥着重要的影响力量，除了一定的物质基础，还有文化的长期发展形成的思想基础，也就是文化的基本精神，这种文化的基本精神就是一定族团在精神形态上的基本特点。

江南地区自商周以来就是一个富有鲜明的文化个性特征的区域。春秋战国时期，中国文化出现第一个高潮，并明确地表现为邹鲁、三晋、燕齐、荆楚四个大的地区文化，江南系属荆楚地区文化的基本框架。吴文化隶属江南的代表性地区江苏，而江苏的中心区域是苏州，昆剧就诞生在为苏州所属的昆山。从时间上说，江苏境内的传统文化历史可上溯数千年以前，可谓源远流长；在空间上，江苏的传统文化并不是单一的，而是多元构成的，从区域上说，可分别为吴文化、金陵文化、徐淮文化、维扬文化和苏东海洋文化，并各有其特点。

吴区域的地理环境是水乡泽国，以水为生形成的族团；生活在这里的人们浸润于水，在水的滋养下，其生活的方式、思维方式、感情表达方式、语言方式都直接受到和接受水的影响；"吴"字的形状在甲骨文和金文里，犹如"鱼"字，实际上就是从"鱼"字演变来的。这也就是说吴的文化在质地上是源于水、凭借水建构起来的水文化。荆楚文化，由于疏淡于中原文化的影响，对西周的文化传统持拒斥态度，形成的是以老庄哲学为精神表现的道家文化。老庄哲学的本质是水文化。"天下莫柔弱于水，而攻坚强者莫之能胜，其无以易之。弱之胜强柔之胜刚，天下莫不知，莫能行。"[1] 水的柔性并非柔弱，水文化的柔性之中内蕴丰富，而在柔中突出的是坚韧不拔的品格特征，这也是由水孕育的吴文化的特质。在江苏或者在中国的诸多区域性文化比较中，吴文化的特征别具一格，分外鲜明。

中国戏曲是以乐为本位的。昆剧是吴文化的艺术表现，也是吴文化的最高体现；在音乐上昆剧是在北曲衰落后，以南曲为主体兼收北曲的优长而形成的昆腔歌唱体系。昆剧的声腔艺术总体的、本质的、风格上的是"柔"；"柔"，

---

[1] 《老子·第七十八章》。

是昆剧的基本精神，在哲学上就是老庄的"水"的审美表达；构成"柔"的演唱的审美特点是委婉细腻、流利悠远，一波三折，繁复细密，因而有"水磨调"之称。所谓水磨调，是吴人的象征性比喻，即如水磨漆器，水磨糯米粉一样，是"柔"的象征性表达；"柔"北方话叫"黏"，江南话就是"糯"，但都不如"水磨调"形象恰当。

柔性即水性，从吴文化中提取出来，由昆剧审美的美的强调和彰显而达至极端。然而，昆剧声腔水样的柔性，在质地上，虽然柔得缠绵、柔得深情，柔得婉转，但柔中并不缺少韧性、也不缺少冷峻，甚至也表现出拔剑出鞘的锋锐。如在演唱上，虽然南方昆剧属于五声音阶，但从低音"！"到高音"i"跨越两个 8 度的方法，以及行腔上大小嗓交替运用的处理技巧，创造出异峰突起的惊险陡峭和起伏跌宕的苍凉孤高的审美效果；这种审美效果超离世俗世界、迥异于人间对水之柔的理解。进一步说，柔如水的声腔回环激荡，不是山阳之水的温暖，而是山阴之水的冷和寒，并给人以超然的孤独感，又如存在的深渊，因幽深而恐怖，是黑色之美、恐怖之美。这就是说，昆剧的如水之柔，在审美的效用上，是以悲为美、孤独之美、超然之美。

昆剧的人物形象的塑造及情节构造方面，同样体现出吴文化的基本精神。如《浣纱记》中的范蠡与西施，在功成名就后，飘然而去，充分体现了道家遁世的人生态度；《鸣凤记》中"双忠八义"十大臣前赴后继、弹劾误国奸臣严嵩所表现的坚忍不拔的殊死精神；《一捧雪》中汤勤的负恩和阴险、奸诈，莫诚、雪艳的舍生取义的道义担当。昆剧的诸多传奇剧目，开创了探索和描写人物深邃、隐蔽、幽微的内心世界的新天地，如《牡丹亭》中杜丽娘的那场决定全剧美学价值的著名梦境，《占花魁》中王美娘对秦钟守夜过后独自深入独思的复杂"心语"，《钧天乐》中沈白在权奸当道、妻亡友丧、伏阙上书遭逐而倾诉于霸王庙的愤懑之情，等等，是中国戏曲史上的重大成就。

在情节的构成上，昆剧把水的柔性与儒家的中庸思想相融合，因此演绎出中国式的大团圆结局，如《玉簪记》《惊鸿记》《比目鱼》等众多剧目皆然。

昆剧向以文辞典雅古奥、灿烂缤纷垂名剧坛。这是与昆剧酝酿、形成于文人之手，遵循的是唐宋以来依声填词的路线而形成的传统相关，也是李渔把传奇创作称之为"填词"的原因。梁辰鱼作为昆剧第一位文人剧作家，《浣纱记》的出现，为昆剧的创作定下了基调。首先从《浣纱记》文本的语言看，它与前代元杂剧倾向于本色派的语言风格不同，也与后世板腔体的地方剧种多有语意不明、词句不通，且系由艺人创作的口头脚本的语言大相径庭。梁辰鱼的语言工丽华美，雕镂修饰，讲究辞藻，这与16世纪中期文坛词尚华靡的风气固然有一定的关系，但也不尽然；更重要的是，传奇作家飞扬的文采和熔铸于天赋的智慧与才情方能胜任此种形式并凭此形式获得应有的、极致的展现；其次，昆剧的声腔，典雅、柔和、凄切、婉折，用这样的腔调表达剧中才子佳人、王侯将相、谋臣策士、文人士大夫精微细密的思想感情，加之表演上身段如慕如诉，动作不绝如缕的袅娜、繁复和细腻，因此而决定了传奇的文辞必然要以超世俗的雅言完成人物形象的塑造。

昆剧以吴地水文化为基础，并在水文化基础上建立起声腔系统、人物形象体系、情节结构范式、语言表达方式和总体风格特征，从而构成了昆剧特有的完整结构，并达到极优异的水准，积四百余年持久地吸引了人们的注意力，被明清两朝视为"官腔"。在古代诸多戏曲剧种中，昆剧产生的影响力，是由构成昆剧形态结构的结构原因所致。如果透过历史凝神静观，昆剧是把吴文化精神以感性形象推向美的最高境界即认识的把握生命与灵魂；昆剧便由地域而延伸为全体社会，成为那个时代的文化取向和精神追求。在这里，要格外申明的是：本文论述的水之柔的水，不是界分此岸与彼岸、尘世与上天的原始物质，而是万事万物始原生成都依赖、凭附的存在即精神。

中国戏曲史上继元杂剧之后的又一座璀璨的高峰是明清传奇，明清传奇创作的主体力量是吴地的苏州作家群；当年从事昆剧演出的伶人无不出自苏州之地，所谓"四方歌者，皆宗吴门"，即表明了苏州的地位。苏州的班社转演各方，四处布戏，甚至在江南的文化都会扬州占据了一条街，名为"苏唱街"。昆剧以鸿篇巨制的规模，创造了才子佳人、王侯将相为主体的形象体系，由"十部传奇九相思"的选题展现对人性的深度探索和揭示，同时拥有一大批文人学士、官僚知识分子形成的创作群体，由此而树立起中国戏曲史上的丰碑。

14世纪前半叶明代立国后，到嘉靖年，也就是将近百年的15世纪的前半叶，居于戏剧主体地位的是戏文；以昆剧为标志的明清传奇，大约经过一百九十年左右的时间才取代了戏文的地位。传奇的出现及其成就能够超过戏文，正值15世纪社会商品经济蓬勃发展时期；在这个时期，以"人的重新发现"为中心内容形成的中国早期启蒙思潮，如洪波涌起，惊涛拍岸。王阳明的"吾心即良知"、李贽的"童心说"、袁宏道的"性灵说"、汤显祖的"至情说"，以及新的经济思想、科学精神等观念的产生，等等。于是，重估一切价值、呼唤个性解放的近代人文主义思想，逐渐在社会上弥漫开来。这是十分令人注意的历史：人类进入 15 世纪，在西方和东方的思想领域相继发生了向近代社会迈进的变革，即文艺复兴运动和启蒙思潮——它显现的是人类心灵的发展和审美观念的演进走着相近甚至相同的路径。无论是西方的文艺复兴还是明代的启蒙思潮，前提是人的启蒙，文化的启蒙；人在先，文化的启蒙在先；文化的启蒙是艺术的启蒙，艺术的重要性是净化人、提升人、创造人，因此是启蒙思潮新文化的直接表现。诸门类艺术中发展的最高形态是戏剧，选取或创造戏剧形式，塑造启蒙精神的新形象，如同古希腊艺术的最高成就是悲剧一样，文艺复兴时期的伟大成就是以莎士比亚的戏剧为代表的，中国启蒙时期则是以三吴地区戏剧作家群为主体阵容的传奇创造。戏剧在 11 到 12 世纪文化高峰时代的宋朝没有能够从百戏中卓然挺立起来，恰是思想界缺少对人的问题的高扬。从明嘉靖（16 世纪 60 年代）至清乾隆（18 世纪 90 年代）百余年的时间里，有八百多名传奇剧作家创作了将近三千部剧作，其中不缺少世界级的伟大的作品。乾隆年间，在"花雅之争"中，昆曲的优势地位开始让位给兴起的花部乱弹。但是，回望中国戏剧的历史，文学、音乐、表演等各方面，昆剧取得的成就远高于花部，也是后来任何剧种都难以企及的高度。

三、"非遗"昆剧对重建再造江南现代戏曲的认识

中国戏曲是由所分布在诸多区域的不同剧种汇集而成的。由于受制于地域的地理环境的客观规定，每个地域都形成了本地域特有的历史文化特征和风貌，它的特征和风貌也对象化地由最高的美即所属地域的戏曲形式呈现出来；人们是通过戏曲的审美，了解、认识、欣赏该地域人文风貌的本质特征，或即通过对该地域戏曲的欣赏，获得精神上希望如此的愿望和期待，但归根到底，潜在的目的是反观自己、认识自己、索解自己。如前所论，昆剧由于历史久远，是最先被列为联合国教科文组织的非物质文化遗产代表作；而其作为江南吴文化的具体体现，在中国的众多被奉祀的戏曲剧种中，有着最为鲜明、典型的特征。

当今的中国戏曲，处在一个非常性的历史变革时期。这个时期，由两个方面的内容构成：一个是对历史上遗留下来的、归属于非物质文化遗产的戏曲剧种，犹如进入博物馆的文物一样被加以保护，昆剧即是众多不同等级的"非遗"中最高等级的遗产（关于遗产的保护问题，本文暂不讨论）；另一个方面

是，在当下，中国戏曲的总体局面处于重建、再造的历史时期。① 由于中国戏曲的区域性特点，昆剧是否也同样存在处于重建再造的这样一个现实问题呢？本文认为，昆剧事实上是面临着如何守护的问题；但作为一个剧种，也存在着新剧目的创造和表现新剧目的方法和手段问题，除非下定决心不搞新剧目的创作。可是实际上，剧种的保护和创造是相互映照、促进的共存共荣关系。只有保护而没有创造，保护会因为没有创造的辉映而失色；只有创造，一个剧种才会随着时代前行，并获得生机和活力，长命不衰。作为范例的昆剧如此，江南地区的戏剧艺术同样如此。

那么，江南吴文化历史上孕育出的昆剧，虽然是水文化的体现，但是，水文化的基质是物质的水，以及水的环境。水或水的环境是什么呢？这会让人想到一生功业非凡的吴王阖闾别具一格的墓葬方式：三千锋锐名剑的随葬，奥深莫测的池水掩埋。这种水、剑相陪的葬地，正表达了雄霸江南的吴王阖闾的个性特征，以及用兵之术和治国方略；又如吴中俊杰唐伯虎的绘画，纤而不弱，力而有韵，劲峭秀雅，寓有刚柔相济之美；再如被誉为当代欧阳修的昆山归有光批判复古文风、革故鼎新的项脊轩精神；还有诸如真娘、苏小小、冯小青、李香君、陈圆圆、董小宛、沈寿等出自江南的香冷、柔韧，不执于情色，无染凡俗的旷世才情的绝世女杰……历代众多的人物故事，形成的风土民俗，无不体现着水所独有的品质。于是，水便超越物质属性，体现为吴的文化，成为吴的形而上的文化表达，亦即吴文化是水，水亦即吴文化。

社会文明史表明，人类进步不是以财富为标志的，而是以人的心灵进化、精神发展为表征的。对此，爱因斯坦说得更为彻底："世界上的财富并不能帮助人类进步，即使它掌握在那些对这事业最热诚的人的手里也是如此。"② 人是世界的存在，即世界是由于人的存在而存在。我们注意到，历史上每当社会进入停滞或倒退时期，就会发生一场思想变革运动，例如，15世纪欧洲兴起文艺复兴运动，20世纪之初中国发生五四新文化运动。文艺复兴、新文化运动，首先是人的发现；就我们而言，实现中华民族伟大复兴的背景下，提出复兴四百年前的在今天已成为"非遗"的昆剧，则首先是对历史上形成江南吴文化的吴人——创造了昆剧的苏州地区的人的发现和认识。文艺复兴是艺术的复兴，艺

---

① 关于现时期中国戏曲的问题的研究，可参阅本人的《现时期中国戏剧剧目结构体系的建设及其审美评价标准的确立》，《剧本》2015年第3期；《中国戏剧的第五次审美变迁》，《民族艺术研究》2020年第1期。

② 许良英译：《爱因斯坦文集》第三卷，商务印书馆1979年版，第37页。

术是审美，是净化人、提升人的，是"为最能表演民族性之一种活作"①。因此，继承和发扬古典昆剧的艺术精神，是中华民族复兴的基本内容之一，也是我们所持有的立场和原则。

基于此，昆剧法度森严、传承有序、脉络清晰的盛世时代早已过去；换句话说，天地宇宙间的法则是没有永恒不变的事物。那么，重建再造当代昆剧或江南戏曲，具有资源意义和价值的古典昆剧提供的是江南吴文化的本质——水——非原始物质的超验性、形而上的水，即精神化的灵性之水的美。这种美是超越的美、升华的美、空灵的美、神秘的美；这种美在于其超功利性，所以是非现实的、主观的、人为想象创造的，因而是游离人生的，并有着独特的气质和独立的生命。这种令人神往的感受，不由使我想到当代著名学者潘光旦先生：1941年，他运用地域环境理论、生物学、文化学和遗传学理论，重点对居住在苏州地区的戏曲群团进行研究，写出了著名的《中国伶人血缘之研究》一书。现在才进一步认识到，潘先生之所以从审美的最高艺术形态的戏剧入手，致力于戏曲伶人的研究，这在那个民族艰难时境下的中国文化来说，潘先生的眼光多么深刻、高远！现今我们处于逐步走向商业文明、审美文化的初阶迈进的时代进程中，昆剧的重建与再造，中心命题是追寻江南吴文化的生命和灵魂，这是美的自身和目的。

还要格外提出一个问题，就是戏剧的语言问题。语言是戏剧文学价值的重要体现。昆剧一向是以"雅部正声"为戏剧史所瞩目。所谓"雅"即"夏"，是姜周自称是夏后代的后代，故其语言称"雅言"即"夏言"。中国文化用雅言书写，由此形成"雅言"为权威语言的典籍文化。中国的第一部字典叫《尔雅》。尔，迩也；雅，夏也。其意就是向雅言靠拢。在后来的文字表达上，书面语逐渐脱离世俗社会，文、言分离，成为知识阶层和官方通行使用的文字表达方式。戏曲创作的语言使用问题，一直是一个颇有争议的话题，文采派、格律派或本色派，各有自己的主张，著名的"沈汤之争"就是一桩典型的案例，为《牡丹亭》设计的游离人生、超脱生活情节和他那"宁可拗折天下人的嗓子"也不可改动一字的戏剧信念和艺术追求。就昆剧而言，它的超脱现实与自然的品格决定了远离生活、超理想化，并创造了人生艺术化的审美范式时代。于是，我们就可以理解昆剧的超验性语言的必然性和必要性，也知晓了昆剧

---

① 潘光旦：《日本德意志民族性之比较研究》，载《潘光旦文集》，北京大学出版社1993年版，第430页。

重华藻而轻本色的态度。清代李调元在《雨村曲话》中说："梁伯龙出，始为工丽滥觞。"梁伯龙为昆剧诞生具有开创意义的《浣纱记》创作，其语言"工丽"，实际上是剧种本身决定了梁辰鱼应该如此采用的语言。这不由得令人想到，当年莎士比亚早期戏剧的"夸饰文体"，无论是王公贵族，还是贩夫走卒，无不讲究辞藻，各个文采华美。我们现在才明白，这是文艺复兴时期建设新文化的需要和表现。

在很长的一个时期以来，我们的语言处于非常不稳定的状态之中，外来文化、以 AT 产业为代表的高科技技术、商人阶层涌起等，伴随着这些新事物、新现象的发生，陌生的、新的名词概念接连不断地出现，极大地丰富了社会生活内容，同时也使社会生活极大地复杂化。因此，传统的语言表达已不足以胜任人们日常生活的需要，即便是传统的语言，在新的时代环境下也显得乏力、陈旧而不断被更新、被创造，如泪目、悲催、忽悠、大款、正（副）能量、润学等的出现，有的已经约定俗成，进入日常通行的用语。这表明我们处于文化的转型之中，语言是对现实最敏感的反映，这也就决定了戏剧创造在文化转型中对新文化建设无疑是重要的因素。与鲜活的现实相映照的是，戏曲的语言仍是旧式的老调陈词，表现人物的感情，因袭、雷同、概念化处处可见；即使是现实题材，语言方面也见不到活力和生机，尤其是对人物精神世界的表现力，缺少应有的创新性和表现新事物、新人物思想感情的语言能力。对于追求民间流行的俗语、大白话，缺少应有的纯洁化、文学性的提炼，更有甚者，还把这种语言当作戏剧的风格、艺术的特色加以追求，显然这是不值得提倡的，也是对艺术风格的错误认识和理解。当代中华民族复兴，核心是文化，文化的内核是艺术；戏剧语言对观众具有引领的功能，是新文化建设的具体体现。历史上的一代恢宏的大明文化，鸿篇巨制的雅部昆剧，做出的贡献是卓越的，其中"雅部正声"的语言功绩尤著。昆剧之于今天的启示是，江南戏曲的再生，吴语昆剧的新生。

小先生　大朋友
——俞振飞与浙昆人的情缘

张一帆

（中国人民大学文学院，戏剧戏曲教研室主任）

摘要： 在百年来的昆曲文化传承传播过程中，俞振飞先生与以昆剧传字辈演员为主体创建的浙江昆剧团有着不可替代的历史地位。本文通过俞振飞在传字辈早期艺术生涯中的不可或缺性、浙昆和《十五贯》对俞振飞焕发艺术青春的不可或缺性、俞振飞对浙昆几代人的热心襄助与悉心传承，以及俞振飞与周传瑛的终身友谊四个方面的叙述，试图梳理俞振飞先生与浙昆几代艺术家之间长达数十年的情缘，以纪念俞振飞先生双甲子诞辰。

关键词： 俞振飞　浙江昆剧团　传字辈　世字辈　周传瑛

引　言

昆曲文化在当今虽还不能算是家喻户晓，但每年在诸如 5 月 18 日、6 月上中旬的非物质文化遗产保护日，和大中小学的日常传统文化素质拓展工作里，还是一个较为热门甚或主流的话题，昆曲文化的传承与传播能有这样积极的形势，在距今不过一百多年前，即使是极少数有识之士也难以想象的。1913 年，年仅弱冠的梅兰芳先生首赴上海演出成功归来后，除了排演了一系列时装、古装新戏外，还集中学习、演出了许多昆曲新戏 ①，他后来这样回忆道：

> 当时（本文作者按：指清末民初）北京的昆曲已经衰落到不可想象的地步。各戏班里，只有少数几出武戏还是昆曲。我提倡它的动机有两点：（一）昆曲具有中国戏曲的优良传统，尤其是歌舞并重，可供我们采取的地

---

① 指梅兰芳先生过去没有学习演出过的昆剧传统折子戏。

方的确很多。（二）有许多老前辈对昆曲的衰落失传，认为是戏剧界的一种极大的损失。他们经常把昆曲的优点告诉我，希望我多演昆曲，把它提倡起来。①

京昆艺术同根同源，与梅兰芳同时代和后学的京剧演员也会有学习昆剧表演以丰富自身表现手段的自觉性，但梅兰芳所注意到的还有更深一层：

> 同时擅长昆曲的老先生们已经是寥若晨星，只剩了乔蕙兰、陈德霖、李寿峰、李寿山、郭春山、曹心泉……这几位了。而且年纪也都老了，我想要不赶快学，再过几年就没有机会学了，即便学会了也没有人陪我唱了。我一点没有看错，不久这些老辈凋零以后，果然就发现了一连串这样的事实。②

几十年后，在中华人民共和国成立前夕，梅先生在接受美国作家鲍华采访时这样表示：

> 鲍华问梅博士是否有恢复昆曲的雄心，梅博士说：他不敢负这样大的责任，因为昆曲有固定的唱词，一定的唱法，是不能轻易有所改变的。约在民国五、六年的时候，许多唱昆曲的老先生都不能唱了，而昆曲唱起来又不能叫座，那时借了他的号召力，梅博士曾唱了几出昆曲，也学了好些昆曲。至于振兴昆曲，梅博士说，光是他一个人来干是不可能的。③

梅先生在昆剧表演濒临失传的边缘，尽自己最大的能力，为其存亡继绝做了许多重要的贡献，并且终其一生，初心不改，其最为重要的经验，就不"光是他一个人来干"。在梅先生"研究昆曲的小团体里"，俞振飞先生和昆剧传字辈演员是极为重要的组成部分。本文的主要话题，将围绕俞振飞先生与浙昆人④的情缘依次展开。

---

① 梅兰芳述，许姬传记：《舞台生活四十年》，湖南美术出版社2022年1月版，第417页。以下引用《舞台生活四十年》各处页码均以此版本为据，不再一一注明。
② 梅兰芳述，许姬传记：《舞台生活四十年》，第417页。
③ 《美一作家访梅兰芳　从昆曲谈平剧演技——曹禺作陪并充任翻译》，《大公报》1948年10月16日第5版。
④ 这里所说的"浙昆人"，是指历经国风剧团、国风昆苏剧团、浙江国风昆苏剧团、浙江昆苏剧团、浙江昆剧团等团名沿革，与昆剧事业相始终数十年，且与俞振飞先生有过交往的"传、世、盛、秀"数代昆剧艺术从业者的统称。

一、俞振飞在"传"字辈早期艺术生涯中的不可或缺性

1920 年 1 月,"学唱昆曲最起劲"时的梅兰芳,应张謇先生之邀,赴南通博物馆的濠南别业,巧遇南北闻名的"江南曲圣"俞粟庐老人(1847—1930),"遇到了他就不肯轻易放过"[①],请教了不少问题。这不是一次简单的相遇:根据唐葆祥先生的推测,日后昆剧传习所创建序幕的拉开,很有可能就肇始于粟庐老人在南通时有感于伶工学社的创建(张謇先生创办)。[②]

几个月后,棉纱大王穆藕初在苏州、北京等地结识了吴梅和俞粟庐,对昆曲艺术产生了浓厚的兴趣,随即向粟庐老人提出了投师请求,粟庐辞以年迈,推荐独子振飞随穆藕初到上海。自此,名义上,俞振飞成了穆藕初纱布交易所中的一位文书,实际上,为穆藕初授曲才是他的主要工作。

1920 年秋天,俞振飞赴沪后,经常与穆藕初提起昆剧后继人才的培养问题,这也是临行前,父亲俞粟庐对他的嘱托。平生以办实业、兴教育为己任的穆藕初对此亦深以为然,随即联络上海、苏州等地的士绅、曲家,共同筹划兴办昆剧学校。1921 年初,穆藕初个人先创办了虚体组织昆剧保存社,目的是请百代唱片公司为俞粟庐录制了六张半昆曲唱片,共计 14 支曲子。同年夏秋之际,张紫东、徐镜清、孙咏雩、贝晋眉、徐凌云、谢绳祖等十几位苏州上海社会士绅界曲家,于苏州桃花坞五亩园创办成立了昆剧传习所。当年张謇先生曾专门建梅欧阁于南通伶工学社,目的是寄望于欧阳予倩与梅兰芳两位当时艺界的青年翘楚,能在其中有所作为。由于历史原因,南通伶工学社日后在戏曲教育方面并未取得深远影响,但昆剧传习所对于后世昆曲的传承,其意义就大不相同了,此亦可谓失之东隅而收之桑榆。

传字辈演员的艺术成长期,一直都与俞氏父子的关注与提携[③]息息相关。传习所甫一开办,所面临的第一难题——和各种公私机构创办之始相同——就

---

① 《舞台生活四十年·第二集·回忆南通》,第 386 页对此事的记述应为农历,故误为民国八年(1919)冬。江沛毅先生的《俞振飞年谱》(上海文化出版社 2011 年 7 月版)以南通演出记录为据,梅兰芳纪念馆所藏张謇致梅兰芳的书信与题诗亦证明二人的南通相遇是在 1920 年 1 月中旬。

② 详见唐葆祥:《江南曲圣俞粟庐》,载《俞粟庐俞振飞研究》,中西书局 2013 年 9 月版,第 22 页。

③ 俞粟庐对于传字辈的关切,多见于他给亲友的书信中,对此,叶长海、唐葆祥先生在《俞粟庐俞振飞研究》一书中都有专文详细论及,此处不赘。

是经费不足。不过数月，之前的投入就捉襟见肘，俞粟庐、徐凌云、穆藕初随即开始筹划"敦请江浙名人"在 1922 年初（2 月 10 日至 12 日，壬戌正月十四至十六）举办了规模空前的昆剧大会串，演出在上海夏令配克戏园举行。从《申报》登载的演出广告上看，"昆剧保存社"五个大字居于中央醒目位置，并注明"券资悉数充本社昆剧传习所经费"。由此可见，时至 1922 年初，传习所已经归入到了昆剧保存社旗下，成为一体。上文提过，昆剧保存社最初只是穆藕初个人为录制俞粟庐的昆曲演唱而成立的虚体组织，而此时，显然穆藕初已从筹划传习所的幕后走到了台前。在这次连续三天的演出中，俞振飞登场演出了四折戏。①

根据《俞振飞年谱》的记载，1924 年传字辈在上海首次对外实习公演，苏、沪两地曲家参加串演，俞振飞就是与之同台献艺的主要演员，其时，传字辈小荷才露尖尖角，显然，有在 1923 年就与程砚秋合作演出过的俞振飞的加盟，舞台生色不少，这也为传字辈的初次登场带来更为广泛的吸引力。在 1925、1926 年传字辈的实习公演中，俞振飞也都是重要的助演。同台演出，历来可以为演员之间创造互相交流、互相借鉴、互相切磋的绝好机会。1927 年 12 月，传字辈出科，为其组织演出的上海维昆公司笑舞台新乐府昆戏院因之成立，俞振飞是后台经理，负责演出统筹，为传字辈职业艺术生涯迈出的第一步保驾护航。

1934 年 2 月②，梅、俞在上海新光大戏院以昆剧保存社名义合演两天昆曲折子戏。③ 第一天的《游园惊梦》是二人的首次舞台合作，由传字辈演员为班底饰演"堆花"一场的花神，是俞振飞推荐的。据说，梅兰芳还因此次为传字辈做了一套全新的灯彩道具，演出后就送给了仙霓社。④ 自此，昆剧《游园惊梦》在梅兰芳、俞振飞的合作演出中地位就显得很为特殊。1945 年，梅兰芳剃须复出，于 11 月底起在美琪大戏院正式公演，在俞振飞的建议与策划下，其

---

① 分别是 1922 年 2 月 10 日《狮吼记·跪池》中的陈季常，2 月 11 日《雷峰塔·断桥》中的许仙，2 月 12 日，《连环记·小宴》中的吕布和《牡丹亭·游园惊梦》中的柳梦梅。

② 具体演出时间为 1934 年 2 月 23、24 日，查当日《申报》广告可知，其时由明星公司胡蝶、宣景琳等主演的有声电影《姊妹花》正在新光大戏院日夜热映，为保证梅兰芳演出的票房，明星公司为其"情让两个夜场"。

③ 见《昆剧保存社公演盛况》，《申报》1934 年 2 月 24 日第 14 版。

④ 彭剑飙编著：《昆剧传字辈年谱》，中国文联出版社 2018 年 4 月版，第 201 页。

主演剧目除吹腔戏《奇双会》外，全部为昆剧折子戏，其中《游园惊梦》贴演过多次，花神仍是由传字辈演员扮演的。[1]演出前夕，有记者在采访中，向梅先生提问此次演出的名义。"梅博士敛容相告：'为穷朋友维持生活！'"[2]终其一生，以"敛容"二字来描述梅兰芳说话时的神情，是较为罕见的，而这里所说的"穷朋友"，显然就是指此时生活窘迫的传字辈，特别是已加入国风剧团的周传瑛和王传淞，正在苏浙沪一带的乡村巡演，还被专邀回沪参演梅俞合作的《奇双会》。[3]能多次与梅先生同台演出，既使得周、王等人的演出水平得到了进一步的提高，又能在物质生活上得到雪中送炭般的补贴。毫无疑问，梅兰芳与传字辈之间在几十年中始终保持的紧密联系，俞振飞都在其中起到了关键的、无可替代的串联与推荐作用。

二、浙昆和《十五贯》对俞振飞再度焕发艺术青春的不可或缺性

1955 年 3 月[4]，在梅兰芳、吴祖光、夏衍等人的共同努力下，在外漂泊多年的俞振飞先生，此时终于基本摆脱了生活的困境，从香港返至北京，主要的想法还只是"考虑到'日落西山夜黄昏，人奔家乡鸟归林'，目的仅在于找一个归宿，以安度余年，根本没有什么雄心壮志，也不想做什么大事情，只想'安分守己'，唱唱戏吃吃饭算了"。[5]6 月底，俞振飞参加完彩色电影《梅兰芳的舞台生活·断桥》的拍摄后，回到上海。7 月 13 日至 8 月 12 日，浙江国风昆苏剧团赴上海光华大戏院演出前后一个月，这是俞振飞与周传瑛、王传淞等浙昆传字辈阔别数年后的又一次重逢。不同以往的是，此时俞振飞的工作关系虽已落到上海京剧院，但由于种种原因，每月的收入仅限于 140 元车马费，而房租就需要 90 元，在香港尚有高额欠账未还，因此俞振飞、黄蔓耘夫妇的经济条件捉襟见肘。在上海市有关领导和周传瑛的发起与谋划下，自 10 月 1 日至 20 日，由上海市戏曲学校在长江剧场举办了规模空前的昆曲观摩演出，共

---

[1] 时年 9 岁的白先勇就是因为在现场看到了本轮演出的《游园惊梦》，从此对昆剧演出留下了深刻的印象。日后"青春版《牡丹亭》"制作上演的契机即在此时动心起念。

[2] 《为穷朋友请命　梅兰芳将再度登台》，《大公报》1945 年 11 月 23 日。

[3] 周传瑛饰李泰（保童）、王传淞饰胡老爷。

[4] 目前俞振飞先生的传记与年谱都根据其晚年的回忆，将俞老自香港返回内地的动身和抵京时间，明确为 4 月 1 日和 4 月 7 日。实际应为 3 月 1 日和 3 月 7 日，详见拙文《奇双会　南北和——梅兰芳俞振飞的艺源与艺缘》，《中国京剧》2022 年第 9 期。

[5] 俞振飞：《新的道路（上）》，《新民晚报》1959 年 10 月 28 日第 6 版。

计 25 场，全部演出昆剧折子戏 40 余折，除《贩马记》外，由俞振飞主演了其中的 13 折，且每场的大轴戏均为他所演。尽管这次观摩演出的组织方是上海戏校，但由于"昆大班"入学只有一年多，尚缺乏舞台经验无法参演，因此，除部分配演人物由传字辈互相担当外，其余几乎所有的配演脚色与龙套均由传字辈在浙昆亲生、亲传的世字辈承担，舞台上就难得地呈现了两代人的默契配合。除了吃住等基本开支，每位参演的传字辈老师只拿 100 元演出费，剩余的部分全部补贴给俞振飞作为生活费，[①] 这可以说是传字辈[②] 对俞振飞数十年来提携帮助的真诚回报。20 多天后，俞振飞夫妇又和定居上海的传字辈一起到杭州胜利剧院，与浙昆合演了五天（11 月 11—15 日）。直至俞振飞晚年，他的多次重要演出都与浙昆有着不解之缘。

时隔半年多，浙昆在京演出整理改编版《十五贯》成功后（整理改编过程中，俞振飞先生也积极地参与了相关工作，[③] 因妻子黄蔓耘确诊肺癌而未能随浙昆一同进京），"党和政府一面号召我们昆曲工作者尽一切努力来复兴这一古老而又优秀的剧种，一面又采取了许多有力的措施，来加以扶植、培养"[④]，使得俞振飞三十年中原本"一直怀着无限的悲哀，眼睁睁看着这枝鲜花日趋于凋零，至解放前夜，更至于完全的绝望"[⑤]，在一刹那间，"三十年前的壮志重现心头，兴奋、激动，恨不得马上使出浑身解数，来响应党的号召，为复兴这个古老的剧种竭尽绵薄"。[⑥] 即便是在妻子黄蔓耘于 1956 年 8 月 17 日不幸病逝后，他也因为"领导上又不断加以安慰、鼓励、督促。这一切给了我无比的温暖和力量"，[⑦] 只用了一个月时间，情绪就基本恢复了正常。

1956 年 9 月 22—29 日，江苏省文化局和苏州市文化局在苏州主办了为期 8 天的昆剧观摩演出大会，汇集了南、北各地的昆剧名家，和浙江昆苏剧团、苏州市苏剧团、上海戏曲学校三个团体。南方的徐凌云、俞振飞、沈传芷、朱传茗、华传浩、张传芳、郑传鉴、薛传钢、方传芸、汪传钤、周传沧、徐子权、殷震贤和北方的白云生、马祥麟、侯永奎等昆剧前辈都亲自登台公演，每

---

① 参见《昆剧一代宗师——周传瑛》，中国书籍出版社 2013 年版，第 357 页。

② 计有浙昆的周传瑛、王传淞、包传铎、周传铮，和在上海的沈传芷、朱传茗、郑传鉴、华传浩、张传芳、薛传钢、汪传钤、方传芸、王传蕖、周传沧，共 14 人。而此时尚在世的另外 11 位传字辈演员，或早已改行（顾传玠、姚传湄、沈传球），或不在上海（吕传洪、马传菁、姚传芗、沈传锟、倪传钺、袁传璠、刘传蘅、邵传镛）。

③ 周传瑛：《曲海沧桑话今昔——纪念俞振飞同志演剧生活六十年》，《解放日报》1980 年 4 月 15 日。

④⑤⑥⑦ 俞振飞：《新的道路（上）》，《新民晚报》1959 年 10 月 28 日第 6 版。

日唱大轴戏的，也仍然是俞振飞。浙昆的演员作为主要班底贯穿了全部演出：9月22日第一天夜场第一折即为王传淞、周传铮、张世铮合演的《燕子笺·狗洞》，9月28日最后两折《风筝误·惊丑、后亲》中，由张世蕚（饰詹淑娟）、龚世葵（饰梅香）与俞振飞（饰韩琦仲）合作。

1956年11月3—29日，由上海市文化局和中国戏剧家协会上海分会联合主办的南北昆剧观摩演出在上海长江剧场正式开幕，前后共演出26天30场，124个折子戏（内复演53个）以及《白罗衫》《渔家乐》《十五贯》《长生殿》《贩马记》5个本戏。俞振飞与浙昆人的合作演出场次不在少数，如与周传瑛、王传淞、包传铎、周传铮、龚世葵等合演《白罗衫》（11月4日）、《渔家乐》（11月6日）、《风筝误》（11月12日）、《千钟戮·惨睹》（11月17日）；与张娴合演的剧目尤其多，计有《占花魁·湖楼受吐》（11月7、25日）、《连环记·小宴》（11月20日）、《惊鸿记·醉写》（11月24日）、《长生殿·埋玉》（11月26日）、《玉簪记·琴挑》（11月27日）等。在苏沪连续两次会演、前后为期两个多月的排练和演出中，用俞振飞自己的话来说："心头重新燃起了一股青春之火，好像凭空年轻了二三十岁，精神足，情绪好，浑身是劲。"①

一代笛王李荣圻（1903—1956）逝世后，周传瑛推荐荣圻先生的唯一弟子陈祖赓（1929—2014）为俞振飞演出司笛，两人合作得严丝合缝，俞氏对陈的笛艺赞不绝口。1957年浙昆赴全国巡演期间，周传瑛为让俞振飞进一步走出丧妻之痛，专门请俞随团跨省行动。在此期间，凡是俞振飞与浙昆的合作演出都要安排陈祖赓为其司笛，如在嘉兴大会堂、福建厦门大学及南昌的演出等，祖赓也深得俞振飞之赏识。三十年后，俞在致陈祖赓的亲笔信中说："您是一直研究俞派的……您的'笛风'（气足、音响）满，唱的人不觉得累。"②

1962年9月，浙昆再次到上海公演，适逢上海戏校"昆大班"也已初出茅庐，并有五人分配到了浙昆工作。10月1—4日，在丽都大戏院举行了上海戏曲学校与浙昆的联合演出，其中10月4日的大轴戏《惊鸿记·醉写》，由俞振飞饰李白，周传瑛饰唐明皇，王传淞饰高力士，王英芝饰杨贵妃，③可谓黄金组合。俞振飞为欢迎浙昆此次的莅沪公演，亲自撰写了《清秋迎友军》一文，④

① 俞振飞：《新的道路（上）》，《新民晚报》1959年10月28日第6版。
② 见1987年12月4日俞振飞致陈祖赓信。
③ 这个演员阵容见演出说明书，而1999年录制的音配像《太白醉写》中注明系源自1962年的录音，其中杨贵妃的录音主演为张娴，也许不是同一次演出。
④ 见《新民晚报》1962年9月15日第2版。

热情洋溢地向上海观众介绍浙昆传、世两代艺术家带来的剧目和艺术特点。本年 12 月，"苏、浙、沪三省（市）昆曲观摩演出大会"在苏州举行，规模空前，参与人数更比 1956 年的上海会演扩大了数倍。除几台昆剧前辈联合演出的折子戏之外，周传瑛还在俞振飞、言慧珠夫妇主演的《墙头马上》中饰演裴行俭；到了 1963 年，王传淞（饰裴行俭）、张凤云（饰乳母）参演了长春电影制片厂与香港大鹏影业公司联合摄制的彩色昆曲电影《墙头马上》，再度与俞、言合作，铢两相称。由上可知，从 1955 年至 1963 年，俞振飞在浙昆人对于事业的不懈努力中获取了无穷的精神力量，他的表演也在浙昆人的鼎力支持与合作下，再度焕发艺术青春，达到了个人的巅峰状态。

三、俞振飞对浙昆几代人的热心襄助与悉心传承

在俞振飞长达七十余年的艺术生涯中，还有一条重要的线索：就是他中青年时对传字辈在最关键时刻的无私提携；随后，传字辈与浙昆人又反过来在最需要时给予了他热情关怀；而俞振飞在其生命的后半程中，又不遗余力地支持浙昆，视若己出地指导浙昆的后辈人才。

前文已提到，早在《十五贯》整理改编的过程中，恰逢俞振飞已回到内地，周传瑛本工巾生，扮演老生应工的况钟并不很有把握，"在排练过程中，我得到很多同志真诚的帮助，振飞同志就是其中重要的一员。他花了好几个晚上来指导，不少次议论到半夜三点多钟。"①

再如前文所述，《十五贯》的成功大大振奋了俞振飞对未来工作的信心，也正如周传瑛晚年所回忆的，俞振飞对《十五贯》的整理改编工作的确给予了深切的关注，投入了自己的智慧和激情，他曾撰文高度评价朱国梁、周传瑛、王传淞对过于执、况钟、娄阿鼠三个人物塑造方面的成就，并提出中肯的意见和建议，②对比彩色电影《十五贯》中的呈现，后人也不难看出朱、周、王臻于化境的表演，其实是在吸收俞振飞意见之后的升华。

1956 年 4 月，优秀的青年京剧小生演员徐冠春（1930—2001）拜俞振飞为师，并在生活上对俞振飞、黄蔓耘夫妇以义父义母视之，他毕业于上海光夏

---

① 周传瑛：《曲海沧桑话今昔——纪念俞振飞同志演剧生活六十年》，《解放日报》1980 年 4 月 15 日。

② 《精极熟极而不油——谈谈〈十五贯〉的表演艺术》，《杭州日报》1957 年 2 月 3 日。

商业专科学校，有大学文化程度，表演京、昆小生人物，很能体现出俞振飞所擅长的书卷气。差不多与此同时，浙昆《十五贯》由中央确定要拍摄彩色电影后，周传瑛力邀俞振飞和其他多位非浙昆的传字辈艺术家参演，因黄蔓耘病重，俞振飞暂时无心加入电影剧组，而推荐了徐冠春代替自己。由于电影与舞台不同，需要许多特写镜头，于是在综合考虑下，舞台原版中熊友兰的扮演者龚祥甫（1905—1957）在电影中转演秦古心，而取代他的，就是年轻的徐冠春，从此，无论银幕还是舞台，熊友兰扮演者的唱念均从原来的大嗓改成了大小嗓结合。俞振飞晚年曾满含深情地回忆过这段往事：

> "老子把戏唱红了，轮到拍电影，你小子却来断老子的财路！"这在旧社会可是"白刀进红刀出"的矛盾。何况龚祥甫同志坎坷一生，岂可让他失去这个大好机会。谁知龚祥甫同志却再三表示：只要拍好《十五贯》，救活昆剧，自己得失荣枯，根本不在话下——果然：在确定之后，对待冠春，他非但没有丝毫妒忌之心，而且像对待自己子女一样耐心指点、教导。①

电影《十五贯》拍摄圆满完成后，于1957年春开始向全国公映。不久，龚祥甫因患胃癌在上海医治，于1957年10月去世。因为浙昆全团在外地巡演的任务繁重，所以连龚先生的女儿龚世葵都未能返沪照顾。在龚先生病重和去世后，一切的治疗与后事，都是由俞振飞亲自负责安排的。徐冠春也因电影拍摄得到了龚祥甫、周传瑛等浙昆前辈的指导，在昆剧表演方面进步很大，在《十五贯》电影导演陶金的建议和推荐下，很快就正式加入了浙昆。除了本工小生的主戏外，徐冠春还成功塑造过《琼花》中的南霸天、《芦荡火种》中的刁德一、《红灯传》中的鸠山等跨越行当的人物形象。也正是从此开始，他成为进一步沟通俞振飞与浙昆之间联系的重要纽带。

俞振飞也一直把徐冠春看作自己的代表性传人之一，1979年年底，曾多次写信给冠春，诚邀他参加自己演剧生活六十年的纪念演出。② 1980—1989年间，俞振飞、李蔷华夫妇曾多次到杭州度过春节，每次都住在徐家，生活上得到徐

---

① 俞振飞：《怀念我的老友们》，见1986年10月剪报，发表报刊待考。
② 演出剧目初定为《风筝误·后亲》，后因故徐冠春未能参与这次纪念演出。参见唐葆祥、徐希博、陈为瑀编注：《俞振飞书信选》（上），信二十八、二十九、三十二，上海古籍出版社2012年7月版。

冠春、郑世菁夫妇的细心照料，同时在艺术上继续指点冠春。俞振飞曾公开说过：这个学生我把他当儿子的，他是学得最好的，是我所有学生中的佼佼者。①徐冠春中年后以从事教学为主，由于得到了俞振飞的真传，他在唱、念的行腔咬字方面极为规范，不但在浙昆内部受到肯定，还得到了海内外昆曲界的赞许与推崇。

周传瑛的亲传弟子汪世瑜亦曾得到俞振飞的亲自指点。1963 年春节前，经周传瑛建议、浙江省文化厅同意决定，由周传瑛亲自带汪世瑜赴上海向俞振飞拜师学艺，主攻唱念。俞振飞对周传瑛欣然表示："尽快培养戏曲事业接班人，是我们的责任，你的学生也就是我的学生，我的学生也是你的学生，为了一个目标，何必举行什么拜师仪式呢？从明天开始，我就给世瑜上课。就这样定了吧。"②随即，俞、周商定以《琴挑》为开课戏。汪世瑜的《琴挑》因此先后得到周传瑛、俞振飞两位宗师的指授，后来成为他的代表剧目之一。

直至晚年，俞振飞仍然十分关心浙昆的人才队伍与剧目建设。1980 年，周传瑛、王传淞、张娴、包传铎均已年迈多病，俞振飞听到这些情况，很为忧心，但随即观看了浙昆在上海演出的《西园记》，又使他转忧为喜，欣然撰文评论：

> 汪世瑜、陶伟明皆为传瑛亲授，王奉梅得张娴真传，王世瑶则克绍箕裘，颇有乃翁传淞丰采。……今日我辈固然耄矣，然而既然后继有人，又何愁"幽兰"绝香？③

1981 年 2 月 18 日，正处豆蔻年华的浙昆秀字辈学员，在杭州向俞振飞汇报演出了《游园》《出猎》《断桥》《蜈蚣岭》等剧目，年届八旬的俞振飞还兴致勃勃地为演出《断桥》（主教老师沈世华）的邢金沙（饰白娘子）、史昕（饰许仙）、唐蕴岚（饰小青）作具体指导，其情景宛如当年粟庐老人对传字辈寄予殷切期望一般。

沈世华也是浙昆世字辈中得俞振飞教益较多的一位。自 1957 年浙昆在厦门、南昌等地演出时，她就在周传瑛的安排下全程陪同照料俞老的生活，此

---

① 徐文梅：《我的父亲徐冠春》，《文化艺术研究》2002 年第 2 期。

② 汪世瑜：《兰苑新枝老干为扶——随周传瑛老师学艺散记（上）》，载《艺海一粟——汪世瑜谈艺录》金陵书社出版公司 1993 年 3 月版，第 5 页。

③ 俞振飞：《休将白发唱黄鸡——观〈西园记〉有感》，《解放日报》1980 年 12 月 30 日。

后又曾在上海俞氏家中居住多时，在表演与文学两方面得到俞老的悉心指点。1993 年 7 月，享年 92 岁高龄的俞振飞先生在上海离世，已调到中国戏曲学院任教的沈世华闻讯后，专程从北京赶去参加俞老的遗体告别仪式。临离开上海时，李蔷华老师赠给沈世华一只江西瓷饭碗，花纹是青花白地福禄寿三星，说是俞老生前用过的，让她永远存念，对其他女学生也赠之以碗，对男学生则赠以俞老生前穿过的衣衫，取"承继衣钵"之深意。① 在此之后，每逢纪念俞振飞先生的学术活动，钮骠、沈世华夫妇都会提交研究"俞学"的最新成果② 参会发言。

四、俞振飞与周传瑛的终身友谊

俞振飞年长周传瑛 10 岁，在资历上是周传瑛的前辈，而俞振飞擅演的昆剧家门，如巾生、雉尾生、穷生、小冠生等，其实与周传瑛的本工重合度很高，在外人看来，很容易出现传说中"同行是冤家"的情形，但在俞振飞与周传瑛的终身友谊中，我们非但看不到任何的同行相轻，相反，看到的都是同行相亲。

20 世纪三四十年代，由于分属不同的演出团体和地域，俞振飞与周传瑛各自的演出时空交集不多，又各有所长：俞长于唱，周则素以身段漂亮著称，因而也很少构成竞争关系。1955 年后，俞、周分别定居上海、杭州，且都在壮年，演出交流机会与日俱增，但从目前能够找到的演出记录来看，至少有两个现象：一是只要俞、周同台，大轴戏一定是俞的代表剧目，③ 如果大轴戏是俞、周合作的本戏，那主演一定是俞；二是无论是否与俞同台，还是在本团的演出中，周传瑛从此都极少再公开露演本工的小生戏，当然，周传瑛公开的理由是为了培养后辈，甚至让尚在艺术黄金期的夫人张娴也从舞台主演撤到二线。因此，20 世纪五六十年代国内昆坛执小生牛耳者，唯俞振飞一人。因为缺少俞、周本人的解释，我们或许可以将其猜测为二老的一种默契，但事实并非仅只如此。1988 年周传瑛病逝后，许寅先生在纪念文章中记述了一桩鲜为人知的

---

① 沈世华口述，张一帆编撰：《昆坛求艺六十年》，北京出版社 2016 年 6 月版，第 145 页。

② 如《德劭艺精　垂范吾辈》，《戏曲艺术》1993 年第 4 期；《造就俞氏型的昆剧人才》，《上海戏剧》2002 年第 9 期；《昆黄融会　铸成大师》，《俞粟庐　俞振飞研究》，中西书局 2013 年 9 月版。

③ 如《贩马记》（即《奇双会》）中，俞振飞饰赵宠，周传瑛饰李泰（保童）。

事实：

> （周传瑛）因为没有嗓子，不能把况钟这个人物塑造得更完美。有一次，他郑而重之地向笔者提出："你能不能动员振飞同志来演《十五贯》？他那条金嗓子一唱，保证比我灵！身上嘛，我只要说说就行了。"这个建议今天被那些霸道的"大爷""大妈""少爷""小姐"听起来，一定不可思议："自己唱红的戏，怎么好让别人来唱，而且是比自己更红的同行。今天谁要夺了我的戏，老子（老娘）非同他玩命不可！"然而，当年传瑛同志想的仅仅是昆剧，仅仅是事业，个人得失，不在话下。振飞同志听笔者转达了这个建议，非常感动，曾经随浙江昆剧团一起到福建、江西巡回演出，想学学这出戏。后来，笔者和言慧珠同志同到南昌，与他们相会，问起此事，传瑛同志还要我们再次怂恿，而振飞同志却真心实意地回答："传瑛把况钟演活了。他那几下子，我来不了，嗓子再好也到不了这个水平，不要糟蹋了那出好戏！"①

由这个感人的故事来看，周传瑛中年后避演小生戏与俞振飞辞演况钟一样，恐怕不会只是巧合，而是两位襟怀宽广的大艺术家为了事业的繁荣，互相尊重、互相谦让的结果。希望后来者能不断深刻学习体悟他们的精神，而不再对尊重与谦让感到"不可思议"。

1978 年初上海昆剧团成立，首演的大戏，是"向浙江昆剧团学习剧目——《十五贯》"。②4 月，南京召开了湖南、江苏、浙江、上海三省一市昆剧工作会议。劫后余生、硕果仅存的昆剧老前辈们再度聚首，年近七旬、浑身伤病的周传瑛和俞振飞又会面了："当时我们两人紧紧地握住了手，双方庆幸第二次解放，激动得异口同声说：'昆剧事业又有了希望，绝不能让祖国这一优秀文化遗产绝灭在我们这一代人的手里！'"③很快，他们又在一起排演了《太白醉写》，和 1955 年、1962 年的合作一样，仍然是王传淞饰高力士、俞振飞饰李白、周传瑛饰唐明皇；所不同的是，三人此时都已满头华发。

---

① 许寅：《为昆曲奋斗一生的周传瑛》，《戏剧报》1988 年第 4 期。
② 1978 年第 5 期的《人民戏剧》封底刊登了 77 岁高龄的俞振飞先生在指导计镇华、蔡正仁、华文漪排练《十五贯》的照片。
③ 周传瑛：《曲海沧桑话今昔——纪念俞振飞同志演剧生活六十年》，《解放日报》1980 年4 月 15 日。

自然生命留给俞、周携手奋进的时间不多了。20 世纪 80 年代中期，昆剧再度陷入生存危机，耄耋之年的俞振飞亲自上书中央提出对昆剧的抢救计划。1986 年 1 月 12 日，文化部振兴昆剧指导委员会因之成立，俞振飞任主任，俞琳、周传瑛、秦德超任副主任。4 月 1 日，昆指委组织的第一期昆剧培训班在苏州开班，周传瑛任班主任，并亲自执教《彩楼记·拾柴》《红梨记·亭会》《金雀记·乔醋》。《乔醋》教至一半时，周传瑛因劳累过度致呕血，不得不中止教学，紧急送往医院治疗，确诊为肺癌。7 月 11 日，俞振飞在浙江省向文化部提交的《关于周传瑛同志的病情汇报及要求成立周传瑛艺术继承小组的报告》上亲笔批示：

> 当前昆曲小生一行，传瑛同志继承了沈月泉老先生全部艺术传统，因此成了当前昆曲小生老师的唯一专家。现在成立周传瑛学戏小组，我们应该尽量支持和照顾，对于传瑛同志小组的一切经费，应按照需要支付，对每月营养费还能提高一点。

7 月 22 日，文化部批复同意"此报告和俞振飞同志的意见"，并批准"在保证治疗和周传瑛同志身体可行的情况下，组织艺术继承小组"。① 7 月 31 日上午，昆指委昆剧第二期培训班（浙江片）在杭州举行开学典礼，仍在医院治疗的班主任周传瑛提交了书面发言。

8 月，俞振飞为浙江昆剧团《十五贯》赴京演出三十周年亲笔题诗：

> 桑红海碧岁骎骎，玉振金声在武林。应记紫光阁中语，至今长慰故人心。

10 月 23—28 日，浙江昆剧团在杭州举行了南北昆剧群英会。10 月 24 日，俞振飞亲赴杭州参加《十五贯》演出三十周年纪念大会，而在这次会议上的会面，是俞振飞、周传瑛、王传淞人生中的最后一次。

1986 年冬，俞振飞赴香港、美国等地讲学探亲，直至 1987 年末才回到上海。这期间，王传淞于 1987 年 5 月 9 日病逝。

1987 年 12 月 4 日，俞振飞在给陈祖赓的信中，深切思念病重的周传瑛：

---

① 见《关于周传瑛同志治疗和建立艺术继承小组的批复》，文艺字〔1986〕第 963 号文件。

你来信说传瑛同志又住院了，不知是不是家中太冷，还是他的旧病又发足（作）了，希望您给我来信告知为盼。

传瑛同志住的地方，希望您来信告知，费神了，谢谢！

此信发出后不过两月有余，1988 年 2 月 16 日，周传瑛在杭州病逝。1988 年下半年，俞振飞终于得以约请到张娴赴沪合作录制 "神韵千秋——俞振飞舞台艺术汇录"。① 从 20 世纪 50 年代开始就曾合演过的俞、张二位，再次成功地合作，为后人留下了宝贵的资料。其时，俞振飞 87 岁，张娴 74 岁。

50 年代中期，俞振飞在上海个人宴请戴不凡时，曾说过这样一番话：

> 从文化上说，他们（作者按：指传字辈）称我为 "小先生"，其实我只是他们的 "大朋友"。我学京戏的时期是较早的，昆曲是在家父的影响下先是拍曲子，读曲文，真正学昆腔戏，尤其后来背了一些折子，都是与传字辈切磋中来的。现在还有不少戏，我还是向传字辈学的。有一篇报道说，我在传习所当小先生教戏，这是误传！其实，上海的传茗、传芷、传鑑和传浩，都帮我说过戏。大家都认为我擅长王帽玉带的官生戏，其实《长生殿》里的 "密誓" "絮阁" 和 "埋玉"，周传瑛有不少长处，我要向他学。我有信心依靠他们的力量振兴昆曲，但是我还要一边跟他们学，一边培养下一代。②

回到本文的引言——百余年前，梅兰芳对于昆曲文化的传承，提出了 "关键在人" 的重要论断。从 1921 年昆剧传习所的艰难创办，到 1956 年浙昆《十五贯》的成功改编，再到 2001 年的列入世界 "非遗"，昆曲的复兴从来都与人在身处逆境中的不懈努力密不可分。俞振飞长达七十余年的艺术人生中，

---

① 整体计划 1986 年即已开始，其中《占花魁·受吐》《长生殿·小宴》和《玉簪记·琴挑》这三个戏的录制工作则一拖再拖，因为俞老亲点的合演者张娴老师要照顾病重的传瑛先生而不能分身。

② 沈祖安：《江南何处听俞腔——关于俞振飞先生的几件轶事》，《上海戏剧》1993 年第 5 期。后有所修订，收入《大江东去（酉集）——沈祖安人物论集》，中国戏剧出版社 2004 年 8 月版。上述这番话起头提到了《十五贯》的成功，故而此次俞、戴、沈之会大约发生在 1956 年 11 月中国剧协上海分会组织的昆剧观摩演出期间。

除了成功塑造了众多艺术形象外，始终还在扮演着哺育昆曲人才的"小先生"和"大朋友"这两个角色。昆曲艺术有今天的长足发展，离不开以俞振飞、周传瑛为代表的昆曲人所付出的毕生贡献；昆曲艺术在将来能否得到有效的传承，其重要经验之一，就是要把以俞振飞、周传瑛为代表的昆曲人树为世所追慕的大先生。

俞振飞先生参与民国上海曲社的
几次活动

浦海涅

（中国昆曲博物馆，副馆长）

摘要： 京昆大师俞振飞先生于昆曲之道，造诣精深，饮誉中外。1914 年赓春曲社曲叙，是目前已知俞振飞先生参加的有确切记录的最早一次昆曲曲叙活动。1933 年昆剧保存社湖社公演为重组昆剧保存社，兼为困境中的昆剧仙霓社筹款。1947 年虹社上海实验戏剧学校演出，与张元和、张充和一起搬演《断桥》。1947 年同声集二十周年纪念彩串，与徐凌云先生合演《连环记·小宴》。今年适逢纪念俞振飞先生 120 周年诞辰，找到几则俞振飞先生民国时期参加上海昆曲社团活动的旧闻，似乎未见载于目前所见的各种俞振飞先生纪念书籍中，故此略作记录，为日后的"俞学"研究做一点补充。

关键词： 赓春曲社　昆剧保存社　虹社　同声集

京昆大师俞振飞先生自幼随其父粟庐公学习昆曲，终其一生与昆曲结缘。其于昆曲之道，造诣精深，饮誉中外，堪称昆曲"俞家唱"一脉的集大成者。关于俞振飞先生璀璨夺目的艺术生涯，前人的记述甚多，前有《俞振飞传》《昆剧泰斗俞振飞》《俞振飞艺术论集》，后有《俞振飞评传》《俞振飞年谱》等，其他记述回忆文章更是不胜枚举。今年适逢纪念俞振飞先生 120 周年诞辰，笔者翻检旧资料，找到几则俞振飞先生民国时期参加上海昆曲社团活动的旧闻，似乎未见载于目前所见的各种俞振飞先生纪念书籍中，故此略作记录，为日后的"俞学"研究做一点补充。

一、1914 年赓春曲社曲叙

沪上赓春曲社，其前身是成立于光绪二十五年的上海曲社霓裳集，后于光绪二十八年改名为赓春集，社名取"阳春白雪再和再赓"之意，创社社员有费伯瑚、杨康祥、李鬘冈、秦履云、王麟卿、许子荣、杨定斋、吴楚臣、周伯常等9人，此后又有杨定甫、韩桂山、张平夫、张石如、潘祥生、徐凌云、徐受逊等四五十人陆续加入，是晚清上海一家比较大的曲社。民国以后，该社入盟社员激增，相继有张玉笙、殷震贤、穆藕初、陈宝谦、王慕诘、项远村、张某良、叶小泓、管际安、庄一拂等曲友加盟，社员最多时发展到一百余人，为近代上海曲坛历史悠久，影响较大的曲社之一。

赓春曲社自从光绪二十八年更名之后，一直不定期举行同期活动，由各社员家轮流承应，直到辛亥革命后暂时中断，前后开展曲叙活动一百二十余次。到1914年四月，该社骨干李鬘冈先生自武汉回沪，有感于"与诸曲友久不畅叙"，遂与社中友好商议重新活动。辛亥革命以后，国内政局不稳，屡有战事，江浙士绅常有避乱沪上之举，这在一定程度上促进了江浙沪三地曲友的交流。1914年5月，徐受逊、徐凌云邀请江浙沪三地曲友在徐园曲叙，轰动一时。而在此次曲界徐园大会之前半个月，赓春曲社曾邀请当时在沪的江浙曲友在赓春曲社社员杨定甫处举办曲叙活动，当时旅居沪上的俞粟庐先生也在邀请之列，而时年12岁的俞振飞先生也随其父一同参加了此次曲叙活动。此次活动比1916年俞振飞与张紫东彩氍昆曲《望乡》的记载早了两年，也是目前已知俞振飞先生参加的有确切记录的最早一次昆曲曲叙活动。

在中国昆曲博物馆藏赓春曲社的资料中收录有1914年5月的赓春曲社曲叙记载："适苏州、嘉兴诸同好在沪，故于四月初九（1914年5月3日，星期日），由杨君定甫当期，鬘（李鬘冈）承行，并邀沪上各集新进诸君畅叙契阔，即在杨君第中曲叙一天，以联雅谊。是日晨十时开叙，八时完。社集新闸酱园弄杨第……"举办此次曲叙的杨宅主人杨定甫，为赓春曲社的早期社员，后来曾出资赞助苏州昆曲"全福班"在上海小世界的演出。目前已知当天到场的各地曲友有徐受逊、温贡青、徐凌云、杨定甫、凌芝舫、张石如、张平夫、李鬘冈、赵鉴湖、施亦如、费伯瑚、包剑秋、柳桂庭、殷受田、程哲生、曹启人、朱少云、顾劬孙、叶振卿、叶泰峰、高菊人、叶仲芳、王欣甫、陈彦如、龚振荣、陈奎堂、宋志纯、严芷涣、徐树嘉、周又仿、程耦卿、张余荪、张玉笙、李英伯、钱小官、诸麟书、袁敏书、俞粟庐、俞振飞等。除赓春曲社社员之外，共有32位外社曲友参加当天的曲叙活动，俞粟庐先生当时也在受邀之列，时年12岁的俞振飞先生也随其父参加了此次活动。当天的曲叙从上午10时开始，到晚上8时结束，前后进行约10个小时，在沪曲友四十余人共同清唱了昆曲选折28阕，其中，俞振飞先生先是单独清唱了《长生殿·闻铃》《千钟馗·惨睹》一折中的部分曲目，又为赵鉴湖、俞粟庐合唱的《连环记·献剑》一折中配了吕布一角。这是目前已知俞振飞先生公开参加昆曲界曲社活动的最早记录，比之前一般提及较多的1916年补园彩觞《望乡》一事早了两年。1914年前后的俞粟庐先生正应李平书之邀，在上海为李氏平泉书屋所藏金石书画作校订，于是和沪上曲社也有了较多的交往。俞振飞先生跟随在粟庐先生身边，得其亲炙，曲学修养一日千里。他以区区12岁之幼龄，能跻身众多江浙曲界宿老前辈之间，在一次曲叙活动中独唱两曲，合唱一曲，展示出较强的曲唱能力。

此后，俞振飞先生还多次参加赓春曲社的曲叙活动，目前已知有1920年5月2日玄坛会曲叙（上海西门大街杨宅），当日俞振飞先生与曲友合唱了《连环记·问探》、《牧羊记·望乡》两折；1921年5月曲叙（上海北山西路茧业公所），5月19日俞振飞先生与曲友合唱了《长生殿·絮阁》一折，5月20日合唱了《牧羊记·望乡》《连环记·小宴》。也正因为这一时期较多地参与到赓春曲社的曲叙活动中，俞振飞先生也于1922年加入上海赓春曲社，成为正式社员。一年后，俞振飞先生应陈叔通、穆藕初之介绍，与程砚秋于上海丹桂舞台同演《牡丹亭·惊梦》一折，引起上海曲社界关于"爷台客串"的非议，上海《晶报》多次发文抨击，认为"客串（曲友）"与"伶人（演员）"同台演出有辱身份，以至于"赓春社……诸社友亦皆兴起，已拟定开全体大会，提议将俞（振飞）除名……"（袁克文《记爷台客串》，《晶报》，1923年11月9日），这是后话。

二、1933年昆剧保存社湖社公演

俞振飞先生早期在上海，主要的工作是在穆藕初的纱厂担任文书工作，业余替父亲俞粟庐教授穆藕初唱昆曲。到1927年，穆藕初生意失败后，俞振飞先生又加入了严惠宇、陶希泉成立的"维昆公司"，负责新成立的"新乐府昆戏院"的后台工作。1930年俞粟庐先生逝世，当年9月俞振飞先生应程砚秋之请，赴京北上。一年后，俞振飞先生脱离程砚秋鸣和社南下，在上海暨南大学执教，前后约三年时间，而俞振飞先生参加昆剧保存社于上海湖社的公演也正是在这一时期。

昆剧保存社，是中国昆曲发展史上值得一书的一家昆曲社团组织，其成立于1921年初，发起人为穆藕初、徐凌云等，参与者大多为江浙沪的知名曲家

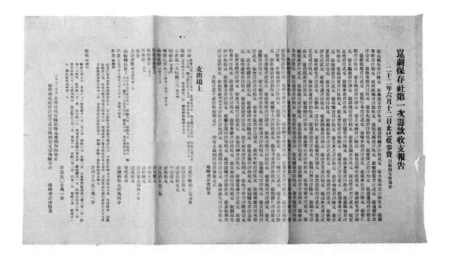

曲友，该社成立之后就以昆剧保存社的名义为俞粟庐灌制六张半昆曲唱片，为老曲家保留了珍贵的音频资料，又于1922年2月10日至12日，借上海夏令配克戏园演剧三日，为该社附属苏州昆剧传习所筹款，并于同年2月21日成立"粟社"昆曲社。1927年，穆藕初生意失败后，昆剧保存社的活动一度中断。1933年前后，穆藕初回到上海，与上海曲界众人商议，计划重组昆剧保存社，于是便有了1933年5月的昆剧保存社湖社第一次公演。

关于湖社公演的记载很少，几乎不见于目前所见之昆曲辞书典籍之中，只在《苏州戏曲志》中"王莆民"一条中记有"民国二十二年5月28日昆剧保存社在上海湖社会串时，王与俞振飞合演《狮吼记跪池》（王饰柳氏）"一句。中国昆曲博物馆所藏的昆剧保存社资料中保存有沪上张元济先生的嫡孙张人凤先生捐赠的部分资料，其中《昆剧保存社第一次筹款收支报告》《仙霓社致昆剧保存社感谢函》及《昆剧保存社特刊（第二号）》等史料对此次演出有过零星介绍。在为1934年昆剧保存社新光大戏院第二次公演所印的《昆剧保存社特刊（第二号）》中，有陈中凡（别号斠玄）先生的一篇文章《对于中国歌剧的意见》，文章开篇提及"昆剧保存社去年表演于上海湖社，我曾为文以评之"。这里说到的该次演出地点上海湖社，并非1919年创办于北京的那个美术界的学术组织，也非《上海文化艺术志》中提到的成立于1933年前后的"湖社"京昆业余曲社，而是民国时在沪的浙江湖州人士组织的同乡会组织"湖社"。该社一说成立于1924年，最早由戴季陶、陈蔼士、陈果夫、潘公展、杨谱笙等发起成立。1930年前后，该社在上海圣寿庵原址（在今上海贵州路263号附近）上建成了湖社社所，辟二楼为陈英士纪念堂，一楼则建有一座颇具规模的会议厅，日常也可演出戏剧，后来这座会议厅于1938年前后改为上海大来剧场，袁雪芬、张桂凤、范瑞娟等越剧名家曾在其中演出。

昆剧保存社在湖社第一次公演的时间，在1933年5月27日至29日，据上海的戏曲文化小报《金钢钻》1933年6月4日登载的《观昆剧保存社串演各剧》一文所记："两日皆昆曲，一日则为平戏"。在6月22日发出的《昆剧保存社第一次筹款收支报告》支出款项中亦记有"湖社租费三天"、"京班底一天行头三天"、"临时点灯连管工三天"、"伙食自五月十七起至六月十日止筹备结束"等语，考虑到1933年5月28日是星期日，又恰逢当年的端午节，故此选当日前后公演最为合适。此次湖社演出的具体剧目，尚不十分清楚，目前已知有《金钢钻》所记之"乔醉天、潘祥生君之别母乱箭，张某良、俞振飞君之小宴跪池，王福民（疑为王莆民之误）君之痴梦，徐摹烟叶小泓君梳妆掷戟，秦通理君之借茶，秦王洁女士、张慰如、薛毓津君之问病偷诗，得天居士之钟馗嫁妹，江紫来君之照镜，孙夔石、张某良君之刀会，顾传玠君之望乡，汪君硕君之说亲回话、徐摹烟君之安天会，俱极有精彩之作。平戏为鼎盛春秋、双狮图、四盘山、探阴山、宝莲灯、群英会六出……社场中出有特刊，梅畹华博士亦亲书正始元音四字赠之……"这里所说的"特刊"便是《昆剧保存社特刊（第一号）》，次年该社在新光大剧院演出时亦刊有《昆剧保存社特刊（第二号）》。而据《青鹤》杂志1934年第22期《观昆剧保存社演剧记》所载，则另有《乔醋》《拐儿》《议剑》《游园惊梦》等折，如果需要了解完整的演出情况，则仍需找寻当日所发之《昆剧保存社特刊（第一号）》。据《昆剧保存社第一次筹款收支报告》所记，演出期间，担任场面的是笛师、拍先金寿生，另有仙霓社和上海国乐研究社的部分乐队，由阿大、洪奎、老和三人担任梳头化妆，演出时租用了二百只排凳，想来当天观众应有数百人之多，上海《时事新报》1933年5月29日登载《昆剧保存社串演昆平等剧》一文，其中有"前昨二日，坐为之满，闻今晚为最后一天……如王晓籁、庞京周、张慰如、秦通理诸君，特于串演昆剧之语，加串平剧数出"等语，可见当日演出观众之盛。俞振飞先生在此次演出中，与张某良、王莆民两位曲友合演《小宴》《跪池》两出。

昆剧保存社此次演出的目的，应该是为困境中的昆剧仙霓社筹款。1931年5月，昆剧传字辈搭班的新乐府剧团因为劳资纠纷而告解散，演员倪传钺、周传瑛、张传芳、郑传鉴等发起成立仙霓社，自己组班开展演出，但开始不久就遭遇淞沪抗战的影响，演出票房不佳。1932年下半年开始，仙霓社众人辗转浙江的杭、嘉、湖地区流动演出，历时半年，颇为不易。到1933年初，仙霓社

虹社　第一次見習演出

三十六年九月廿五日晚七時　假座上海市立實驗戲劇學校

趙景深先生（唐明皇）
李希同女士（楊貴妃）　　長生殿　小宴

蔡令暉小姐（林冲）　　　寶劍記　夜奔

方英達小姐（張君瑞）
胡惠淵女士（紅娘）
姚季琅小姐（崔鶯鶯）　　西廂記　跳牆　著棋

戴　夏先生（郭子儀）　　長生殿　酒樓

項馨吾先生（特紅娘）
趙景深先生（張君瑞）　　西廂記　佳期

俞振飛先生（特烔許仙）
張充和小姐（白娘娘）　　雷峯塔　斷橋
張元和女士（小青）

与上海小世界游乐场（今上海福佑路）签约演出直到是年9月。因为仙霓社是演员自己组团，成立所用的2000多元本金多为演员自筹和向亲朋好友及众多曲友告贷，故而基础较弱，衣箱砌末很多都是置办的旧货，后来置办新衣箱时还要拿着演出合约去向戏衣店赊借，由此可见仙霓社的运营艰难。因为公演是为了筹款，所以前来观戏的各位大多有捐款，在事后保存社整理的筹款收支报告中记录有俞振飞、穆藕初、潘祥生、项馨吾、项远村、王慕诘等一百多人的捐款记录，连上仙霓社的门票收入，一共收入二千二百五十八元，刨去若干支出，共节余一千二百九十一元一角六分，其中，俞振飞先生一人捐款一百十七元，为该社诸人之最。值得肯定的是，昆剧保存社在演出结束后不久即把全部演出及捐赠明细详列出来，打印清楚，并附上仙霓社收到捐款的感谢函，分寄各捐款人，中国昆曲博物馆内所藏为昆剧保存社寄给张元济先生的明细，而在俞振飞先生的遗物中也保存有这一份明细和感谢函。

三、1947 年虹社上海实验戏剧学校演出

1934 年之后，俞振飞先生再次加入程砚秋鸣和社（后改名秋声社），辗转演出于全国各地，1938 年脱离秋声社南返。1940 年之后，俞振飞先生长期在更新舞台、黄金大舞台、皇后大戏院、天蟾戏院等处搭班演出，直到 1948 年离沪赴港演出。俞振飞先生参加虹社昆曲社于上海实验戏剧学校的演出也就在

这一时期。

这个虹社昆曲社，其前身是创建于 1939 年的上海红社昆曲社，发起人是戏曲史专家赵景深、李希同（沪上曲友，民国出版家、北新书局创办人李小峰之妹）夫妇，早期社员有夏恂如（沪上曲友，民国律师李祖虞之妻）、蔡佩秋（沪上曲友，苏州草桥中学首任校长蔡晋镛之女，其子即著名报人范敬宜先生）、沈竹如（沪上曲友，工五旦，曲友银行家孔仲山之妻）等，据《中国昆剧大辞典》中"红社"词条记载：红社"以女曲友为主，常在淮海路四明里赵景深府第进行同期活动。仙霓社艺人张传芳等担任该社拍先……"而在差不多时期，上海滩还有另一女子曲社嘘社，社员除夏恂如、李希同之外，还有殷菊侬（沪上女曲家，与北方袁敏宣并称"南殷北袁"，后旅居香港）、蔡漱六（沪上曲友，出版家李小峰之妻）、汪一鹏（沪上曲友，后入上海昆曲研习社，曾为上海戏校改编《幽闺记》）等，亦请张传芳先生为曲社曲师，抗战中受到战火影响停止活动，后部分社员亦转入后来的虹社。1945 年抗战胜利后，众多女曲友重新回到上海，重新在原红社的基础上成立虹社。

1947 年，虹社曾假座上海市立实验戏剧学校进行"第一次见习演出"。此次演出所在的上海市立实验戏剧学校成立于 1945 年冬，是上海民国后期一所能够全方位培养戏剧人才的新式学校，校址在当时四川北路 961 号。顾仲彝先生为上海剧校的首任校长，到 1946 年末改由熊佛西先生任校长、吴天任教导主任，教师中还有曹禺、欧阳予倩、邱玺、章靳以诸先生。1946 年 5 月，上海剧校实验小剧场建成并投入使用，虹社第一次见习演出所假座的或许就是这个实验小剧场。民国著名作曲家严工上先生，当时正在上海剧校任教，他自己便是曲友，又与赵景深、李希同等交往颇深，故虹社假座一事或也曾得严先生之力。

因为虹社本身的史料极少发现，而此次演出的相关信息，更是罕见著录，目前仅见当时演出的戏单一纸。就戏单所记，此次演出于 1947 年 9 月 25 日晚 7 点举行，演出了《小宴》《夜奔》等七个折子戏。第一个折子是赵景深、李希同伉俪的《小宴》，第二折是蔡令晖（沪上曲友，曾参加北方辛巳曲会）的《夜奔》，第三、四折是方英达（张元和的同学，曾就读于上海大夏大学）、姚季琅（沪上曲友，生平不详）、胡惠渊（沪上曲友，后旅居台湾，曾参加蓬瀛曲集）三位的《跳墙、着棋》。第五折则是戴夏（昆曲曲友、剧作家，曾著《史可法殉难沉江》等）先生的《酒楼》。第六折是项馨吾（沪上昆曲家）、赵景深两位的《佳期》。特邀压台的是昆乱不挡的名小生俞振飞先生和"张氏四

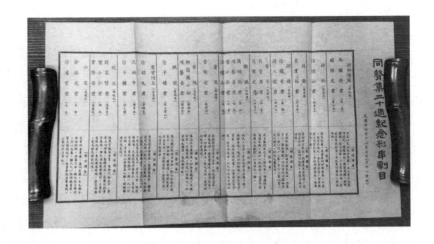

姐妹"中的张元和、张充和一起搬演的《断桥》一折。

若干年后，张充和女士曾在《曲人鸿爪》一书中提及与俞振飞先生的演出："就在1946年，充和与俞振飞同台演出。他们在上海公演《白蛇传》里的《断桥》，俞振飞演许仙，充和演白娘子，充和的大姐元和则唱青蛇。"而从这张"虹社第一次见习演出"的戏单看，要么充和女士所记是另一场演出，要么就是充和女士记错了时间。

四、1947 年同声集二十周年纪念彩串

2018 年，中国昆曲博物馆筹备"宗门　宗师　宗风——从俞粟庐到俞振飞"特展。展览除了展出昆博自藏的俞氏父子的资料外，还从上海图书馆、上海历史博物馆、苏州博物馆等处商借了部分资料，并通过社会商借和征集了一部分，在这其中，不乏过去未见、昆史未载的稀见史料。今日所记之俞振飞先生参演的"同声集二十周纪念彩串剧目"戏单便是从一位昆曲爱好者手中商借展出的。据藏家言，此戏单原夹在晚清苏州状元陆润庠的儿子，书画家、昆曲曲友陆麟仲先生所藏的《集成曲谱》内。

同声曲社，又称同声集，沪上著名昆曲曲社。综合《上海昆剧志》《中国昆剧大辞典》《昆曲辞典》的相关记载，我们大致可知，该社最早为上海闸北水电公司同人俱乐部张余荪、周涤园、沈摞百等发起，成立于民国十七年五月。曲社成立之初，邀全福班艺人吴义生拍曲。民国十九年曾在虞洽卿路（今西藏路）宁波同乡会举行首次公演，次年元旦又作第二次公演，并在夏秋之季为筹募水灾赈款义演。民国二十一年"一二八"事件后，因公司倒闭，曲社中

断活动。民国二十二年公司恢复，曲社亦恢复活动，由管际安主持，延聘倪传钺、华传萍拍曲，并请吴秀松驻会。民国二十六年六月举行建社十周年纪念演出。后因抗战爆发，曲社解体。（以上基本摘自《上海昆剧志》"同声曲社"词条，台本《昆曲辞典》基本沿袭此说。而《中国昆剧大辞典》略有不同，称该社终止活动于1939年）。同声曲社的参与曲友，除发起人张余荪、周涤园、沈揆百，后期主持人管际安外，据《中国昆剧大辞典》载，还有上海闸北水电公司的周企章、陆颂谟、贝焕智、贝祖远等基本社员，徐凌云、徐子权、徐韶九、贝晋眉、殷震贤、葛缉甫、叶小泓等外来赞助社员，后期还有周颂勋、冯继耕、胡幼亭、蒋人龙、金明斋、汪忆山等也参加活动，曲社最多时有曲友三十多人，活动场所固定，有稳定的曲师、拍先，并能组织一定规模的彩串公演，这在沪上曲社中也算中上了。

1947年12月7日当天，平声曲社于上海举办彩串活动，自当天下午一时开演，共演出十二个剧目，演出剧目如下：1.冯继耕、程绍先《折柳阳关》；2.汪忆山《扫松》；3.袁业裕《北钱》；4.徐铁甫、蒋人龙（《上海昆剧志》、台本《昆曲辞典》作蒋成龙，恐误）《湖楼》；5.贝晋眉、贝际之《寄子》；6.周颂勋（《中国昆剧大辞典》中有周仲勋，不知是否为同一人）、项馨吾、叶小泓、汪忆山《断桥》；7.管际安《当酒》；8.柳蘐图、项馨吾《琴挑》；9.徐子权《照镜》；10.徐韶九、沈柏年、徐子权《惊变埋玉》；11.殷震贤、叶小泓、管际安《跪池》；12.俞振飞、徐凌云《小宴》。最后压台的依旧是俞振飞先生与徐凌云先生的《连环记·小宴》一折，这也是徐凌云先生的拿手好戏，也是俞振飞先生与徐凌云先生经常合演的剧目，想来一定又是现场满堂喝彩。

既然1947年上海同声曲社尚能组织如此规模的昆曲彩串演出，并邀请俞振飞、徐凌云等一众曲界名流参加，想来或许是该社因"一二八"战火暂停过一次，又因抗战爆发中断过数年，到1945年抗战胜利后，同声集又恢复了活动，则诸辞书中所记该社的终止时间又当至少延续到1947年末了。

1948年末，俞振飞先生与马连良、张君秋二位先生一道赴港演出，一去8年，再回内地已是新中国成立后的1955年。

俞振飞大师与昆山曲界二三事

彭剑飙

（昆山当代昆剧院，艺术采编）

摘要： 昆山是昆曲的发源地，自昆曲诞生以来，笙歌清唱、绵绵不绝。著名京昆艺术大师俞振飞先生多次专程到昆山，与曲友们唱和酬谢。其中最重要的有三次，第一是1918年之前，陪父亲、曲圣俞粟庐到在昆山投资的李平书家度曲闲雅；第二次是1923年8月专程参加昆山玉山俱乐部举行一周年同期；第三次是1955年苏州民锋苏剧团到昆山训练时，前来教学指导张继青等。20世纪80年代后，更是多次为昆山昆曲的发展建言献策，还为昆山昆曲博物馆捐赠珍贵资料。

关键词： 俞振飞 昆山 昆曲 往来

昆山是昆曲的发源地，历代文人雅士唱和酬谢、悠扬笛声、清歌滥觞、络绎不绝。自梁辰鱼参与研制雅音、填词《浣纱记》始，涌现出如郑若庸、顾梦圭、朱濑滨、顾允默、顾懋弘、顾彩屏（女）、李时孚、朱鼎、周玄暐、狄玄集、何方琬、周公鲁、叶亦苞、宋凌云（女）等剧作家群体。同时，梁辰鱼也参与推广普及昆曲，张大复《梅花草堂笔谈》卷八《梁顾》记载："往见梁伯龙教人度曲，为设广床大案，西向坐，而序列之。两两三三递传送和，一韵之乖，觥耸如约尔。时骚雅大振，往往压倒当场。"此后，相继涌现出了陆九畤、周伺虞、周后叔、沈卫安、赵瞻云、雷敷民、张伯华、王季昭、杨雄峰、张平甫、顾僧孺、金文甫、孙雷、赵必达、高文兰（女）、叶翠竹（女）、李文翰、玉云生（女）、卫元、王怡庵、沈能一、陈圆圆（女）、冯素蓉（女）等善唱昆曲者，以及理论家沈际飞、音韵学家王鵷、王汝楫叔侄等。还持续在玉峰山下举办曲会。还蓄养女乐，如谭公亮家班，不仅唱作俱佳，且艺名雅致，文质彬彬，名为"八文"，其中四人艺名为文真、文筝、文昭和文箫。"公亮故有家法，诸伶歌舞达旦，退则整衣肃立，无昏倚之容。举止恂恂，绝无谑语诙气。考订音律，展玩法书，济如也。"（明·张大复《梅花草堂笔谈》《八文》）可见谭公亮对于家班的管教之严格，不仅言谈举止有规定，闲暇时还要进行专业练习，"考订音律，展玩法书"，因此才能"皆极一时之选"。清康熙三十三年三月初三，"同胞三鼎甲"的徐乾学与徐秉义兄弟二人做东，邀请酷爱昆曲的尤侗等人，在玉峰山北麓的遂园举办雅集、听曲唱和，留下《遂园禊饮集》三卷本和画作《遂园耆年禊饮图》一幅。

晚清民国以降，昆山文人相继组建载旸社、民八社、玉山社、景伦社等曲社，络绎不绝，出现吴粹伦、闵采臣、殷震贤、俞翰屏、张英阁、胡福章等曲家。不仅文人如此，城市市民和农村农民亦传唱昆曲，组建堂名班社，如鸿庆堂、吟雅堂、锦绣堂、永和堂、吟雅集、雅宜堂、宜庆堂、宣庆堂等，出现了杨仰洲、王瑞琪、王瑞全、蔡奎荣、许沁泉、徐年庚、吴秀松、许纪赓、徐振民、夏湘如和高慰伯等。20世纪五六十年代，昆山堂名出身的曲师，曾有吴秀松、徐振民、高慰伯等七位在江苏省戏曲学校等地传授昆曲，一时之盛，颇为瞩目。

由于昆山位于昆曲繁盛的上海和苏州之间，因而颇得沪苏两地曲友曲家的青睐，往来甚多。著名京昆艺术大师俞振飞先生，少时居苏州，及长迁居沪上。解放后担任上海戏曲学校校长期间，也曾亲临昆山。其中最重要的有三次，第一是1918年之前，陪父亲、曲圣俞粟庐到在昆山投资的李平书家度曲闲雅；第二次是1923年8月专程参加昆山玉山俱乐部举行一周年同期；第三次是1955年苏州民锋苏剧团到昆山训练时，前来教学指导张继青等。20世纪80年代后，更是多次为昆山昆曲的发展建言献策，还为昆山昆曲博物馆捐赠珍贵资料。

一、民国初年随父俞粟庐到昆山

20世纪20年代，俞振飞先生随父"江南曲圣"俞粟庐（1847—1930），到昆山拜访寓居本地的著名士绅李平书（1854—1927）先生。据翁思再《俞振飞如是说》一文记述："先姑父是李平书（民国初年上海民政总长）的嫡孙，当年俞振飞常由乃翁俞粟庐携往昆山李家寓所小住……"[1]李平书在辛亥革命后出任上海沪军都督府民政总长、招商局总理。早年在昆山投资："1907年，李平书等在昆山创办昆新垦牧公司，位于马鞍山东麓、拱辰门的内侧……1908年12月至1909年2月，李平书在绣衣弄租地十余亩，创建昆山女子蚕桑学堂，

---

① 翁思再：《俞振飞如是说》，《新民晚报》，2010年2月7日。

后改办为苏兴布厂。"①他擅长书法，特别钟情书画金石。晚年定居昆山，仍与故交旧友往来颇多。据自撰《且顽老人七十岁自叙》载：民国"七年戊午，六十六岁。二月初旬，王一亭君偕吴昌硕先生乔梓来昆……越旬日，苏州陆廉夫、俞粟庐两先生偕来。盘桓旬日……"又载："这几年间，昆曲前辈俞粟庐、穆藕初几乎每年必来做客，俞老先生有时携儿振飞同来。他们来时，园中更富生气，一时间，笛声远扬，清曲不绝如缕。"②据"戊午"可知当是1918年。而"这几年间"，则必定在1918年之前。由于俞粟庐亦是一位书画金石鉴赏家，因此李平书请他来，除拍曲清唱外，亦有鉴别真赝之意。

据曾跟随吴秀松学曲的昆山昆曲前辈程振旅先生回忆，吴秀松曾自言为俞粟庐伴奏。③鉴于俞粟庐的声望和吴秀松在昆山昆曲界的实力，此次唱曲应由其伴奏，也是为数不多的二人合作，同时也开启了吴秀松与俞振飞合作佳话。

此外，昆山文物管理所还有一件藏品："清光绪年间，北魏太昌元年（532）的《魏樊奴子造像记》在陕西省富平县出土，文物管理所收藏有此碑的早期拓本，且有著名昆曲表演艺术家俞粟庐的题跋。"④由此可见，昆山与俞粟庐、俞振飞父子的因缘由来已久。

二、1923年参加玉山俱乐部一周年同期

晚清民国年间，昆山昆曲爱好者甚多，《昆曲粹存初集》在方还作序："吾乡玉山之麓，广不逾数里，梨园五六部，甲于东南。"在文人之间，亦秉承周传瑛在《昆剧生涯六十年》中所述："（在苏州）不会唱曲就算不得书香子弟。"昆山前辈曲家张英阁先生曾撰《半个世纪以来昆山度曲的动态》一文记载："昆山唱曲的全盛时代，真可以用人人'收拾起'。户户'不提防'来描述它。"且"依稀记得的曲友，不下百余位"，⑤并一一列举65位，较为著名的有曾为穆藕初誊抄昆曲曲谱、工付净的沈彝如，苏州昆剧传习所董事之一、工正

① 王晓阳：《昆山老工业遗产的记忆和印证》，《昆山日报》，2016年11月29日。
② 《上海滩与上海人·李平书七十自叙、藕初五十自叙、王晓籁述录》，上海古籍出版社1989年版。
③ 2022年元月27日，笔者在昆山业余艺术学校采访。
④ 汪鹏：《昆山最老古籍足有500岁——记者探秘文物管理所"无价宝"》，《昆山日报》，2015年1月28日。
⑤ 张英阁：《半个世纪以来昆山度曲的动态》，《昆山文史》第二辑，1983年9月，第70页。

旦的吴粹伦，颇得吴梅大师厚爱、工小生的俞翰屏，著名翻译家、工小生的陈中孚（次园），名医、工副丑的闵采臣和名医、工小生的殷震贤等。其中，殷震贤与俞振飞并称沪上曲界"双璧"，擅长笑功，而俞精于昆曲唱法中的撇腔，时人有"殷笑俞撇"之美誉；又擅演《金雀记·乔醋》一出，遂有"殷乔醋"之美称。

此后，已故昆山籍曲家黄雪鉴先生的遗稿《二十至三十年代昆山度曲名家及曲友》一文统计，堂名曲师徐振民先生增补 16 位，黄雪鉴先生又增补 16 位，且生旦净末丑 5 个大家门、20 个细家门齐全，在这种背景下，昆山曲友们于民国十一年（1922 年）八月成立玉山俱乐部，即玉山曲社。

1923 年 8 月，是玉山俱乐部成立一周年的日子。昆山曲家沈彝如（1877—1947）手稿《传声杂记》记载，"壬戌年记事"，"二十四日"，"民国十二年八月十二、十三两日，昆山玉山俱乐部一周年纪念。十二日该社社员自唱，十三日邀苏、申及本地诸同志会唱，地址在山高水长宁绍会馆"。并详细记载了所唱曲目及人员名单，其中，13 日上海和苏州来的曲家有老郎菩萨李伯薇，名曲家李荟岗、袁安圃、俞振飞，苏州昆剧传习所董事汪鼎丞与徐镜清，以及大实业家、苏州昆剧传习所主要出资人穆藕初等，唱了《问探》《写本》《辞朝》《错梦》《闻铃》《法场》《芦林》《侠试》《迎哭像》《借茶》《绣房》《赠马》《守门》《活捉》《下山》《剪卖》《佳期》《南浦》《折阳》《拷红》《训子》《回营》《密誓》《演官》《玩笺》等曲目。这次纪念活动，群贤毕至，笛声悠扬，其中俞振飞与袁安圃合作《西厢记·佳期》。张英阁先生近六十年后依然记忆犹新："俞、袁两人则年龄还不到三十，风华正茂，嗓音圆润，唱来宛转动听，令人心醉，我方初学更欣羡不以。"①

值得注意的是，沈彝如没有记录笛师为何人。张英阁回忆："吴秀松老师是值得称道的。他在昆山曲界中作出了很大的贡献。比他年龄稍轻的曲友，可以说都是他教授出来的。……前面提及的'同期'，前后共唱了一百五六十个曲目，都能背出……'同期'曲目一天二十四折，他总要吹二十折左右，口劲功夫实在令人佩服。"②可见应是吴秀松撇笛，一来其笛艺有目共睹，二来已在曲社拍曲授艺多时，与曲友们相熟。

再次合作，加深了俞振飞对吴秀松笛艺的欣赏。沈彝如《传声杂记》最后

① 张英阁：《半个世纪以来昆山度曲的动态》，《昆山文史》第二辑，1983 年 9 月，第 72 页。
② 同上书，第 76 页。

补记了一些资料，其中提到："（1923年）十一月中，总办到俱乐部，提及吹笛者内地有否合格人材。余即答昆山有一王秀松，其人忠厚，烟酒不食，论其吹笛尚可，惟与沪地不宜，因沪上吹笛者喜花腔油调，此人之吹笛派别不同。当时俞振飞亦在，十分奖喻（誉）……""王秀松"即"吴秀松"。此后，俞振飞与吴秀松多次合作，一直延续到得吴秀松嫡传的高慰伯。

此后，1933年2月，上海闸北水电公司同仁组织的同声曲社重建恢复活动，由著名曲家管际安主持，延聘传字辈艺人倪传钺、华传萍为拍先，并请吴秀松驻会，盛极一时。南京大学吴新雷主编的《中国昆剧大辞典》，台湾洪惟助教授主编的《昆剧辞典》皆有记载。1944年到1949年间，吴秀松再次应同声曲社邀请，任曲师。高慰伯也回忆，后来吴秀松在上海期间，为俞振飞、殷震贤等撝笛："利用白天空余之便，与上海诸曲友之间的交往颇见频繁，彼此如切如磋，相辅相成。如戏曲艺术大师俞振飞先生。""他们都称赞唯有秀松撝笛，合节合拍，更显珠联璧合。"[1]

三、五十年代到昆山为张继青等授艺

1955年4月5日，俞振飞从香港回到内地，立即投入到昆剧传承工作中去。是年夏，苏州民锋苏剧团（次年改称江苏省苏昆剧团）到昆山人民剧场演出，其间在大有蚕种场排练、学习。由于缺少老师，便邀请俞振飞、徐凌云和言慧珠及传字辈中张传芳、华传浩等老师来昆教学。《昆山县戏曲资料汇编》记载，吴秀松嫡孙吴凤元回忆："俞振飞和言慧珠第一次来，人生地疏，天又下着小雨，他们冒雨步行到吴秀松家，才打听到昆剧团住蚕种厂，然后由吴秀松家人将他们送到地方。"张继青回忆："一次顾笃璜带他们到昆山去，吃住、排练都在'大有蚕种场'，门口挂的牌子是江苏省戏曲学校。条件非常简陋，好在这里很偏僻，除了伙食费，别的也不用什么开销的。给他们上课的是俞振飞、言慧珠、王传淞、张传芳、华传浩这些大师。这是让我终身受益的学习经历。他们到昆山没几天，俞振飞、言慧珠从上海乘火车赶来昆山了。有时候用黄包车去火车站接，有时候舍不得车钱，老师们只能步行，俞振飞也从不摆谱，走就走啊，走到南街文化馆，歇歇脚，喝口水，再走到蚕种场……我学的

---

① 高慰伯口述、李觉民整理：《笛音留人间——吴秀松其人其事》，《昆山文史》第十辑，1991年12月，第106页。

是《琴挑》……"①

著名昆曲学者、江苏省昆剧院国家一级导演丁修询在《笛情梦边——记张继青的艺术生活》中也有记载："昆剧大师俞振飞先生，也在张继青等一批'继'字辈接班人身上，倾注了心血。早在苏州市苏剧团时期，剧团到昆山演出，俞振飞和著名京剧演员言慧珠，特地赶到昆山给张继青教了《玉簪记·琴挑》。看着这两位大名家为了来教戏，住在当时条件十分简陋的县城小旅馆里，大家也莫不为之动容了。"②

闻知俞振飞等人前来教学，当时正跟随吴秀松学曲的黄雪鉴先生回忆："我等闻风而动，机不可失，不邀自去，每天赶至，在旁偷学一招二式。我记得有徐老之《连环计·小宴》、俞言二老之《玉簪记·琴挑》、张传芳老师之《思凡》、华传浩老师之《下山》……尤以《琴挑》一折，可说浑身是戏，演得情从琴出、琴中寄情，雅不落俗，恰到好处。"③当时亦在场的昆山前辈曲家程振旅先生对俞振飞先生教学印象颇深。且言，俞先生前后来了两次，每次都是头天上午赶到，次日下午回去。④

此后，在《十五贯》的影响下，昆山于1956年成立"业余昆曲研习组"，俞振飞先生亦曾关心过问。"大约在1958年，俞老振飞耳闻昆山度曲情况，曾亲自来信询问，寻找我们这些小字辈，那时我已就教菉葭第三中学，由程振旅父亲植士老先生起草回复一函，以答眷隆盛爱之情。"⑤

四、八九十年代为昆山昆曲的发展建言献策

昆山是昆曲的故乡，历任昆山政府都高度昆曲在本地的传承与发展。特别是吴克铨任县长和市委书记期间，更是高度重视。"1990年11月10日，昆山市委书记吴克铨和副市长夏梁鑫到南京。在大行宫人民剧场看上海昆剧团蔡正仁的《长生殿》。第二天，他们请俞振飞、李蔷华夫妇……谈及昆曲'回娘家'

---

① 杨守松：《大美昆曲》，江苏文艺出版社2014年1月版，第138页。

② 丁修询：《笛情梦边——记张继青的艺术生活》，江苏文艺出版社1991年8月版，第65、66页。

③ 黄雪鉴著、彭剑飙整理：《五十年代昆山度曲动态点滴》，《昆曲拾遗·玉泉》增刊，昆山高新区文化体育站主办，总第115期，第84页。

④ 2022年元月27日，笔者在昆山业余艺术学校采访。

⑤ 同③。第85页。

的事，俞振飞等人都讲……昆山真正的宝贝是昆曲……昆山要打昆曲的旗号，让国人知道昆曲在故乡昆山多么受重视……"①据先生弟子蔡正仁先生回忆，根据这次会谈内容，此后昆山于 1991 年 2 月 9 日与上海昆剧团签订了《友好攀亲合作关系》，开展昆曲回娘家、昆曲进校园活动，拟于 1992 年 9、10 月间在昆山举办首届中国昆剧节，建造昆山大戏院、昆曲博物馆、举办"纪念苏州昆剧传习所成立七十周年"活动等一系列事宜。

1991 年，位于昆山亭林园内城隍庙旧址的昆曲博物馆动工开建，并诚邀先生为该馆题名，如今"昆曲博物馆"五个大字镌刻在砖砌门楼上。据蔡正仁老师回忆，当时先生身体不适，强撑着身体题写完毕，才入住医院。昆山代表赶到医院探望时，看到题名，感激不已。②1993 年 7 月 17 日，先生在上海驾鹤西去。据当时负责昆曲博物馆的程振旅先生回忆，稍后不久，著名京剧表演艺术家李蔷华（1929—2022）女士受先生委托，由其子、著名京剧表演艺术家关栋天（1956—　）相伴，一起专程赶赴昆山，特意捐赠先生部分珍贵藏品，完成先生遗愿。③目前这些藏品珍藏于昆山博物馆内，其中有：

著名"张家四姐妹"张元和（1907—2003）于 1980 年祝贺"振飞先生演剧生活六十周年"所撰隶书对联，"国音剧艺振兴六十载，家学俞腔飞播万年春"一幅，上下联第五字镶嵌了"振、飞"二字，镌刻在昆曲博物馆东侧的廊柱上；

一代书画大家颜梅华（1927—　）先生作俞振飞饰李太白国画《太白醉写》；

香港艺术品收藏家张宗宪（1928—　）于 1991 年春敬贺"振飞前辈九十荣寿"隶书"一代宗师"一幅；

俞振飞弟子、原上海京剧院小生杨渊于 1981 年 1 月作俞振飞饰吕布国画《连环计·小宴》一幅；

以及部分演出过的戏服等物品。

此外，为纪念先生对昆山昆曲的巨大贡献，昆山亭林园内的遂园碑廊内，还镌刻有先生 88 岁时所撰"玉峰歌舞地、昆曲万年传"，以供游人驻足欣赏。

此外，先生还与昆山籍昆曲名家交往甚多，前文所叙与殷震贤并称"殷笑

---

① 杨守松：《昆山大观·前世今生》，作家出版社 2017 年 3 月版，第 54 页。

② 2022 年元月 29 日电话采访。

③ 2022 年元月 27 日，笔者在昆山业余艺术学校采访。

俞擞"；在新乐府时期，与昆山籍传字辈邵传镛相识，并于1948年介绍其到位于重庆的四川丝业公司任职，等等，不再赘述。

纵观百年来昆山昆曲的发展历史，几乎每一个节点无不与先生相关。特别是近些年，昆山昆曲迎来大发展，成立了一个专业昆剧院团——昆山当代昆剧院，先后恢复、成立了以玉山曲社为代表的多家业余曲社，还成立了昆曲研究会、出版多部昆曲相关书籍，在二十多所中小学开设小昆班，走出以梅花奖获得者柯军、李鸿良为代表的表演艺术家、以王建农为代表的昆笛演奏家，在昆山的大街两旁、公交站台都可见昆曲元素。倘若俞老能看到今日昆曲在家乡的盛景，也会含笑九泉的！

俞振飞佚诗考述

江沛毅

（上海戏剧学院附属戏曲学校，讲师）

摘要： 俞振飞精工昆曲、京剧表演艺术的同时，兼擅诗词、书画。粉墨登场之余，寄情其中，吟咏不辍。他将对中国古典文化的精深认识、对中华美学传统的精准领悟，创造性地转化为对舞台人物的精确塑造。因此，对其诗词韵文作品，进行全面、细致、深入地搜集、整理、考订、辑佚等工作，是梳理和研究俞振飞演剧艺术及其理论的一个不可或缺的重要组成部分。

关键词： 俞振飞　诗词　辑佚

一

昆曲泰斗、京剧大师俞振飞，作为文人兼学者型的表演艺术家，人们在论及其演艺成就之时，无不以"书卷气"三字一言以蔽之。这是区别于其他伶工艺家最为显著的一个特点，允称精当。那么俞老的"书卷气"，又是如何养成的呢？

俞老出身书香门第，髫龄伊始，即随粟庐公精研昆曲清唱、拈毫临池，同时，附读于迎春坊补园张履谦家塾，随吴润之辨四声、习音韵、读《孟子》、诵《诗品》。此外，又先后师从饮誉画坛的陆廉夫、冯超然习绘。传统儒学的规范教育，已使其获得了一整套雅文化的陶冶和滋养。随之而奠定的艺术观，也充分体现了传统文化中"儒道交融"的思想。

清曲曲唱，诗词文赋，书翰丹青，各擅胜场，共逞艳丽。戏、文、歌、舞相互渗透，互为一体，最终催生了富有"书卷气"的个性化的俞派表演艺术，树立起独具风格、海内外奉为圭臬的"俞派"旗帜。《礼记》曰："德成而上，艺成而下。"俞老则形成而上，器成而道。一切诚如著名戏剧评论家刘厚生在为费三金《俞振飞传》所写的《序言》中述：

俞振飞是中国传统文人同高级艺人的结合。他自幼受到严格的传统文化的训练，能书画，善诗词，不仅是昆剧演员，还是昆剧学者、研究家；不仅能个别地授徒传艺，还能上大学讲坛讲课。他的文化修养之厚，艺术情趣之高，在以他为中心的上下三代著名艺人中，如果不是唯一，也肯定是极少数人之一。

"腹有诗书气自华"，因此，诗词曲联作为我国传统文化最具基础性的代表形式和最为重要的组成部分，是解读俞老书卷气的一把钥匙。

二

俞老幼秉庭训，承华家学；乳齿朗吟，雏凤清声。及至其青年、中年等不同时期，应当创作了不少的诗词作品。惜乎由于时间久远、战乱频仍、保存不善等诸多原因，时下已难以读见，令人每兴扼腕之叹。直至晚年，政通人和，始在书刊、报章上有所发表，抒发其对家国荣衰、艺苑沧桑、个人遭际的丰富情怀，堪称一代梨园诗史。

笔者在高二年级时，幸随俞门高弟蔡正仁、岳美缇、王泰祺、周志刚诸师习曲，于"俞家唱"深有所嗜，服膺不已。1993年7月29日，在参加俞老遗体告别仪式之后，乃发愿撰著《俞振飞年谱》。同时，由于自幼随家君读诗，于旧体诗词，略窥门径，偶有涂鸦。因此，留心搜集俞老的诗词韵文作品，成为撰写年谱的一个重要内容。当时曾自《解放日报》《新民晚报》《文汇报》《振飞曲谱》等，辑录《七律·八十抒怀》、《七绝·赠浙江小百花越剧团》、《画堂春·甲子年迎春词》《洞仙歌·自题〈振飞曲谱〉》《减字木兰花·为上海昆剧团题》等五首作品，题为《俞振飞先生诗词选》，刊于本人倡设成立并任社长的新鸣诗社的油印社刊上。另加编者按云：

当代著名的京昆艺术大师俞振飞先生不幸于七月十七日溘然长逝。俞老在长达七十年的舞台生涯中，创造了数以百计的艺术形象，形成了儒雅、秀逸、富有书卷气的俞派风格，尤其是在昆曲演唱上取得的成就已达到了一个时代的高峰。同时，俞老学识渊博，腹笥极宽，著有《粟庐曲谱》等书。又工书画，擅诗词，是一致公认的学者艺术家。兹刊录俞老诗词五首，以资怀念。

并在 8 月 22 日，上海昆曲研习社举行缅怀俞老的公期之际，将该册《新鸣诗刊》敬呈李蔷华太师母教正，有幸得到鼓励。

俞老的诗词作品，第一次较为完整集中地呈现，是上海文艺出版社 1997 年 11 月出版的《俞振飞传》。作者唐葆祥在书后，以附录的形式，刊《俞振飞诗词选》，凡 51 题，共计 60 首。其题记云：

> 俞振飞幼承父师之教，略习韵语，一生吟唱不下数百首。早年所作，大多毁于十年浩劫。晚岁应四方之请，题赠甚多。今选六十首，以飨读者。

2002 年 7 月，适逢俞老百年冥诞，举行了演出、研讨等多种纪念活动。其中一个重头戏就是由上海辞书出版社出版精装大八开画册《昆剧泰斗俞振飞》（龚学平主编），其中引录了《八十自寿》（组诗）32 首。

上述二书相加，诗词的数量近一百首。于是，在此基础上，我多方搜求，又先后辑得 37 首。个中甘苦，冷暖自知。某次经过一家旧书店，赫然发现香港某刊载有俞老《千秋岁》词一阕并手迹，不胜欢喜！无奈索价过昂，虽经再三恳求优惠而未果。于是急速默背，归而录之。这些新获见的诗词曲联，均一一写入《俞振飞年谱》中。是书前后耗时 18 年，2011 年 7 月，由上海文化出版社出版，使广大读者能够从另外一个侧面，更全面、更深层次地了解俞老，因而徐幸捷、戴敦邦等领导、师长，在所作序文中有所夸许。

2013 年 12 月，苏州中国昆曲博物馆以《中国昆曲艺术》（总第八期）专刊的形式，辑印为《俞振飞诗词曲联辑注》一册。收录一百零三题，共一百五十一首（副），说明创作背景，注释典故内容，并附相关手迹影印件。吴新雷、戴敦邦分别作序，戴公并为绘制《太白醉写》一图作为封面，同时题写了书名。

此后四年间，我继续肆力征访，甲乙互勘，董理增删。2017 年 7 月，中西书局出版了《俞振飞诗词曲联辑注》一书。收录 110 题，共 159 首（副），达 43 万字。同时，附录各方题赠、哀挽之作，可以窥见先贤交谊之实。吴新雷、戴敦邦分别增写序言，刘厚生作跋，勖勉有加。郑培凯题签，封面仍用戴公《太白醉写》图，原题签移至书脊。

五年迄于今，又新见诗词曲联，共计 15 题、17 首（副）。其中七绝八首、五律一首、词三阕、散曲一支、联语四副，现予发布，并略作考述。

三

（一）贺新年
一九六零年十二月

一九六一年元旦将届，取三尺笺，写牡丹花。随成七言绝句二首，借申庆贺。

濡墨调朱意更亲，
高歌祖国万年春！
域中面貌随时改，
猛进还看一岁新。

吹拂东风满故园，
百花争发自成团。
要将万紫千红写，
先取深红写牡丹。

据《新民晚报》1961 年 1 月 1 日。同时刊发俞老所绘《牡丹双鸟图》，另有"要将万紫千红写，先取深红写牡丹。一九六一年元旦祝画，俞振飞"等款识。

现存俞老诗词作品，百分之九十五以上是"文革"劫后所作，上述二首七绝则系为迎祝 1961 年新年所作。是年，坐科七年的"昆大班"即将迎来毕业，国家的经济形势又有所好转。所以，这一切触发了俞老个人的诗怀。二首七绝格调高昂，明快爽利。特别是采用传统的牡丹和白头翁入画，旧时寓意"一路荣华到白头"。这里则翻出新意，歌颂社会主义建设事业欣欣向荣、蒸蒸日上的美好愿景。同时，这是俞老极为稀见公开发表的画作，使我们得以一窥其绘画功底，弥足珍贵。

（二）奉贺陆道虹、沙露玲贤伉俪吉席之喜
一九七九年

闻道仙乡即此乡，
双飞海燕宿虹梁。

露珠霰玉玲珑月，

曳雪牵云认陆郎。

据原诗抄稿。另有"一九七九年书贺道虹、露玲贤伉俪吉席之喜。涤盦俞振飞，时年七十又八"等款识。据以拟定诗题。

陆道虹毕业于上海市戏曲学校京剧二班，主要师从杨小佩等名家，系上海京剧院主要小生演员。1977年，拜入俞门。是俞老在"文革"结束后，收录的第一位弟子。1979年，陆道虹与沙露玲举行婚礼，俞老赋诗为贺。

吉席：即婚礼。唐牛僧孺《玄怪录·崔书生》："老青衣曰：'事即必定，后十五日大吉辰，君于此时，但具婚礼所要，并于此备酒馔。'……崔生在后，即依言营备吉席所要。"《太平广记》卷三五三引五代范资《玉堂闲话·何四郎》："幼女方择良匹，实慕英贤，可就吉席。"

诗中各句分别嵌入了"道""虹""露""玲"等新人名字，别具匠心，可谓巧体。

（三）为《舞台与观众》题联

一九八二年一月

过眼易韶华，八秩髦翁讴锦绣；

赏心列歌舞，九州生气茁芳菲。

据书迹影印件，原载《舞台与观众》第七十六期，1982年1月23日出版。另有"为《舞台与观众》题联"、"一九八二年新春，俞振飞时年八十一"等款识。据以拟定联题。

《舞台与观众》是一份上海市文化局主办的专业性报纸，1980年2月10日创刊。初为双周刊，四开四版。宣传党的文艺方针，反映上海及各地文艺动态，传播国内外文艺信息，探讨文化发展、文艺创作等，首任主编乐美勤。1981年1月改为周刊。1985年4月，扩大版面，增设栏目，改为对开四版，并更名为《上海文化艺术报》。1993年10月30日再次改名为《上海文化报》。在保持原有特色的基础上，反映上海文艺界深化改革的面貌，提倡思想性、艺术性和趣味性兼顾，读者对象主要是专业文艺工作者和广大青年文艺爱好者。

（四）减字木兰花·奉贺《舞台与观众》百期纪念

一九八二年七月

艺坛消息，报道缤纷勤普及。

歌舞戏文，扬榷还须月旦闻。

百期周始，墨沈澜翻传信史。

与众煦濡，更向源头辟广渠。

据书迹影印件，《舞台与观众》第一百期，1982年7月10日出版。另有"调寄《减字木兰花》，奉贺《舞台与观众》百期纪念。一九八二年七月，俞振飞时年八十一"等款识，据以拟定词题。

（五）关中

一九八二年十月

飙轮万里到关中，

累叶曾居古帝宫。

总是今朝人物盛，

铜琶铁板唱雄风。

据书赠水彦手迹影印件。另有"壬戌之秋，应水彦同志之嘱，俞振飞"等款识。诗题系笔者所拟。

关中：古地区名。所指范围大小不一，如指秦都咸阳，汉都长安，因称函谷关以西为关中。又指秦岭以北范围内，或将关中解释为居众关之中。这里指西安。

1982年10月7日至21日，俞老率上海昆剧团赴西安公演。先后偕李蔷华、华文漪、计镇华等演出《贩马记·写状》《太白醉写》，引起轰动，为1954年梅兰芳赴西安演出后的第二次盛况。并应西北大学校长郭琦之邀，为全校师生作《我的昆曲生涯》讲演。同时，出席《西安日报》、陕西省文化局、省文联、中国剧协陕西分会、西安市文化局等28个单位联合举行的大型座谈会，又赴西安市越剧团、陕西省戏曲研究院等参访交流。公余游览兴庆公园、华清池、大雁塔、马嵬坡等名胜古迹，曾欣然与刘异龙、梁谷音在兴庆宫遗址，即兴表演《醉写》片段。因赋七绝一首，题为《西安兴庆公园沉香亭题诗》，可作参看。

（六）赠红虹

一九八三年一月

越秀重逢四座倾，

弦调绿绮恰冬晴。（绿绮台，琴名。借用邝氏典实）

卅年家学渊源在，

雏凤清于老凤声。（借句）

红虹是红线女同志之女，一九六一年曾来上海市戏曲学校插班，练习腰腿功，十分勤奋。同时，向魏莲芳老师学京剧《天女散花》，向朱传茗老师学昆剧《思凡》。经过彩排，一定要得到老师们的认可，才学其他剧目。她在政治、文化和艺术上，自己要求极严，因此各方面进步都很快。

我对粤剧并不懂行，但特别欣赏红线女同志的唱腔和发声，热爱“红派”粤剧。这次广东粤剧团来沪演出，第一天我就做了座上客，看到红虹演的《李慧娘》，非常惊喜。她的唱法完全继承了“红派”，同时在剧中运用了“乌龙绞柱”“劈叉”“卧鱼”“圆场”等技巧动作，矫捷优美，精采［彩］纷呈。可以看出她基本功的深厚扎实，是当前中青年演员中很少见的。我不停地鼓掌，为红虹能够不断提高艺术修养而喝采［彩］。更为“红线女有女”、粤剧“红派”得到接班人，给老朋友道贺！写了一首小诗，是还不足以充分表达我高兴的心情的。请红线女同志给予指正吧！

据《新民晚报》1983年1月24日。

对于老友之女、戏校当年的插班学生，俞老对红虹，的确是青眼有加的。因此，在看了她所演出的《李慧娘》一剧，欣喜之余，更是不吝赞美之辞。

（七）醉吟商·赠詹萍萍

一九八三年三月上旬

明慧胜于花，
此是南中新秀。
小窗晴昼。

问字心依旧。
珍重歌衫舞袖。
春秾似酒。

萍萍同学为上海戏校之高材生，擅演花旦与刀马。复拜童芷苓同志为师，艺益精进。前岁赴赣拍摄电影，突患危症，能以毅力坚持到底，人皆为之感动。近日健康逾昔，颇慰余怀。爰与合影，并依白石《醉吟商》小令题赠之。一九八三年三月上旬，涤叟俞振飞，时年八十又 二。

据程多多提供书迹影印件。

《醉吟商》：词牌名，系南宋词人姜夔自度曲。其自序云：“石湖老人为予言，琵琶有四曲，今不传矣：曰《濩索（一曰濩弦）凉州》《转关绿腰》《醉吟商胡渭州》《历弦薄媚》也。子每念之。辛亥之夏，谒杨廷秀丈于金陵邸中，遇琵琶工，解作《醉吟商胡渭州》。因求得品弦法，译成此谱，实双声耳。”按：

《胡渭州》系唐教坊曲名，《醉吟商》为其宫调。姜夔自度是夹钟商曲，意在借旧曲之名，另外倚制新腔。双调二十九字，六句五仄韵。前段三句两仄韵，后段三句三仄韵。

詹萍萍（1948—2017）：京剧演员。杭州市人。1959 年，考入上海市戏曲学校京剧专业，专攻花旦和刀马旦。师从童芷苓，主演《胭脂》《封神榜》等。后转入影视表演，参加拍摄《快乐的单身汉》《秋瑾》《姑娘今年十二八》《美食家》《死去来活》，以及《西游记》《女五子的日记》《奋飞》《杏林春雨》《飞腾》等影视剧。1981 年在拍摄《南昌起义》时，被查出患有乳腺癌，但她仍坚持拍完影片后才去治疗，一时传为佳话。在其恢复健康之际，俞老赋词相赠，嘉勉有加。而在是年二月，俞老曾先后两次书题斗方，持赠詹萍萍、周有骏夫妇："养生有道，祛病有方。伉俪笃爱，同咏霓裳。"

程十发读到此词后，为绘《南中新秀图》一帧。并题跋云："振飞老人赠詹萍萍《醉吟商》小令一阕，读后制图，亦与萍萍补壁。癸巳［亥］春，十发并识。"

（八）七绝二首并序
一九八三年十月

二十二年前，曾与上海青年京剧团赴港，演出《杨门女将》《白蛇传》等剧。顷复将偕上海昆剧团去港，参加第八届亚洲艺术节。因赋小诗，以志欣幸。

旧游瞬越廿经年，
丝竹记曾沸海天。
别有夜饮声律细，
今朝吹引好风前。

梁魏遗风书不删，
兰香冉冉遍人寰。
莺簧龙笛添新韵，
唱过南天第几湾。

据手迹影印件，原载《新民晚报》1983 年 10 月 26 日。

是年 10 月 28 日，俞老偕上海昆剧团抵港，参加第八届亚洲艺术节，并担任艺术指导。先后演出《贩马记·写状》《千钟禄·八阳》《彩毫记·太白醉写》等剧，引起轰动；并应香港中文大学中国文化研究所及该校音乐系所设中国戏剧艺术讲座之邀，作"我与昆剧六十年"讲演。11 月 24 日，俞老随团离港返沪。诗即作于行前，联想到 1961 年曾赴港演出，其间已历二十又二年。感慨之余，更添老骥之志。

（九）浣溪沙·为"纪念梅兰芳诞辰九十周年书画展览"作

一九八四年九月

萼绿华开遍五京，

海陵灵通九城倾。

百年相继性犹馨。

意气平生如沆瀣，

笙镛并奏咏休明。

堂楹书句证鸥盟。

据刘华编注《梅韵——诗咏梅兰芳》（远方出版社 2004 年 8 月出版）。词题系笔者所拟。

1984 年 9 月，泰州市纪念梅兰芳诞辰九十周年委员会办公室居涌来沪采访，俞老与之谈梅氏交往、演艺诸事，凡一小时余。同时，慨允为新落成的"梅兰芳剧院"题写院名，以及提供书画作品参展。此后，即创作该词。10 月 8 日至 18 日，应邀赴泰州参加梅氏纪念活动，为梅兰芳剧院剪彩、参观书画展览等，并撰《回忆与纪念》一文，刊载于《新华日报》。

（十）题赠四川省川剧院联

一九八六年四月

耄年献技心犹壮；

远道求师意益诚。

据陈福国《俞振飞谈振兴昆剧》，原载《四川日报》1986 年 5 月 8 日。略云："俞老此次亲率上海昆剧团西行入蜀，与川剧进行艺术交流，已是第三次到四川了！……他说：'我这次专程入川，就为的向川剧取经哩！'说着，俞夫人取出一副俞老离沪前夕书写的对联：'（略）'老人家对艺术的执着追求之情，使我敬佩不已。"该文后收入《中国川剧》（成都出版社一九九三年九月出版）。联题系笔者所拟。

1986 年 4 月 20 日至 5 月 17 日，俞老随上海昆剧团赴四川交流演出，并担任艺术顾问。因撰《赴蜀前言》短文，有云："我这次偕同上海昆剧团入蜀演出的目的，既是介绍一些昆剧剧目给四川省广大观众，听取宝贵意见。"其间，以八五高龄，躬践排场，演出《千钟戮·八阳》片段于重庆、成都两地，盛况空前；并会见川剧表演艺术家阳友鹤等人士。

同时，行前书题此联外，又赋《赴蜀》一律："八五衰翁兴尚遒，春来重拟剑门游。黄鹂隔叶心长醉，翠柏成围梦久留。濯锦江虽停蜡屐，题桥人亦换霜裘。明朝执手逢新雨，好载珠玑出峡舟。"激动之情，溢于言表，诗、联可作互读。

（十一）观楚剧《狱卒平冤》，赠武汉市楚剧团联

一九八六年六月一日

精雕细琢终成器；

万沥千淘始得金。

据书迹影印件。另有"喜看楚剧《狱卒平冤》，学习武汉市楚剧团推陈出新精神。一九八六年六一节，俞振飞时年八十五"等款识。联题系笔者所拟。

该件系西泠拍卖公司"（绍兴）二〇一七年秋季拍卖会·中国书画近现代名家作品专场（二）"的拍品。后以 9200 元价格成交。

《狱卒平冤》：剧叙书生杨春龙向岳父求借赶考川资，无端遭拒被逐。其未婚妻玉珍，相约夜半取资。讵料玉珍险遭奸，其父母被杀，遂状告于武昌府。知府赵大人臆判春龙为元凶，江夏县审理时维持原判。捕快吴明据实以告，贬为狱卒。后设计成功破案，捕获真凶。

1986 年，武汉市楚剧团编演《狱卒平冤》，佳誉如潮，曾先后获得全国七项大奖，并拍摄成电视连续剧。俞老观看该剧后，化用宋王应麟《三字经》："玉不琢，不成器"，以及唐刘禹锡《浪淘沙词九首》诗其九："千淘万漉虽辛苦，吹尽狂沙始到金"，欣撰此联，持赠为贺。

（十二）上海昆剧联谊会成立志盛

一九八六年六月二十九日

本色当行意在真，

裁云镂月亦清新。

曲高和众今方见，

耄稚同声海上春。

据上海昆曲研习社老曲家钱礼所赠相关照片原件整合而成。另有"上海昆剧联谊会成立志盛。一九八六年六月，俞振飞时年八十五"等款识。据以拟定诗题。

1986 年 6 月 29 日，上海昆剧联谊会假座上海昆剧团大厅，举行成立大会。俞老以名誉会长的身份，应邀参加成立仪式，并致辞祝贺。会后，又即席挥

毫，赋赠此诗。

前四张照片完整记录首二句的书写过程，而第五张照片则明晰可见后二句。但是，末句第二字左半边、第七字，却为立于俞老身旁的持墨者手臂所遮挡。因此，必须解读、研判出这一个半字，方能"激活"全诗。先说"耄 佳"一词，查诸《汉语大词典》第八卷之"耄"部（汉语大词典出版社1991年12月出版），收有"耄夫"、"耄老"等22个词条，并不见与"耄 佳"相关者。而根据七绝"仄起式"的格律要求，此字必须是仄声。于是，再行仔细逐条检读，发现第五条词目"耄安稚嬉"，犹言老少安乐。好个"耄安稚嬉"，如果略去"安"、"嬉"，便是"耄稚"，均为去声，属于仄声字。且与"同声"组合，即谓老少弦歌一堂，引吭放声，从容顾曲！

再说第七字，这是押韵之处。根据首二句末字"真""新"，可知该诗押的是上平声【十一真】韵。而该部一共收有"真""因""茵"等87字，剔除"真""新"二字，尚余85字，即：

> 因茵辛薪晨辰臣人仁神亲申身宾滨邻鳞麟珍瞋尘陈春津秦频蘋轝银垠
> 筠巾民岷贫莘淳醇纯唇伦纶轮沦匀旬巡驯钧均榛遵循甄宸郴椿鹑嶙辚磷鳞
> 泯缗邠嗔诜酰呻伸绅溽寅赟姻荀询郇峋氤恂逡嫔皴
>
> （据王力《诗词格律》之《附录一 诗韵举要》，中华书局1977年12月出版）

经过逐一研读，反复比对，能与"海上"结合者，仅有一个"春"字最为合适妥帖，符合作者原意——同扇风云，振兴昆曲！而"海上"，即上海，契合诗题。至此，根据留存的相关密码信息，通过"大胆假设，小心论证"，全诗终于完整破译！恰如修复一件年代久远的古代文物。

上海昆剧联谊会系在上海昆剧团主办的"每周一曲"免费教唱班的基础上成立的群众组织，隶属于上海市戏剧家协会。是由昆曲专业人员、爱好者、社会热心人士和昆曲艺术单位、文化艺术推广机构等相关单位自愿组成的非营利性社会团体，以"宣传昆剧，振兴昆剧"为宗旨。首任名誉会长曹禺、俞振飞，会长华文漪，副会长万云骏、方家骥、陆兼之、陈从周、陈多、顾兆琳、蔡正仁，秘书长顾兆琳。定期开展各类观摩演出、理论普及、舞台彩鬘、曲叙清唱等活动，特别是举办的数十期"每周一曲"免费教唱班，由华文漪、岳美缇、计镇华、刘异龙、王泰祺、周志刚等名家授曲，培养了一大批昆曲爱好者，影响深远，俞振飞多次亲临教学现场视察、指导。不定期出版会刊《兰苑》（俞振飞题签），报道习唱及各地剧团、曲社动态。2022年7月，改名为上海国际昆曲联谊会。

（十三）苏州建城二千五百年纪念

一九八六年六月

数典存文献，

三吴景愈新。

建城崇伟业，

赁庑仰贤人。

饱饮沧浪水，

长忆义巷春。

匆匆今白首，

濡墨愧先民。

据书迹原件，苏州博物馆藏。另有"苏州建城二千五百年纪念，一九八六年六月，俞振飞时年八十五"等款识。2018年10月，曾在苏州中国昆曲博物馆主办的"宗门·宗风·宗师——从俞粟庐到俞振飞"特展上展出，并收入同名图录中（江苏凤凰美术出版社2018年10月出版）。据以酌定诗题。

相传伍子胥在春秋吴阖闾元年（公元前514年），奉命营建苏州古城，后世亦称作"阖闾大城"。《越绝书》载："吴大城，周四十七里二百一十步二尺。陆门八，其二有楼，水门八。南面十里四十二步五尺，西面七里一十二步三尺，北面八里二百二十六步三尺，东面十一里七十九步一尺，阖庐所造也。"此系历史上关于阖闾大城的最早记载。《吴越春秋》载："阖闾元年……（吴）子胥乃使相土尝水，象天法地，造筑大城，周□四十七里。陆门八，以象天之八风。水门八，以法地之八聪。筑小城，周十里，陵门三。"1986年，适逢苏州建城2500年，举行多种纪念活动。俞振飞应邀赋诗致贺。

"赁庑仰贤人"句：俞粟庐寓居苏州时，一度曾租住在范庄前的义巷。1902年7月17日，俞老即出生于此。俞振飞《艺林学步·父亲和昆曲》："姑苏城内有一条街，名叫'范庄前'。范庄是北宋名臣和词人范仲淹所办的'义庄'，置有'义田'，专为帮助同族、赡养孤寡而设的一种'义举'。这条街的一条小小横巷，名为'义巷'。"

俞老出生于苏州，成长于苏州，前后近二十年，至老仍操一口软糯的苏州乡音。因此，他始终对苏州怀有极为深厚的感情。这在1988年10月所写的

《忆旧游·重游补园》一词的下半阕中，表露得尤为浓烈："深缘。我生也，正小巷幽居，夏木蝉鸣，不作云间鹤，掏胥江江水，润沃心田。几回海桑碧红，长念五湖船。幸拄杖重寻，曼陀罗映霞满天。"

（十四）北双调【折桂令】奉题玉山侯老所绘昆剧净角脸谱

一九八六年十月一日

谁将粉绛青黄，笔杖添芒，图像生光。

巨颡圆盹。将相冠裳，草莽昂藏。

堂堂气扬神王，煌煌妙想采章。

酣畅慨慷，真赏当行。

敬贶华觞，颐养康强。

据书迹影印件，陈家让、张淼、侯菊《侯玉山昆弋脸谱》（学苑出版社2018年1月出版）。另有"北双调折桂令，效虞道园短柱体，奉题玉山侯老所绘昆剧净角脸谱，即祈教正。一九八六年国庆节，涤盦老人俞振飞呈稿，时年八十又五"等款识。据以酌定此题。

1986年9月，俞老为刘东升记录整理的侯玉山回忆录《优孟衣冠八十年》作序。序言开头即说："前一阵子，我曾为侯玉山先生的演出剧本选和脸谱集分别写了序文和散曲，以表钦佩和祝贺之忱。……"所谓"演出剧本选和脸谱集"，即《侯玉山昆曲谱》《侯玉山昆弋脸谱》。

虞道园：即虞集（1272—1348）。字伯生，号道园。临川崇仁（今江西省抚州市崇仁县）人。历任国子助教博士、翰林待诏、翰林直学士兼国子祭酒、奎章阁侍书博士，与杨载、范梈、揭溪斯同为元延祐诗文四大家。著有《道园学古录》等。

短柱体：散曲中俳体之一格。通篇每句两韵，或两字一韵，元人所谓六字三韵语。虞集有《折桂令·席上偶谈蜀汉事因赋短柱体》曲。

（十五）为赵昌智同志书联

一九八九年七月

五湖四海家家乐；

万紫千红户户春。

据原上海昆剧团服装设计、国画家尉涛所藏联语手迹原件。另有"己巳大暑，书应昌智同志之属。俞振飞时年八十有八"等款识。联题系编者所拟。

赵昌智时任中共扬州市委宣传部部长。

四

笔者手头藏有陆兼之《〈俞振飞自传〉编写意图》二页手稿，详述编纂内容，说明"全书分成七个部分"。其中第五项为："书画诗文活动"，第六项则为："附《涤盦八十自叙诗》八十首及《涤盦韵语》诗词二百多首"云云（"涤盦"系俞老晚年别号，意在洗去平生污点）。由此可以推知，当时俞老已经删定平生所作，其总量应在三百首以上。而目前本人搜集获得的，共计122题、171首（副），尚有至少130首的缺口，需要继续努力访求。

目前，除了继续心无旁骛地埋首故纸堆间，翻阅、查找相关旧时的报章、杂志、图书、画册等传统纸质外，还必须借助于时下流行的网络平台，留心有关拍卖、交流等资讯信息。齐头并进，方有斩获。

兹提供数信息二则，以期形成合力，有所突破。

其一：1984年5月10日，俞老致函武汉大学《写作》杂志社关大棠函。略云：

> 我的旧作诗词稿，又找出了几份，兹已抄了壹份。这一部分的诗词稿，我是认为比较好的，所以另外存放在书柜内，最近才找到。……
>
> 另外，我有《八十自寿》诗八十首，不知您收到否？如果没有的话，请示及当即寄上。

根据此信，可以窥知俞老比较看重自己的诗稿，曾有几份抄稿，并将其中一份，以及《八十自寿》寄给武汉大学《写作》杂志社关大棠。而《八十自寿》，即《涤盦八十自叙诗》，大型画册《昆曲泰斗俞振飞》曾引录其中32首。所余48首，却为出版社编辑人员不慎遗失，不能不说是一个巨大的损失！

笔者也曾辗转托人，试与关大棠联系。据悉此人原系武汉京剧团花脸演员，一度转行。对方坚称诗稿系俞老本人手稿，故索价甚昂。本人则根据其所传照片，判定为他人抄录，仅具资料价值，并非名家真迹。因此最终未能购得，叹为憾事。而这份抄稿曾上涨至数万元之巨，近日则下架，或已为人所购。

其二：王退斋（名均，字治平）《退斋诗钞》一书中（1994年12月私印本），有《七律·挽俞振飞先生》一首。诗前小序云："（一九）八四年吾乡举办梅兰芳九十诞辰纪念，余与先生同受邀请，同车还乡参加。余所绘梅先生像三帧，皆蒙先生题词。……"于是，根据这个信息，我先从王退斋《梅影话当年》一文中（《梅兰芳与故乡》专辑，《江苏文史资料》第七十六辑、《泰州文史资料》第七辑，江苏省政协文史资料委员会、泰州市政协文史资料委员会1994年7月出版），发现俞老《思佳客·奉题王退斋所绘〈梅兰芳画像〉》一阕。此后，又自《退斋画集》中（1997年5月自印本），发现俞老《浣溪沙·奉题畹华老友画像》一词。以上二阕，均已辑入。所余一首，仍待查考。

为同一题材的作品，先后三次题词，这不仅寄予了俞老对梅大师的深切景仰之情，而且也说明了俞老与王退斋之间的交谊——早在1935年，俞老为之绘制扇叶，图作乔木湖石、茅亭远鸿，并题云："《枯木竹石》为南田之杰作，此亦略师其意。愧我无能，不能得其万一也。乙亥立夏，治平我兄指正。俞振飞作于燕市涤厂。"说明该扇叶是略参恽南田笔意的，足见用心之深，绝非泛泛应酬之作。另面则书录清诗人屈大均《赋得摇落深知宋玉悲》一律："天生芳草作衣裳，词赋还争日月光。楚水兰荪从此盛，巫山云雨至今香。三闾尸谏因同姓，千载魂归为哲王。辛苦大夫歌九变，沉寥天气感潇湘。治平我兄再正，振飞。"

近日，笔者已关注"王退斋学馆"公众号，并向其家属发出查找另外一首佚词的请求，惜乎未获回复。

以上所述二点，倘能得遂人愿，那么至少可以新增诗词四十九首之多！

五

除了辑佚之外，对已收入集中的作品，还存在着考订、辨析、充实、完善等方面的工作。

一、中国昆曲博物馆旧版中，压卷之作系《梅园业余京剧社成立贺联》（1990年1月）。当时经原上海楹联学会副会长陈以鸿先生辗转介绍，亲赴南翔，面谒老诗人鞠国栋先生时，据其提供的手迹影印件收入。后读《嘉定文史资料》第九辑所载胡孟初《秦瘦鸥先生与梅园京剧社》一文（政协上海市嘉定区委员会文史资料委员会1994年3月编印），始知联语原系秦瘦鸥所撰，俞老应其所请，书录为贺。

在那年1月14日梅园业余京剧社的成立大会上，俞振飞大师主要讲他自己从票友下海当演员的经历，鼓励我们学好京剧，不要认为票友一定不如内行，希望嘉定爱好京剧的同志们个个比内行还要好。

……

会后，我们请两位老人题字留念。秦老拿出一张纸条说："我想了两句，请俞老大笔一挥。"俞老兴致勃勃，在一张四尺宣纸上写道：

> 雅集嘤城，威凤祥麟鸣盛世；
>
> 弘扬剧艺，黄钟大吕奏新声。

这副对联用词典雅，对仗工整，笔力苍劲，风格潇洒，表达了两位老艺术家的谆谆嘱咐和殷切期望，真是珠联璧合，不同凡响，成了我们京剧社的一宝，永志难忘！

于是，据此将是联在中西书局新版中删除。

二、我据陈声聪《荷堂诗话·俞振飞》所载（福建美术出版社 1996 年 9 月出版），辑得《上海昆曲研习社纪念汤显祖四梦曲会》七绝四首，并据以自拟诗题。后获读上海昆曲研习社《社讯》（1980 年第 5 期，总第 42 期），赫然载有俞老《汤若士先生诞生四百三十周年，敬赋四绝，以为纪念》。内容完全相同，而诗题迥异，当于再版时改正。

至于陈声聪所据，亦当是此册《社讯》。他曾亲自致函郑逸梅，询问俞粟庐事："前日天玉斋中会晤，畅快之极。顷见俞振飞诗数首，可以充实诗话。其父本南曲耆宿，但忘其名。今必知其详，乞有以示我，至荷至荷。"（1980 年 11 月 1 日，据唐吉慧藏原函影印件）函中所指即此四首绝句。

三、《上海戏剧》一九九七年第四期（总第一百六十九期，1997 年 7 月 28 日出版）刊有傅骏《范瑞娟的晚年生活》一文，其中引录俞老祝贺范瑞娟表演艺术研讨演唱会举行的一首七绝，诗云：

> 李娃传奇花屏开，梁祝歌舞动地哀。
>
> 范、傅声名香万里，余音袅袅绕梁来。

但在傅俊《漫步越剧大观园》一书中（香港语丝出版社 2001 年 1 月出版），发现收入《范门"气功"千秋万代——范瑞娟的晚年生活》一文，文末亦注明原载"一九九九年第四期《上海戏剧》"。虽然同为一题，内容则迥异。诗云：

> 仙歌仙舞绝凡尘，眼角衣梢总是情。

一从唱活梁山伯，天下谁人不识君！

揣测结集时，发现引用有误，乃重为更正。但是细读第二首，首句系平起式，结句却作仄起式，大违格律。究竟孰是，留待考证。

六

昆曲六百年，俞老是一个符号。于是，不少有识之士站在世界的高度来鉴别、保护和利用这份艺术遗产时，吁请尽快建立"俞学"这门学科，从而全面研究其艺术体系。

以我个人从事俞老年谱编纂、诗文辑佚的角度和感受来看，"俞学"的研究内容，大致应该包括曲学、戏剧学、美学、教育学这四个方面。至于加强俞老文献资料的勘察、发掘、整理和汇编的力度，则是一切研究工作的基础，显得尤为重要。

应该说这是一项艰巨、长期、系统的工作，极其考验一个人的耐心、定力。它要求从事者必须具备深厚的专业知识、扎实的考证辨析的能力、独到深邃的眼光，以及甘坐冷板凳、为人作嫁衣的平常之心，只有锲而不舍、孜孜以求，方有可能取得寸进之功。

俞振飞先生与北京业余曲界

——纪念俞振飞先生 120 周年诞辰

王 馨

（南京大学文学院，博士研究生）

摘要： 作为正宗昆曲"俞家唱"的传承者，俞振飞先生自 20 世纪 30 年代起，便与北京业余曲界结下了深厚情谊，在近六十年中，他不仅倾心向北方曲友倾心传授俞氏唱口，而且热心参加北方曲界的昆曲活动，并在南北曲界的相互学习、交流中起到了重要的桥梁作用。

关键词： 俞振飞 北京业余曲界

昆曲源自明中晚期魏良辅等人所研制的昆腔，以其依字行腔之法度获得文士阶层的认可与追捧，进而用于演剧，仍有昆剧之形成。昆曲界向来有清曲与剧曲之分，清曲的参与主体在旧时以士大夫、近代以知识分子为主，不以唱曲为业，相互称以曲友，也即当前业余曲界之构成；剧曲的参与主体则是从事昆剧表演的执业者，新中国成立后称专业工作者。

俞振飞出身清曲世家，其父俞粟庐先生为清末大曲家，得清代著名清唱家叶堂再传弟子韩华卿亲授，继承并发展了"叶氏唱口"，被人誉为"江南曲圣"，其清曲唱口亦被称为"俞家唱"或"俞派唱法"。俞振飞先生自幼随父习曲，不到 20 岁便尽得俞氏唱口真传，并开始在上海教授曲友，成为上海粟社的主力曲友。20 世纪 30 年代，俞振飞先生与程砚秋先生合作，北上加入其京剧班社，并拜京剧小生程继先先生为师，正式下海演出京剧，自此开始与北京昆曲业余曲界之间建立起密切联系，与北京曲友结下了长达半个多世纪的深厚友谊。

作为俞氏唱口的传承者，他不仅热情地向北方曲友传授正宗昆曲唱法，还热心参与北京曲社的活动，特别是新中国成立后，成为专业昆剧演出团体领导人的俞振飞先生更加重视与北京业余曲友、曲社之间的联系，并且在业余曲友与专业工作者之间搭建起相互学习借鉴之桥。

一、倾心传曲，艺惠京华

1930年，俞振飞先生受程砚秋先生之约，北上加入其"鸣和社"，正式拜程继先先生为师下海演出京剧。他在北京期间，得识清末进士、翰林院编修、京师大学堂提调袁励准之仲女袁敏宣先生。袁励准深嗜昆曲，曾于北池子家中办成乐曲学会招收女会员，请红豆馆主等京朝派曲家教曲。袁敏宣幼承家学，书画之外，唱曲天赋亦高，从红豆馆主习曲一年即有所成。俞振飞来京后，袁先生提出愿执弟子礼向俞振飞先生学习俞氏唱口，俞振飞先生则以二人年纪相仿，主动提出与之兄妹相称。俞振飞先生以《慈悲愿·认子》详授，袁敏宣先生由此入手，逐步改进旧腔，得获俞氏唱口精髓，其吐字发音、口法收放悉依规范，加之嗓音宽厚清亮，毫无雌音，终成曲界公认的俞振飞唱腔艺术在北方的典型传人。袁敏宣先生一生治曲孜孜不倦，精益求精，对求教学曲者亦诲人不倦，其学生宋铁铮、许淑春、朱复皆成为当今著名曲家，并不断在北京曲友间传授俞氏唱口，遂令正宗俞氏唱口在北京传继不断。

故宫博物院研究员朱家溍先生不仅是宫廷戏曲研究家，且以京朝派昆曲闻名曲界，是近代京朝派昆曲的代表人物之一。京朝派昆曲源出宫廷昆曲，与江南昆曲同属正宗昆曲一脉，其昆曲学自红豆馆主、曹心泉等京朝派大家。他与俞振飞先生结识于1934年的一次饭局，后至1955年，俞先生赴京与梅兰芳先生拍摄彩色电影《断桥》，拍摄期间，负责为梅先生作舞台表演记录的朱家溍主动向其请益，便在每晚就着拍摄机会，向俞振飞先生学习《断桥》，此后俞先生又挤出白天时间教授了《惊梦》的柳梦梅的身段，并让夫人黄蔓耘女士帮忙搭戏，直到他学会学好为止。拍完电影，俞振飞先生移居陆麟仲宅，又接着教授了《琴挑》。1963年俞振飞先生赴京演出《惊变》《埋玉》《醉写》诸剧，朱家溍先生又抓住机会向其学习《醉写》。在和平宾馆的花园内，俞振飞先生就着亭台、花木、山石，将《醉写》身段一一相授。朱家溍先生在1980年庆贺俞振飞先生舞台生活六十年之际，将这段回忆详细录出刊于香港《大公报》，以表祝贺。

北京建筑工程学院建筑系教授樊书培先生为名画家樊少云之幼子，其父与俞振飞同为陆谦夫先生门下。1945年，俞振飞先生假樊宅向屈伯刚先生请益音韵学，正在学曲的樊书培先生因得机缘拜俞振飞先生为师，成为正式的"入室"弟子，并到俞先生家中学曲，先后学习了《扫花》《望乡》。樊书培先生在晚年《习曲记——我与昆曲》中详细回忆了俞先生的传统授曲方式："俞师为我拍曲完全按老规矩，先拍唱段。一个牌子至少拍二三十遍再上笛，然后再从头拍一二十遍。在拍完第二段，从第一段开始一起上笛。"虽然学曲时间并不长，但俞师为其打下的扎实基础，令其终生得益匪浅。樊书培先生在新中国成立后调到北京工作，同时进入北京曲界，是北京昆曲研习社早期的成员，1979年复社后，樊先生更积极地参与曲社活动，曾任曲社副主委、社务委员，长期负责曲社的社讯编辑工作，也是北京曲界正式拜入俞振飞先生门下的最早的学生。

鄙师朱复先生自20世纪70年代初起追随袁敏宣先生学曲，时正值"文革"中，袁先生冒着风险授其《闻铃》等剧，悉按俞氏唱口规范字斟句酌，为之纠正舛误，由是略窥俞氏唱口门径。朱先生将自己研究俞振飞先生所撰《习曲要解》的心得以表格方式制成《俞腔表解》，1975年"文革"未过便委托许姬传先生转递给来京为毛泽东主席录制词曲的俞振飞先生。俞老阅后认为所写均得俞氏各腔要法，而表达更为清晰了然，但由于彼时"文革"尚未结束而自己的政治问题未得解决，对与曲友联系心有余悸并且突发疾病，未能当时回信，但俞老心里一直记得北京有这样一位痴迷俞氏唱口的年轻人。1977年元旦，甫一恢复工作的俞老便致信给朱先生，愿为其指导唱法。从此，两人掷信往还数十封，对朱先生提出的"阳平字唱法""垫腔等腔格唱法"等问题进行答复指导。1978年，俞老赴京参加全国政协会议，其间访俞平伯先生，朱先生其时亦同往，俞老为之亲示《八阳》中【倾杯玉芙蓉】的歌唱要点与用嗓变化。朱先生以《琵琶记·辞朝》为唐宋大曲遗存向俞老求授，俞老为之录下唱法，并在每年赴京参会期间在第二招待所为朱先生拍授，前后持续三年之久，其间还为朱先生录制了《扫花》中"纯阳赋"的北白念法；1982年5月，又为之录《闻铃》念白于苏州南林饭店，以补当年袁敏宣先生未授之憾。自此《闻铃》《辞朝》二剧成为朱师的代表作。1986年夏，朱先生以清唱《闻铃》【武陵花】第二支，获首届北京市京剧昆曲业余爱好者电视大选赛小生组第一名，复于1988年中秋苏州虎丘曲会以《闻铃》【武陵花】第二支和《辞朝》【入破第一】两曲夺魁。1980年9月，朱先生将袁敏宣先生遗赠之53版《粟庐曲谱》请俞老题跋，俞老欣然写下此版《粟庐曲谱》之来历以及版藏情况，为《粟庐曲谱》的版本考查保留下珍贵的信息。

二、热心曲社，笛曲传谊

俞振飞先生自幼习曲，一生参加曲友的清唱、彩氍活动无数，虽然他后来下海成为职业京剧赏，但对于昆曲，他从未忘记自己的曲友身份。

俞老自8岁起就唱过清音桌的同期，间随父参加各种同期、清客串活动，到上海后成为"赓春社""粟社"的骨干曲友。1930年北上，正式下海唱京剧后，俞振飞先生亦未中断与北京业余曲界之间的联系，继续活跃于业余曲社，并为昆曲的传承和研究贡献力量。

1935年3月，清华大学中国文学系教授俞平伯先生在清华大学创办谷音社，在京的俞振飞先生亦在被邀之列，与校外方家如杨荫浏、曹安和、陆麟仲方剑霞夫妇、袁敏宣袁薇姐妹、张兆和张充和姐妹等一起成为客籍社员。1935年11月17日，俞振飞先生参加了清华大学谷音社第四次曲集，清唱《拾画叫画》全出。会后谷音社同人在承华阁公宴俞振飞先生，先生则为诸曲友撅笛清唱数曲。

1938年8月，北京国剧学会研究会成立，俞振飞先生与王季烈、包丹庭、韩世昌、许雨香等北京曲家、著名艺人同被聘为顾问。研究会定期举办学术讲演会，1939年12月22日第一次学术讲演会由王季烈先生主讲《研究昆曲之途径》，1940年9月18日第二次学术讲演会则由俞振飞先生主讲《昆曲唱法之研究》。

新中国成立后，俞振飞先生成为专业昆剧工作者，但他对于业余曲社依旧热心、用心。此时期北京的业余曲界以北京昆曲研习社为唯一正式组织，俞老

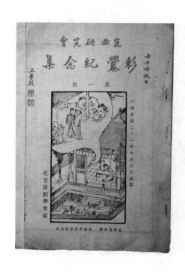

的活动虽主要在南方，但依旧与北京曲界保持着密切的联系，他每次赴京演出或参会，必参加北京昆曲研习社的曲会活动，曲会度曲亦必一丝不苟，法度严谨，尽显俞家唱之传统风范，虽年高而从不惜力，以座下曲家曲友为知音；而北京曲界的老友们也视俞老为"自己人"，北京昆曲研习社建立，俞老受邀为联合会员，每逢俞老抵京，研习社必开曲会欢迎。

1955 年夏，俞老从香港回到内地，赴京拍摄电影《断桥》。彼时北京昆曲研习社尚未成立，北京曲界王西徵、张允和、周铨庵、袁敏宣等曲家在北海公园举办曲会，俞老欣然而至，与北京诸友尽兴而还。

1958 年 3 月 16 日，俞老带上海市戏曲学校师生来京参加赴欧演出集训。北京昆曲研习社在北海公园举办游园曲会，参加者有研习社许潜庵、许宝騋、张允和、袁敏宣、周铨庵、胡忌、沈庆文等曲家及胡宝棣、许宜春、许淑春等年青一代小曲友，俞老与华传浩、朱传茗、郑传鉴、言慧珠等老师带领岳美缇、华文漪、方洋、王芝泉、梁谷音、杨春霞等戏校学生一起参加曲会。

1960 年 4 月 24 日，俞振飞先生赴京参加全国政协会议期间，研习社在南河沿政协文化俱乐部举办第 28 次曲会，俞老参加演唱了《辞朝》，由许伯遒撇笛，许还为研习社其他社员吹笛伴奏若干。

1961 年 7 月 23 日，俞振飞先生与言慧珠女士结婚，研习社社长俞平伯先生特致电祝贺。

1961 年 8 月，俞振飞先生赴京参加梅兰芳先生追悼会，20 日，北京昆曲研习社在南河沿政协文化俱乐部举办第 39 次同期，俞老亦前往参加并唱《惨睹》。

20 世纪五六十年代，刚刚恢复生气的昆曲很快在"文革"大潮中烟消云散，但即便在"文革"的艰苦环境中，俞振飞先生 1975 年 4 月赴京参加为毛泽东主席录制词曲时，仍不忘北京曲界的老友，带刘异龙等几个学生前往景山前街许宅拜访许潜庵老。"文革"结束后，北京曲界的曲家曲友重新欢聚一堂，1979 年，中断活动了 15 年的北京昆曲研习社重新复社。10 月 20 日，北京昆曲研习社举办恢复活动后第一次同期（《长生殿》专题同期），俞振飞先生特写信对曲社恢复活动表示祝贺。

1980 年是俞振飞先生舞台艺术生活 60 周年。3 月 10 日，北京昆曲研习社向俞振飞先生艺术生活 60 周年发信祝贺，并在第二期社讯中刊登张允和先生的《俞振飞先生艺术生活 60 年——由曲友到演员》一文。4 月 10 日，张允和先生寄信宋铁铮，寄为祝贺俞振飞先生艺术生活 60 年的庆贺发言稿。5 月 11 日，研习社举办庆贺公期，由张允和先生主持，播放了俞粟庐先生的《八阳》唱片和俞振飞先生的《写状》录音，并由俞老弟子樊书培先生与叶仰曦先生唱《望乡》，宋铁铮先生唱《拾画》，朱复先生与朱家溍、朱尧莘二位先生唱《闻铃》等。朱家溍先生在香港《大公报》发表《俞振飞先生舞台生活六十年》一文为贺。

1981 年 8 月，俞老携夫人李蔷华女士赴京参加纪念梅兰芳逝世 20 周年活动，9 月 1 日，北京昆曲研习社在沙滩后街 55 号张允和寓举办了欢迎俞振飞李蔷华夫妇和周传瑛张娴夫妇及顾兆琪同志来京谯集曲会。席间俞老演唱了《三醉》【红绣鞋】。9 月 6 日，北京昆曲研习社在工商联礼堂举行第 11 次同期，俞老照例要来参加，后因事耽搁，抵时同期已然结束，遂与张允和、周铨庵等 9

▌ 1984 年北京昆曲研习社中和戏院演出合影（欧阳启明老师提供）

位未走的曲友晤谈后方离开。

1982 年 7 月，《振飞曲谱》出版，北京昆曲研习社老社长俞平伯先生为撰《振飞曲谱序》并刊登于上海《文艺新书》第三期。

1982 年 11 月 21 日，俞振飞先生率上海昆剧团来京公演，北京曲友踊跃观摩。曲社社员、俞老学生宋铁铮发表了评论文章，演出期间在民族文化宫举行了演出座谈会，研习社有数位社委参加座谈。

1984 年 5 月 27 日，北京昆曲研习社在中和戏院演出了《描容》《扫松》《小宴》《断桥》《寄子》，参加政协第六届全国委员会第二次会议的文化艺术界俞振飞夫妇、宋德珠等出席观看演出并与曲友合影。

1985 年 10 月，俞老赴京参加纪念荀慧生先生 85 周年诞辰活动，10 月 30 日下午，北京昆曲研习社在北京市工人俱乐部举办"欢迎浙江昆剧团来京演出、四位传字辈莅京指导"联欢曲会。俞老出席并发言，到会有百余人，张允和先生主持，传字辈周传瑛、郑传鉴两位老师、北方昆曲剧院马祥麟、丛兆桓、湘昆张富光、北京京昆振兴协会钟鸿、樊步义及朱家溍、钮骠、王卫民、许姬传、周妙中、韩家鳌等戏曲研究家们皆有发言，北京电视台播出了专题报道。

1986 年 3 月 15 日，中国昆剧研究会在北京成立，俞老受聘担任顾问。3 月 20 日，北京昆曲研习社为庆祝研究会成立，在民革北京市委后楼礼堂与江苏昆剧团、上海昆剧团、浙江昆剧团、湖南昆剧团、北方昆曲剧团举办联欢曲会。席间俞振飞、张允和、沈性元、黄宗江、傅雪漪等讲话，沈世华朗诵了赵朴初先生的新作《兰花令》。俞老讲话结束后，演唱了《定情》【古轮台】一曲，赢得全场掌声。今聆当日录音，俞老吐字转腔全依传统法度，抑扬顿挫皆合俞氏唱口，完全忽略了当时意识形态领域要求昆曲唱念普通话化的影响，其嗓音宽亮，气韵飘逸，直追粟庐公晚年所录唱片之境界。

1986年10月2日，为欢迎俞老带领的上海昆剧团莅京演出，北京昆曲研习社在人民剧场二楼东大厅举办联欢曲会。张允和主委、俞老、上昆团长华文漪、副团长方家骥以及来自天津的李世瑜先生、北昆的马祥麟先生、江苏昆剧院的胡忌、艺术研究院的傅雪漪、宋铁铮分别讲话，俞老歌《乔醋》【太师引】一曲，神完气足，令全场沸腾，而华文漪、岳美缇、周志刚、蔡正仁、梁谷音等上昆演员亦参加演唱。天津曲友全秀兰唱《痴梦》【渔灯儿】【锦渔灯】后，曲友与专业工作者们不约而同地齐唱起【锦上花】，掀起另一个小高潮，令专业工作者在业余曲友身上得获知音之感。研习社第六期社讯刊登了朱复先生的《曲高和寡　两翼齐飞——记北京昆曲研习社与上海昆剧团联欢曲会》文，报道称："俞老夫妇和上昆主要成员以及京津沪宁曲友共一百余人参加了这次曲事交流活动。俞老在热烈的掌声中发言，提出'过去说曲高和寡，现在看来慢慢要变成曲高和众。……昆曲的前途是光明的。'昆曲研究家傅雪漪指出：'俞老是全国昆曲事业众望所归的代表，祝俞老健康长寿！上昆给北京文艺界带来五十八个精彩的折子戏，引起北京的震动。宋铁铮在会上朗诵了他为俞老、华文漪师生合作《惊梦》一剧的题词：'白发红颜，璧合珠联；剧坛盛事，昆曲永年。'"

1987年12月26日，北京昆曲研习社为欢迎晋京参加文化部全国昆剧抢救继承剧目汇报演出的昆指委主任俞振飞先生和六位专业昆剧院团的艺术家，在人民剧场西大厅举行了联欢曲会，参加曲会有近百人。研习社主委楼宇烈先生致辞，顾问张允和先生表达了"兰花五愿"：一愿俞振飞、俞平伯二位俞老健康长寿；二愿北京昆曲研习社百尺竿头更上一步；三愿专业工作者与业余团体更好地联合；四愿昆曲专业工作者与业余曲友一起能够举办联合演出活动；五愿昆曲被推上世界舞台。在曲会上，湘昆青年小生张富光得拜俞振飞先生为师，成为俞老关门弟子。12月28日《人民日报》第3版以《北京昆曲研习社举办联欢曲会俞振飞表示愿收台湾弟子》为题报道了曲会，《人民日报》海外版第4版以《海内外昆剧曲友在北京欢聚，俞振飞表示愿接受台湾弟子》为题报道了曲会。

这是俞老最后一次亲临北京昆曲研习社，但研习社与俞老之间的情谊却从未间断。1990年6月17日，为庆贺俞振飞先生昆曲舞台艺术70年，在中国艺术研究院小礼堂举办了专场演出。大轴为俞老弟子宋铁铮《拾画叫画》，来京领梅花奖的上海昆剧团张静娴女士观看了演出，并带回了演出请柬。6月22日

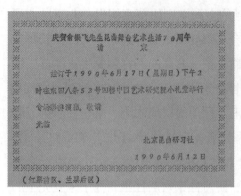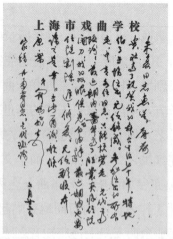

▌ 1990 年北京昆曲研习社庆贺俞老艺术生活 70 周年请柬与俞老复信

俞老复信，对研习社的活动表示了衷心感谢。

俞老逝世后，北京曲界新老曲友依旧没有忘记与俞老这段长达半世纪的友谊，北京昆曲研习社更不间断地为俞老举办各类纪念活动。

2002 年 9 月 15 日，研习社在国家图书馆举办了纪念俞振飞先生百年诞辰专题曲会，主委楼宇烈先生、副主委朱家溍先生分别致辞怀念，俞老及门弟子丛兆桓、宋铁铮、樊书培皆发言怀念俞老，曲会上播放了俞振飞先生 1985 年、1986 年来曲社参加曲会的讲话和演唱，中央电视台东方时空栏目进行了现场采访。

2012 年 11 月 18 日，研习社在国家图书馆举办了纪念俞振飞诞辰 110 年公期曲会，主委欧阳启明女士主持，前主委楼宇烈先生致辞，曲会播放了俞老 1986 年参加研习社曲会的讲话录音，时值上海昆剧团的岳美缇、张静娴、计镇华、梁谷音、张绚澂及省昆的张继青、姚继焜等表演艺术家来京演出，他们中很多人都曾多次跟随俞老到北京参加研习社的曲会活动，而今也都进入古稀之年，与新一代的曲友坐在一起，再次怀念俞老当年的培养与提携，皆不胜唏嘘。袁敏宣先生的学生朱复先生、许淑春女士及中国戏曲学院谢柏梁教授等业余曲友亦分别发言缅怀俞老。

三、传学互长，功播两界

俞老一生秉持传承昆曲、弘扬昆曲的信念。他年轻作为曲友时，他虚心向老辈艺人学习，广收博采，后成为专业工作者，他更深知曲友和曲社在昆曲传承过程中所发挥的重要作用，他一生所历皆为昆曲不振的时期，他深信只有专业工作者与业余曲友联手才能够实现昆曲的传承与发扬，为此，他还常常在曲友与专业工作者之间搭建起互学互长的桥梁，希望曲友与专业工作者能共同为昆曲的繁荣昌盛而努力。

1961 年 2 月，南京大学中文系研究生毕业后留校任教的吴新雷先生想以"俞派唱法"作为自己的研究课题，为此，南京大学陈中凡教授和北京曲家袁敏宣先生分别致信向俞老推荐，希望俞老能够支持。俞老十分看重年轻学者对昆曲的研究，尽力提供其所需，而"俞派唱法"研究也成为吴新雷先生毕生研究的重要课题之一。

1963 年 10 月，尚在上海戏校学习的俞老弟子蔡正仁先生赴京参加出国演出剧目审查，俞老在给他的信中专门叮嘱让他去看望袁二姑，即袁敏宣先生，并且说袁先生"下的苦功，你们是望尘莫及的，所以她唱的曲子，字是字，腔是腔，决没一丝含糊，你们值得向她学习"，随后又在下一封信中追问"袁二姑那里去了没有"，并且对北京曲友赞赏道，"北京的曲友们，个个对昆曲有深切的感情，因此就有了一种欣欣向荣的气象，尤其是袁二姑，从小就爱好昆曲，数十年如一日，这种精神是值得钦佩的"。2018 年春，笔者在宜兴曲会唱朱复先生所授《闻铃》，适蔡正仁先生在座，会后向先生讨教。蔡先生对当初拜访袁老师之事记忆犹在，对这位曲家前辈的曲唱艺术深表钦佩。

俞老对他的这位袁二妹的曲唱艺术一直十分推重，很多著名的戏曲表演艺术家都在俞振飞先生的推荐下向袁敏宣先生学过昆曲，如著名的京剧艺术家言慧珠、关肃霜，汉剧演员陈伯华，粤剧演员红线女，等等。

俞老的及门弟子宋铁铮先生早年在北京最先师从袁敏宣先生习曲，他在回忆俞老的文章《追念俞振飞老师》中回忆道："我常到和平门内半壁街的北京昆曲研习社参加活动，有位袁敏宣老师唱得很好，她也对我赞赏，让我到她家去学曲子，她称俞振飞为五哥或俞五爷，热情地要介绍我拜师，直到 1963 年，俞振飞和言慧珠老师又到北京，袁老师便去说我的拜师事，回来她高兴地说，俞五爷知道你，他很愿意，但是你要征求单位领导同意。"就这样，在袁先生的大力推荐下，俞老答应收宋铁铮为徒。此时的宋铁铮已经成为北方昆曲剧院的一名专业小生演员，也是多年来昆曲研习社培养出来、由业余曲友成为专业工作者的社员之一。当时北方昆曲剧院的金紫光院长听闻俞老愿意收宋铁铮为徒，十分高兴，提出请俞老在北昆多收一名青年演员，于是，在北昆的主持下，宋铁铮与丛兆桓双双拜入俞老门下。宋铁铮先生跟随俞老学习过程中，录制了不少资料，成为研究昆曲唱法和戏曲史的珍贵资料。"文革"时北昆解散后，宋铁铮先生先到干校后又调入艺术研究院，从专业工作者又变回了曲友，朱复师便曾一度向宋先生学习过《哭像》的曲唱。颇值一提的是，俞老晚年常演的《太白醉写》中【清平调】三首都是以念白的方式念出，他知道【清平调】其实存在清唱曲谱并可歌唱，但是，想在剧团中实验有困难，个人精力亦不济。1981年，宋铁铮先生要在昆曲研习社排演《太白醉写》，向俞老提出希望能够完成他这个心愿，俞老听后十分高兴，于是专门寄来辛清华谱曲的三首【清平调】曲谱，由宋铁铮先生在曲社中代替他完成了这个实验。

俞振飞先生一生间跨清曲、剧曲，兼收并蓄，融会贯通而终成一代宗师。他一生经历了民国的昆曲消衰期、五六十年代的昆曲复苏期、"文革"的昆曲消寂期、80年代的昆曲恢复期，他深知昆曲曲友不但是专业昆剧工作者的观众和衣食支持，更是传统昆曲的继承者、研究者，很多濒临失传的剧目最终借由业余曲友而得传，很多业余曲友的曲唱甚至远远超过专业工作者，昆曲的理论研究主体更向来是曲友。因此，他自己身体力行，终生保持与曲友、曲社的密切联系，北京昆曲研习社的创始人之一周铨庵先生曾在《感谢昆剧专业工作者对业余曲会传习工作的支持》一文中写道："昆剧专业工作者历来对自己最忠实的观众——业余曲会的曲友们怀着深厚的感情：俞振飞先生八十高龄，每次莅京都要参加我们的活动。"

笔者自习曲起便跟随朱复先生，朱先生唱曲宗俞氏父子，得益于俞振飞先生良多，一生感怀，从80年代起便多次出席俞振飞先生的从艺、诞辰纪念会，今值俞振飞先生120周年诞辰，而朱先生亦年高，作为晚学后辈，得以钩沉、追忆俞振飞先生近百年来与北京业余曲家、曲社的渊源事迹，不仅是对俞振飞先生与曲友之深厚友谊的纪念，亦是昆曲传承的另一种延续。

（本文所录北京昆曲研习社等诸事，引自北京昆曲研习社《社讯》、《中国昆剧大辞典》（吴新雷主编）、《俞振飞年谱》（江沛毅著）、《俞振飞传》（费三金著）、《昆曲纪事》（欧阳启明编）、《俞振飞书信集》（唐吉慧选编）以及北京昆曲研习社朱复老师、许淑春老师亲述。）

图书在版编目(CIP)数据

雅韵千秋:俞振飞一百二十周年诞辰纪念文集/夏
萍主编;顾颖执行主编.—上海:上海人民出版社,
2022

(上海艺术研究中心研究丛书)

ISBN 978 - 7 - 208 - 18108 - 3

Ⅰ.①雅… Ⅱ.①夏… ②顾… Ⅲ.①俞振飞
(1902 - 1993)-纪念文集 Ⅳ.①K825.78 - 53

中国版本图书馆 CIP 数据核字(2022)第 252079 号

责任编辑 赵蔚华

封面设计 邵 旻

上海艺术研究中心研究丛书

雅韵千秋
——俞振飞一百二十周年诞辰纪念文集
夏萍 主编 顾颖 执行主编

出	版	上海人民出版社
		(201101 上海市闵行区号景路 159 弄 C 座)
发	行	上海人民出版社发行中心
印	刷	上海商务联西印刷有限公司
开	本	787×1092 1/16
印	张	23
插	页	3
字	数	394,000
版	次	2022 年 12 月第 1 版
印	次	2022 年 12 月第 1 次印刷

ISBN 978 - 7 - 208 - 18108 - 3/J·660

定 价 98.00 元